AF856699

Policía Nacional
Escala Ejecutiva

Ciencias Jurídicas I

ABALAR.es
Academia de Seguridad

© *Abalar Consultores S.L.*

c/ Torrijos, 16 bajo – 28029 Madrid

Edición: Abril 2009

ISBN Obra Completa: 978-84-937076-0-6
ISBN: 978-84-937076-1-3
Depósito Legal: Z-1126-2009

Reservados todos los derechos. No se permite reproducir, almacenar en sistemas de recuperación de la información ni transmitir parte o la totalidad de esta publicación, cualquiera que sea el medio empleado, sin el permiso previo de los titulares de los derechos de la propiedad intelectual.

Imprime: Copy Center Digital (Avda. de Goya, 58 – 50005 – Zaragoza)

Índice

CIENCIAS JURÍDICAS

© 2009 Abalar Consultores, S.L.

© 2009 Abalar Consultores, S.L.

PREÁMBULO

REQUISITOS DE INGRESO

Los requisitos solicitados pueden variar en cada convocatoria. Hasta la anterior convocatoria, para el ingreso en la Escala Ejecutiva del Cuerpo Nacional de Policía era necesario reunir los siguientes requisitos:

- Ser **español**.

- Tener 18 años de edad y no haber cumplido los 30. No obstante lo anterior, para los funcionarios del Cuerpo Nacional de Policía en activo, que aspiren a ingresar en la categoría de Inspector, por el procedimiento de oposición libre, la edad máxima se amplía a los 35 años.

- Tener una **estatura** mínima de 1,65 metros los hombres, y 1,60 metros las mujeres.

- Estar en posesión del título de Ingeniero técnico, Arquitecto técnico, Diplomado universitario o equivalente. Haber superado los tres primeros cursos completos de una licenciatura, o carrera técnica superior; o tener aprobado el primer ciclo de dichos estudios siempre que contengan un mínimo de 180 créditos.

- Compromiso de portar **armas** y, en su caso, llegar a utilizarlas, que se prestará a través de declaración del solicitante. El haberse declarado objetor de conciencia al ser llamado a filas para la realización del servicio militar no impide acceder al Cuerpo Nacional de Policía, si bien el aspirante debe tener en cuenta que deberá asumir, expresamente, la obligación de portar armas e incluso llegar a utilizarlas en caso necesario, como es el de grave riesgo para su vida o la de otras personas.

- No haber sido **condenado** por delito doloso, ni **separado** del servicio del Estado, de la Administración Autonómica, Local o Institucional, ni hallarse inhabilitado para el ejercicio de funciones públicas.

- Estar en posesión del permiso de conducir de la clase B, que debe haberse obtenido antes de finalizar el plazo de presentación de instancias. Asimismo los opositores deberán estar en posesión del permiso de conducción de la clase A y de la autorización (B.T.P.), que deben obtenerse antes de la fecha que se fija en cada convocatoria. Los tres permisos deberán acreditarse cuando se comparezca a la realización de la cuarta prueba (reconocimiento médico).

- Aquellos que ostenten la condición de **deportistas de alto nivel** deberán acreditarlo mediante el documento correspondiente.

© 2009 Abalar Consultores, S.L.

PROCESO SELECTIVO

El proceso selectivo comienza con una primera fase de oposición, que se realizará en varias sedes (según convocatoria), y constará de las siguientes pruebas de carácter eliminatorio: de conocimientos, de aptitud física, psicotécnica y reconocimiento médico.

1.- Primera prueba (aptitud física).

Para la realización de la prueba, los opositores deberán presentarse provistos de atuendo deportivo, y entregar al Tribunal un certificado médico oficial en el que se haga constar que el aspirante reúne las condiciones físicas precisas para realizar las pruebas deportivas. Dichas pruebas son:

- **Dominadas (hombres); flexiones (mujeres).**
- **Salto vertical.**
- **Recorrido con obstáculos.**
- **Carrera 2.000 metros (hombres); 1.000 metros (mujeres).**

Los aspirantes ya pertenecientes al Cuerpo Nacional de Policía que se encuentren en situación de servicio activo antes de que termine el último día del plazo de presentación de solicitudes, estarán exentos de la realización de las pruebas físicas.

2.- Segunda prueba (conocimientos).

Consistirá en la realización de los tres ejercicios siguientes:

- Cuestionario de cien preguntas con tres alternativas de respuestas, de las que sólo una es verdadera, para el que se dispondrán de 50 minutos.
- Ejercicio escrito y oral de los idiomas francés o inglés a nivel de Bachillerato. El escrito, para el que se dispondrá de 40 minutos, consistirá en la comprensión y en el conocimiento gramatical de un texto en el idioma elegido, y el oral consistirá en una conversación en el mismo idioma.
- Resolución por escrito en 90 minutos de un caso práctico.

Los opositores deberán leer posteriormente ante el Tribunal, en sesión pública, el trabajo realizado, valorando el rigor analítico, el conocimiento teórico y práctico y la capacidad de síntesis.

La calificación de esta segunda prueba se hará hallando la media de los tres ejercicios que la componen, debiendo obtenerse un mínimo de cinco puntos en cada uno para superarla.

© 2009 Abalar Consultores, S.L.

3.- Tercera prueba (psicotécnica).

Consta de dos partes:

- Test psicotécnicos (incluye test de personalidad).
- Entrevista personal.

La calificación global de la tercera prueba será "apto" o "no apto". No hay calificaciones.

4.- Cuarta prueba (reconocimiento médico).

La convocatoria detallará las causas de exclusión correspondientes. Para la realización de esta prueba se aplicarán a los aspirantes las técnicas médicas de uso convencional que se estimen oportunas.

El resultado de esta última prueba será "apto" o "no apto".

La **calificación final** de la fase de oposición vendrá determinada por la puntuación obtenida en la segunda prueba, a la que se sumarán, en su caso, las correspondientes al ejercicio voluntario de idiomas, a los servicios prestados como funcionario del Cuerpo Nacional de Policía; en las Fuerzas Armadas y la correspondiente a los deportistas de alto nivel.

Quienes superen la fase de oposición y hayan presentado en plazo la documentación exigida, serán nombrados **Inspectores-alumnos** por el Director General de la Policía y de la Guardia Civil, y en tal calidad se incorporarán al **Centro de Formación del Cuerpo Nacional de Policía en Ávila**, en la fecha que oportunamente se determine, teniendo la consideración de funcionarios en prácticas durante el tiempo que dure su periodo formativo.

Concluidos los periodos de formación y de prácticas, quienes los hayan superado serán nombrados funcionarios de carrera del Cuerpo Nacional de Policía, con la categoría de Inspector, y serán destinados a aquellas Unidades Policiales del territorio nacional a las que, según el número de escalafón derivado de las calificaciones obtenidas en el proceso de formación, puedan optar. El número y tipo de las plazas de destino varía en cada convocatoria, siendo la oferta en general amplia y variada.

© 2009 Abalar Consultores, S.L.

© 2009 Abalar Consultores, S.L.

TEMA 1

El Ordenamiento jurídico. Concepto y estructura de la norma jurídica. Los diferentes tipos de normas jurídicas: Normas de derecho público y de derecho privado; normas de derecho común y de derecho especial. Las fuentes del derecho. La Constitución como fuente de derecho. La Ley: Concepto y clases. La costumbre. Los principios generales del Derecho. La interpretación, aplicación y efectos de las normas jurídicas.

1. EL ORDENAMIENTO JURÍDICO

1.1 CONCEPCIÓN NORMATIVISTA

En una primera acepción, el Ordenamiento jurídico no es más que un conjunto de normas. Acepción que desempeña una función meramente catalogadora. Las normas sumadas, yuxtapuestas o agrupadas forman un ordenamiento.

Así puede hablarse de Ordenamiento estatal como conjunto de normas o reglas jurídicas positivas que rigen en un momento concreto en un Estado determinado, o bien, tomando como eje la materia de ordenación de tales normas, se puede hablar de Ordenamiento civil, penal, administrativo, procesal, etc.

1.2 CONCEPCIÓN INSTITUCIONALISTA

Esta concepción tiene su origen en el tratadista italiano **Santi Romano**. Para este autor el ordenamiento no es un simple agregado de normas, sino que es **una organización**, una estructura dentro de la cual se integran las normas.

El ordenamiento para **Santi Romano** no está constituido exclusivamente por normas y principios, sino que también es organización, dinamismo y vitalidad. Además todo ordenamiento es una institución y toda institución es un ordenamiento jurídico, de ahí la denominación de concepción institucionalista del Ordenamiento jurídico.

© 2009 Abalar Consultores, S.L.

Para **Santi Romano** existen tantos ordenamientos jurídicos como instituciones. Tal afirmación implica la negación de que todos los ordenamientos deben reducirse al ordenamiento estatal, pues pueden emanar de otras instituciones como la Comunidad internacional, la Iglesia Católica, o entes dotados de naturaleza institucional.

1.3 EL ORDENAMIENTO JURÍDICO EN LA DOCTRINA ESPAÑOLA

Castán Tobeñas considera el Ordenamiento jurídico como un conjunto de normas agrupadas, constituido por el conjunto de normas que rigen en un determinado pueblo y momento histórico.

Espín lo defina como el conjunto de normas jurídicas por las que se rige una comunidad.

Díez Picazo señala que el Ordenamiento jurídico no solo está constituido por normas y principios, sino que es también organización, dinamismo y vitalidad.

García Enterría rechaza la concepción exclusivamente formal del Ordenamiento como un conjunto racionalizado de preceptos, y dice que tales preceptos se funcionalizan necesariamente en un sistema social dado y en la organización, formal e informal, de que el mismo se dota.

Este autor considera obvio que la Administración es una organización integrada en otra más amplia que llamamos Estado. Sobre esta base entiende que el Ordenamiento jurídico o Derecho administrativo viene a ser la expresión jurídica de esa organización.

Para **García Enterría** tres son los rasgos esenciales del Ordenamiento jurídico:

a) Ver en él un sentido unitario expresado. El Ordenamiento jurídico, antes de que un agregado casuístico de normas, es un conjunto de principios estructurales no siempre formulados como tales.

b) Considerar al Ordenamiento jurídico como una realidad dinámica que permanece en tanto subsistan los principios, aunque cambien las normas.

c) Estimar, en fin, que en el Ordenamiento coexisten distintas fuentes del Derecho, formalizadas o no, porque el monopolio del Derecho por la ley, que en determinadas fases históricas se ha pretendido realizar, nunca ha logrado alcanzarse plenamente.

© 2009 Abalar Consultores, S.L.

2. CONCEPTO Y ESTRUCTURA DE LA NORMA JURÍDICA

2.1 CONCEPTO

La palabra *norma* se utiliza en sentido general para expresar no sólo el tipo, la medida o pauta a que se someten los fenómenos de la naturaleza (leyes naturales), sino también las reglas a que se sujeta el obrar humano (normas morales, sociales, jurídicas).

La regla jurídica, dice **Lacruz Berdejo**, se individualiza por ser un mandato relativo a la conducta social del individuo.

Albadalejo define la norma jurídica positiva como todo precepto general cuyo fin sea ordenar la convivencia de la comunidad y cuya observancia puede ser impuesta coactivamente por el poder directivo de aquélla.

Una subespecie de las normas jurídicas son las normas positivas que se contraponen a las de Derecho natural.

2.2 ESTRUCTURA

En la estructura de la norma jurídica se distinguen claramente dos elementos: El primero es la realidad social contemplada en la norma y se suele denominar **supuesto de hecho** o **situación de hecho;** el segundo es el efecto o la respuesta jurídica que esa realidad social merece en el ámbito de la norma, es la **consecuencia jurídica.**

La consecuencia jurídica establece la ordenación adecuada de aquél hecho o relación, fijando los efectos jurídicos que produce.

Por ello, dice **Federico de Castro**, la norma cumple su cometido acotando una parte de la realidad social (situación o supuesto de hecho) a la que da un nuevo valor (el de realidad jurídica), atribuyéndole determinados efectos.

El supuesto de hecho de la norma contempla la previsión hipotética de un futuro acontecimiento cuya realización contempla anticipadamente la norma, y que puede ser de naturaleza muy variada (hecho natural, acto humano, o situaciones en que se encuentran las personas).

La consecuencia jurídica supone que el primer efecto de las normas es imponer a los destinatarios el deber de ajustar a ellas su comportamiento. Cuando tal comportamiento se realiza, tiene lugar el cumplimiento de la norma, por ello puede establecerse como principio general el de que el cumplimiento de las normas es inexcusable, aunque en ocasiones este principio debe ser matizado al otorgar relevancia jurídica a ciertos tipos de error.

© 2009 Abalar Consultores, S.L.

2.3 CARACTERES

De la norma jurídica pueden predicarse las siguientes características:

a) **Imperatividad**. Toda norma jurídica contiene un mandato o una prohibición. Supone un imperativo positivo o negativo, esto es, un mandato de hacer o no hacer.

b) **Generalidad**. La norma es general porque se refiere a todos aquellos que estén comprendidos en el supuesto de hecho descrito por la misma. Se entiende que es general la disposición para toda una categoría o clase de actos, cualesquiera que sean, con tal de que en ellos se reúnan los requisitos que -en abstracto- han sido prefijados.

c) **Coercibilidad**. En defecto de cumplimiento voluntario, el Estado aplica su poder coactivo para que puedan imponerse las sanciones previstas por la norma para el caso de incumplimiento.

El Derecho positivo no puede concebirse sin la idea de obligatoriedad y sanción.

3. LOS DIFERENTES TIPOS DE NORMAS JURÍDICAS: NORMAS DE DERECHO PÚBLICO Y DE DERECHO PRIVADO; NORMAS DE DERECHO COMÚN Y DE DERECHO ESPECIAL

Siguiendo a **Albadalejo** se exponen las clasificaciones más importantes:

3.1 NORMAS RÍGIDAS Y ELÁSTICAS O FLEXIBLES, POR LA TÉCNICA DE APLICACIÓN

Rígidas o de derecho estricto, son las normas en las que el supuesto de hecho y los efectos o consecuencias jurídicas son taxativos, de contenido concreto e invariable (mayoría edad). No dejan margen para apreciar las circunstancias del caso concreto ni graduar sus consecuencias.

Elásticas o de derecho equitativo aquellas en las que el supuesto de hecho o los efectos jurídicos son flexibles, es decir, no están determinados concretamente, sino solo indicados, en general, mediante conceptos cuyo contenido en cada caso singular es variable dentro de ciertos márgenes (concepto de justa causa, precio justo, buena fe, interés normal del dinero). Dejan margen para apreciar las circunstancias del hecho.

3.2 NORMAS COMUNES Y PARTICULARES O ESPECIALES

Comunes, generales o universales, que rigen en todo el territorio de que se trate (España). Particulares, locales, comarcales, regionales, o especiales que rigen en una parte de dicho territorio (Derecho particular de Cataluña, Galicia, Aragón, etc.).

© 2009 Abalar Consultores, S.L.

3.3 NORMAS NECESARIAS Y SUPLETORIAS

Según se establezca para el supuesto de que se trate una regulación forzosa o sólo supletoria. Para el caso de que los interesados no hayan dispuesto otra cosa diferente, las normas se dividen en **necesarias** o imperativas o de Derecho cogente, y **supletorias** o dispositivas o de Derecho voluntario.

Las normas necesarias tienen eficacia incondicionada que excluyen o suprimen la voluntad privada (normas que impiden contratar sobre cosas que están fuera del comercio de los hombres). Las normas supletorias son de eficacia condicionada, que respetan la iniciativa y voluntad de los particulares.

3.4 NORMAS GENERALES Y ESPECIALES

General es la norma que contiene una regla general (fijación de la prescripción, por ejemplo).

Especiales o singulares son las normas relativas a ciertas clases especiales de personas, cosas o relaciones, que se apartan de la regla general para mejor aplicar el principio que la preside a aquellas clases especiales (reglas especiales de prescripción, el otorgamiento de nacionalidad por carta de naturaleza).

3.5 NORMAS REGULARES Y EXCEPCIONALES

Excepcionales o de derecho excepcional son aquellas normas que se oponen a la regla general, a fin de que el principio que preside ésta no reciba aplicación en el caso exceptuado. Se dictan en muchos países a consecuencia de guerras y grandes desastres, por ejemplo.

Regulares o normales o de derecho regular, son las que aplican las normas que presiden el sistema jurídico, regulando las relaciones de modo habitual o estable.

3.6 NORMAS DE DERECHO PÚBLICO Y DE DERECHO PRIVADO

Las primeras de Derecho imperativo; las segundas de Derecho voluntario. Diversas teorías se han formulado para distinguir las normas de Derecho público y privado; división que ya contemplaba el Derecho romano.

La *teoría del interés* pone el acento en el interés que protege la norma jurídica, distinción que ya aparece en **Ulpiano**. Unas normas han sido dictadas en interés de la cosa pública, integrando el Derecho público, mientras que las regulan simples intereses privados, lo serán de Derecho privado.

La *teoría de los sujetos* pone el acento en que si es el Estado o un ente público, será lógico descubrir tal interés en las relaciones jurídicas en que intervengan, mientras que si las relaciones que regulan son entre sujetos particulares, serán de Derecho privado.

© 2009 Abalar Consultores, S.L.

Otra distinción se basa en considerar normas de Derecho público las de *ius cogens* o Derecho obligatorio, mientras que las de Derecho privado son las de *ius dispositivum* o Derecho dispositivo.

Actualmente, dice **Díez Picazo**, más que criterios de adscripción de materias a uno u otro Derecho, lo que hay que señalar son puras directrices metodológicas de adscripción basándose en lo que **Castro** llama principio de personalidad frente al principio de comunidad o viceversa. Dicho de otro modo, lo que hay son instituciones enderezadas a regular la persona y el cumplimiento de sus fines serían normas de Derecho privado, mientras que las destinadas a regular la organización de la comunidad y sus fines, son normas de Derecho público.

3.7 NORMAS DE DERECHO COMÚN Y DE DERECHO ESPECIAL

Las normas de Derecho común están destinadas a regular la realidad jurídica y social en todas sus facetas y aspectos, mientras que las normas de Derecho especial tienen por objeto regular determinadas materias o relaciones dentro de la realidad social.

El Ordenamiento jurídico español considera Derecho común al Código Civil, cuyo arraigo jurídico hace que sus normas se tengan como básicas de la convivencia, a pesar de que fuera de él existen muchas leyes que afectan a cuestiones civiles

4. LAS FUENTES DEL DERECHO

4.1 CONCEPTO

Según **Castán** por fuente ha de entenderse la razón primitiva de cualquier idea o la causa generatriz o productora de un hecho. Como del Derecho puede hablarse en tres principales acepciones, a saber:

a) Derecho como facultad o atribución a personas (derecho subjetivo).

b) Derecho como norma en una sociedad constituida (derecho objetivo).

c) Derecho como conocimiento o ciencia.

Tres también pueden ser los sentidos de la frase "fuentes del Derecho":

a) Como fuentes de los derechos subjetivos.

b) Como fuentes del Derecho objetivo.

c) Como fuentes de conocimiento del Derecho.

© 2009 Abalar Consultores, S.L.

Centrándonos en las fuentes del Derecho objetivo, también conocidas como fuentes legales o de origen, podemos definirlas con Castán como *"los hechos y las formas mediante los que una sociedad constituida establece y exterioriza la norma jurídica como derecho positivo obligatorio"*.

4.2 CLASES

Las fuentes del Derecho podemos clasificarlas en:

a) Directas e indirectas. Directas, porque encierran en sí la norma jurídica. Se suelen reducir a dos: *Ley*, como expresión de la voluntad del pueblo y *costumbre* como expresión espontánea y directa de la conciencia social.
Las fuentes indirectas ayudan a la producción y a la comprensión de la regla jurídica, pero sin darle existencia. Entre ellas se citan la *Jurisprudencia* y la *doctrina científica*.

Las fuentes directas, llamadas también primarias, del Derecho español, conforme al art. 1.1 del Código Civil son: **La ley, la costumbre y los principios generales del Derecho.**

La ley es la forma reflexiva y solemne de establecerse el Derecho por el Estado; la costumbre, la manera tácita y espontánea de crearlo el pueblo.

La costumbre ha sido definida como la *"forma espontánea y popular de creación del derecho"*. Es, pues, la expresión de la voluntad de un pueblo.

La costumbre *sólo regirá en defecto de Ley aplicable, siempre que no sea contraria a la moral o al orden público y que resulte probada* (art. 1.3 Cc). Es decir, que quien la alegue en un caso concreto ha de probar al Juez que existe dicha costumbre como norma generalmente admitida y cumplida. La costumbre es pues, **fuente subordinada a la ley**.

Los principios generales del Derecho son las ideas fundamentales que informan nuestro Derecho positivo, contenido en leyes y costumbres. Son como verdades jurídicas universales dictadas por la recta razón. Las **ideas rectoras del Ordenamiento jurídico español** son los principios generales del Derecho.

Como fuentes indirectas se señalan:

- **La jurisprudencia**, que se puede definir como el modo habitual de interpretación del Derecho mostrado en las sentencias del Tribunal Supremo. Se forma por la reiteración de fallos basados en el mismo criterio, exigiéndose, al menos, dos sentencias que mantengan el mismo criterio.

Según establece el art. 1.6 del Código Civil, *"la jurisprudencia complementará el ordenamiento jurídico con la doctrina que de modo reiterado establezca el Tribunal Supremo al interpretar y aplicar la ley, la costumbre y los principios generales del Derecho"*.

© 2009 Abalar Consultores, S.L.

- También se incluyen como fuentes del Derecho **los Tratados Internacionales** que, válidamente celebrados y una vez publicados en España, forman parte del ordenamiento interno (art. 96 CE).

- **La doctrina científica**. Debe entenderse por tal, el conjunto de opiniones de los autores y tratadistas del Derecho. Se ocupa del estudio del Derecho vigente; señala sus defectos y la mejor forma de subsanarlos, y sus interpretaciones permiten mejorar con precisión la norma.

El art. 17 del Cc. dispone: *"Los Jueces y Tribunales tienen el deber inexcusable de resolver en todo caso los asuntos de que conozcan, con arreglo o ateniéndose al sistema de fuentes establecido".*

b) Materiales y formales. Fuentes materiales son las instituciones o grupos sociales que tienen reconocida capacidad normativa (las Cortes Generales, el Gobierno...).

Son fuentes formales los modos o formas de manifestación del Derecho, a través de la ley o a través de la costumbre.

c) Primarias y secundarias. Las fuentes de producción del derecho pueden clasificarse en:

Primarias, poderes sociales a los que, dentro del Ordenamiento jurídico, se les reconoce la posibilidad de producir normas jurídicas con absoluta independencia de cualesquiera otros y por propia potestad soberana.
Secundarias, poderes sociales a quienes se reconoce la posibilidad de crear normas jurídicas por concesión o delegación de otros poderes superiores, de tal manera que las normas por ellos creadas tienen su base y sus límites en la concesión o delegación.

4.3 JERARQUÍA NORMATIVA

El artículo 9.3 de la Constitución garantiza el principio de jerarquía normativa, así como el Código Civil, al decir que *"carecerán de validez las disposiciones que contradigan a otra de rango superior"*, lo que impide que ningún precepto legal pueda ser modificado por otro de rango inferior.

La jerarquía normativa se refiere a la prelación de las normas jurídicas respecto a su eficacia y aplicación, o, lo que es lo mismo, a la existencia de una subordinación entre las normas jurídicas, de la cual se deduce el mayor o menor rango.

De acuerdo con este principio las normas se ordenan de la siguiente forma:

1- Constitución.

2- Normas con rango de Ley: Leyes Orgánicas, Leyes ordinarias, Decretos-Leyes y Decretos Legislativos.

© 2009 Abalar Consultores, S.L.

3- Normas emanadas de la potestad reglamentaria:

- Decretos.
- Órdenes de Comisiones Delegadas del Gobierno.
- Órdenes Ministeriales.
- Disposiciones de Autoridades y Órganos inferiores.

5. LA CONSTITUCIÓN COMO FUENTE DE DERECHO

La aprobación de la Constitución de 1978 ha alterado el sistema tradicional de fuentes, pasando a ser éste más complejo y más plural. Más complejo «porque la Constitución ha dejado de ser una simple norma hueca y sin contenido normativo vinculante como tradicionalmente lo había sido en el Derecho Público español, para pasar a tener la consideración de instrumento jurídico superior a todos los demás grupos normativos, configuradora de los poderes del Estado que ella misma diseña y delimita en sus funciones; estableciendo el ámbito y los límites de los ejercicios de los derechos fundamentales y libertades públicas, así como de las prestaciones que los poderes públicos han de cumplir en beneficio de la comunidad.

Su superior e irresistible fuerza vinculante se encuentra en que es el primigenio producto de la soberanía nacional plasmada en el poder constituyente en cuya virtud éste dota a la colectividad de una **lex superior**. A estos efectos, esta última se dotará de un Tribunal Constitucional que tendrá, entre otras funciones, la de velar por la superior jerarquía de la Constitución depurando adecuadamente el sistema de fuentes y amparando los derechos fundamentales y las libertades públicas de los ciudadanos».

Asimismo, el sistema de fuentes es más plural por dos razones. En primer lugar, porque la configuración por la Constitución de un Estado autonómico supone que a las normas emanadas de los órganos centrales del Estado han venido a sumarse las normas de las Comunidades Autónomas.

En segundo término, porque al permitir el artículo 93 CE la celebración de tratados por los que se atribuye a una organización o institución internacional el ejercicio de competencias derivadas de la Constitución se ha incorporado al ordenamiento interno español el Derecho comunitario europeo.

Referencia al Bloque de Constitucionalidad:

En el ámbito de la ley, tienen especial significación las normas incluidas en el **bloque de constitucionalidad**, en particular los Estatutos de Autonomía, así como las leyes orgánicas que contienen la regulación de las elecciones (LOFAGE), que determinan la composición y funciones de los órganos constitucionales y que regulan los derechos

© 2009 Abalar Consultores, S.L.

fundamentales, interpretados de conformidad con los tratados internacionales suscritos por España en estas materias (art. 10.2 C.E.); con rango de ley, según el Tribunal Constitucional, pero en órbita competencial distinta, los Reglamentos parlamentarios como norma interna del poder legislativo.

6. LA LEY: CONCEPTO Y CLASES

6.1 CONCEPTO

Se puede definir la ley como *la norma publicada oficialmente con tal carácter, que contiene un mandato normativo de los órganos que constitucionalmente tienen atribuido el poder legislativo originario.* Definición de la que se extraen las siguientes consecuencias:

a) Emana de los órganos constitucionales que tienen atribuido el poder legislativo originario: Cortes Generales y Asambleas legislativas de las Comunidades Autónomas.

b) Publicación oficial con tal carácter: Según la Constitución las leyes aprobadas por las Cortes Generales serán sancionadas en el plazo de 15 días por el Rey, quien las promulgará y ordenará su inmediata publicación.

c) Debe ser un mandato normativo: El mandato contenido en la ley debe ser de carácter general, en el sentido de que su destinatario principal debe ser toda la colectividad.

6.2 CLASES

Las leyes pueden clasificarse de las siguientes formas:

Por su valor y alcance político:

- **Leyes orgánicas**. Leyes caracterizadas por referirse a materias a las que la Constitución ha querido dar una especial relevancia y cuya aprobación requiere un *quorum* especialmente reforzado del Congreso de los Diputados (mayoría absoluta). En el Senado es suficiente la mayoría simple.

Según el art. 81 de la Constitución: *"Son leyes orgánicas las relativas al desarrollo de los derechos fundamentales y de las libertades públicas, las que aprueben estatutos de autonomía y el régimen electoral general, y las demás previstas en la Constitución".*

© 2009 Abalar Consultores, S.L.

▪ **Leyes ordinarias**. Son las aprobadas con tal carácter por las Cortes Generales (Congreso y Senado), por mayoría simple. Podemos distinguir entre leyes aprobadas por el Pleno y por las Comisiones.

Las Cámaras pueden delegar en las Comisiones legislativas permanentes la aprobación de proyectos o proposiciones de ley con excepción de la reforma constitucional, las cuestiones internacionales, leyes orgánicas y de bases y los Presupuestos Generales del Estado.

La delegación no tiene carácter definitivo puesto que el Pleno, puede, en cualquier momento, recabar a debate y votación cualquier proyecto o proposición de ley que haya sido objeto de delegación.

Una parte de la doctrina (Entrena Cuesta, Parada, Torres del Moral) entiende que las relaciones entre la ley orgánica y la ley ordinaria se rigen por el principio de competencia y no por el principio de jerarquía normativa. Esto es, cada tipo de ley tiene unas determinadas materias reservadas y no pueden ser reguladas de otra forma.

- **Leyes marco**. Son leyes estatales contempladas en el artículo 150.1 CE, que dispone: *"Las Cortes Generales en materia de competencia estatal, podrán atribuir a todas o algunas de las Comunidades Autónomas la facultad de dictar por si mismas normas legislativas en el marco de los principios, bases y directrices fijados por una ley estatal".*

En definitiva se trata de una ley que traza un "marco" de principios, bases y directrices, al que deben acomodarse las Comunidades Autónomas al legislar una materia delegada por las Cortes (recordemos de competencia estatal).

La Constitución determina que en cada ley marco, sin perjuicio de la competencia de los tribunales, se establecerá la modalidad del control de las Cortes Generales sobre estas normas legislativas de las Comunidades Autónomas.

- **Leyes de armonización**. Tratan de armonizar las disposiciones normativas de las Comunidades Autónomas, aún en el caso de materias que les han sido transferidas, siempre que lo exija el interés general.

Tienen el mismo significado que las leyes marco, pero no establecen bases sino que armonizan para garantizar la solidaridad entre las regiones españolas. Controlan las autonomías armonizando las distintas leyes que hacen éstas dentro de una materia determinada.

Tienen categoría de ley ordinaria ya que se aprueban por simple mayoría de las Cortes Generales. Sólo pueden ser derogadas por otra ley de armonización o si contradice la Constitución o los estatutos de autonomía.

Vienen referidas en el art. 150. 3 de la CE: *"El Estado podrá dictar leyes que establezcan los principios necesarios para armonizar las disposiciones normativas de las Comunidades Autónomas, aun en el caso de materias atribuidas a la competencia*

© 2009 Abalar Consultores, S.L.

de éstas, cuando así lo exija el interés general. Corresponde a las Cortes Generales, por mayoría absoluta de cada Cámara, la apreciación de esta necesidad".

- **Leyes de las Comunidades Autónomas**. La Constitución reconoce potestad normativa a las Comunidades autónomas. Estas leyes pueden ser:

  - Leyes que regulan materias de exclusiva competencia de las Comunidades autónomas.
  - Leyes dictadas sobre materias de competencia estatal en virtud de una ley marco.
  - Leyes dictadas en materias de competencia compartida con el Estado.

- **Leyes Orgánicas de transferencias o de delegación**. Por medio de estas leyes el Estado podrá transferir o delegar en las Comunidades Autónomas, mediante ley orgánica, facultades correspondientes a materia de titularidad estatal que por su propia naturaleza sea susceptible de transferencia o delegación (art. 150.2 CE).

- **Leyes refrendadas**. Por las cuales las decisiones políticas de especial trascendencia podrán ser sometidas a referéndum **consultivo** de todos los ciudadanos, convocado por el Rey, a propuesta del Presidente del Gobierno, previa autorización del Congreso de los Diputados (art. 92.1 CE).

- **Normas con rango de ley**. El Gobierno en determinados casos puede dictar disposiciones normativas con rango de ley. Es el caso de los Decretos-leyes (legislación de urgencia) y de los Decretos legislativos (legislación delegada).

A) Decretos-leyes

Son disposiciones legislativas provisionales dictadas por el Gobierno en caso de extraordinaria y urgente necesidad para regular materias que normalmente son competencia de las Cortes. Según la Constitución, los Decretos-leyes no podrán afectar al ordenamiento de las instituciones básicas del Estado, a los derechos, deberes y libertades de los ciudadanos, al régimen de las Comunidades Autónomas, ni al Derecho electoral general. Deberán ser inmediatamente sometidos a debate y votación de totalidad al Congreso de los Diputados convocado al efecto, si no estuviese reunido en el plazo de los 30 días siguientes a su promulgación.

El Congreso habrá de pronunciarse expresamente dentro de dicho plazo sobre su convalidación o derogación, pues si desea modificarlo deberá, conforme al artículo 86,3 de la CE, tramitarlo como proyecto de ley por el procedimiento de urgencia.

B) Decretos legislativos

Son disposiciones, con rango de ley, dictadas por el Gobierno en forma de Decreto, en virtud de una delegación expresa para cada caso concreto y con fijación de plazo para

© 2009 Abalar Consultores, S.L.

su ejercicio, concedido al Gobierno por las Cortes Generales. No pueden delegarse materias reservadas a leyes orgánicas. Tienen dos manifestaciones:

1. Textos refundidos o únicos

Las Cortes Generales autorizan al Gobierno, mediante una ley ordinaria, para que en un solo texto refunda varias disposiciones legales que inciden sobre la misma materia. La autorización para refundir textos legales determinará el ámbito normativo a que se refiere el contenido de la delegación, especificando si se circunscribe a la mera formulación de un texto único o si se incluye una labor más técnica, a saber, regularizar, aclarar y armonizar los textos legales que han de ser refundidos.

2. Textos articulados

En este caso la labor encomendada al Gobierno por las Cortes Generales es desarrollar a través de una serie de artículos las bases contenidas en una ley aprobada por las Cortes Generales. Las leyes de bases delimitarán con precisión el objeto y alcance de la delegación legislativa y los principios y criterios que han de seguirse en su ejercicio.

7. LA COSTUMBRE

7.1 CONCEPTO

El art. 1.3 del Código Civil establece que *"la costumbre solo regirá en defecto de ley aplicable, siempre que no sea contraria a la moral o al orden público y que resulte probada"*.

Según **De Castro** la costumbre es la norma creada e impuesta por el uso social. Es la norma de conducta no escrita nacida en la práctica social y considerada como obligatoria por la comunidad. Nace por la práctica repetida y efectiva de una conducta, es decir, su fundamento lo encontramos en el uso.

Los jurisconsultos romanos agruparon en una conocida definición de la costumbre, el elemento interno, de expresión de la voluntad de un pueblo y el elemento externo, de uso constante (*consuetudo inveterata*).

El Tribunal Supremo exige para reconocer la costumbre como norma jurídica la concurrencia de dos elementos:

a) **Elemento material**, representado por la repetición constante de actos uniformes de un grupo social ajustándose a un determinado modelo de conducta (uso social).

b) **Elemento espiritual** constituido por la convicción jurídica de los miembros del grupo social de la necesidad u obligatoriedad de la norma (*opinio iuris*).

© 2009 Abalar Consultores, S.L.

7.2 CLASES

Por su relación con la ley, la costumbre puede ser:

a) Costumbre *contra legem* o contraria a la ley.

b) Costumbre *secundum legem*, o conforme a ley, cuando se limita a interpretar de un modo determinado una disposición legal.

c) Costumbre *extra legem* o *praeter legem*, que regula situaciones sobre las que no existe ley alguna.

7.3 VALOR JURÍDICO

La costumbre *contra legem* no tiene eficacia, al ser rechazada por el art. 1º del Código Civil, según el cual solo regirá la costumbre en defecto de ley aplicable.

La costumbre *secundum legem* es una costumbre interpretativa, que no tiene fuerza vinculante para Jueces y Tribunales.

La costumbre *praeter legem* o *extra legem* es la única fuente del Derecho, y tiene el carácter de norma supletoria aplicable únicamente en defecto de ley.

8. LOS PRINCIPIOS GENERALES DEL DERECHO

Según el art. 1.4 del Código Civil, *"los principios generales del Derecho se aplicarán en defecto de ley o costumbre, sin perjuicio de su carácter informador del ordenamiento jurídico"*. El Código Civil no define qué debe entenderse por tales principios, existiendo diversas teorías al respecto.

Para el sector iusnaturalista, estos principios se identifican con los principios del Derecho natural, considerándose tales las verdades universales dictadas por la razón.

Otro sector considera que son los que sirven de fundamento al Derecho positivo de cada país y pueden inducirse por vía de sucesivas generalizaciones de las disposiciones particulares de la ley (partidarios del Derecho orgánico, corriente historicista).

Para otros autores deben incluirse no sólo los principios de Derecho natural, sino también los principios tradicionales y los principios políticos.

La Jurisprudencia ha consagrado entre otros, los siguientes principios generales del Derecho:

- Igualdad ante la ley.
- Nadie puede ir contra sus propios actos, a no ser que se tachen de involuntarios, fraudulentos o contrarios a Derecho.

© 2009 Abalar Consultores, S.L.

- Cada cual debe sufrir las consecuencias adversas de sus propios actos u omisiones.
- Nadie puede enriquecerse injustamente.
- Principio de libertad contractual.

Las funciones que realizan los principios generales del Derecho son diversas:

a) Son fundamento del ordenamiento jurídico. El Código Civil establece que tienen carácter informador del ordenamiento jurídico. Son las ideas fundamentales e informadoras de la organización jurídica de la nación. Constituye la base de las normas jurídicas.

b) Son informadores de la labor interpretativa. Indicarán en cada momento la fórmula interpretativa que se debe seguir.

c) Son fuente en caso de insuficiencia de la ley y costumbre. Como ya se ha señalado, el art. 1.4 del Cc. impone su aplicación en defecto de ley y costumbre. Es, entonces, fuente subordinada a la ley.

9. BREVE REFERENCIA A LA INTERPRETACIÓN, APLICACIÓN Y EFECTOS DE LAS NORMAS JURÍDICAS

9.1 APLICACIÓN DE LAS NORMAS

Interpretar una norma jurídica, dice **Ennecerus,** es esclarecer su sentido, y precisamente aquel sentido que es decisivo para la vida jurídica, y, por tanto, también para la resolución judicial.

Interpretación o hermenéutica, para **Messineo,** es la indagación y la penetración del sentido y del alcance efectivo de la norma para medir su precisa extensión y la posibilidad de su aplicación a las relaciones sociales que trata de regular.

La primera operación necesaria para la aplicación de las normas jurídicas es la elección de las mismas, y para elegir la norma a aplicar a un caso concreto, se deben realizar tres operaciones distintas:

a) Hallar la disposición aplicable al caso concreto.

b) Fijar los límites de la fuerza imperativa de tal norma; límites que son temporales y espaciales.

c) Eliminar los problemas que puedan surgir de un posible concurso de normas en torno al mismo supuesto.

© 2009 Abalar Consultores, S.L.

9.2 INTERPRETACIÓN DE LAS NORMAS

Es la operación intelectual a través de la cual el juzgador aplica la ley al caso concreto buscando y descubriendo el sentido y finalidad de la norma, su auténtica dimensión.

9.3 CLASES DE INTERPRETACIÓN

a) **Por los sujetos** que la realizan la interpretación puede ser:

- **Auténtica**. La llevada a cabo por el propio legislador a través de una nueva ley.

- **Judicial**. La que realizan Jueces y Tribunales al aplicarla al caso concreto.

- **Doctrinal**. Realizada por teóricos y científicos del Derecho en sus trabajos de investigación sobre el Ordenamiento jurídico positivo.

b) **Por los métodos, elementos o medios** de que se sirve la interpretación puede ser:

- **Gramatical**. Sujeta al sentido literal de las palabras contenidas en el texto legal.

- **Teleológica**. Cuando se busca el fin perseguido por la norma.

- **Lógico-sistemática**. Cuando se toma en consideración el emplazamiento sistemático de la norma y se la pone en relación con el resto de las normas del contexto, dentro del Ordenamiento jurídico.

c) En razón a la **extensión** que se dé a la interpretación de la norma, puede ser:

- **Declarativa**. Si hay acuerdo claro entre la letra de la ley y su espíritu.

- **Restrictiva**. Si se limita o reduce el alcance de las palabras del texto legal en relación con las amplias posibilidades que la norma parece ofrecer. Función correctora, consistente en ceñir el texto de la ley a los límites que su espíritu exige.

- **Extensiva**. Si se va más allá del sentido de la letra con la que se expresa. Se extiende a supuestos comprendidos en su verdadero sentido por encima de lo que la ley revela. Las normas jurídicas -proposiciones racionales de carácter abstracto y general- tienen que ser individualizadas, incorporadas al hecho o relación de la vida que están llamadas a regir.

© 2009 Abalar Consultores, S.L.

9.4 LOS MEDIOS DE INTERPRETACIÓN

Para interpretar las normas el intérprete dispone de una serie de medios o elementos que usa para llegar a descubrir su alcance y sentido. En el Derecho vigente se encuentran los siguientes medios:

La letra de la ley, su significado gramatical. No se debe recurrir a otros medios cuando éstos sean suficientes para alcanzar el sentido de la norma penal.

El sistema jurídico o contexto en que se encuentra situada la norma, pues su ubicación sistemática puede ayudar al intérprete y la relación o referencia común que puede descubrirse, posiblemente dé un sentido a cada norma que resulte muy útil.

Los principios generales del Derecho. Aunque por efecto del principio de legalidad no constituyen fuente directa y los juzgadores no pueden fundamentar sus fallos en estos principios, sí constituyen un medio positivo para la interpretación de la ley.

Fuera del Derecho vigente se encuentran:

La génesis de la norma. Las exposiciones de motivos y los trabajos preparatorios de las leyes constituyen un instrumento muy útil, pues ayudan a encontrar la voluntad del legislador.

La investigación teleológica o finalista de la norma, al relacionarla con el tiempo en que han de ser aplicadas y ver que finalidad perseguía, también es un medio muy útil de interpretación. Hay que penetrar en el pensamiento y espíritu de la ley.

La legislación comparada es interesante, pues hoy día el contexto histórico-social en que la norma está enclavada no termina donde acaban las fronteras nacionales, ya que cada día es más frecuente la interacción internacional (Unión Europea, Organización de Naciones Unidas, Tratados Internacionales...).

La legislación derogada, pues a veces la nueva norma suele ser una reforma más o menos amplia de la anterior. El nuevo texto, al corregir un defecto con miras a mejorar técnicamente el precepto, lo deja más imperfecto en lo que se refiere a otras aplicaciones que pasan inadvertidas a los reformadores.

El art. 3.1 del Cc dispone que: *"Las normas se interpretarán según el sentido de sus palabras en relación con el contexto, los antecedentes históricos y legislativos y la realidad social del tiempo en que han de ser aplicadas, atendiendo fundamentalmente al espíritu y finalidad de aquellas".*

Conforme al art. 51 de la Ley Orgánica del Poder Judicial, los Jueces y Tribunales aplicarán las leyes y reglamentos según los preceptos y principios contenidos en la Constitución, y según la interpretación que de la misma haga el Tribunal Constitucional. Sólo procederá el planteamiento de la cuestión de inconstitucionalidad, cuando a través de la interpretación no sea posible la acomodación de la norma al Texto constitucional.

© 2009 Abalar Consultores, S.L.

9.5 EFECTOS DE LAS NORMAS JURÍDICAS

Toda norma jurídica, en cuanto regla de conducta con eficacia social organizadora, trata de ligar a un determinado supuesto de hecho una determinada consecuencia jurídica.

En consecuencia las normas jurídicas son eficaces en dos sentidos: Tienen fuerza de obligar a su cumplimiento y regulan una parte de la realidad social que abarcan, haciendo productores de determinados efectos jurídicos a los hechos que contemplan.

A estos efectos se refiere el art. 6 del Código Civil:

"1. La ignorancia de las leyes no excusa de su cumplimiento. El error de Derecho producirá únicamente aquellos efectos que las leyes determinen.

2. La exclusión voluntaria de la ley aplicable y la renuncia a los derechos en ella reconocidos, sólo serán válidos cuando no contraríen el interés o el orden público y no perjudiquen a terceros.

3. Los actos contrarios al amparo del texto de una norma que persigan un resultado prohibido por el ordenamiento jurídico o contrario a él, se considerarán ejecutados en fraude de ley y no impedirán la debida aplicación de la norma que se hubiere tratado de eludir".

Por su parte, el art. 7 del Cc. prohíbe el abuso del derecho o el ejercicio antisocial del mismo, estableciendo que los derechos deberán ejercitarse conforme a las exigencias de la buena fe.

© 2009 Abalar Consultores, S.L.

TEMA 2

La persona: Concepto y naturaleza. La persona física y la persona jurídica. El nacimiento de la persona. Capacidad jurídica y capacidad de obrar. La edad de la persona. La emancipación: Concepto, tipos, requisitos y efectos. El estado civil y su Registro.

1. LA PERSONA: CONCEPTO Y NATURALEZA

La palabra persona tiene su origen en las lenguas clásicas, ya que se designaba con dicha palabra la máscara o careta que usaban los actores y que servía al mismo tiempo para caracterizarse y ahuecar y lanzar la voz. Dicha palabra se aplicó después al actor y más tarde a los actores de la vida social y jurídica, es decir, a los hombres considerados como sujetos de derecho.

2. LA PERSONA FÍSICA Y LA PERSONA JURÍDICA

Las clases de personas son dos:

1. La **persona física** es todo ser humano, con inteligencia y voluntad, originario portador de los derechos subjetivos. Causa de la constitución de todos los derechos es el hombre.

2. Las **personas jurídicas** son uniones de personas físicas que tienen existencia independiente de cada uno de sus miembros que han sido creadas para la consecución de una finalidad determinada, con una organización y un patrimonio destinados a este objetivo, y que mediante la institución de órganos están facultadas para actuar e intervenir en el tráfico con personalidad propia como unidades autónomas, especialmente para adquirir derechos o contraer obligaciones.

Si no se hiciera así, si no se dotara de personalidad jurídica a estos entes, sociedades, asociaciones, la vida en común sería imposible.

© 2009 Abalar Consultores, S.L.

El art. 35 del Código Civil tipifica como personas jurídicas las siguientes:

a) Las **corporaciones, asociaciones y fundaciones de interés público** reconocidas por la ley. Su personalidad comienza desde el momento en que, con arreglo a derecho, hubieren quedado validamente constituidas.

b) Las **asociaciones de interés particular**, sean civiles, mercantiles, industriales, a las que la ley concede personalidad propia, independiente de la de cada uno de los asociados.

Dispone el art. 37 del Cc. que las corporaciones, organizaciones creadas con el objetivo fundamental de la defensa de sus asociados (por ejemplo, un Colegio de Abogados) se regularán por las leyes que las hayan creado o reconocido; las asociaciones (por ejemplo, un equipo de fútbol, un partido político, etc.) por sus estatutos, y las fundaciones (por ejemplo, una ONG) por las reglas de su institución.

2.1 NATURALEZA JURÍDICA

En este apartado haremos mención a las teorías más importantes acerca de la naturaleza jurídica de la persona física y de la persona jurídica.

2.1.1 Teoría de la ficción

Parte de la idea que el único sujeto natural de derechos y obligaciones es el ser humano. Solo éste es capaz de voluntad y por consiguiente solo el puede ser naturalmente sujeto de derechos, puesto que el derecho subjetivo es un poder que la ley acuerda a una voluntad. La persona jurídica sería una ficción legal.

2.1.2 Teorías negatorias

Como las teorías de la ficción también sostienen que la única persona real es el ser humano, consideran, sin embargo que la doctrina tradicional es superficial y no ahonda la investigación de la realidad que se esconde detrás de la persona jurídica; la tarea del jurista consiste en desentrañar la realidad.

Para algunos (como Brinz, Bekker) las personas jurídicas no son otra cosa que patrimonios afectados al cumplimiento de ciertos fines. Ihering, por su parte, pensaba que los verdaderos sujetos de derechos de una persona jurídica son sus miembros, puesto que ellos son los beneficiarios y destinatarios de la utilidad que el patrimonio puede rendir. La persona jurídica seria un sujeto aparente que oculta a los verdaderos.

2.1.3 Teoría de Kelsen

Kelsen niega la dualidad derecho objetivo-derecho subjetivo. Utilizando los estudios de Duguit, pero planteando su doctrina en un terreno puramente lógico, sostiene que los derechos subjetivos no existen sino en cuanto expresión del derecho objetivo. Si no

© 2009 Abalar Consultores, S.L.

existen derechos subjetivos con valor propio, autónomo, tampoco debe existir el sujeto de derecho. Los derechos subjetivos y el sujeto de derecho, o sea la persona, son conceptos auxiliares, que facilitan el conocimiento del derecho. Persona, sea física o jurídica, es sólo la expresión unitaria personificadora de un haz de deberes y facultades jurídicas, un complejo de normas. El hecho de ser un centro de imputación de normas, convierte a ese centro en persona.

2.1.4 Teoría de la institución

Esta teoría tiene su punto de partida en la observación de la realidad social, que demostraría que una de las tendencias más firmes en las sociedades contemporáneas es el desarrollo de la vida colectiva, de la vida social. El ser humano abandona todo aislamiento, porque comprende que para realizar sus fines y para satisfacer sus necesidades de todo orden precisa unirse a otros hombres, asociarse a ellos. Entra enseguida voluntariamente en muchas asociaciones.

En el fondo subyace siempre el ser humano, porque él es el fin de todo Derecho, pero la vida de estas entidades está por encima de la de cada uno de sus miembros, considerados aisladamente. La institución se define como un organismo que tiene fines de vida y medios superiores en poder y en duración a los individuos que la componen.

La teoría de la institución tiene un claro fundamente iusnaturalista, puesto que el derecho de asociación es considerado uno de los derechos naturales del hombre, como ha proclamado León XIII en su encíclica *Rerum Novarum*.

2.1.5 Teorías propiamente jurídicas

Todas estas teorías tienen un mismo punto de partida: Si bien es verdad que desde el ángulo biológico y aun metafísico, la única persona es el ser humano, desde lo jurídico se llama persona a todo ente capaz de adquirir derechos y contraer obligaciones. Desde este punto de vista tan persona es el hombre como los entes de existencia ideal, puesto que ambos tienen esa capacidad. No haber advertido el significado jurídico de la palabra sería el error inicial del planteo de la teoría de la ficción.

3. EL NACIMIENTO DE LA PERSONA

3.1 EL NACIMIENTO DE LA PERSONA FÍSICA

Nacimiento y muerte señalan el comienzo y el fin de la persona física, del hombre. Uno de los problemas más debatidos ha sido el de la determinación del momento en que debe reputarse existente la persona individual y, por tanto, el del momento del comienzo de la personalidad jurídica, ya que la personalidad es atributo de la persona

© 2009 Abalar Consultores, S.L.

humana. El reconocimiento o atribución de personalidad a las personas físicas tiene lugar por el mero hecho de la existencia del ser humano

Entre las teorías formuladas para la determinación de ese momento merece destacar:

a) **Teoría de la concepción**. Para la misma, el hombre existe desde la concepción y por ende la personalidad le debe de ser reconocida desde la concepción. Presenta el inconveniente de la dificultad de determinar este momento.

b) **Teoría del nacimiento**. Es el nacimiento el que determina el comienzo de la personalidad individual, pues durante la concepción el feto no tiene vida independiente de la madre.

c) **Teoría ecléctica**. Pone el origen de la personalidad en el nacimiento, pero reconoce una ficción de derechos al concebido, o retrotrae los efectos del nacimiento al tiempo de la concepción.

d) **Teoría de la viabilidad**. Exige para el reconocimiento de la persona no solo el hecho de nacer ésta viva, sino, además, la aptitud para seguir viviendo fuera del claustro materno.

El art. 29 del Cc. establece que *"El nacimiento determina la personalidad; pero el concebido se tiene por nacido para todos los efectos que le sean favorables, siempre que nazca con las condiciones que expresa el artículo siguiente"*. Y, el art. 30 dice que *"Para los efectos civiles, sólo se reputará nacido el feto que tuviere figura humana y viviere veinticuatro horas enteramente desprendido del seño materno"*. Dos son, por tanto, los requisitos: Que el nacido tenga figura humana y viva 24 horas enteramente desprendido del claustro materno.

De lo que se deduce que al *nasciturus* (el concebido) se le reputa persona para todo aquello que le pueda ser favorable. La protección del concebido se realiza haciendo que todos los derechos o relaciones que le serían favorables si ya fuera persona, quedan en situación de pendencia, pero sin modificarse su titularidad actual, hasta ver si el concebido llega o no a ser persona, retrasándose los efectos del nacimiento hasta el momento de la concepción.

Nuestro Código civil combina las diversas teorías. Sienta el principio de que el *"nacimiento determina la personalidad"*, (teoría del nacimiento), pero después añade: *"al concebido se tiene por nacido para todos los efectos que le sean favorables, pero siempre que nazca en las condiciones legales"* (teoría ecléctica), que según el art. 30 son: Que tenga figura humana y viva 24 horas desprendido del claustro materno (teoría de la viabilidad).

En cuanto a su protección jurídica, hay que distinguir entre el ya nacido y el concebido.

El artículo 15 de la Constitución dice: *"Todos tienen derecho a la vida y a la integridad física y moral sin que en ningún caso puedan ser sometidos a torturas ni a penas o tratos inhumanos o degradantes"*.

© 2009 Abalar Consultores, S.L.

El Código Penal protege tanto a la persona ya nacida, como al *nasciturus*, si bien en este caso la protección no es radical sino sometida a un sistema de indicaciones (ver tema 24 del programa).

Civilmente el concebido no tiene verdadera personalidad y capacidad, pero se le reconocen una serie de eventuales derechos, permitiéndole ser donatario y protegiendo su calidad de heredero forzoso (arts. 627 y 814 Cc).

Tratándose de partos dobles o múltiples, cada uno de los nacidos adquiere o no su personalidad, según se cumplan los requisitos recogidos en el art. 30 del Cc.

"La prioridad del nacimiento, en el caso de partos dobles, da al primer nacido los derechos que la Ley reconozca al primogénito" (art. 31 Cc).

La prueba del nacimiento se constata oficialmente mediante su inscripción en el Registro Civil. El nacimiento se inscribe mediante declaración de quien tiene conocimiento cierto del mismo, y hace fe del hecho, fecha, hora y lugar de nacimiento, del sexo y, en su caso, de la filiación del inscrito, consignándose en ella el nombre dado al nacido. La inscripción no procede, sino cuando el nacido cumple las condiciones previstas en el art. 30 del Cc, citado.

3.2 EL NACIMIENTO DE LA PERSONA JURÍDICA

Las personas jurídicas nacen como consecuencia de un acto jurídico (acto de constitución), según un sistema de mera existencia, o bien por el reconocimiento que de ellas hace una autoridad u órgano administrativo o por concesión. En ambos casos puede existir un requisito de publicidad, como la inscripción en un registro público (Jovert Curi).

3.3 LOS DERECHOS DE LA PERSONALIDAD

Según **De Castro**, son los derechos que conceden un poder a las personas para proteger la esencia de su personalidad y sus más importantes cualidades.

Los derechos de la personalidad son derechos esenciales, atribuyéndoseles las siguientes notas:

a) Son derechos originarios e innatos, que se adquieren simplemente por el nacimiento.

b) Son derechos privados, aunque participan de elementos públicos, por lo que la mayor parte de estos derechos son a la vez deberes.

c) Son derechos absolutos o de exclusión, en el sentido de su oponibilidad *erga omnes*, es decir frente a todos.

d) Son derechos extrapatrimoniales, lo que no obsta para que su lesión pueda dar a consecuencias patrimoniales, por la vía del resarcimiento de daños.

© 2009 Abalar Consultores, S.L.

e) Son derechos intransmisibles y no susceptibles de disposición por el titular.

f) Por último, son irrenunciables e imprescriptibles.

El profesor **Martín Ballesteros**, los clasifica comprendiéndolos en tres grandes grupos:

1. Derecho a la individualidad, que comprende tanto el nombre, domicilio, estado civil, raza, patrimonio y profesión.

2. Derecho relativo a la existencia física, que comprende la vida, la salud, la integridad física y la disposición del propio cuerpo.

3. Derechos morales, que comprenden la imagen, el secreto o intimidad, el honor, los derechos de autor, los derechos de familia, los recuerdos familiares y los sepulcros, y las libertades públicas.

4. CAPACIDAD JURÍDICA Y CAPACIDAD DE OBRAR

Para **Albadalejo**, personalidad es la condición de persona y capacidad es la condición de capaz. Capacidad es sinónimo de personalidad, pues implica aptitud para derechos y obligaciones. Pero esta aptitud en que consiste la personalidad o capacidad jurídica se despliega en dos manifestaciones:

a) Aptitud del sujeto para la mera tenencia y goce de los derechos.

b) Aptitud para el ejercicio de los mismos y para concluir actos jurídicos.

A la primera de ellas se le suele llamar personalidad, capacidad jurídica, capacidad de derecho o de goce, mientras que a la segunda capacidad de obrar o de ejercicio.

Capacidad jurídica es pues, la aptitud o idoneidad para ser titular de derechos y obligaciones. Toda persona, por el hecho de serlo, posee capacidad jurídica, que es un atributo o cualidad esencial de ella.

Esta capacidad la tienen incluso los menores que aunque no pueden hacer valer personalmente sus derechos, deben ejercitarlos en su nombre un tercero (el que ostente la patria potestad, la tutela, etc.). Así por ejemplo, un menor de edad puede tener capacidad jurídica para recibir una herencia y no tener en ese momento capacidad de obrar para administrarla por sí mismo. Por lo tanto la capacidad jurídica se adquiere al nacer.

Capacidad de obrar, es la aptitud o idoneidad para realizar eficazmente actos jurídicos, es decir, la capacidad para adquirir y ejercitar derechos y obligaciones. La capacidad de obrar hace referencia a la facultad de realizar actos libremente, es decir, sin la necesidad de mediación de ajena voluntad.

© 2009 Abalar Consultores, S.L.

4.1 DIFERENCIAS ENTRE CAPACIDAD JURÍDICA Y CAPACIDAD DE OBRAR

Según **Castán** la capacidad jurídica, en abstracto, reúne los caracteres de una, fundamental, indivisible, irreductible y esencialmente igual, siempre y para todos los hombres. No es persona quien carece de capacidad jurídica.

La capacidad de obrar es contingente o variable. No existe en todos los hombres, ni se da en ellos del mismo grado. Así como para la capacidad jurídica basta la existencia de la persona, para la capacidad de obrar se requiere inteligencia y voluntad, y como estos atributos no existen en todos los hombres, ni siempre en el mismo grado, la ley niega unas veces en absoluto dicha capacidad y otras las limita y condiciona.

4.2 DIVISIONES DE LA CAPACIDAD JURÍDICA Y DE OBRAR

La capacidad jurídica puede ser capacidad de Derecho público o de Derecho privado, y capacidad personal o capacidad patrimonial. La capacidad de obrar tiene tres manifestaciones:

a) **Capacidad negocial** o para actos jurídicos que consiste en la aptitud de realizar esta clase de actos y emitir o recibir declaraciones de voluntad. Dentro de ella se integran la capacidad para actos de mera administración o conservativos y capacidad de disposición o enajenación.

b) **Capacidad procesal** o de obrar en juicio.

c) **Capacidad penal**, delictual o de imputación para incurrir en responsabilidad por los actos ilícitos imputables al agente.

También puede hablarse de **capacidad de obrar plena, menos plena o limitada**, según que esté o no afectada por circunstancias que la modifiquen o restrinjan. Toda persona, por el hecho mismo de su nacimiento, tiene capacidad jurídica; es decir, puede ser sujeto de derechos y obligaciones, pero, sin embargo, no toda persona, por el mero hecho de serlo, tiene capacidad de obrar, ya que está condicionada por una serie de circunstancias (edad, inteligencia, voluntad), que no se da en todos los hombres.

Por eso la capacidad de obrar puede ser plena menos plena o limitada. Como causas más importantes de esa limitación se citan la *incapacitación,* reconocida en sentencia judicial por las causas establecidas en la ley (art. 199 Cc.) y la *prodigalidad*, reconocida también en sentencia judicial, aplicable a personas con vida desordenada que ponen en peligro y patrimonio y la subsistencia de su familia (art. 294 y ss. Cc).

5. LA EDAD DE LA PERSONA

La edad, entendida como lapso temporal que media entre el nacimiento de una persona hasta un momento determinado de su vida, no es sólo la medida de la duración del vivir, sino que al marcar los jalones del desenvolvimiento mental del

© 2009 Abalar Consultores, S.L.

hombre, es una cualidad jurídicamente relevante ante el Ordenamiento jurídico. La edad, en general, significa para el Derecho una cualidad de la persona, un estado civil, de acuerdo con el cual se gradúa la capacidad de obrar de la misma.

La configuración del estado civil con fundamento en la edad se refiere a la distinción entre mayor y menor edad, y dentro de esta situación, a la condición de los menores emancipados. La mayor y menor edad y la emancipación son estados civiles y significan una diferente manera de inserción del individuo en la comunidad, de un diferente ámbito de poder y de responsabilidad y una diferente capacidad de obrar.

La capacidad de obrar se alcanza con la mayoría de edad que actualmente está fijada en 18 años (art. 12 CE), si bien antes de cumplir dicha edad se tiene ciertas capacidades, por ejemplo la de 14 años para poder testar (excepto el testamento ológrafo), testificar y para contraer matrimonio (mediante dispensa).

A los 16 años tienen capacidad para solicitar del Juez su emancipación o el beneficio de la mayor edad si está sujeto a tutela, y para ser testigo en el testamento excepcional otorgado en casos de epidemia. Para el cómputo de la mayoría de edad se incluirá completo el día del nacimiento (art. 315 Cc).

"El mayor de edad es capaz para todos los actos de la vida civil", salvo algunas excepciones (art. 322 Cc), como por ejemplo, la adopción requiere que el adoptante se halle en el pleno ejercicio de todos sus derechos civiles y tenga 25 años cumplidos y, por lo menos, 14 años más que el adoptado. Si adoptan marido y mujer basta que uno de los dos haya alcanzado dicha edad.

Con la mayoría de edad el sujeto se emancipa, sale de la patria potestad o tutela, pasando del estado civil de menor de edad al de mayor de edad.

6. LA EMANCIPACION: CONCEPTO, TIPOS, REQUISITOS Y EFECTOS

6.1 CONCEPTO

Acto solemne o beneficio de la ley por el que se pone término a la patria potestad y que confiere a los menores un grado de capacidad para regir su persona y bienes similar a la mayoría de edad.

El menor de 18 años tiene restringida su capacidad de obrar. Las causas de estas restricciones son, fundamentalmente dos:

a) La falta de plena aptitud para comprender y, en consecuencia, para querer.

b) Dependencia a que se encuentra sometido por la patria potestad o tutela, instituciones que tienen por objeto la protección de la persona y bienes de los menores, pues las limitaciones o restricciones se establecen en beneficio suyo para impedir que puedan ser perjudicados.

© 2009 Abalar Consultores, S.L.

6.2 TIPOS Y REQUISITOS

La emancipación puede tener lugar:

a) **Por la mayoría de edad** (art. 314.1 Cc).

b) **Por el matrimonio del menor** (art. 314.2 Cc). El matrimonio produce de derecho la emancipación. El menor emancipado por matrimonio consigue igual capacidad que el menor emancipado por concesión, y aunque después se disuelva el matrimonio, la emancipación es irrevocable.

c) **Por la concesión de los que ejerzan la patria potestad** (art. 314.3 Cc). Se requiere que el menor tenga dieciséis años cumplidos y que la consienta. Esta emancipación se otorgará mediante escritura pública o por comparecencia ante el Juez encargado del Registro Civil, no produciendo, entre tanto, efectos contra terceros. Una vez concedida la emancipación no podrá ser revocada.

d) **Por concesión judicial** (art. 314.4 y 320 Cc). El Juez podrá conceder la emancipación de los hijos mayores de dieciséis años si estos la pidieran y previa audiencia de los padres en los siguientes casos:

1º. Cuando quien ejerce la patria potestad contrajere nupcias o conviviere maritalmente con persona distinta del otro progenitor.

2º. Cuando los padres vivieren separados.

3º. Cuando concurra cualquier causa que entorpezca gravemente el ejercicio de la patria potestad.

e) **Por habilitación de edad** (art. 321 Cc). La habilitación de edad o beneficio de mayor edad, será concedido por el Juez, previo informe del Ministerio Fiscal, al menor, sujeto a tutela, mayor de dieciséis años que lo solicitare.

f) **Por vida independiente** del hijo mayor de dieciséis años que con el consentimiento de los padres viviera independientemente de éstos (art. 319 Cc). Dicho consentimiento es revocable por sus padres.

Por vida independiente debe entenderse, según **Sánchez Román**, tener economía doméstica separada o, como dice **Castán**, más que tener propio domicilio, el ejercitar una profesión, empleo, oficio, comercio o industria, que es administrado por sí y para sí mismo.

© 2009 Abalar Consultores, S.L.

6.3 EFECTOS DE LA EMANCIPACIÓN

El efecto fundamental es ampliar la capacidad de obrar del menor que se emancipa. La capacidad del menor emancipado se rige, cualquiera que sea su forma de alcanzar la emancipación, por una misma regla, que es la contenida en el art. 323 del Cc, mientras que el emancipado por matrimonio se rige, además por la regla especial que para los bienes conyugales contiene el art. 324.

a) Regla general. Recogida en el art. 323 del Cc: *"La emancipación habilita al menor para regir su persona y bienes como si fuera mayor. Pero hasta que llegue a la mayor edad no podrá el emancipado tomar dinero a préstamo, gravar o enajenar bienes inmuebles y establecimientos mercantiles o industriales u objetos de extraordinario valor sin consentimiento de sus padres y, a falta de ambos, sin el del tutor".*

La emancipación se presenta pues como una mayoría de edad con ciertas restricciones, fuera de ellas, el emancipado, que queda libre de la patria potestad, adquiere capacidad plena, pudiendo celebrar todo tipo de negocios jurídicos o contratos, salvo los exceptuados.

b) Regla especial. Recogida en el art. 324 del Cc: *"Para que el casado menor de edad pueda enajenar o gravar bienes inmuebles, establecimientos mercantiles u objetos de extraordinario valor que sean comunes, basta si es mayor el otro cónyuge, el consentimiento de los dos, pero si también es menor, se necesitará además, el de los padres o tutores de uno y otro".*

7. EL ESTADO CIVIL Y SU REGISTRO

7.1 CONCEPTO

Según **Diez Picazo**, el estado civil de la persona es una cualidad natural o adquirida por la misma que supone, por su estabilidad o permanencia, una manera de ser o estar en la comunidad, y que el ordenamiento jurídico toma en consideración para atribuirle efectos jurídicos. Efectos que se sustancian ante todo en la asignación de una capacidad de obrar, pero también en una fijación de derechos y deberes. Por ejemplo, el estado de casado, la mayoría o minoría de edad, etc.

7.1.1 Caracteres

1. *Personalidad.* Toda persona tiene un estado civil como bien propio de su personalidad. Ello no quiere decir que solo se posea un estado civil, sino que en una persona pueden coincidir varios estados civiles, como mayoría de edad, nacionalidad, vecindad, etc.

2. *Orden público.* Significa que está sustraído al juego de la autonomía de la voluntad de los particulares, y que en las controversias sobre estado civil debe intervenir

© 2009 Abalar Consultores, S.L.

siempre el Ministerio Fiscal, como representante de la comunidad. Los estados civiles son irrenunciables.

3. Eficacia erga omnes. La eficacia de las sentencias recaídas en pleitos sobre estado civil afectan a todas las personas, aunque no hayan litigado.

7.1.2 Clases

Nuestro Código Civil no contiene una enumeración de los estados civiles de la persona, y tampoco aparecen en la Ley del Registro Civil, que se limita a señalar que en el Registro Civil se inscribirán los hechos concernientes al estado civil de las personas y aquellos otros que determine la ley. Por tanto, son inscribibles según el art. 1º de la Ley de Registro Civil, de 8 de junio de1957:

1. El nacimiento.

2. Filiación. Determina la integración de una persona en una familia concreta. Finalizada la discriminación entre hijos matrimoniales y no matrimoniales, hay que tener en cuenta también en este apartado la adopción.

3. El nombre y apellidos.

4. La emancipación y habilitación de edad.

5. Las modificaciones judiciales de la capacidad de las personas (las enfermedades o deficiencias persistentes de carácter físico o psíquico que impidan a una persona gobernarse por sí misma y la prodigalidad son tenidas en cuenta por el derecho para originar estados civiles de incapacidad de distinto alcance), o que éstas han sido declaradas en concurso, quiebra o suspensión de pagos.

6. Las declaraciones de ausencia o fallecimiento.

7. Nacionalidad y vecindad. Respecto al primero de estos estados se distinguen los españoles, extranjeros y apátridas (sin nacionalidad), y en cuanto al segundo, permite determinar que ciudadanos están sometidos al Derecho foral o al Código Civil.

8. La patria potestad, tutela y demás representaciones que señala la ley.

9. Matrimonio. Distingue entre casado o soltero, al que hay que añadir el cónyuge separado, divorciado o viudo.

10. La defunción.

La general doctrina está de acuerdo en afirmar que deben quedar al margen del Registro Civil las siguientes situaciones:

1. La condición nobiliaria.

© 2009 Abalar Consultores, S.L.

2. La condición profesional.
3. El domicilio.
4. La profesión religiosa y el estado sacerdotal.

7.1.4 Facultades y acciones de estado civil

El titular de un estado civil goza de una serie de poderes de actuación en orden al mismo:

a) Posibilidad de cambiar de estado civil, reconocida en materia de nacionalidad, vecindad, adopción, emancipación, matrimonio, etc.

b) Posibilidad de impugnar el propio estado civil cuando en su formación se han producido vicios tenidos en cuenta por el legislador, o no se hayan observado las normas legales o por concurrir causas marcadas por ellas (divorcio o nulidad matrimonial, por ejemplo).

c) Posibilidad de rectificar, en sentido amplio, los asientos del Registro Civil en cuanto no concuerden con la realidad del estado, o la de pedir que se publique el mismo a través de la práctica del correspondiente asiento.

Las acciones de estado son las pretensiones que se deducen ante los órganos judiciales teniendo por objeto un estado civil, bien para conseguir que se declare de una forma pública y solemne, bien para impugnar el que una persona ostenta. Se dividen así las *acciones en declarativas y modificativas.*

Las acciones de estado son *indisponibles, irrenunciables e intransferibles*, dado su objeto, y tienen eficacia *erga omnes*. Su ejercicio es personalísimo, aunque en ocasiones la legitimación se concede excepcionalmente a los herederos.

7.2 REGISTRO CIVIL

7.2.1 Concepto

Con las palabras Registro Civil se puede hacer referencia:

a) A la oficina que tiene a su cargo el servicio registral.

b) Al conjunto de libros de tal oficina, donde se practican los asientos pertinentes.

c) A la institución o servicio relativa al estado civil.

Castán lo define como la institución o servicio que tiene por objeto la ordenación oficial de las actas del estado civil.

© 2009 Abalar Consultores, S.L.

Raluy lo define como institución o servicio administrativo a cuyo cargo se halla la publicidad de los hechos que afectan al estado civil de las personas, o relacionadas con dicho estado, contribuyendo, en ciertos casos, a la constitución de dichos actos, y proporcionando títulos de legitimación de estado.

7.2.2 Funciones

1. Constancia y publicidad de los hechos concernientes al estado civil.
2. Cooperación a la formación de tales actos.
3. Creación de auténticos títulos de legitimación del estado civil.

Según el art. 327 del Cc., las actas del Registro Civil serán *prueba del estado civil*, la cual sólo podrá ser suplida por otras en el caso de que no hayan existido aquéllas o hubiesen desaparecido los libros del Registro, o cuando ante los tribunales se suscite contienda.

7.2.3 Organización

El Registro Civil español se divide en cuatro Secciones:

1ª. **Nacimientos y general**. Se inscriben los nacimientos, que abren folio, en que concurran los requisitos establecidos en el art. 30 del Cc. (feto con figura humana y que viva veinticuatro horas desprendido del claustro materno).

Además se inscriben la adopción, las modificaciones de la capacidad, el concurso, la quiebra, la suspensión de pagos, la ausencia y declaración de fallecimiento, los hechos relativos a la nacionalidad y vecindad y los hechos que afectan a la patria potestad, y en general todos aquellos hechos inscribibles para los que no se establece especialmente que se inscriban en otra Sección.

2ª. **Matrimonios**. Se inscriben los matrimonios, que abren folio, inscribiéndose al margen las sentencias y resoluciones sobre validez, nulidad, separación o divorcio del matrimonio, así como, por medio de indicación, todo lo relativo al régimen económico matrimonial.

3ª. **Defunciones**. Se inscriben abriendo folio las defunciones. No se halla previsto ningún asiento marginal, salvo la nota de referencia al lugar de enterramiento, pues las declaraciones de fallecimiento se inscriben en la Sección 1ª.

4ª. **Tutelas y representaciones legales**. Se inscriben el organismo tutelar y las demás representaciones legales (que no sean personas jurídicas) y sus modificaciones. No se incluyen los hechos relativos a la patria potestad que se inscriben al margen de la inscripción de nacimiento en la Sección 1ª.

La estructura del Registro Civil, tiene como vértice la Dirección General de los Registros y del Notariado, dependiente del Ministerio de Justicia.

© 2009 Abalar Consultores, S.L.

A continuación figuran los Registros, estructurados en el Registro Central (a cargo de jefes de servicio de la Dirección General), los Registros Municipales (cuyos encargados son los Jueces de Primera Instancia, según la Ley Orgánica del Poder Judicial) y los Registros Consulares (a cargo del Cónsul respectivo de cada demarcación consular o en su caso de los funcionarios diplomáticos encargados de las Secciones consulares de la Misión diplomática).

© 2009 Abalar Consultores, S.L.

TEMA 3

La nacionalidad de la persona. Concepto, adquisición y pérdida. La doble nacionalidad. Refugiados y apátridas. La vecindad civil: Concepto, adquisición y pérdida. El domicilio: Concepto y clases. La ausencia y la desaparición de la persona. La muerte de la persona: Premoriencia y conmoriencia.

1. LA NACIONALIDAD DE LA PERSONA

1.1 CONCEPTO Y NATURALEZA

Para el profesor Díez de Velasco la nacionalidad puede definirse como "la pertenencia jurídica de una persona a la población que constituye un Estado", debiendo ser entendida la nacionalidad como un **vínculo que une a un individuo con un Estado determinado,** productor de obligaciones jurídicas y derechos subjetivos recíprocos, atribuyendo a la persona un conjunto de derechos y deberes derivados de su integración en la comunidad política de estructura estatal.

La nacionalidad es una cualidad, un *status* de una persona natural o jurídica, otorgado por el ordenamiento del Estado. Los Estados modernos han admitido siempre la misma diferenciación entre el nacional y el que no lo es, llamado extranjero.

La concepción romanista y la concepción feudal configuran a la nacionalidad como una relación contractual de fidelidad entre el señor y el vasallo. El concepto moderno de nacionalidad nace con la Revolución francesa, de donde proviene la idea de vínculo directo entre el nacional y la nación, siendo el resultado de un proceso de socialización.

Por su naturaleza jurídica, la nacionalidad presenta un doble aspecto: Público y privado.

a) Aspecto público. La nacionalidad comporta un aspecto jurídico público porque es determinante de los derechos políticos; por otra parte, el conjunto de nacionales de un Estado constituye el pueblo o población, elemento esencial constitutivo del Estado, sobre el que se ejerce la soberanía.

b) **Aspecto privado**. Punto de conexión para resolver conflictos de leyes dentro del Derecho Internacional. La nacionalidad determina la ley personal

© 2009 Abalar Consultores, S.L.

correspondiente a las personas físicas (art. 9.1 Cc.). Dicha ley regirá la capacidad y el estado civil, los derechos y deberes de la familia y la sucesión por causa de muerte.

1.1.1 Reglas y caracteres de la nacionalidad

La doctrina señala como reglas fundamentales de la nacionalidad, las siguientes:

- Todo individuo debe tener una nacionalidad.
- Todo individuo debe tener la nacionalidad desde su nacimiento (nacionalidad de origen).
- Se puede cambiar voluntariamente de nacionalidad con el consentimiento del Estado interesado (nacionalidad electiva).

Como caracteres de la nacionalidad se señalan:

a) **Voluntaria**. Toda persona tiene derecho a cambiar de nacionalidad. Este principio se encuentra recogido en el art. 15 de la Declaración de los Derechos del Hombre: *"Todo individuo tiene derecho a la nacionalidad. Nadie puede ser privado de su nacionalidad, ni del derecho a cambiar de nacionalidad"*.

b) **Necesaria**. Todo individuo ha de tener una nacionalidad, siendo la condición de **apátrida** (el que carece de nacionalidad) una situación anómala, así como la doble nacionalidad, en la que dos Estados consideran al mismo individuo como nacional suyo.

1.1.2 Reglas sobre la nacionalidad española en la Constitución

El art. 11 de la Constitución consagra las siguientes reglas:

a) La nacionalidad española se adquiere, se conserva y se pierde de acuerdo con lo establecido por la Ley.

b) Ningún español de origen podrá ser privado de su nacionalidad.

c) El Estado podrá concertar tratados de doble nacionalidad con los países iberoamericanos o con aquellos que hayan tenido o tengan una particular vinculación con España.

En estos mismos países, aún cuando no reconozcan a sus ciudadanos un derecho recíproco, podrán naturalizarse los españoles sin perder su nacionalidad de origen. Sin embargo, sólo podrá ejercerse al tiempo una de ellas y no las dos. De manera que una de las nacionalidades permanece en estado latente mientras la otra se tiene de forma efectiva.

© 2009 Abalar Consultores, S.L.

1.2 ADQUISICIÓN DE LA NACIONALIDAD

Partiendo de que la nacionalidad no es perpetua y que no hay inconveniente teórico ni práctico para cambiar la nacionalidad, pueden distinguirse dos modos o formas de adquisición de ésta.

1.2.1 Adquisición originaria

En virtud de la cual se fija a la persona una determinada nacionalidad desde el momento de nacimiento. Esta adquisición puede obedecer a dos tipos de causas:

1ª. **La filiación o linaje** (adquisición por ius sanguinis), con arreglo a cuyo criterio la nacionalidad se adquiere como consecuencia de la filiación, con independencia del lugar en que se nazca.

2ª. **El lugar de nacimiento** (adquisición por *ius soli*), criterio que establece que la nacionalidad se adquiere por el lugar donde se nace, con independencia de la nacionalidad de los padres.

1.2.2 Adquisición derivativa

Es la producida por cambio o modificación de la nacionalidad que anteriormente se ostentaba.

1.3 ADQUISICIÓN DE LA NACIONALIDAD ESPAÑOLA

a) **Adquisición originaria**

1. **Por filiación**. Según el art. 17.1 del Cc *"son españoles de origen los nacidos de padre o madre españoles"*, por lo que basta con que uno de los progenitores sea español.

2. **Por nacimiento en España**. El mismo art. 17.1 también considera españoles de origen:

17.b) *"Los nacidos en España de padres extranjeros si, al menos, uno de ellos hubiera nacido también en España. Se exceptúan los hijos de funcionario diplomático o consular acreditado en España. Se impone la nacionalidad española a la segunda generación nacida en España de personas de origen extranjero.*

17.c) *Los nacidos en España de padres extranjeros, si ambos carecieren de nacionalidad o si la legislación de ninguno de ellos atribuye al hijo una nacionalidad.*

© 2009 Abalar Consultores, S.L.

17.d) *Los nacidos en España cuya filiación no resulte determinada. A estos efectos, se presumen nacidos en territorio español los menores de edad cuyo primer lugar conocido de estancia sea territorio español".*

El art. 17.2 aclara que la filiación o el nacimiento en España, cuya determinación se produzca después de los dieciocho años de edad, no son por sí solos causa de adquisición de la nacionalidad española. El interesado tiene entonces **derecho a optar** por la nacionalidad española de origen en el plazo de dos años a contar desde aquella determinación.

b) **Consolidación de la nacionalidad española por posesión de estado**

Dispone el art. 18 Cc. que *"La posesión y utilización continuada de la nacionalidad española durante diez años, con buena fe y basada en un título inscrito en el Registro Civil, es causa de consolidación de la nacionalidad, aunque se anule el título que la originó".*

La nacionalidad así consolidada puede ser de origen o derivativa.

c) **Adquisición derivativa**

1º. **Por adopción**. Según el art. 19 del Cc:

"1. El extranjero menor de dieciocho años adoptado por un español adquiere desde la adopción, la nacionalidad española de origen. A pesar de ser un modo derivativo de adquisición de la nacionalidad, el Código Civil considera tal adquisición como originaria para fortalecer sus efectos.

2. Si el adoptado es mayor de dieciocho años, podrá optar por la nacionalidad española de origen en el plazo de dos años a partir de la constitución de la adopción".

2º. **Por opción**, recogida en el art. 20 del Cc, según el cual:

"1. Tienen derecho a optar por la nacionalidad española:

a) Las personas que estén o hayan estado sujetas a la patria potestad de un español.
b) Aquellas cuyo padre o madre hubieran sido originariamente español y nacido en España.
c) Las que se hallen comprendidas en el segundo apartado de los artículos 17 y 19 del Código Civil.

2. La declaración de opción se formulará:

a) Por el representante legal del optante, menor de catorce años o incapacitado. En este caso la opción requiere autorización del encargado del Registro Civil del domicilio del declarante, previo dictamen del Ministerio Fiscal. Dicha autorización se concederá en interés del menor o incapaz.

© 2009 Abalar Consultores, S.L.

b) Por el propio interesado, asistido por su representante legal, cuando aquél sea mayor de catorce años o cuando, aun estando incapacitado, así lo permita la sentencia de incapacitación.

c) Por el interesado, por sí solo, si está emancipado o es mayor de dieciocho años. La opción caducará a los veinte años de edad, pero si el optante no estuviera emancipado según su ley personal al llegar a los dieciocho años, el plazo para optar se prolongará hasta que transcurran dos años desde la emancipación.

d) Por el interesado, por sí solo, dentro de los dos años siguientes a la recuperación de la plena capacidad. Se exceptúa el caso en que haya caducado el derecho de opción conforme al apartado c)".

3. No obstante lo dispuesto en el apartado anterior, el ejercicio del derecho de opción previsto en el apartado 1.b) de este artículo no estará sujeto a límite alguno de edad".

3º. **Por carta de naturaleza**. A la que se refiere el art. 21 del Cc:

"1. La nacionalidad española se adquiere por carta de naturaleza, otorgada discrecionalmente mediante Real Decreto, cuando en el interesado concurran circunstancias excepcionales".

La nacionalidad por carta de naturaleza la podrá solicitar:

- El interesado emancipado o mayores de 18 años.
- El mayor de catorce años asistido por su representante legal.
- El representante legal del menor de catorce años.
- El representante legal del incapacitado o el incapacitado, por sí solo o debidamente asistido, según resulte de la sentencia de incapacitación.

En estos dos últimos casos, el representante legal sólo podrá formular la solicitud si previamente ha obtenido autorización del encargado del Registro Civil del domicilio del declarante, previo dictamen del Ministerio Fiscal. Se concederá en interés del menor o incapaz.

4º. **Por residencia**. El art. 21.2 del Cc. establece que *"La nacionalidad española también se adquiere por residencia en España, en las condiciones que señala el artículo siguiente y mediante concesión otorgada por el Ministerio de Justicia* (previo expediente), *que podrá denegarla por motivos razonados de orden público o interés nacional".*

A su vez, el art. 22 Cc. dice que:

"1. Para la concesión de la nacionalidad española por residencia se requiere que ésta haya durado diez años. Serán suficientes cinco años para los que hayan obtenido la

© 2009 Abalar Consultores, S.L.

condición de refugiado, y dos años cuando se trate de nacionales de origen de países iberoamericanos, Andorra, Filipinas, Guinea Ecuatorial o Portugal, o sefardíes.

2. Bastará el tiempo de residencia de un año para:

a) El que haya nacido en territorio español.

b) El que no haya ejercitado oportunamente la facultad de optar.

c) El que haya estado sujeto legalmente a la tutela, guarda o acogimiento de un ciudadano o institución españoles, durante dos años consecutivos, incluso si continuare en esta situación en el momento de la solicitud

d) El que al tiempo de la solicitud llevare un año casado con un español o española y no estuviere separado legalmente o de hecho.

e) El viudo o viuda de española o español, si a la muerte del cónyuge no existiera separación legal o de hecho.
f) El nacido fuera de España de padre, madre, abuelo o abuela que originariamente hubieran sido españoles.

3. En todos los casos la residencia habrá de ser legal, continuada e inmediatamente anterior a la petición.

A los efectos de lo previsto en la letra d) del número anterior, se entenderá que tiene residencia legal en España el cónyuge que conviva con funcionario diplomático o consular español acreditado en el extranjero.

4. El interesado deberá justificar, en el expediente regulado por la legislación del Registro Civil, buena conducta cívica y suficiente grado de integración en la sociedad española.

5. La concesión o denegación de la nacionalidad por residencia deja a salvo la vía judicial contencioso-administrativa».

De acuerdo con el art. 21.3 del Cc., la nacionalidad por residencia, al igual que por carta de naturaleza podrá formularla:

- El interesado emancipado o mayor de 18 años.
- El mayor de catorce años asistido por su representante legal.
- El representante legal del menor de catorce años.
- El representante legal del incapacitado o el incapacitado, por sí solo o debidamente asistido, según resulte de la sentencia de incapacitación.

© 2009 Abalar Consultores, S.L.

1.3.1 Caducidad

Dispone el art. 21.4 del Cc. que: *"Las concesiones por carta de naturaleza o por residencia caducan a los 180 días siguientes a su notificación, si en este plazo no comparece el interesado ante funcionario competente para cumplir los requisitos del artículo 23".*

1.3.2 Requisitos comunes a la validez de la adquisición de la nacionalidad española por opción, carta de naturaleza o residencia

El art. 23 del Cc. exige, además de los requisitos particulares de los tres tipos de adquisición de la nacionalidad española ya descritos, los siguientes:

a) Que el mayor de catorce años, y capaz para prestar declaración por sí, jure o prometa fidelidad al Rey, y obediencia a la Constitución y a las leyes.

b) Que la misma persona declare que renuncia a su anterior nacionalidad. Quedan a salvo de este requisito los naturales de países mencionados en el apartado 1, del artículo 24 (países iberoamericanos, Andorra, Filipinas, Guinea Ecuatorial o Portugal).

c) Que la adquisición se inscriba en el Registro Civil español.

1.4 PÉRDIDA DE LA NACIONALIDAD ESPAÑOLA

La nacionalidad española puede perderse:

A) Por adquisición voluntaria de otra

El art. 24 del Código Civil establece: *"1. Pierden la nacionalidad española los emancipados que, residiendo habitualmente en el extranjero, adquieran voluntariamente otra nacionalidad o utilicen exclusivamente la nacionalidad extranjera que tuvieran atribuida antes de la emancipación.*

2. La pérdida se producirá una vez que transcurran tres años a contar, respectivamente, desde la adquisición de la nacionalidad extranjera o desde la emancipación.

La adquisición de la nacionalidad de países iberoamericanos, Andorra, Filipinas, Guinea Ecuatorial o Portugal, no es bastante para producir, conforme a este apartado, la pérdida de la nacionalidad española de origen.

3. En todo caso, pierden la nacionalidad española los españoles emancipados que renuncien expresamente a ella, si tienen otra nacionalidad y residen habitualmente en el extranjero.

© 2009 Abalar Consultores, S.L.

4. Los que habiendo nacido y residido en el extranjero ostenten la nacionalidad española por ser hijos de padre o madre españoles también nacidos en el extranjero, cuando las leyes del país donde residan les atribuyan la nacionalidad del mismo, perderán, en todo caso, la nacionalidad española si no declaran su voluntad de conservarla ante el encargado del Registro Civil en el plazo de tres años, a contar desde su mayoría de edad o emancipación.

5. No se pierde la nacionalidad española, en virtud de lo dispuesto en este precepto, si España se hallare en guerra".

B) Como pena o sanción en ciertos supuestos

Dice el art. del 25 del Cc. que: *"1. Los españoles que no lo sean de origen perderán la nacionalidad:*

- *a) Cuando durante un periodo de tres años utilicen exclusivamente la nacionalidad a la que hubieran declarado renunciar al adquirir la nacionalidad española.*
- *b) Cuando entren voluntariamente al servicio de las armas o ejerzan cargo político en un Estado extranjero contra la prohibición expresa del Gobierno.*

2. La sentencia firme que declare que el interesado ha incurrido en falsedad, ocultación o fraude en la adquisición de la nacionalidad española, produce la nulidad de tal adquisición, si bien no se derivarán de ella efectos perjudiciales para terceros de buena fe. La acción de nulidad deberá ejercitarse por el Ministerio Fiscal de oficio o en virtud de denuncia, dentro del plazo de quince años".

1.5 RECUPERACIÓN DE LA NACIONALIDAD ESPAÑOLA

El art. 26 del Cc. dispone que: *"1. El español que haya perdido esta condición podrá recuperarla cumpliendo con los requisitos siguientes:*

- *a) Ser residente legal en España. Este requisito no será de aplicación a los emigrantes ni a los hijos de emigrantes. En los demás casos podrá ser dispensado por el Ministro de Justicia cuando concurran circunstancias excepcionales.*
- *b) Declarar ante el encargado del Registro Civil su voluntad de recuperar la nacionalidad española.*
- *c) Inscribir la recuperación en el Registro Civil.*

2. No podrán recuperar la nacionalidad española, sin previa habilitación concedida discrecionalmente por el Gobierno, los que se encuentren incursos en cualquiera de los supuestos previstos en el artículo anterior".

© 2009 Abalar Consultores, S.L.

2. LA DOBLE NACIONALIDAD

Conviene distinguir entre una doble nacionalidad producida por vía de hecho (normalmente no querida por el interesado y no reconocida por su Derecho, que se produce por el juego del derecho de sangre y de suelo, a quienes las diversas legislaciones dan distinta preponderancia) y la doble nacionalidad de derecho (admitida por el Ordenamiento jurídico, bien directamente, bien por la vía de los Tratados o Convenios).

A partir de 1954 esta posibilidad fue reconocida en España como tributo a la honda realidad social derivada de la peculiar condición de la persona por pertenecer a la comunidad de los pueblos iberoamericanos y filipino, y en fortalecimiento de sus vínculos.

Al amparo de esta norma se fueron concluyendo tratados de doble nacionalidad con Chile, Perú, Paraguay, Nicaragua, Guatemala, Bolivia, Ecuador, Costa Rica, Honduras, República Dominicana, Argentina, etc..

Se sienta el principio de que al adquirir la nacionalidad del otro Estado no se pierde la nacionalidad anterior, lo que no quiere decir que el interesado disfrute simultáneamente ambas, pues el estatuto personal de cada individuo sólo puede ser uno, por lo que se establece que las personas que tengan la doble nacionalidad se encontrarán *sometidas a las leyes del país donde tuvieren su domicilio*.

Según **Bercovitz,** puede hablarse de una nacionalidad en estado latente y otra efectiva, reviviendo la primera cuando se vuelve al territorio.

La Constitución aceptó esta institución con mayor amplitud, en su artículo 11: *"Ningún español de origen podrá ser privado de su nacionalidad. El Estado podrá concertar Tratados de doble nacionalidad con los países iberoamericanos o con aquéllos que hayan tenido o tengan una particular vinculación con España. En estos mismos países, aún cuando no reconozcan a sus ciudadanos un derecho recíproco, podrán naturalizarse los españoles sin perder su nacionalidad de origen".*

El art. 23 del Cc, reformado en 1982, establecía que la adquisición de la nacionalidad de países iberoamericanos, Andorra, Filipinas, Guinea Ecuatorial y Portugal, o de aquéllos con los que se convierte un Tratado de doble nacionalidad, solo producirá pérdida de la nacionalidad española de origen cuando el interesado así lo declare expresamente en el Registro Civil, una vez emancipado.

El art. 24 del Cc, números 2 y 3, tras la modificación sufrida en 1990, dispone que *"la adquisición de la nacionalidad de países iberoamericanos, Andorra, Filipinas, Guinea Ecuatorial o Portugal, no es bastante para producir, conforme a este apartado, la pérdida de la nacionalidad española de origen".* Para que ello ocurra es preciso una renuncia expresa, pues, en efecto, en todo caso pierden la nacionalidad española los españoles emancipados que renuncien expresamente a ella, si tienen otra nacionalidad y residen habitualmente en el extranjero.

El precepto citado establece, siguiendo el último inciso del número 3 del art. 11 de la Constitución, una excepción a la regla de la pérdida de la nacionalidad española por adquisición voluntaria de otra nacionalidad cuando ésta sea la correspondiente a los países citados, aunque no exista tratado concertado con los países de que se trate.

© 2009 Abalar Consultores, S.L.

3. REFUGIADOS Y APÁTRIDAS

Son **apátridas** (sin patria) aquellas personas que carecen de nacionalidad o la tienen indeterminada. La apatridia puede ser **originaria** (por ser hijo de apátrida) o **sobrevenida** (por pérdida de la nacionalidad que se ostentaba sin adquirir otra nueva).

El Título Preliminar del Código Civil, artículo 9.10, dice que se considerará como ley personal de los que carecieran de nacionalidad o la tuvieren indeterminada, **la ley del lugar de su residencia habitual.**

El art. 13.4 de la Constitución dispone que la ley establecerá los términos en que los ciudadanos de otros países y los apátridas podrán gozar del derecho de asilo en España.

El derecho de asilo y la condición de refugiado se rigen en España por la Ley Orgánica 5/84 de 26 de marzo, reguladora del Derecho de asilo y de la condición de refugiado; la Ley 9/1994, de 19 de mayo, de modificación de la anterior, y el Reglamento de 10 de Febrero de 1995 (Real Decreto 203/1995).

Se configura el asilo como una protección dispensada por España a los extranjeros a los que se reconozca la condición de refugiado y que consiste en su no devolución ni expulsión en los términos de la Convención de Ginebra y en la adopción de determinadas medidas protectoras, como son autorización de residencia indefinida en España; expedición de los documentos de viaje de identidad necesarios, así como asistencia social y económica.

Según la Convención sobre el Estatuto de Refugiado de Ginebra de 1951, y el Protocolo de Nueva York de 1967, **refugiado** es toda persona que tenga fundados temores de ser perseguido por motivos de raza, religión, nacionalidad, pertenencia a determinado grupo social u opiniones políticas, se encuentre fuera del país de su nacionalidad y no pueda o, a causa de dichos temores, no quiera regresar a él y acogerse a su protección, o, tratándose de apátridas, al lugar de su residencia habitual.

Por su parte, la Declaración Universal de los Derechos del Hombre de 1948 proclama que *"toda persona tiene derecho a una nacionalidad y que a nadie se privará arbitrariamente de su nacionalidad ni del derecho a cambiar de nacionalidad"*.

Además se consideran refugiados todas las personas consideradas como tales por disposición de instrumentos internacionales anteriores a la citada Convención de Ginebra (titulares de los llamados pasaportes Nansen o de los Certificate of Elegibility que concedía la Organización Internacional de Refugiados).

En la Ley Orgánica 2/1986, de 13 de marzo, de Fuerzas y Cuerpos de Seguridad, se reconocen como funciones específicas del Cuerpo Nacional de Policía, las previstas en la legislación sobre extranjería, refugio y asilo, extradición, emigración e inmigración.

© 2009 Abalar Consultores, S.L.

3.1 LA COMISIÓN INTERMINISTERIAL DE ASILO Y REFUGIO (C.I.A.R.)

Está compuesta por representantes de los Ministerios de Asuntos Exteriores, Justicia, Interior y Trabajo y Asuntos Sociales. Estará presidida por el Director General de Política Interior, y en su defecto el Subdirector General de Asilo. El secretario, con voz, pero sin voto, será el Subdirector General de Asilo y, en su defecto cualquier funcionario de la Oficina de Asilo y Refugio. A las sesiones podrá ser convocado el representante del Alto Comisionado de las Naciones Unidas para los Refugiados (A.C.N.U.R.), que asistirá con voz pero sin voto.

3.1.1 Competencias

Son competencias de la CIAR:

a) Examinar los expedientes de asilo y elevar propuestas de resolución al Ministerio de Interior.

b) Establecer y revisar periódicamente los criterios generales en que se basarán las propuestas de inadmisión a trámite.

c) Elevar al Ministerio del Interior las propuestas de autorización de permanencia.

d) Proponer la documentación que se expedirá a los solicitantes de asilo, a los refugiados reconocidos y aquellos a quienes se autorice a permanecer en España por razones humanitarias o de interés público.

e) Conocer de las iniciativas y criterios en que se base la política social y de integración dirigida a los colectivos que se benefician de la aplicación de la Ley 5/1984.

f) Recabar información sobre países o regiones de origen de los solicitantes de asilo o refugiados en España y comunicarla a los órganos competentes de la Administración para la cooperación internacional.

g) Examinar los expedientes de revocación y cesación del estatuto de refugiado y proponer al Ministerio de Interior la resolución que estime oportuna.

h) Proponer al Ministro de Interior, cuando proceda, la aplicación del régimen de desplazados previsto en el apartado 6 de la disposición adicional primera del Reglamento de 1995.

3.1.2 La Oficina de Asilo y Refugio

La Oficina de Asilo y Refugio tendrá las siguientes funciones:

a) Instruir el procedimiento para la concesión de asilo.

b) Constituir el soporte material de la Secretaría de la CIAR.

© 2009 Abalar Consultores, S.L.

c) Notificar a los interesados las resoluciones de solicitudes, sin perjuicio de lo dispuesto en el Real Decreto 1521/1991, de 11 de octubre, sobre creación, competencias y funcionamiento de las Oficinas de Extranjeros.

d) Informar y orientar a los solicitantes de asilo sobre los servicios sociales existentes.
e) Proponer al Ministro del Interior, a través del Director General de Política Interior, las inadmisiones a trámite de solicitudes de asilo, según lo previsto en la Ley reguladora del derecho de asilo y la condición de refugiado.

f) Dar cuenta periódicamente a la CIAR de las inadmisiones acordadas y de los criterios aplicados.

g) Someter a dicha Comisión las propuestas de autorización de permanencia previstas en la citada ley, en el marco del procedimiento de inadmisión a trámite.

h) Proporcionar al representante del ACNUR en España datos estadísticos y cualesquiera otros relacionados con solicitantes de asilo y refugiados en España, de conformidad con lo establecido en el artículo 35 de la Convención de Ginebra de 1951, sobre el estatuto de los Refugiados.

3.1.3 Solicitud de asilo

Se reconocerá la condición de refugiado y, por tanto, se concederá asilo a todo extranjero que cumpla los requisitos previstos en los Instrumentos ratificados por España y, en especial, en la Convención de Ginebra de 1951 y el Protocolo de Nueva York de 1967.

El extranjero que desee obtener el asilo en España presentará su solicitud ante cualquiera de las siguientes dependencias:

a) Oficina de Asilo y Refugio.

b) Puestos fronterizos de entrada al territorio español.

c) Oficinas de Extranjeros.

d) Comisarías provinciales de Policía o Comisarías de distrito que se señalen mediante Orden del Ministro de Interior.

e) Misiones Diplomáticas y Oficinas Consulares españolas en el extranjero.

El plazo para presentar la solicitud de asilo en el interior del territorio español prevé varios supuestos:

- En caso de estancia legal en España, el plazo no puede superar el periodo de autorización (validez del visado).

- Si la estancia en España es ilegal o si, siendo legal la autorización de permanencia lo fuera por plazo inferior al mes, la solicitud ha de presentarse en este plazo.

© 2009 Abalar Consultores, S.L.

- Cuando las circunstancias que justifiquen una solicitud de asilo se deban a una causa sobrevenida en el país de origen, se computará el plazo de un mes a partir del momento en que hayan acontecido los hechos que justifiquen su temor de persecución.

Los extranjeros que pretendan solicitar asilo encontrándose en territorio español deberán comparecer personalmente en la dependencia que corresponda, salvo en caso de imposibilidad física o legal, en el que podrá presentarla un representante acreditado. Se le facilitará un formulario específico y tendrán derecho a intérprete y asistencia letrada para la formulación de la solicitud y durante todo el procedimiento.

El solicitante designará, en su caso, las personas que dependen de él o forman su núcleo familiar, indicando si pide para ellas asilo por extensión. Si estas personas se encuentran en España deberán comparecer personalmente junto al solicitante, aportando su documentación personal si solicitan la extensión del asilo. Si no la solicitan, se anotarán los nombres y datos documentales de las personas que el solicitante declare como dependientes.

El solicitante está obligado a acreditar su identidad y proporcionar un relato verosímil de la persecución sufrida, acreditándolo mediante pruebas o indicios. También deberá indicar un domicilio e informar sobre cualquier cambio que en el mismo se produzca, así como el de quienes, en su caso, formen el núcleo familiar.

Toda solicitud presentada en territorio español supondrá la autorización de permanencia provisional en España, cualquiera que sea la situación jurídica del solicitante según la legislación sobre extranjería o la documentación de que disponga. No podrá ser expulsado hasta tanto no se haya analizado y resuelto su petición, sin perjuicio de las medidas cautelares que puedan adoptarse por la autoridad competente.

Se le proveerá de un comprobante de su solicitud, que se unirá a su pasaporte y le habilitará para permanecer en España por un período de 60 días. Admitida a trámite la solicitud, la autorización de permanencia se acreditará mediante la expedición de un documento de solicitante de asilo que habilitará al interesado para permanecer en el territorio español durante la tramitación del expediente.

Cuando el interesado se encontrase en situación de riesgo y hubiese presentado su solicitud desde un tercer país a través de una Misión Diplomática u Oficina Consular, o en el supuesto previsto en el apartado 2° del artículo 4 del Reglamento de 1995 (petición del representante en España del ACNUR), la Oficina de Asilo y Refugio podrá someter el caso a la CIAR, para autorizar su traslado a España durante la instrucción del expediente, previa obtención del correspondiente visado, salvoconducto o autorización de entrada que se tramitarán con carácter urgente.

Los solicitantes de asilo, una vez admitida a trámite su solicitud, y siempre que carezcan de medios económicos, podrán beneficiarse de servicios sociales, educativos y sanitarios prestados por las Administraciones públicas competentes, dentro de sus medios y disponibilidades presupuestarias. Podrá ser autorizado a trabajar en España, de acuerdo con la normativa vigente de extranjería, en función de las circunstancias del expediente y la situación del interesado.

© 2009 Abalar Consultores, S.L.

La entrada ilegal en territorio español no podrá ser sancionada cuando haya sido realizada por quien reúne la condición de refugiado.

El expediente se instruirá por la Oficina de Asilo y Refugio y tras el trámite de audiencia de los interesados, se elevará a la CIAR, órgano encargado de elevar la propuesta de resolución motivada e individualizada al Ministro del Interior que resolverá si está de acuerdo con la propuesta. En caso de discrepancia con la propuesta resolverá el Consejo de Ministros.

La resolución se notificará a los interesados y comunicará al representante del ACNUR. Si es favorable, supondrá el reconocimiento de la condición de refugiado, conforme a la Convención de Ginebra sobre el Estatuto de los Refugiados de 1951, del solicitante, sus dependientes o familiares.

Se le expedirá un documento de identidad que habilitará para residir en España y desarrollar actividades laborales, profesionales y mercantiles. Igualmente se le expedirá un documento de viaje, previsto en el artículo 28 de la citada Convención. Cuando la solicitud se hubiere presentado en una Misión Diplomática u Oficina Consular española, estas dependencias expedirán al interesado el visado o la autorización de entrada necesaria para viajar a España, así como documento de viaje si fuera necesario.

Si la resolución es denegatoria irá acompañada de la orden de salida obligatoria del extranjero en el plazo que se indique, salvo que reúna los requisitos necesarios con arreglo a la legislación general de extranjería. Si se hubiese suspendido una orden de expulsión, la denegación de la solicitud de asilo supondrá la continuación de las actuaciones.

3.1.4 Inadmisión a trámite de las solicitudes de asilo

La Oficina de Asilo y Refugio, cuando al valorar el contenido de una solicitud de asilo estime que en la misma concurre de modo manifiesto alguna de las circunstancias previstas en el apartado 6º, del artículo 5, de la Ley reguladora del derecho de asilo y la condición de refugiado, propondrá al Ministro del Interior, a través del Director General de Política Interior, su inadmisión a trámite.

La propuesta motivada e individualizada deberá ir acompañada de la copia de la notificación dirigida al representante en España del ACNUR e informe del mismo, en su caso, que deberá emitirse en los diez días siguientes desde recibir dicha comunicación. Las causas de inadmisión son:

- Las previstas en los artículos 1.F (haber cometido un delito contra la paz, un delito de guerra o un delito contra la humanidad de los definidos en los instrumentos internacionales elaborados para adoptar disposiciones respecto a tales delitos, o que sea culpable de actos contrarios a las finalidades y principios de Naciones Unidas y de la Convención de Ginebra de 1951), y 33.2 (personas que sean consideradas por razones fundadas, como un peligro para la seguridad del país donde se encuentra, o que, habiendo sido objeto de una condena definitiva por delito particularmente grave, constituya una amenaza para la comunidad de ese país).

© 2009 Abalar Consultores, S.L.

- No alegar en la solicitud ninguna de las causas que dan lugar al reconocimiento de la condición de refugiado.

- Tratarse de la reiteración de una solicitud ya denegada en España, no habiéndose producido nuevas circunstancias en el país de origen que puedan suponer un cambio sustancial en el fondo de la solicitud.

- Basarse en hechos, datos o alegaciones manifiestamente falsas, inverosímiles, o que, por carecer de vigencia actual, no fundamentan una necesidad de protección.

- No corresponder a España su examen según Convenios Internacionales en los que sea parte. En la resolución de inadmisión se indicará al solicitante el Estado responsable de examinar su solicitud.

- Hallarse el solicitante reconocido como refugiado con derecho a residir u obtener asilo en un tercer Estado, o cuando proceda de un tercer Estado cuya protección hubiera podido solicitar.

3.1.5 Cese de la condición de refugiado

La condición de refugiado cesará automáticamente en los siguientes casos:

a) Cuando el refugiado haya obtenido la nacionalidad española.

b) Cuando el refugiado se acoja, de nuevo, voluntariamente, a la protección del país de su nacionalidad.

c) Cuando se haya establecido voluntariamente en otro país y se haya producido la transferencia de responsabilidad.

d) Cuando por cambios fundamentales en el país de origen, se considere que han desaparecido las causas que justificaron el reconocimiento de la condición de refugiado. Decisión que podrá tomar la CIAR, oído el ACNUR.

3.1.6 La revocación del asilo

El Gobierno podrá acordar la revocación del asilo:

a) Cuando el asilo se haya obtenido mediante datos, documentos o declaraciones que sean falsas y determinantes del reconocimiento obtenido.

b) Cuando se incurra en alguna de las causas previstas en los Convenios Internacionales ratificados por España para la privación de la condición de refugiado o la no aplicación de los mismos.

© 2009 Abalar Consultores, S.L.

No obstante, por razones humanitarias o de interés público podrá autorizarse la permanencia en España del interesado, en el marco de la legislación general de extranjería.

3.1.7 Especial consideración de los desplazados

El Gobierno, por razones humanitarias o a consecuencia de un acuerdo o compromiso internacional, a propuesta del Ministerio de Asuntos Exteriores y de Cooperación y oída la Comisión Interministerial de Extranjería, podrá acoger en España grupos de personas desplazadas que, a consecuencia de conflictos o disturbios graves de carácter político, étnico o religioso, se hayan visto obligadas a abandonar su país de origen o no puedan permanecer en el mismo.

Se les dispensará protección hasta tanto se resuelva el conflicto o existan condiciones favorables al retorno, o voluntariamente decidan trasladarse a un tercer país.

La operación de acogida se coordinará por los Ministerios de Asuntos Exteriores y de Cooperación, Justicia, Interior y Trabajo y Asuntos Sociales, pudiendo solicitarse la colaboración de otro Departamento, organizaciones internacionales y organizaciones no gubernamentales. Para la gestión en territorio nacional de las citadas operaciones se podrá solicitar la participación del resto de las Administraciones públicas.

Serán documentados con permisos de residencia renovables anualmente, previo informe de la CIAR. Trascurridos tres años desde la entrada en España, si no se hubiere modificado la situación que originó la huida del país de origen, podrá extenderse la validez de los permisos por períodos más amplios. La autoridad competente podrá autorizar a trabajar a los titulares de estos permisos de residencia según lo previsto en la normativa de extranjería.

Si carecen de medios económicos, tendrán derecho a prestaciones sociales, educativas y sanitarias prestadas por las Administraciones públicas competentes, dentro de sus medios y disponibilidades presupuestarias.

Tendrán derecho a la protección indicada en el artículo 33 de la Convención de Ginebra durante el tiempo que mantengan tal situación. También podrán solicitar la condición de refugiado de acuerdo con la normativa anteriormente expuesta.

Esta situación se podrá aplicar también a la persona a la que se le ha negado o inadmitido a trámite la solicitud de asilo, pero a la que el Ministerio del Interior, haya autorizado al amparo de la Ley reguladora del derecho de asilo y la condición de refugiado, la permanencia en España por proceder de una zona que se halle en situación de conflicto o disturbio grave de carácter político, étnico o religioso.

© 2009 Abalar Consultores, S.L.

4. LA VECINDAD CIVIL: CONCEPTO, ADQUISICIÓN Y PÉRDIDA

4.1 CONCEPTO

Se llama vecindad civil al vínculo de dependencia regional que lleva como consecuencia la sumisión a una u otra de las legislaciones civiles vigentes en nuestra Nación, para cuestiones referidas a capacidad, estado civil, derecho de familia y secesiones.

Tiene su importancia debido a que según la vecindad que se posea, será de aplicación el Derecho civil común o el Derecho civil especial o foral existente en diversas Comunidades Autónomas de nuestro país. Según el art. 14.1 del Cc, la sujeción al derecho civil común o al especial o foral se determina por la vecindad civil.

4.2 ADQUISICIÓN

La vecindad civil se adquiere:

a) Por filiación. El art. 14, 2 y 3 del Cc. dice que:

"2. Tienen vecindad civil en territorio de derecho común, o en uno de los de derecho especial o foral, los nacidos de padres que tenga tal vecindad (Es decir, la vecindad civil se adquiere por ser hijo de padres que tengan la misma, no por el lugar de nacimiento, lo que es consecuencia del principio jurídico de la unidad de la familia).

Por la adopción, el adoptado no emancipado adquiere la vecindad civil de los adoptantes.

3. Si al nacer el hijo, o al ser adoptado, los padres tuvieren distinta vecindad civil, el hijo tendrá la que corresponda a aquél de los dos respecto del cual la filiación haya sido determinada antes; en su defecto tendrá la del lugar del nacimiento y, en último término, la vecindad de derecho común.

Sin embargo, los padres, o el que de ellos ejerza o le haya sido atribuida la patria potestad, podrán atribuir al hijo la vecindad civil de cualquiera de ellos en tanto no transcurran los seis meses siguientes al nacimiento o a la adopción.
La privación o suspensión en el ejercicio de la patria potestad, o el cambio de la vecindad civil de los padres, no afectarán a la vecindad civil de los hijos.

En todo caso el hijo desde que cumpla catorce años y hasta que transcurra un año después de su emancipación podrá optar bien por la vecindad civil del lugar de nacimiento, bien por la última vecindad de cualquiera de sus padres. Si no estuviera emancipado, habrá de ser asistido en la opción por el represente legal".

b) Por matrimonio. Según el art. 14.4 del Cc: *"El matrimonio no altera la vecindad civil. No obstante, cualquiera de los cónyuges no separados, ya sea legalmente o de hecho, podrá, en todo momento optar por la vecindad civil del otro".*

© 2009 Abalar Consultores, S.L.

c) Por residencia. Se recoge en el art. 14.5 del C.c., según el cual: *"La vecindad civil se adquiere:*

1º. Por residencia continuada durante dos años, siempre que el interesado manifieste ser esa su voluntad.

2º. Por residencia continuada de diez años, sin declaración en contrario durante ese plazo.
Ambas declaraciones se harán constar en el Registro Civil y no necesitan ser reiteradas".

d) Por nacimiento. Dispone el art. 14.6 del Cc. que: *"En caso de duda prevalecerá la vecindad civil que corresponda al lugar de nacimiento"*. Por ejemplo, los nacidos en España cuya filiación no resulte determinada adquieren la vecindad civil del lugar donde nacen.

e) Por adquirir la nacionalidad española. Causa prevista en el art. 15.3 del Cc.:

"1. El extranjero que adquiera la nacionalidad española deberá optar, al inscribir la adquisición de la nacionalidad, por cualquiera de las vecindades siguientes:

a) La correspondiente al lugar de residencia.

b) La del lugar del nacimiento.

c) La última vecindad de cualquiera de sus progenitores o adoptantes.

d) La del cónyuge.

Esta declaración de opción se formulará, atendiendo a la capacidad del interesado para adquirir la nacionalidad, por el propio optante, por sí o asistido de su representante legal, o por este último. Cuando la adquisición de la nacionalidad se haga por declaración o a petición del represente legal, la autorización necesaria deberá determinar la vecindad civil por la que se ha de optar.

2. El extranjero que adquiera la nacionalidad por carta de naturaleza tendrá la vecindad civil que el Real Decreto de concesión determine, teniendo en cuenta la opción de aquél, de acuerdo con lo que dispone el apartado anterior u otras circunstancias que concurran en el peticionario".

f) Por recuperación nacionalidad española. Según el art. 15.3 del Cc., *"La recuperación de la nacionalidad española lleva consigo la de aquella vecindad civil que ostentara el interesado al tiempo de su pérdida".*

© 2009 Abalar Consultores, S.L.

4.3 PÉRDIDA

Cada español tiene una vecindad civil, que podrá cambiar para adquirir otra, de la forma que se ha visto anteriormente. **Sólo se perderá la vecindad civil cuando se pierda la nacionalidad española.**

5. EL DOMICILIO: CONCEPTO Y CLASES

5.1 CONCEPTO

La palabra domicilio hace referencia a habitación o morada. Es el lugar de habitación, la morada del titular, cualquiera que sea la relación jurídica en que se funde su ocupación (propiedad, arrendamiento, etc.). Domicilio es cualquier lugar cerrado en el que transcurra la vida privada individual y familiar, sirviendo como residencia estable o transitoria.

El domicilio puede ser inmueble o mueble, permanente o eventual, convencional o no. Así por ejemplo viviendas, habitaciones de hotel, coche-remolque (roulotte), tienda de campaña, choza, caseta, cueva, camarote, departamento de coche-cama de tren, etc.

Residencia, en sentido vulgar, es la permanencia o existencia más o menos continuada de una persona en un punto del espacio, y en sentido jurídico es la existencia del sujeto del derecho en un lugar determinado, donde ejerce su capacidad jurídica.

El domicilio **es la sede jurídica de la persona donde ejercita los derechos y cumple las obligaciones**. *"Para el ejercicio de los derechos y el cumplimiento de las obligaciones civiles, el domicilio de las personas naturales es el lugar de su residencia habitual, y, en su caso, el que determine la Ley de Enjuiciamiento Civil"* (art. 40 del Cc.).

El art. 18.2 de la Constitución reconoce como derecho fundamental la inviolabilidad del domicilio de los españoles. La protección constitucional tiene por finalidad garantizar ese **ámbito de privacidad e intimidad** que supone el domicilio.

Es decir, lo que se protege es la privacidad e intimidad de las personas en todas aquellas dependencias o lugares en los que se aprecie de manera efectiva dos notas fundamentales: **La absoluta privacidad de la actividad desarrollada en el interior del domicilio y la capacidad de excluir a terceros la entrada en el ámbito domicilial.**

5.2 CLASES

1ª. Domicilio real o voluntario, al que se refiere el art. 40 del Cc., en los términos ya citados anteriormente.

© 2009 Abalar Consultores, S.L.

2ª. Domicilio legal o necesario. Es el que impone la ley y se deriva de la subordinación a la persona con la que se vive o de la que se depende. Son excepcionales en nuestro ordenamiento y son los siguientes:

a) Matrimonial, artículo 70 del Cc.: Los cónyuges fijarán de común acuerdo el domicilio conyugal y, en caso de discrepancia, resolverá el Juez, teniendo en cuenta el interés de la familia.

b) Los hijos sujetos a la patria potestad tendrán el domicilio de los padres. Los sometidos a tutela será el del tutor.

c) Los comerciantes tendrán como domicilio el del pueblo donde tengan su centro de operaciones comerciales.

d) El domicilio de los empleados será el del pueblo en que sirvan su destino. Cuando por razón de él ambularen continuamente, se considerarán domiciliados en el pueblo en que vivieren más frecuentemente.

e) Los militares en servicio activo tendrán domicilio legal en el pueblo en que se hallare el Cuerpo a que pertenezcan cuando se hiciere el desplazamiento.

3ª. Domicilio electivo. Previsto en el art. 1255 del Cc.: *"Los contratantes pueden establecer los pactos, cláusulas y condiciones que tengan por conveniente, siempre que no sean contrarios a las leyes, a la moral y al orden público"*. Por tanto los sujetos pueden establecer contractualmente un domicilio determinado, a efectos de notificaciones, jurisdicción aplicable, etc.

"*A efectos de actos de comunicación* -dice el art. 155.3 de la Ley de Enjuiciamiento Civil-, *podrá designarse como domicilio el que aparezca en el padrón municipal o el que conste oficialmente a otros efectos, así como el que aparezca en Registro oficial o en publicaciones de Colegios profesionales, cuando se tratare, respectivamente, de empresas y otras entidades o de personas que ejerzan profesión para la que deben colegiarse obligatoriamente.*

También podrá designarse como domicilio, a los referidos efectos, el lugar en que se desarrolle actividad profesional o laboral no ocasional".

4ª. Domicilio de los diplomáticos residentes en el extranjero. Dispone el art. 40 del Cc. que *"El domicilio de los diplomáticos residentes por razón de su cargo en el extranjero, que gocen del derecho de extraterritorialidad, será el último que hubieren tenido en territorio español"*.

5ª. Domicilio de las personas jurídicas, al que se refiere el art. 41 del Cc.: *"Cuando ni la ley que las haya creado o reconocido, ni los estatutos o las reglas de fundación fijaren el domicilio de las personas jurídicas, se entenderá que lo tienen en el lugar en que se halle establecida su representación legal, o donde ejerzan las principales funciones de su instituto"*.

© 2009 Abalar Consultores, S.L.

Cabe, finalmente, señalar que el art. 554 de la Ley de Enjuiciamiento Criminal, considera domicilios particulares, a los efectos de entrada y registro los palacios reales, estén o no habitados por el Monarca en esos momentos; el edificio o lugar cerrado, o la parte de él destinada principalmente a habitación de cualquier español o extranjero residente en España y de su familia, así como los buques mercantes españoles.

6. LA AUSENCIA Y LA DESAPARICIÓN DE LA PERSONA

En sentido usual, la ausencia es la falta de presencia. Es ausente el que no está en el lugar donde tiene su domicilio o donde su presencia es necesaria.

Hay dos clases de ausencia: La del que se haya fuera del domicilio sabiéndose con certeza de su existencia, y la del que se haya fuera del domicilio desconociéndose su paradero y existencia, que es la ausencia propiamente dicha.

La ausencia civil presenta a su vez dos modalidades: La que se da cuando el ausente ha desaparecido en circunstancias normales y ajenas a toda idea de peligro (ausencia), y la que se da cuando el ausente ha desaparecido en circunstancias extraordinarias, como la guerra, el mar u otro peligro (desaparición propia). Nuestro Código distingue entre ambas: *Ausencia y desaparición.*

Bajo la rúbrica "Ausencia" contempla el Código Civil tres situaciones:

1. Situación de defensa de los bienes del desaparecido. Constituida por una serie de medidas para evitar daños a su patrimonio. No hay ninguna duda oficial sobre la vida del desaparecido.

2. **Situación de ausencia legal**. Requiere declaración judicial. El patrimonio del ausente se somete a un régimen de administración especial, nombrándose un representante legal. La declaración de ausencia legal significa la apertura de la existencia de un estado de duda oficial sobre ella.

3. **Declaración de fallecimiento**. Declaración judicial por la que se declara oficialmente a una persona fallecida.

6.1 DECLARACIÓN DE AUSENCIA

La declaración judicial de ausencia exige los siguientes requisitos:

1. Petición de las personas obligadas o facultadas para ello

Dispone el art. 182 del Cc.: *"Tiene la obligación de promover e instar la declaración de ausencia legal, sin orden de preferencia:*

1º. El cónyuge del ausente no separado legalmente.

© 2009 Abalar Consultores, S.L.

2º. Los parientes consanguíneos hasta el cuarto grado.

3º. El Ministerio Fiscal, de oficio o a virtud de denuncia.

Podrá, también, pedir dicha declaración cualquier persona que racionalmente estime tener sobre los bienes del desaparecido algún derecho ejercitable en vida del mismo o dependiente de su muerte".

2. Transcurso de los plazos legales

Según el art. 183 del Cc.: "Se considerará en situación de ausencia legal al desaparecido de su domicilio o de su última residencia:

1. Pasado un año desde las últimas noticias o, a falta de éstas, desde su desaparición, si no hubiese dejado apoderado con facultades de administración de todos sus bienes.

2. Pasados tres años, si hubiese dejado encomendada por apoderamiento la administración de todos sus bienes.

La muerte o renuncia justificada del mandatario o la caducidad del mandato determina la ausencia legal, si al producirse aquéllas se ignorase el paradero del desaparecido y hubiere trascurrido un año desde que se tuvieron las últimas noticias y, en su defecto, desde su desaparición. Inscrita en el Registro Central la declaración de ausencia, quedan extinguidas de derecho todos los mandatos generales o especiales otorgados por el ausente".

6.2 EFECTOS DE LA DECLARACIÓN DE AUSENCIA LEGAL

1. *Nombramiento del representante del ausente*, que se encargará de la administración y conservación de su patrimonio, nombramiento que corresponde a los familiares del ausente.
2. *Inventario de los bienes y prestación de garantía por parte del administrador*, regulándose expresamente las obligaciones del represente que serán más o menos amplias en función del grado de parentesco.
3. *Es causa de separación personal o de divorcio* para el cónyuge presente, que podrá solicitar la separación de bienes y la disolución de la sociedad de gananciales.
4. *La patria potestad se ejerce sólo por el cónyuge presente.*

6.3 CESACIÓN DE LA SITUACIÓN DE AUSENCIA LEGAL

1. Por presentarse el ausente o tenerse noticias de su existencia.

© 2009 Abalar Consultores, S.L.

2. Por la muerte del ausente. Si se prueba la muerte, cesará la actuación del representante y se abrirá la sucesión.

3. Por declaración de fallecimiento, última fase o situación en el régimen de ausencia.

6.4 DECLARACIÓN DE FALLECIMIENTO

Pueden pedirla las partes interesadas y el Ministerio Fiscal. La declaración puede efectuarse sobre ausentes y desaparecidos ya que no es precisa la previa declaración de ausencia.

Establece el art. 193 del Cc., *"Procede la declaración de fallecimiento:*

1º. Desaparición sin riesgo: Transcurridos 10 años desde las últimas noticias habidas del ausente o a falta de éstas, desde su desaparición.

2º. Pasados 5 años, desde las últimas noticias o, en defecto de éstas, desde su desaparición, si al expirar dicho plazo hubiere cumplido el ausente los 75 años.

Los plazos expresados se computarán desde la expiración del año natural en que se tuvieron las últimas noticias, y, en su defecto, del en que ocurrió la desaparición.

3º. Desaparición con riesgo: Cumplido un año, contado de fecha a fecha, de un riesgo inminente de muerte por causa de violencia contra la vida, en que una persona se hubiere encontrado sin haber tenido, con posterioridad a la violencia, noticias suyas. En caso de siniestro este plazo será de tres meses.

Se presume la violencia si en una subversión de orden político o social hubiese desaparecido una persona sin volverse a tener noticias suyas durante el tiempo expresado, siempre que hayan pasado 6 meses desde la cesación de la subversión"

A su vez, el art. 194 del Cc. dice que *"Procede también la declaración de fallecimiento:*

1º. De los que, perteneciendo a un contingente armado o unidos a él en calidad de funcionarios auxiliares voluntarios, o en funciones informativas, hayan tomado parte en operaciones de campaña y desaparecido en ellas, luego que hayan trascurrido dos años, contados desde la fecha del tratado de paz y en caso de no haberse concertado, desde la declaración oficial del fin de la guerra.

2º. De los que se encuentren a bordo de una nave naufragada o desaparecidos por inmersión en el mar, si hubieren transcurrido tres meses desde la comprobación del naufragio o de la desaparición sin haberse tenido noticias de aquéllos.

Se presume ocurrido el naufragio si el buque no llega a su destino; o si, careciendo de punto fijo de arribo, no retornase, luego que en cualquiera de los casos hayan

© 2009 Abalar Consultores, S.L.

transcurrido seis meses contados desde últimas noticias recibidas o, por falta de éstas, desde la fecha de salida de la nave del puerto inicial del viaje.

3º. De los que se encuentren a bordo de una aeronave siniestrada, si hubieren transcurrido tres meses desde la comprobación del siniestro, sin haberse tenido noticias de aquéllos o, o en caso de haberse encontrado restos humanos, no hubieren podido ser identificados.

Se presume el siniestro si en viaje sobre mares, zonas desérticas o inhabitadas transcurren seis meses contados desde las últimas noticias de las personas o de la aeronave y, en su defecto, desde la fecha de inicio del viaje.

Si este se hiciere por etapas, el plazo indicado se computará desde el punto de despegue del que se recibieron las últimas noticias".

6.5 EFECTOS DE LA DECLARACIÓN DE FALLECIMIENTO

La declaración de fallecimiento produce los siguientes efectos:

1. *Patrimoniales*: Se abre la sucesión.

2. *Familiares*: Disolución del matrimonio, por lo que el cónyuge presente puede contraer nuevas nupcias.

3. *Los efectos patrimoniales cesan cuando reaparece el declarado fallecido o se probase su existencia*, siendo precisa otra declaración judicial dejando sin efecto la declaración anterior. También se revocará tal declaración probando la muerte efectiva de la persona declarada fallecida.

4. Tanto *la declaración de ausencia, como la de fallecimiento se deberán inscribir al margen de la inscripción de nacimiento.*

7. LA MUERTE DE LA PERSONA: PREMORIENCIA Y CONMORIENCIA

Preceptúa el art. 32 del Cc. que *"la personalidad civil se extingue por la muerte de la persona".*

El momento de la muerte se fijó en el momento de dejar de latir el corazón, pero actualmente la Ley de Trasplante de órganos fija el momento de la muerte cuando cesa la actividad cerebral, hecho demostrado tras la realización de *dos electroencefalogramas con un intervalo de dos horas*, en los que no se aprecien signos de actividad cerebral.

La prueba oficial de la muerte es la inscripción en el Registro Civil, que hace fe de la muerte de la persona, fecha, hora y lugar en que acaece. La inscripción se practica en virtud de declaración de quien tenga conocimiento cierto de la muerte, que se prestará

© 2009 Abalar Consultores, S.L.

antes del enterramiento, no dándose entre tanto licencia para ello, que tendrá lugar trascurridas al menos veinticuatro horas desde el momento de la muerte.

Para proceder a la inscripción de defunción será necesaria certificación médica de la existencia de señales inequívocas de muerte.

Si hubiese indicios de muerte violenta, se suspenderá la licencia de enterramiento, hasta que, según criterio de la autoridad judicial correspondiente, lo permita el estado de las diligencias.

Será necesario sentencia firme, expediente gubernativo u orden de la autoridad judicial que instruye las diligencias seguidas por muerte violenta, que afirmen, sin duda alguna, el fallecimiento, para inscribir éste cuando el cadáver hubiese desaparecido o se hubiera inhumado antes de la inscripción.

7.1 PREMORIENCIA Y CONMORIENCIA

Un supuesto especial se plantea cuando dos o más personas llamadas a sucederse (padre e hijo) han fallecido con ocasión de un mismo hecho (accidente, naufragio), o bien en cualquier otra circunstancia (muerte en diferentes lugares).

Determinar quién murió primero tiene trascendencia decisiva en orden al destino de los bienes, pues si fue el padre quien murió primero, le hereda el hijo, y a éste sus herederos, entre ellos su madre y esposa del padre también fallecido, pero si fue el hijo quien murió primero, le hereda el padre, y a éste sus herederos, con lo que la madre quedaría en otra posición. Todo ello porque para heredar, es necesario sobrevivir al causante de la herencia.

El art. 33 del Cc. contempla el problema en relación con la muerte de dos o más personas llamadas a sucederse, y sienta la *presunción de conmoriencia* de la siguiente manera: *"Si se duda, entre dos o más personas llamadas a sucederse, quién de ellas ha muerto primero, el que sostenga la muerte anterior de una o de otra, debe probarla; a falta de prueba, se presumen muertas al mismo tiempo y no tiene lugar la transmisión de derechos de uno a otro"*.

Pero esta presunción juega bajo dos presupuestos:

1º. Existencia de un estado de duda sobre quién de ellas ha muerto primero.

2º. Que dada esa duda, no se ha probado que una de ellas ha muerto antes que otra.

De ahí pues, que quien quiera beneficiarse de la presunción no tiene más que probar los hechos de los que resulte un estado de duda y el que afirme la premoriencia de cualquiera es el que debe justificarla.

© 2009 Abalar Consultores, S.L.

© 2009 Abalar Consultores, S.L.

TEMA 4

La Constitución: Concepto y clases. La Constitución como norma jurídica: El valor directamente normativo de sus preceptos. La Constitución de 1978: Estructura. La reforma constitucional.

1. INTRODUCCIÓN AL DERECHO CONSTITUCIONAL

Generalmente se entiende por constitucionalismo el movimiento jurídico-político que surge en oposición al Antiguo Régimen. Materialmente se caracteriza por imponer, frente al absolutismo anterior, un sistema político basado en la distribución del poder en centros distintos entre los que se establecen diferentes mecanismos de relación y control.

Formalmente, el constitucionalismo tiende a regular el juego de los mecanismos de control del poder en una norma jurídica, la Constitución, a la que se da un rango superior a las restantes normas del Estado.

Históricamente el constitucionalismo es un movimiento que nace a finales del siglo XVIII, aunque en sentido material, Estados constitucionales son todos los que arbitran fórmulas de control del poder y protección de los ciudadanos frente a sus abusos, aunque no las reflejen en textos específicos, y, en tal sentido, el constitucionalismo es muy anterior, incluso en la época griega. La moderna fase del constitucionalismo comienza con la revolución puritana en Inglaterra, que se extendió al Nuevo Mundo.

Los ingleses, sin embargo no redactaron una constitución, sino que fueron elaborando leyes individuales de orden fundamental, como el Habeas Corpus Act; Bill of Rigths; Act of Settelement, que la convicción popular les otorgó tanta solemnidad constitucional como si hubieran sido codificadas en un documento constitucional formal.

El triunfo definitivo del documento constitucional escrito comenzó con las Constituciones de las colonias americanas que se trasformaron en Estados independientes, y después con la Constitución de la Unión de 1787. En Europa, tras la Revolución francesa se extendió la promulgación de un texto específico destinado a garantizar los derechos de los ciudadanos y a limitar el ejercicio del poder absoluto de las monarquías, bien como Carta otorgada por los monarcas o como ley suprema, expresiva de la voluntad popular, donde se garantizan los derechos de los ciudadanos y se limita el ejercicio del poder.

© 2009 Abalar Consultores, S.L.

Sin embargo, la existencia de una constitución formal no basta para calificar a un Estado de constitucional, si dicho documento no va acompañado de los contenidos mínimos que configuran el concepto material de constitución.

Según **Lowenstein**, los siguientes elementos fundamentales están considerados como el mínimo irreductible de una auténtica Constitución:

1. La diferenciación de las diversas tareas estatales y su asignación a diferentes órganos estatales o detentadores del poder para evitar la concentración del poder en las manos de un único y autocrático detentador del poder.

2. Un mecanismo planeado que establezca la cooperación de los diversos detentadores del poder.

3. Un mecanismo, planeado con anterioridad, para evitar los bloqueos respectivos entre los diferentes detentadores del poder autónomos, con la finalidad de evitar que uno de ellos, caso de no producirse la cooperación exigida por la Constitución, resuelva la situación por sus propios medios, es decir, sometiendo el proceso del poder a una dirección autocrática.

4. Un método, establecido de antemano, para la adaptación pacífica del orden fundamental a las cambiantes condiciones sociales y políticas -el método racional de la reforma constitucional- para evitar el recurso a la ilegalidad, a la fuerza o a la revolución.

5. Finalmente, la ley fundamental debería contener un reconocimiento expreso de ciertas esferas de autodeterminación individual -los derechos individuales y libertades fundamentales- y su protección frente a la intervención de uno o todos los detentadores del poder. Junto al principio de la distribución y, por lo tanto, limitación del poder, estas esferas absolutamente inaccesibles al poder político se han convertido en el núcleo de la constitución material.

2. LA CONSTITUCIÓN: CONCEPTO Y CLASES

2.1 CONCEPTO

Siguiendo a **Paolo Biscaretti**, el concepto de Constitución puede verse desde varios puntos de vista:

1. **En sentido institucional**, significa orden, conformación de la estructura esencial de un ente u órgano, concretamente sería el ordenamiento supremo de un Estado.

2. **En sentido sustancial** es el complejo de normas jurídicas fundamentales, escritas o no, capaz de trazar las líneas maestras del mismo ordenamiento.

3. **En sentido formal** es el complejo de normas legislativas que se distinguen de las ordinarias por su más arduo y solemne proceso formativo (poder constituyente).

© 2009 Abalar Consultores, S.L.

4. **En sentido instrumental**, es el acto fundamental en el cual han sido formuladas solemnemente la mayoría de las normas sustancialmente constitucionales: Carta otorgada o pactada o Constitución redactada o votada por una Asamblea Constituyente convocada al efecto.

5. **En sentido material**, servirá para indicar el conjunto de elementos organizadores necesarios para que subsista un determinado Estado (fuerzas políticas y fin político).

Para **Sánchez Agesta** *"Constitución es el Derecho fundamental de organización de un Estado".*

Es un **derecho fundamental**, lo que implica que es una norma que prima sobre las demás del Ordenamiento jurídico, superley que debe elaborarse de una manera diferente, y con unas garantías mayores. Esto es así porque la Constitución es la base del Estado, es su fundamento; de ahí el atributo de fundamental.

Es una **norma de organización**, ya que articula la estructura del Estado, delimita el equilibrio de poderes y proclama los derechos y libertades de los ciudadanos.

2.2 CLASES

Siguiendo a **Sánchez Goyanes**, las constituciones vigentes admiten ser clasificadas atendiendo a diferentes criterios:

1. **Según la fuente de la que proceden:**

a) **Consuetudinarias o históricas**, que proceden de la fijación de costumbres y prácticas constitucionales (Constitución inglesa).

b) **Revolucionarias o teóricas,** que son obra de un poder constituyente y señalan, por lo general, un proyecto de futuro sin relación con el Régimen anterior (Constitución francesa de 1791).

c) Constituciones **mixtas,** que participan de ambas fuentes. Nacen de una situación revolucionaria, pero se consolidan en la práctica y la tradición (Constitución norteamericana de 1787)

2. **Por el origen directo del poder constituyente:**

a) **Constituciones impuestas.** Tanto las emanadas de la soberanía popular, como las impuestas al Estado por un poder exterior (al ser derrotado en guerra, por ejemplo).

b) **Otorgadas,** concedidas por los soberanos, como el Estatuto de Bayona 1808 o el Estatuto Real de 1834.

© 2009 Abalar Consultores, S.L.

c) **Pactadas**, nacida de acuerdo entre el Soberano y la Asamblea que se presenta como representante del pueblo. La Constitución española de 1876.

3. **Por el proceso de elaboración:**

a) **De mayoría,** resultantes del programa del partido o fuerza política de una tendencia determinada, que saca adelante el proyecto al tener mayoría en las Cámaras.

b) **De consenso,** resultantes del acuerdo inicial de todos o la gran mayoría de grupos políticos representados en el Parlamento. Modelo seguido por la Constitución española vigente.

4. **Por ser sometidas a la aprobación popular directa:**

a) **Refrendadas,** las sometidas a referéndum popular.

b) **No refrendadas**, con independencia de que hayan sido elaboradas o no por la vía parlamentaria.

5. **Atendiendo al procedimiento de reforma:**

a) **Rígidas**, que prevén un órgano especial y un mecanismo cualificado de reforma.

b) **Flexibles,** modificables en cualquier momento por las vías ordinarias de elaboración jurídica.

c) **Pétreas,** que carecen de cláusulas reguladoras de los procedimientos de reforma.

6. **Por criterios formalistas:**

a) **Escritas y no escritas** (caso especial del Reino Unido).

b) **Codificadas y no codificadas,** según formen un solo cuerpo jurídico o sean varias leyes (Las leyes fundamentales del franquismo).

c) **Largas o extensas, y cortas** (según su extensión).

7. **Según la ideología:**

a) **Democráticas o autocráticas,** según se apoyen o no en el principio de representación popular.

b) Por la forma de Gobierno: **Monárquicas o republicanas**.

c) **Unitarias, federales y regionales,** según la forma de Estado que instituyan.

© 2009 Abalar Consultores, S.L.

d) Por la ideología de la fuerza política que la ha propuesto: **Conservadoras, liberales, socialistas.**

8. **Loewenstein** distingue, **por razón de su eficacia,** entre:

a) **Normativa**. La Constitución es observada; las reglas constitucionales dominan el proceso político y éste se adapta a aquéllas. Existe concordancia entre norma y realidad.

b) **Nominal**. El texto constitucional tiene una aplicación limitada. Es un intento de ordenar la vida política de un pueblo que no está preparado para ello.

c) **Semántica**. El texto constitucional sirve únicamente para enmascarar una situación de poder establecida en beneficio de ciertas clases o grupos.

2.3 BREVE RESUMEN DE LA HISTORIA CONSTITUCIONAL ESPAÑOLA

La exposición de la Historia constitucional española puede realizarse desde una doble perspectiva: Sistemática o cronológica.

A) **Clasificación sistemática**

Se ordenan las diferentes constituciones en atención a los principios fundamentales que las inspiran o a las fuerzas sociales que las sostienen.

Martínez Cuadrado, distingue tres grandes corrientes:

1. Constituciones programáticas. Textos constitucionales que proyectaron actualizar, dinamizar y modernizar la sociedad, al mismo tiempo que variaban en profundidad el sistema de poderes públicos del Estado. Los tres modelos de esta corriente son las Constituciones de Cádiz de 1812, la promulgada en 1869, tras la revolución de 1868 y la republicana de 1931.

2. Constituciones impuestas. Corresponden a regímenes autoritarios que rechazan el principio de la división de poderes y el control popular de los gobernantes. Hay bastantes ejemplos como la Constitución de Bayona y las Leyes Fundamentales del franquismo.

3. Constituciones pactadas. Son las más características de nuestro constitucionalismo, y se corresponden con los pactos y transacciones expresadas en el texto constitucional concebidos en tiempos de crisis o a la salida de guerras civiles. Los dos modelos más relevantes son las Constituciones de 1837 y 1876.

© 2009 Abalar Consultores, S.L.

B) Clasificación cronológica

1. Fase preliminar:

El Estatuto de Bayona de 1808. Formalmente no debe considerarse una Constitución, sino más bien una Carta otorgada, al ser presentada por Napoleón a una Asamblea de notables españoles.

A pesar de no estar elaborada por representantes del pueblo, contenía ciertos avances sociales y políticos, como respetar derechos ciudadanos, disminuir el poder de la nobleza y potenciar la burguesía desarrollando el comercio.

2. Fase de iniciación constitucional:

2.1 **Constitución de Cádiz de 1812.** Durante la Guerra de la Independencia con Francia, se reúnen en Cádiz liberales e ilustrados elaborando un texto constitucional en marzo de 1812, texto que sólo tuvo una vigencia de dos años, pero que ejerció una notable influencia moral en todo el constitucionalismo del siglo XIX, hasta el punto de convertirse en referencia inevitable de todos los movimientos progresistas que se produjeron en dicha época.

Ideológicamente liberal, proclama que la soberanía reside en la Nación, a quien corresponde el derecho de establecer leyes fundamentales.

En su parte dogmática, dispersa por su articulado, se reconocen los derechos a la libertad civil y a la propiedad, la igualdad jurídica, la inviolabilidad del domicilio, la libertad de imprenta, el sufragio y la educación elemental.

En su parte orgánica reproduce con fidelidad el principio de división de poderes: Las Cortes, como exponentes de la voluntad popular; el Rey con sus Ministros, representando el poder ejecutivo, y dejando como competencia exclusiva de los Tribunales la administración de la justicia.

2.2. **El Estatuto Real de 1834.** Fernando VII derogó la Constitución en 1814, restableciendo las normas del Antiguo Régimen, con la promesa de redactar una Constitución que no se promulgó hasta 1834, ya fallecido el monarca.

En esta época se producen grandes convulsiones políticas: Trienio liberal, década ominosa, primera guerra carlista. La reina María Cristina, para salvar la Corona de su hija Isabel encarga a los liberales la formación de Gobierno y la redacción de una Constitución, sancionada el 10 de abril de 1834.

Se establecen unas Cortes bicamerales: Estamento de próceres y de procuradores, pero con escaso poder legislativo, quedando reducida la institución a un organismo de consulta y colaboración.

3. Fase de reafirmación constitucional:

© 2009 Abalar Consultores, S.L.

3.1 **Constitución de 1837**. Tras el motín de la Granja, se impuso a la Regente el restablecimiento de la Constitución de 1812 y la convocatoria de unas Cortes Constituyentes, que elaboraron la Constitución de 1837.

Tratando de armonizar la Constitución de Cádiz y el Estatuto Real, a fin de que el texto fuera aceptado por moderados y progresistas, se mantuvieron las declaraciones de derechos de Cádiz, pero introduciendo, en la parte orgánica, una segunda cámara, el Senado, atribuyendo mayores poderes al Rey, entre ellos disolver las Cortes y la facultad de nombrar y separar a los Ministros.

3.2 **Constitución de 1845**. Cuando los moderados acceden al poder tras el fracaso liberal, se impulsa la elaboración de una reforma constitucional, que en realidad da lugar a una nueva Constitución, a pesar de que mantuviera la misma sistemática de la anterior.

En la parte dogmática aunque se reconocen los mismos derechos, se remite su concreta regulación a leyes posteriores que resultaron muy restrictivas. En la parte orgánica, aumentan los poderes reales, y se concibe el Senado como Cámara de freno a toda reforma, al componerse de un número ilimitado de miembros nombrados libremente por el Rey.

4. Fase revolucionaria:

Constitución de 1869. Junto al desarrollo del capitalismo en España, también se va desarrollando el movimiento sindical obrero que aliado con los liberales, en una situación de fuerte crisis económica, da lugar al levantamiento del almirante Topete y del Ejército, al que se unen parte de los intelectuales exiliados. La Corte huyó a Francia, confiándose el poder supremo al general Serrano que convocó Cortes constituyentes, quienes promulgaron un nuevo texto en 1869.

En la parte dogmática destaca la regulación precisa de los derechos de los españoles, acompañada de un sistema de garantías, al tiempo que establecía el sufragio universal.

En la parte orgánica, se delimitan los tres poderes que integran la Nación: Legislativo que reside en las Cortes; ejecutivo que reside en el Rey y judicial que se encarga a los Tribunales

Como desarrollo se dictaron leyes tan importantes como la Ley electoral, la Ley de Enjuiciamiento Criminal y el Código Penal.

No llegó a consolidarse por la Segunda guerra carlista, la Guerra de Cuba y la pérdida de las últimas colonias, la oposición de las fuerzas conservadoras y la desunión de los partidos capaces de formar gobierno. Tras el efímero reinado de Amadeo de Saboya, y la más efímera I República, en la que se produjo un intento de Constitución de corte federalista, se produjo el levantamiento del general Pavía en 1874, que disolvió las Cortes.

© 2009 Abalar Consultores, S.L.

5. Fase de la Restauración:

Constitución de 1876. Bajo el reinado de Alfonso XII se elabora una Constitución de signo moderadamente conservador, pues en su parte dogmática aparecen menos garantías a los derechos y desconocía otros ya regulados en anteriores textos constitucionales, y en su parte orgánica, concedía al Rey prerrogativas legislativas, como el derecho a vetar las leyes y a suspender o disolver las Cortes.

Sin embargo, es la Constitución que más duración tendrá, si bien a pesar de sucesivas reformas no puede hacer frente a la crisis producida por las guerras de Cuba y Marruecos, por la intensificación del movimiento obrero, el descontento de la clase intelectual y la descomposición del sistema, que dio lugar, primero a la Dictadura de Primo de Rivera, y más tarde a la proclamación de la II República, con la abdicación de Alfonso XIII, tras las elecciones municipales del 14 de abril de 1931.

6. Fase de constitucionalidad democrática:

Constitución de 1931. El artículo 1º proclamó que España era una República democrática de trabajadores de toda clase que se organiza en régimen de libertad y justicia. Los poderes de todos sus órganos emanan del pueblo. La República constituye un Estado integral, compatible con las autonomías de los municipios y regiones.

Este texto se aparta de todos sus antecesores, presentándose un modelo nuevo de articular la posición de los individuos en la sociedad y de distribuir los poderes del Estado. Fruto de ello es el reconocimiento de una serie de derechos de contenido social y el reconocimiento del derecho a la autonomía regional.

Las Cortes son unicamerales, y el poder ejecutivo se comparte por el Presidente de la República y Presidente del Gobierno, mientras que se establece la inamovilidad e independencia de Jueces y Magistrados, creando un Tribunal de Garantías Constitucionales encargado de vigilar la constitucionalidad de las leyes, de resolver conflictos institucionales y amparar los derechos fundamentales de los ciudadanos.

7. Fase de Estado nacionalista:

Leyes Fundamentales. El levantamiento del general Franco en 1936 y la guerra civil con victoria nacionalista inicia un nuevo período, donde en lugar de la aprobación de una Constitución formal se van dictando las llamadas Leyes Fundamentales que pretenden seguir el sistema de Constitución abierta.

Lo cierto que no puede considerarse este período como constitucional, pues el general Franco asume todos poderes del nuevo Estado, los derechos fundamentales no son desarrollados por la legislación ordinaria, ni van acompañados de técnicas garantistas.

8. Fase de restauración democrática:

La Constitución de 1978. Tras el fallecimiento del general Franco y la llegada al trono de D. Juan Carlos I se inicia un período de restauración democrática, a través de la

© 2009 Abalar Consultores, S.L.

Ley para la Reforma Política y los Pactos de la Moncloa, que culmina con la Constitución de 1978, que estudiaremos más adelante.

3. LA CONSTITUCIÓN COMO NORMA JURÍDICA: EL VALOR DIRECTAMENTE NORMATIVO DE SUS PRECEPTOS

Históricamente en España las Constituciones más que normas jurídicas han sido documentos políticos que institucionalizaban los agentes básicos del proceso político: El Rey y las Cortes.

La Constitución no era, pues, norma jurídica que estuviera por encima de los poderes que ella misma organizaba, sino que la Constitución estaba a disposición de esos órganos del Estado: Rey y Cortes, titulares conjuntamente del poder legislativo.

El Tribunal Constitucional despejó las dudas existentes y asentó la tesis del valor normativo de la Constitución.

El valor normativo de la Constitución se deduce, de modo indudable, de su artículo 9.1: *"Los ciudadanos y los poderes públicos están sujetos a la Constitución y al resto del ordenamiento jurídico"*.

El problema es precisar como se articula técnicamente ese valor normativo, directo y general de la Constitución. Y es aquí donde han de introducirse, según **García de Enterría**, las siguientes distinciones y matizaciones:

1ª. Los Tribunales ordinarios no están excluidos de la función de verificar la constitucionalidad de las leyes, pese a que la declaración de inconstitucionalidad corresponda exclusivamente al Tribunal Constitucional.

En efecto, aunque el artículo 163 impone a los Tribunales la obligación de plantear ante el Tribunal Constitucional cuestión de inconstitucionalidad cuando consideren en algún proceso que una norma con rango de ley aplicable al caso y de cuya validez dependa el fallo pueda ser contrario a la Constitución, los órganos judiciales tienen competencia para declarar la nulidad de las normas con rango inferior a ley y de los actos jurídicos que se opongan a la Constitución. Incluso, con relación a las leyes, los Tribunales han de verificar un juicio previo sobre su constitucionalidad, a fin de que, si es positivo, aplicarla y si es negativo plantear la cuestión de inconstitucionalidad.

2ª. La vinculación a la Constitución se extiende a todas sus normas, incluidos los "principios rectores de política social y económica", pues si las leyes que los desarrollan los infringieran, los Tribunales habrán de plantear ante el Tribunal Constitucional la cuestión de inconstitucionalidad, como en los demás casos.

3ª. En ciertas materias, la Constitución es de aplicación directa como norma de decisión de cualquier clase de procesos.

© 2009 Abalar Consultores, S.L.

Nieto dice que la Constitución es una norma incompleta, pues para su plenitud reenvía a otra serie de normas constitucionales, las leyes orgánicas, respecto a las cuales el control judicial es problemático; así ocurre con normas como el Defensor del Pueblo, cuya ley de desarrollo tardó varios años, sin que existieran mecanismos para imponer al legislador el cumplimiento de estas obligaciones.

Ahora bien la ineficacia directa de algunas normas constitucionales, no obsta a que sea considerada una norma jurídica.

El valor normativo de la Constitución se traduce ordinariamente en una vinculación de todos los poderes públicos a sus disposiciones, de forma que en caso contrario el Tribunal Constitucional, incluso los Tribunales ordinarios deberán declarar la nulidad de las leyes, disposiciones normativas de rango inferior, o actos jurídicos contrarios a ella.

García Enterría ha puesto de manifiesto tres importantes ocasiones en que la Constitución tiene aplicación directa:

1º. La regulación constitucional de los derechos fundamentales vincula a todos los poderes públicos. Se basa en lo dispuesto en el artículo 53.1 y 2: *"Los derechos y libertades reconocidos en el capítulo 2º del presente título vinculan a todos los poderes públicos".*

2º. Aplicación directa de la parte organizatoria y habilitante de los poderes constitucionales. Los preceptos orgánicos constitucionales son de inmediata aplicación para todos los poderes públicos y, en concreto, por los propios órganos a que la regulación constitucional se refiere.

3º. La disposición derogatoria de la Constitución, también tiene aplicación directa, lo que significa que todos los Tribunales ordinarios pueden considerar derogada la legislación preconstitucional que se oponga a la Constitución sin necesidad de plantear la cuestión de inconstitucionalidad.

Por último, hemos de referirnos al principio de interpretación de las normas conforme a la Constitución. El principio de unidad del Ordenamiento jurídico y la consideración de la Constitución como norma superior y eje del mismo, determina que ella sea el punto de referencia inexcusable en la interpretación de todas las normas, y que antes de que una ley sea declarada inconstitucional, el Juez que efectúa su examen tenga que buscar en vía interpretativa una concordancia de dicha ley con la Constitución.

Por su parte, el artículo 5º de la Ley Orgánica del Poder Judicial, establece:

"1. La Constitución es la norma suprema del ordenamiento jurídico, y vincula a todos los Jueces y Tribunales, quienes interpretarán y aplicarán las leyes y los Reglamentos según los preceptos y principios constitucionales, conformes a la interpretación de los mismos que resulte de las resoluciones dictadas por el Tribunal Constitucional en todo tipo de procesos.

2. Cuando un órgano judicial considere, en algún proceso, que una norma con rango de ley, aplicable al caso, de cuya validez dependa el fallo, pueda ser contraria a

© 2009 Abalar Consultores, S.L.

la Constitución, planteará la cuestión ante el Tribunal Constitucional, con arreglo a lo que establece su Ley Orgánica.

3. Procederá el planteamiento de la cuestión de inconstitucionalidad cuando por vía interpretativa no sea posible la acomodación de la norma al ordenamiento constitucional.

4. En todos los casos en que, según la ley, proceda recurso de casación, será suficiente para fundamentarlo la infracción de precepto constitucional. En este supuesto, la competencia para decidir el recurso corresponderá siempre al Tribunal Supremo, cualesquiera que sean la materia, el derecho aplicable y el orden jurisdiccional".

4. LA CONSTITUCIÓN DE 1978: ESTRUCTURA

4.1 GÉNESIS

Proclamado Rey de España Don Juan Carlos de Borbón al fallecimiento del general Franco, en 1975, se produjo un cambio notable en la orientación política, que ya se dejó notar al ser nombrado como Jefe del Segundo Gobierno de la Monarquía don Adolfo Suárez, que incorporó al Gobierno a personas moderadas pero de claro matiz reformista, y que inmediatamente estableció contacto con las fuerzas de oposición.

El primer paso para dinamitar las leyes franquistas fue la aprobación y posterior ratificación popular de la Ley para la Reforma Política de 1977 (Ley 1/1977, de 4 de enero). Esta ley transitoria y puente hacia el sistema democrático, establecía como principios:

a) La democracia basada en la supremacía de la ley, expresión de la voluntad soberana del pueblo.

b) El reconocimiento de los derechos fundamentales de la persona.

Se establecieron unas Cortes bicamerales, Congreso y Senado, elegidas por sufragio universal, reservando al monarca el nombramiento de una quinta parte de los Senadores, y se regularon las etapas para la reforma constitucional.

El día 15 de junio de 1977 se celebraron las primeras elecciones generales por las que accede al poder el partido Unión de Centro Democrático (UCD), presidido por don Adolfo Suárez, donde convergían liberales, democristianos, socialdemócratas e independientes, mientras que la primera fuerza de oposición la constituyó el P.S.O.E., liderado por don Felipe González.

El Gobierno consiguió reunir a los líderes de las principales fuerzas políticas, firmando los conocidos como Pactos de la Moncloa, acuerdos de contenido social y político, que pretendían asegurar la paz social durante la etapa constituyente.

© 2009 Abalar Consultores, S.L.

En el seno de las Cortes se creó la Comisión Constitucional y dentro de ésta se creó una Ponencia compuesta por los denominados "*7 padres de la Constitución*", formada por los siguientes Diputados: don Gabriel Cisneros Laborda, don Miguel Herrero Rodríguez de Miñón, don José Pedro Pérez Llorca y Rodrigo, de U.C.D., don Gregorio Peces Barba, del P.S.O.E., don Manuel Fraga Iribarne, de Alianza Polular (AP), don Jordi Solé Tura, del Partido Comunista de España (PCE) y don Miguel Roca Junyet, de Convergencia y Unión de Cataluña.

Tras los trabajos de la Ponencia y Comisión y la reunión de la Comisión Mixta Congreso-Senado, se alcanzó un acuerdo sobre el proyecto de Constitución que fue sometido a la votación separada de ambas Cámaras, el 31 de Octubre de 1978, siendo aprobado por abrumadora mayoría.

Congreso: Presentes 345 Diputados. Votos a favor 325. Votos en contra 6. Abstenciones 14.

Senado: Presentes 239 Senadores. Votos a favor 226. Votos en contra 5. Abstenciones 8.

Sometido el texto a **referéndum** el 6 de Diciembre de 1978, también fue aprobado por abrumadora mayoría.

Electores	26.632.180
Votantes	17.873.301
Votos a favor	15.706.078
Votos en contra	1.400.505
Votos en blanco	632.902
Votos nulos	133.786

El 27 de Diciembre, ante las Cortes en sesión conjunta, S.M. el Rey don Juan Carlos I sancionó la nueva Constitución española, que se publicó en el Boletín Oficial del Estado el 29 de Diciembre de 1978, y ese mismo día entró en vigor según se establecía en la Disposición final de la Constitución.

La única reforma constitucional se produjo para adaptar el texto constitucional al Tratado de la Unión Europea, el 27 de agosto de 1992, aprobándose la reforma del apartado 2º del artículo 13, que quedó redactado de la siguiente forma: *"Solamente los españoles serán titulares de los derechos reconocidos en el artículo 23, salvo que, atendiendo a criterios de reciprocidad, pueda establecerse por tratado o ley para el derecho de sufragio activo y pasivo en las elecciones municipales".*

4.2 CARACTERES

Como caracteres de ella pueden señalarse:

- Es una Constitución **formal, codificada** (en un solo texto, es decir cerrada), **escrita y extensa,** pues contiene 169 artículos, cuatro disposiciones adicionales, nueve transitorias, una derogatoria y una final, además de dejar para desarrollo posterior numerosas leyes orgánicas. Es la segunda más larga

© 2009 Abalar Consultores, S.L.

de la historia de nuestro constitucionalismo (la primera es la de Cádiz de 1812, que tenía 384 artículos).

- **Normativa**, por cuanto pretende ordenar el sistema jurídico-político. Aspira a disciplinar la vida política y social de nuestro país, reflejando con claridad tal carácter, al vincular a todos los poderes del Estado.

- Es **muy rígida**, por su procedimiento de reforma, ya que establece mecanismos especiales para su renovación.

- Aunque no exenta de originalidad es una Constitución **derivada**, con influencia de otras Constituciones históricas, como la española de 9 de diciembre de 1931, y de nuestro entorno, como la Ley Fundamental de Bonn de 1949, la Constitución italiana de 1947, etc., sin olvidar textos internacionales como la Declaración Universal de Derechos Humanos, el Convenio Europeo para la Protección de los Derechos Humanos y de las Libertades Fundamentales, adoptado en Roma el 4 de noviembre de 1950, entre otros:

  - En algunos puntos deliberadamente **imprecisa**.

  - Es una Constitución más **pragmática que ideológica**.

  - Es una Constitución **consensuada**, esto es pactada por acuerdo generalizado de los partidos políticos.

  - Es una Constitución **monárquica**.

  - Es una Constitución **democrática**.

  - Es una Constitución **autonómica**.

  - Es una Constitución **popular,** aprobada por las Cortes Generales y sometida
  - a referéndum nacional.

4.3 ESTRUCTURA

La Constitución consta de un preámbulo y un articulado y finaliza con una serie de disposiciones.

A) El Preámbulo. En el Preámbulo, con fórmula solemne, el constituyente manifiesta el espíritu y objetivos que desea establecer y expresa de forma resumida las ideas, principios y tendencias que luego se verán desarrolladas en el articulado. Se trata de un texto sin fuerza de obligar, pero con enorme trascendencia político declarativa. En resumen, en el Preámbulo se exponen las razones del establecimiento de la Constitución y aparecen los objetivos que pretende cubrir en la sociedad a la que se dirige.

© 2009 Abalar Consultores, S.L.

B) El articulado. El articulado, en número de 169, está dividido en Títulos y estos en Capítulos, que a su vez se dividen en Secciones. En él quedan perfectamente diferenciadas las dos partes a las que tradicionalmente se hace referencia en los textos constitucionales: la dogmática y la orgánica.

a) La parte dogmática, establece los grandes principios, valores y definiciones sobre el modelo de sociedad y de Estado, así como el reconocimiento y garantía de los derechos y deberes fundamentales. Pertenecen a esta parte:

- Título Preliminar: "Principios Generales, Organización del Estado y valores superiores del Ordenamiento jurídico".

Principios generales de organización del Estado:

- Estado social y democrático de derecho.
- Monarquía parlamentaria.
- Estado autonómico.
- Soberanía popular.

Valores superiores del Ordenamiento jurídico:

- Libertad.
- Justicia.
- Igualdad.
- Pluralismo político.

- El Título I (De los derechos y deberes fundamentales).

b) La parte orgánica que, regula la organización del Estado y su forma territorial y contiene la división de los poderes que lo componen, así como las relaciones entre ellos. Viene concretada en los títulos restantes, es decir:

- Título II. "De la Corona". Se configura como institución representativa de la unidad de la Nación, con funciones de arbitraje y moderación entre los distintos poderes del Estado.

- Título III. "Las Cortes Generales". Se reconoce un sistema bicameral, formado por Congreso y Senado, regulando el proceso legislativo, la cuestión de confianza y censura para la elección de Presidente del Gobierno, y la eficacia de los Tratados internacionales.

- Título IV. "Del Gobierno y la Administración". Regula la composición y formación del Gobierno y los principios fundamentales por los que ha de regirse la Administración pública.

El Gobierno tiene encomendada la función ejecutiva, y la facultad de dictar disposiciones con fuerza de ley por delegación de las Cortes (Decretos Legislativos) o en casos de urgencia y necesidad (Decretos-Leyes)

- Título V. "Relaciones Gobierno y Cortes Generales". Se regulan los mecanismos de control del Ejecutivo: interpelaciones, preguntas, mociones de censura y confianza, etc.

© 2009 Abalar Consultores, S.L.

- **Título VI. "Poder Judicial"**. Establece la unidad jurisdiccional, la independencia del Poder Judicial, la gratuidad de la justicia, la responsabilidad del Estado, la publicidad de las actuaciones judiciales y la participación de los ciudadanos en la Administración de justicia.

- **Título VII. "Economía y Hacienda"**. Consagra el principio general de sumisión de toda la riqueza del país al interés general, autoriza la planificación económica y distribuye las funciones presupuestarias entre el Gobierno (elaboración) y las Cortes Generales (examen, enmienda y aprobación).

- **Título VIII. "Organización territorial del Estado"**. Articula el Estado en Comunidades autónomas, provincias y municipios, estableciendo un Estado regional a caballo entre el Estado unitario y el Estado federal.

- **Título IX. "Tribunal Constitucional"**. Le encomienda el control de constitucionalidad de las leyes, los recursos de amparo por violación de derechos y libertades fundamentales y la resolución de los conflictos de competencias entre el Estado y las Comunidades Autónomas, y los de éstas entre sí.

- **Título X. "Reforma Constitucional"**. Se establece el procedimiento para modificar la Constitución, exigiéndose mayorías cualificadas.

C) Disposiciones. La Constitución contiene además las siguientes Disposiciones: Cuatro Adicionales, nueve Transitorias, una Derogatoria y una Disposición Final.

5. LA REFORMA DE LA CONSTITUCIÓN

5.1 REFORMA ORDINARIA DE LA CONSTITUCIÓN (ART. 167 CE)

Los proyectos de reforma constitucional deberán ser aprobados por una mayoría de **tres quintos** (3/5) de cada una de las Cámaras. Si no hubiera acuerdo entre ambas, se intentará obtenerlo mediante la creación de una Comisión de composición paritaria de Diputados y Senadores, que presentará un texto que será votado por el Congreso y el Senado.

De no lograrse la aprobación mediante el anterior procedimiento, y siempre que el texto hubiese obtenido el voto favorable de la mayoría absoluta del Senado, el Congreso, por mayoría de dos tercios (2/3), podrá aprobar la reforma.

Aprobada la reforma por las Cortes Generales, será sometida a referéndum para su ratificación cuando así lo soliciten los miembros de cualquiera de las Cámaras.

© 2009 Abalar Consultores, S.L.

5.2 REFORMA AGRAVADA DE LA CONSTITUCIÓN (ART. 168 CE)

Cuando se propusiese la revisión total de la Constitución o una parcial que afecte al:

- Título Preliminar
- Capítulo Segundo, Sección Primera del Título I (art. 15 al 29) o,
- Título II

se procederá a la aprobación por mayoría de dos tercios (2/3) de cada Cámara, y a la disolución inmediata de las Cortes.

Las Cámaras elegidas deberán ratificar la decisión y proceder al estudio del nuevo texto constitucional, que deberá ser aprobado por mayoría de dos tercios (2/3) de ambas Cámaras.

Aprobada la reforma por las Cortes Generales, será sometida a referéndum para su ratificación.

5.3 INICIATIVA

Viene recogida en el art. 166 CE y se ejercerá en los términos previstos en los apartados 1 y 2 del art. 87 CE; esto es por el Gobierno, el Congreso y el Senado de acuerdo con la Constitución y los Reglamentos de las Cámaras; las Asambleas de las Comunidades Autónomas podrán solicitarla del Gobierno (art. 87.2 CE).

5.4 IMPOSIBILIDAD DE REFORMA (ART. 169 CE)

No podrá iniciarse la reforma constitucional en tiempo de guerra o de vigencia de alguno de los estados previstos en el art. 116 CE, esto es en los estados de alarma, de excepción y de sitio.

© 2009 Abalar Consultores, S.L.

TEMA 5

Los derechos fundamentales y las libertades públicas en la Constitución: Concepto y clasificación de los mismos. La igualdad ante la Ley: Principio de no discriminación. Garantía de los derechos. Garantías normativas: La reserva de Ley. Las garantías jurisdiccionales: Especial referencia al recurso de amparo. La suspensión de los derechos. La institución del Defensor del Pueblo.

1. LOS DERECHOS FUNDAMENTALES Y LAS LIBERTADES PÚBLICAS EN LA CONSTITUCIÓN: CONCEPTO Y CLASIFICACIÓN DE LOS MISMOS

1.1 CONCEPTO

La característica del Estado de Derecho no es tanto la sumisión formal de la Administración a la ley, como el reconocimiento en favor de los ciudadanos de unos derechos públicos frente al Estado y de un ámbito de libertad que aquél no puede interferir.

Si el primer manifiesto revolucionario supuso el plasmar por escrito una "Declaración de derechos del hombre y del ciudadano", el advenimiento del constitucionalismo supuso la proclamación solemne en las Constituciones de una lista de derechos y libertades considerados como esenciales.

Nuestra Constitución en su artículo 1º, declara que España se constituye en un Estado social y democrático de Derecho, y en la Sección 1ª del capítulo 2º del Título I, bajo la rúbrica "De los derechos fundamentales y de las libertades públicas" enumera los que tienen ese carácter, si bien en otros preceptos, fuera de dicho emplazamiento, existe el reconocimiento de otros derechos igualmente fundamentales.

Los derechos fundamentales, dice **Pérez Luño**, constituyen la principal garantía que tienen los ciudadanos de un Estado de Derecho de que el sistema jurídico y político en su conjunto se orientará hacia el respeto y la promoción de la persona humana en su estricta dimensión individual (Estado liberal de Derecho) o conjugando ésta con la exigencia de solidaridad derivada de la dimensión colectiva de la vida humana (Estado social de Derecho).

© 2009 Abalar Consultores, S.L.

Los derechos fundamentales tienen una doble significación:

a) En su significación objetiva, los derechos fundamentales responden a un sistema de valores y principios de alcance universal que han de informar todo nuestro Ordenamiento jurídico.

b) En su dimensión subjetiva, los derechos fundamentales determinan el estatuto jurídico de los ciudadanos, lo mismo en sus relaciones con el Estado que en sus relaciones entre sí.

A veces se utilizan como sinónimos los términos derechos fundamentales y libertades públicas, pero pueden distinguirse distintos matices en su significación.

Derechos humanos son aquellos que concretan los valores inherentes a la dignidad de la persona humana y que, por ello, lejos de nacer de una concesión de la sociedad política, han de ser reconocidos por ésta.

Derechos fundamentales son aquellos derechos humanos reconocidos por una determinada norma constitucional.

Libertades públicas son aquella parte de los derechos fundamentales que representan ámbitos de actuación individual en los que el Estado no puede intervenir.

La Constitución española de 1978 incorpora prácticamente la totalidad de los derechos fundamentales reconocidos en la Declaración Universal de Derechos Humanos de la ONU, de 10 de diciembre de 1948.

1.2 CLASIFICACIÓN

La clasificación de los derechos no ha logrado consenso en la doctrina.

Sánchez Agesta propone cinco tipos según la naturaleza de los bienes protegidos: derechos civiles, económicos, públicos, políticos y sociales.

Schmitt los clasificaba en derechos del individuo aislado, del individuo en relación con otros, del individuo a prestaciones del Estado y derechos del ciudadano.

Torres del Moral, cuya exposición seguiremos, los clasifica en cuatro grupos: derechos civiles individuales, libertades públicas, derechos políticos y derechos de prestación. Antepone a esta clasificación los presupuestos para ejercer los derechos, y pospone los principios de política económica y social que dirigen la actividad del Estado.

La Constitución parece haber seguido un criterio material de clasificación, pensando en la importancia que el constituyente entendió que tenía cada uno de los derechos para la sociedad española y en las posibilidades de prestaciones estatales al respecto.

© 2009 Abalar Consultores, S.L.

Para la Constitución hay tres tipos de derechos:

1. Los que por su máxima importancia social y política y por las posibilidades estatales de realizar una política pertinente de prestaciones son dotados del mayor nivel de garantías, asumiendo el Estado respecto a ellos compromisos exigibles. Son los incluidos en la Sección 1ª del Capítulo 2º, bajo la rúbrica: "Derechos fundamentales y libertades públicas" (recurso de amparo, graves dificultades para sus suspensión, etc.).

2. Aquellos otros que, sin mengua de su importancia intrínseca, el constituyente consideró menos vitales para la sociedad y para el Estado, y también menos factible, por su coste económico, dotarlos del mismo nivel de tutela y de compromiso estatales (salvo la objeción de conciencia). Están contenidos en la sección 2ª del capítulo 2º bajo el nombre de "derechos y deberes de los ciudadanos", igualmente impreciso, pues en esta sección hay libertades públicas, al igual que en la primera había derechos ciudadanos (derecho al trabajo, a la vivienda...).

3. Los que el constituyente consideró que ni la sociedad ni el Estado dependen perentoriamente de ellos para su subsistencia y respecto de los que, por otra parte, el Estado no está en condiciones de asumir compromisos ciertos para asegurar su ejercicio y disfrute. Están contenidos en el capítulo III, "Principios rectores de política social y económica". Más que derechos se consideran objetivos a conseguir.

Pasemos a continuación a exponer la clasificación propuesta:

I) Presupuestos para el disfrute y ejercicio de los derechos

1. La vida.
2. La nacionalidad.
3. La mayoría de edad.

A la vida, como presupuesto físico y radical, la Constitución confiere la protección propia y máxima de un derecho. Mientras la vida es el presupuesto físico esencial, la nacionalidad y la mayoría de edad son los presupuestos jurídicos.

II) Derechos civiles individuales

1. Derecho a la integridad física. Se recoge en el artículo 15: *"Todos tienen derecho a la vida y a la integridad física o moral, sin que, en ningún caso, puedan ser sometidos a tortura ni a penas o tratos inhumanos o degradantes. Queda abolida la pena de muerte, salvo lo que puedan disponer las leyes penales militares para tiempos de guerra".*

Como presupuesto o soporte físico de todos los derechos, puesto que sin la vida carecerían de sujeto y por lo tanto de entidad, ha merecido la calificación, en palabras del Tribunal Constitucional, de valor jurídico fundamental, o lo que es lo mismo la consideración del más fundamental de los derechos fundamentales.

© 2009 Abalar Consultores, S.L.

No obstante, mayoritariamente se defiende que a este derecho le es también de aplicación la ya tradicional afirmación de que los derechos no son absolutos y que es necesario buscar un perfecto equilibrio entre la vida, la libertad y el libre desarrollo de la personalidad.

La Ley Orgánica 11/1995, de 25 de noviembre, de abolición de pena de muerte en tiempo de guerra, ha abolido dicha pena en tiempo de guerra.

Del reconocimiento del derecho a la vida se deriva para las Autoridades públicas no ya una obligación de no matar, obligación abstencionista, sino también la obligación de actuar con absoluto respeto a la vida humana, garantizando un auxilio mínimo en caso de imperiosa necesidad y a que no se dañe o perjudique la salud personal.

La polémica sobre si el derecho incluía al concebido o *nasciturus* y si, por tanto, había que entender prohibido el aborto, quedó zanjada por el Tribunal Constitucional. La doctrina del Alto Tribunal se resume en la siguiente formulación: No será punible el aborto provocado cuando (otorgado el consentimiento por la embarazada y el aborto sea realizado por un médico en un centro sanitario acreditado) se esté en presencia de alguno de los supuestos siguientes:

1) Que sea necesario para evitar un grave peligro para la vida o la salud física o psíquica de la embarazada. Requiere dictamen médico de la especialidad correspondiente (terapéutico o médico).

2) Que el embarazo sea consecuencia de un hecho constitutivo de un delito de violación. Exige haber denunciado el hecho y que no hayan transcurrido más de 12 semanas (ético o humanitario).

3) Que se presuma que el feto habrá de nacer con graves taras físicas o psíquicas. Precisa dictamen favorable de dos médicos especialistas y que no hayan transcurrido más de 22 semanas de gestación (eugenésico).

No se ha recogido el denominado aborto psicosocial, que es aquel embarazo no deseado por causas sociales, económicas o psíquicas (relaciones prematrimoniales, escasez de medios, dificultades de la mujer, etc.).

La integridad física comprende no sólo el derecho a no ser privado de ninguna de las partes del cuerpo, sino también a no sufrir lesiones en él. La integridad moral, psíquica o anímica, supone el derecho que tiene toda persona a no ser sometida contra su voluntad a tratamientos susceptibles de modificar, anular o herir su voluntad, ideas, pensamientos o sentimientos.

La tortura ha sido definida por las Naciones Unidas como todo acto de un funcionario público, o realizado con su consentimiento o aquiescencia, por el cual se inflige intencionadamente a una persona dolores o sufrimientos, ya sean físicos o mentales, para obtener de ella información o confesión, o simplemente para coaccionarla o intimidarla.

La prohibición de torturas y de tratos y penas inhumanos y degradantes es absoluta, sin que pueda invocarse ninguna circunstancia como justificación, ni obediencia a las órdenes de un superior jerárquico, ni siquiera el estado de guerra.

© 2009 Abalar Consultores, S.L.

2. Derecho a la integridad moral: Honor, intimidad personal y social propia imagen. Se recoge en el artículo 18.1. *"Se garantiza el derecho al honor, a la intimidad personal y familiar y a la propia imagen".*

El derecho al honor protege a las personas contra las ofensas de que pueda ser objeto por parte de otras. El honor garantiza la fama y el buen nombre de las personas.

El derecho a la intimidad personal consiste en poder estar apartado de la observación de los demás sin que nadie se entrometa en las cosas íntimas y personales de su vida. El derecho a la propia imagen significa que sin consentimiento del interesado nadie puede utilizar su figura.

Es uno de los valores en mayor peligro en la sociedad moderna. Hay muchos medios tecnológicos que atentan contra la intimidad. Aparatos de escucha a larga distancia, teleobjetivos, se entrometen en nuestra intimidad. Y prospera la costumbre de espiar a las personas en su vida íntima comerciando luego con las fotos obtenidas. Nadie tiene derecho a inmiscuirse en la vida íntima de los demás traspasando las fronteras de su vida personal.

En lo referente a la intimidad y la propia imagen, el art. 20.4 CE, dispone que las libertades de expresión e información tienen su límite, especialmente, en el respeto al honor, a la intimidad y a la propia imagen.

La Ley Orgánica 1/1982, de 5 de mayo, de Protección Civil del Derecho al honor, la intimidad personal y familiar y a la propia imagen, desarrolla estos derechos configurándolos como derechos inherentes a la personalidad del ser humano.

3. Derecho a la libertad y a la seguridad personales. Especial importancia reviste para los miembros de las Fuerzas y Cuerpos de Seguridad, el art. 17 CE que consagra este derecho, al decir:

"1. Toda persona tiene derecho a la libertad y a la seguridad. Nadie puede ser privado de su libertad, sino con la observancia de lo establecido en este artículo y en los casos y en la forma prevista en la ley.

2. La detención preventiva no podrá durar más del tiempo estrictamente necesario para la realización de las averiguaciones tendentes al esclarecimiento de los hechos, y, en todo caso, en el plazo máximo de setenta y dos horas, el detenido deberá ser puesto en libertad o a disposición de la autoridad judicial.

3. Toda persona detenida debe ser informada de forma inmediata, y de modo que le sea comprensible, de sus derechos y de las razones de su detención, no pudiendo ser obligada a declarar. Se garantiza la asistencia de abogado al detenido en las diligencias policiales y judiciales, en los términos que la ley establezca. (Podrá hablar con el detenido después del interrogatorio, y si lo desea, en privado). (El detenido o preso podrá renunciar a la preceptiva asistencia de Letrado si su detención lo fuere por hechos susceptibles de ser tipificados, exclusivamente, como delitos contra la seguridad del tráfico).

4. La ley regulará un procedimiento de "habeas corpus" para producir la inmediata puesta a disposición judicial de toda persona detenida ilegalmente.

© 2009 Abalar Consultores, S.L.

Asimismo, por ley se determinará el plazo máximo de duración de la prisión preventiva".

La Ley Orgánica 1/1992, de 21 de febrero, de Protección de la Seguridad Ciudadana, autoriza la privación momentánea de libertad a efectos de identificación, en las tareas policiales de prevención e investigación del delito, o para la imposición de sanciones administrativas, siempre que la identificación no pueda conseguirse por otros medios.

La Ley Orgánica 6/1984, de 24 de mayo, regula el procedimiento de *"habeas corpus"*, cuya finalidad es establecer remedios eficaces y rápidos (es un procedimiento judicial sumario y extraordinariamente rápido que debe sustanciarse en 24 horas) para los eventuales supuestos de detenciones de la persona no justificados legalmente (ilegales o arbitrarias), o que transcurran en condiciones ilegales. Es competente para conocer de este procedimiento el Juez de Instrucción del partido judicial donde se encuentre el detenido.

El *habeas corpus*, cuyo origen se encuentra en el Common Law inglés, puede ser definido como aquél recurso judicial por medio del cual se puede instar la puesta a disposición judicial de una persona privada de libertad fuera de los casos previstos en la ley o de una forma diferente a la prevista legalmente (v.gr. sometida a tratos inhumanos, interrogatorios ilegales).

El *habeas corpus* no pretende determinar si la persona es culpable o inocente, sino controlar la legalidad de la detención. Es una garantía jurisdiccional para proteger la libertad personal que tiene todo detenido.

4. Derecho a un ámbito de desenvolvimiento idóneo de esa libertad y seguridad personales.

Comprende:

a) Derecho a la inviolabilidad del domicilio. Preceptúa el art. 18.2. *"El domicilio es inviolable. Ninguna entrada o registro podrá hacerse en él sin consentimiento del titular o resolución judicial, salvo en caso de flagrante delito".*

Inviolable quiere decir que nadie puede entrar en nuestra propia casa sin nuestro consentimiento. Este derecho fundamental garantiza **la intimidad, la privacidad** de la persona en su domicilio donde tiene que quedar exenta o inmune a las invasiones o agresiones exteriores de otras personas o de la autoridad pública.

Respecto del caso de flagrante delito, la doctrina entiende que es extensible a los supuestos de calamidad pública (incendio, inundación, etc.).

a.1 Excepciones a la inviolabilidad del domicilio

a) Consentimiento del titular.
b) Cuando medie mandato judicial o flagrante delito.
c) Cuando se produzca un estado de excepción o sitio, según lo previsto en el art. 55.1 de la Constitución.
d) Lo dispuesto en el art. 55.2 CE sobre bandas armadas o elementos terroristas. Así, el art. 553 de la Ley de Enjuiciamiento Criminal permite a la

© 2009 Abalar Consultores, S.L.

Policía, en casos de excepcional o urgente necesidad, entrar en los lugares o domicilios donde aquéllos se ocultasen o refugiasen y efectuar el registro correspondiente, ocupando los efectos e instrumentos que en ellos se hallasen y que pudieran guardar relación con el delito perseguido.

b) Derecho al secreto de las comunicaciones. Recogido en el art. 18.3 CE: *"Se garantiza el secreto de las comunicaciones y, en especial, de las postales, telegráficas y telefónicas, salvo resolución judicial".*

Se garantiza también el derecho al secreto de las comunicaciones que son inviolables como garantía de respeto a la intimidad y vida privada.

El Juez podrá, en resolución motivada, acordar la observación de las comunicaciones postales, telegráficas o telefónicas por plazo o plazos prorrogables de tres meses (art. 579 de la L.E.Cr.).

c) Libertad de residencia, de circulación y de entrada y salida del territorio nacional. A la que se refiere el art. 19: *"Los españoles tienen derecho a elegir libremente su residencia y a circular por el territorio nacional. Asimismo, tienen derecho a entrar y salir libremente de España en los términos que la ley establezca. Este derecho no podrá ser limitado por motivos políticos o ideológicos".*

El art. 10 de la Ley Orgánica 1/1992, de 21 de febrero, de Protección de la Seguridad Ciudadana, dispone que los españoles podrán entrar en el territorio nacional, en todo caso, acreditando su nacionalidad. Los que pretendan salir de España habrán de estar provistos de pasaporte o documento que reglamentariamente se establezca en los términos de los Acuerdos internacionales suscritos por España, que tendrán la misma consideración que el Documento Nacional de Identidad.

5. Derecho a contraer matrimonio. Dice el art. 32: *"1. El hombre y la mujer tienen derecho contraer matrimonio con plena igualdad jurídica.*

2. La ley regulará las formas de matrimonio, la edad y capacidad para contraerlo, los derechos y deberes de los cónyuges, las causas de separación y disolución y sus efectos".

La ley que regula el matrimonio es el Código Civil, modificado sobre esta materia por la **Ley 13/2005, de 1 de julio, por la que se modifica el Código Civil en materia de derecho a contraer matrimonio,** esta ley permite el matrimonio en entre personas del mismo sexo.

6. Libertad de elección de profesión u oficio. Establece el art. 35 que

"1. Todos los españoles tienen el deber de trabajar y el derecho al trabajo, a la libre elección de profesión u oficio a través del trabajo y a una remuneración suficiente para satisfacer sus necesidades y las de su familia, sin que en ningún caso pueda hacerse discriminación por razón de sexo.

2. La ley regulará el estatuto de los trabajadores".

© 2009 Abalar Consultores, S.L.

III) Libertades públicas

1. Libertad ideológica. Comprende:

a) Libertad de convicciones, de religión y de culto. Según el art. 16: *"Se garantiza la libertad ideológica, religiosa y de culto de los individuos y las comunidades sin más limitación, en sus manifestaciones, que la necesaria para el mantenimiento del orden público protegido por la ley.*

2. Nadie puede ser obligado a declarar sobre su ideología, religión o creencias.

3. Ninguna confesión tendrá carácter estatal, sin embargo los poderes públicos tendrán en cuenta las creencias religiosas de la sociedad española y mantendrán las consiguientes relaciones de cooperación con la Iglesia Católica y las demás confesiones".

España es un Estado aconfesional. La no confesionalidad del Estado supone que la religión es una cuestión de conciencia para cada hombre o mujer.

El derecho de libertad religiosa fue regulado por la Ley Orgánica 7/1980, de 5 de julio, de Libertad religiosa.

b) Libertad de expresión y difusión del pensamiento (Derecho a expresar y difundir libremente los pensamientos, ideas y opiniones). Se recoge en el art. 20 en los siguientes términos:

"1. Se reconocen y protegen los derechos:

a) A expresar y difundir libremente los pensamientos, ideas y opiniones mediante la palabra, el escrito o cualquier otro medio de reproducción.

b) A la producción y creación literaria, artística, científica y técnica (derecho de creación intelectual y la propiedad intelectual).

c) A la libertad de cátedra.

d) A comunicar o recibir libremente información veraz por cualquier medio de difusión (derecho a la información). *La ley regulará el derecho a la cláusula de conciencia y al secreto profesional en el ejercicio de estas libertades.*

2. El ejercicio de estos derechos no pueden restringirse mediante ningún tipo de censura previa*".*

3. La ley regulará la organización y el control parlamentario de los medios de comunicación social dependientes del Estado o de cualquier ente público y garantizará el acceso a dichos medios de los grupos sociales y políticos significativos, respetando el pluralismo de la sociedad y de las diversas lenguas de España.

4. Estas libertades tienen su límite en el respeto a los derechos reconocidos en este Título, en los preceptos de las leyes que lo desarrollen y, especialmente, en el

© 2009 Abalar Consultores, S.L.

derecho al honor, a la intimidad, a la propia imagen y a la protección de la juventud y de la infancia.

5. Sólo podrá acordarse el secuestro de publicaciones, grabaciones y otros medios de información en virtud de resolución judicial".

Los elementos para determinar la relevancia de la información serán: Su interés público; la contribución a la formación de una opinión pública libre y plural; la persona objeto de la información, teniendo en cuenta que las personas públicas tienen que soportar un mayor riesgo de lesión en sus derechos de la personalidad privada y el medio a través del cual ha sido difundida la información, que debe ser un medio de comunicación social.

La información debe ser veraz, entendiendo por tal no solo aquello que se corresponde con la verdad, entendida ésta, como confirmación absoluta y plena de lo informado, sino también cuando el informante actúa de acuerdo con los estándares mínimos de diligencia y profesionalidad.

La **censura** es una forma de considerar menores de edad a los ciudadanos. Su prohibición es una de las garantías más firmes de la libertad espiritual de los españoles. Como censura hay que entender la intervención preventiva de los poderes públicos para prohibir o modular la publicación o emisión de mensajes escritos o audiovisuales (TC S 187/1999, de 25 de octubre).

Secuestro es la puesta a disposición del órgano judicial que lo ha acordado el soporte material, sea este un impreso, publicación, grabación o cualquier otro medio de difusión de mensajes o, dicho en términos de la TC S 144/1987, el instrumento capaz de difundir, directamente o incorporándolas a un soporte susceptible a su vez de difusión, cualquier contenido comunicativo, con el fin que disponga la Ley que atribuya ese poder jurídico al juez.

c) Libertad de educación. La Constitución reconoce en el art. 27 simultáneamente el derecho a la educación y a la libertad de enseñanza. Se trata, por tanto, del derecho a recibir educación y dar educación. Se garantiza, además, el derecho de los padres a que sus hijos reciban la formación religiosa y moral que esté de acuerdo con sus propias convicciones. La enseñanza básica es obligatoria y gratuita. Comprende:

c.1 Libertad de creación de centros docentes. Artículo 27.6: *"Se reconoce a las personas físicas y jurídicas la libertad de creación de centros docentes, dentro del respeto a los principios constitucionales".*

c.2 Libertad a dotarlos de ideario. Artículo 27.3.: *"Los poderes públicos garantizan el derecho que asiste a los padres para que sus hijos reciban la formación religiosa y moral que esté de acuerdo con sus propias convicciones".*

c.3 Derecho a dirigirlos. Artículo 27.7: *"Los profesores, los padres y, en su caso, los alumnos intervendrán en el control y gestión de todos los centros sostenidos por la Administración con fondos públicos, en los términos que la ley establezca".*

© 2009 Abalar Consultores, S.L.

d) Libertad de reunión y manifestación. Se regula esta libertad en el art. 21, que dice:

"1. Se reconoce el derecho de reunión pacífica y sin armas. El ejercicio de este derecho no necesitará autorización previa.

2. En los casos de reuniones en lugares de tránsito público y manifestaciones se dará comunicación previa a la autoridad, que sólo podrá prohibirlas cuando existan razones fundadas de alteración del orden público, con peligro para personas o bienes".

Este derecho se encuentra regulado por la Ley Orgánica 9/1983, de 15 de julio, modificada por la Ley Orgánica 9/1999, de 21 de abril, que define la reunión como *"la concurrencia concertada y temporal de más de veinte personas, con finalidad determinada".*

Puede decirse, por tanto, que la reunión se caracteriza por ser estática y la manifestación por ser una reunión en movimiento.

d.1 Reuniones en lugares de tránsito público y manifestaciones. El art. 8 de la citada Ley Orgánica establece que *"en caso de reuniones en lugares de tránsito público y de manifestaciones, deberán ser comunicadas por escrito a la autoridad gubernativa correspondiente por los organizadores o promotores de aquéllas, con una antelación de diez días como mínimo y treinta como máximo".*

En casos excepcionales, se podrá hacer la comunicación con una antelación mínima de veinticuatro horas. Del buen orden de las reuniones y manifestaciones serán responsables sus organizadores.

d.2 Suspensión y disolución. La autoridad gubernativa suspenderá y, en su caso, procederá a disolver las reuniones y manifestaciones en los siguientes supuestos:

1. Cuando se consideren ilícitas de conformidad con las leyes penales.
2. Cuando se produzcan alteraciones del orden público, con peligro para las personas o bienes.
3. Cuando se hiciere uso de uniformes paramilitares por los asistentes.

d.3 Prohibición o modificación de las manifestaciones. Si la autoridad gubernativa considerase que existen razones fundadas de que puedan producirse alteraciones de orden público, con peligro para personas o bienes, podrá prohibir la reunión o manifestación o, en su caso, proponer la modificación de la fecha, lugar, duración o itinerario de la reunión o manifestación.

La Ley Orgánica 1/1992, de 21 de febrero, de Protección de la Seguridad Ciudadana, dispone que las autoridades competentes adoptarán las medidas necesarias para proteger la celebración de reuniones y manifestaciones, procurando que no se perturbe la seguridad ciudadana. Dichas autoridades, por medio de las Fuerzas y Cuerpos de Seguridad, podrán disolver, en la forma que menos perjudique, las reuniones en lugares de tránsito público y las manifestaciones en los supuestos

© 2009 Abalar Consultores, S.L.

contemplados en el artículo 5 de la Ley Orgánica reguladora del derecho de reunión. En caso de que se produzcan alteraciones de la seguridad ciudadana con armas o con otros medios de acción violenta, las Fuerzas y Cuerpos de Seguridad podrán disolver la reunión o manifestación o retirar los vehículos y obstáculos, sin necesidad de previo aviso.

2. Libertad de asociación: General y sindical

a) General. Artículo 22:

"1. Se reconoce el derecho de asociación.

2. Las asociaciones que persigan fines o utilicen medios tipificados como delitos son ilegales.

3. Las asociaciones constituidas al amparo de este artículo deberán inscribirse en un registro a los solos efectos de publicidad.

4. Las asociaciones sólo podrán ser disueltas o suspendidas en sus actividades en virtud de resolución judicial motivada.

5. Se prohíben las asociaciones secretas y las de carácter paramilitar".

b) Sindical. Artículo 28.1: *"Todos tienen derecho a sindicarse libremente. La ley podrá limitar o exceptuar de este derecho a las Fuerzas o Institutos armados o a los demás Cuerpos sometidos a disciplina militar y regulará las peculiaridades de su ejercicio para los funcionarios públicos. La libertad sindical comprende el derecho a fundar sindicatos y a afiliarse al de su elección, así como el derecho de los sindicatos a formar confederaciones y a fundar organizaciones sindicales internacionales o a afiliarse a las mismas. Nadie podrá ser obligado a afiliarse a un sindicato".*

3. Derecho de petición. Dice el art. 29:

"1. Todos los españoles tendrán el derecho de petición individual y colectiva, por escrito, en la forma y con los efectos que determine la ley.

2. Los miembros de las Fuerzas o Institutos armados o de los Cuerpos sometidos a disciplina militar podrán ejercer este derecho sólo individualmente y con arreglo a lo dispuesto en su legislación específica".

4. Derecho de fundación. Previsto en el art. 34: *"Se reconoce el derecho de fundación para fines de interés general, con arreglo a la ley".*

5. Derecho a adoptar medidas de conflicto colectivo. Establecido en el art. 37.2: *"Se reconoce el derecho de los trabajadores y empresarios a adoptar medidas de conflicto colectivo. La ley que regule el ejercicio de este derecho, sin perjuicio de las*

© 2009 Abalar Consultores, S.L.

limitaciones que pueda establecer, incluirá las garantías precisas para asegurar el funcionamiento de los servicios esenciales de la comunidad".

6. Derecho de huelga. Recogido en el art. 28.2: *"Se reconoce el derecho a la huelga de los trabajadores para la defensa de sus intereses. La ley que regule el ejercicio de este derecho establecerá las garantías precisas para asegurar el mantenimiento de los servicios esenciales de la comunidad".*

7. Derecho a la negociación laboral colectiva. Previsto en el art. 37.1: *"La ley garantizará el derecho a la negociación colectiva laboral entre los representantes de los trabajadores y empresarios, así como la fuerza vinculante de los convenios".*

8. Derecho a la propiedad y a la herencia. Artículo 33:

"1. Se reconoce el derecho a la propiedad privada y a la herencia.

2. La función social de estos derechos delimitará su contenido, de acuerdo con las leyes.

3. Nadie podrá ser privado de sus bienes y derechos sino por causa justificada de utilidad pública o interés social, mediante la correspondiente indemnización de conformidad con lo dispuesto en las leyes".

9. Derecho a la libertad de empresa. Al que se refiere el art. 38: *"Se reconoce la libertad de empresa en el marco de la economía de mercado. Los poderes públicos garantizan y protegen su ejercicio y la defensa de la productividad, de acuerdo con las exigencias de la economía general y, en su caso, de la planificación".*

IV) Derechos políticos

1. Derecho de participación en los asuntos públicos. Comprende:

a) Derecho de sufragio activo y pasivo. Establecido en el art. 23.1: *"Los ciudadanos tienen el derecho a participar en los asuntos públicos, directamente o por medio de representantes, libremente elegidos en elecciones periódicas por sufragio universal".*

b) Derecho de acceso a funciones y cargos públicos. Al que se refiere el art. 23.2: *"Los ciudadanos tienen derecho a acceder en condiciones de igualdad a las funciones y cargos públicos, con los requisitos que señalen las leyes".*

2. Libertad de asociación política. Establecida en el art. 6: *"Los partidos políticos expresan el pluralismo político, concurren a la formación y manifestación de la voluntad popular y son instrumento fundamental para la participación política. Su creación y el ejercicio de su actividad son libres dentro del respeto a la Constitución y a la ley. Su estructura interna y funcionamiento deberán ser democráticos".*

© 2009 Abalar Consultores, S.L.

V) Derechos de prestación

1. Derecho a la tutela judicial y otros derechos procesales. El art. 24 preceptúa:

"1. Todas las personas tienen derecho a obtener la tutela efectiva de los jueces y tribunales en el ejercicio de sus derechos e intereses legítimos, sin que, en ningún caso, pueda producirse indefensión.

2. Asimismo, todos tienen derecho al Juez ordinario predeterminado por la ley, a la defensa y a la asistencia de letrado, a ser informados de la acusación formulada contra ellos, a un proceso público sin dilaciones indebidas y con todas las garantías, a utilizar los medios de prueba pertinentes a su defensa, a no declarar contra sí mismos, a no confesarse culpables y a la presunción de inocencia.

La ley regulará los casos en que, por razón de parentesco o de secreto profesional, no se estará obligado a declarar sobre hechos presuntamente delictivos".

2. Derechos del condenado. A los que se refiere el art. 25.2: *"Las penas privativas de libertad y las medidas de seguridad estarán orientadas hacia la reeducación y reinserción social y no podrán consistir en trabajos forzados. El condenado a pena de prisión que estuviere cumpliendo la misma gozará de los derechos fundamentales de este capítulo, a excepción de los que se vean expresamente limitados por el contenido del fallo condenatorio, el sentido de la pena y la ley penitenciaria. En todo caso, tendrá derecho a un trabajo remunerado y a los beneficios correspondientes a la Seguridad Social, así como al acceso a la cultura y al desarrollo integral de su personalidad".*

3. La Administración civil no podrá imponer sanciones que, directa o subsidiariamente, impliquen privación de libertad".

VI) Principios rectores de política económica y social

1. Protección a la familia. A ello dedica la CE el art. 39:

"1. Los poderes públicos aseguran la protección social, económica y jurídica de la familia.

2. Los poderes públicos aseguran, asimismo, la protección integral de los hijos, iguales éstos ante la ley con independencia de su filiación, y de las madres, cualquiera que sea su estado civil. La ley posibilitará la investigación de la paternidad.

3. Los padres deben prestar asistencia de todo orden a los hijos habidos dentro o fuera del matrimonio, durante su minoría de edad y en los demás casos en que legalmente proceda.

4. Los niños gozarán de la protección prevista en los acuerdos internacionales que velan por sus derechos".

© 2009 Abalar Consultores, S.L.

2. Pleno empleo, condiciones laborales, Seguridad social. Dice el art. 40:

"1. Los poderes públicos promoverán las condiciones favorables para el progreso social y económico y para una distribución de la renta regional y personal más equitativa, en el marco de una política de estabilidad económica. De manera especial realizarán una política orientada al pleno empleo.

2. Asimismo los poderes públicos fomentarán una política que garantice la formación y readaptación profesionales; velarán por la seguridad e higiene en el trabajo y garantizarán el descanso necesario, mediante la limitación de la jornada laboral, las vacaciones periódicas retribuidas y la promoción de centros adecuados".

Y el art. 41 establece que *"Los poderes públicos mantendrán un régimen público de Seguridad Social para todos los ciudadanos que garantice la asistencia y prestaciones sociales suficientes ante situaciones de necesidad, especialmente en caso de desempleo. La asistencia y prestaciones complementarias serán libres".*

3. Protección a la salud. A la que se refiere el art. 43:

"1. Se reconoce el derecho a la protección de la salud.

2. Compete a los poderes públicos organizar y tutelar a la salud pública a través de medidas preventivas y de las prestaciones y servicios necesarios. La ley establecerá los derechos y deberes de todos al respecto.

3. Los poderes públicos fomentarán la educación sanitaria, la educación física y el deporte. Asimismo, facilitarán la adecuada utilización del ocio".

4. Ciencia y cultura. Dispone el art. 44 que *"Los poderes públicos promoverán y tutelarán el acceso a la cultura, a la que todos tienen derecho.*

2. Los poderes públicos promoverán la ciencia y la investigación científica y técnica en beneficio del interés general".

5. Protección del medio ambiente. Establece el art. 45 que

"1. Todos tienen el derecho a disfrutar de un medio ambiente adecuado para el desarrollo de la persona, así como el deber de conservarlo.

2. Los poderes públicos velarán por la utilización racional de los recursos naturales, con el fin de proteger y mejorar la calidad de la vida y defender y restaurar el medio ambiente, apoyándose en la indispensable solidaridad colectiva.

3. Para quienes violen lo dispuesto en el apartado anterior, en los términos que fije la ley, se establecerán sanciones penales o, en su caso, administrativas, así como la obligación de reparar el daño causado".

© 2009 Abalar Consultores, S.L.

6. Vivienda y urbanismo. Dice el art. 47 que *"Todos los españoles tienen derecho a disfrutar de una vivienda digna y adecuada. Los poderes públicos promoverán las condiciones necesarias y establecerán las normas pertinentes para hacer efectivo este derecho, regulando la utilización del suelo de acuerdo con el interés general para impedir la especulación. La comunidad participará en las plusvalías que genere la acción urbanística de los entes públicos".*

7. Atención a ciertos sectores de la población

a) La juventud. A elle se refiere el art. 48: *"Los poderes públicos promoverán las condiciones para la participación libre y eficaz de la juventud en el desarrollo político, social, económico y cultural".*

b) Los disminuidos. A los que se refiere el art. 49: *"Los poderes públicos realizarán una política de previsión, tratamiento, rehabilitación e integración de los disminuidos físicos y psíquicos, a los que prestarán la atención especializada que requieran y los ampararán especialmente para el disfrute de los derechos que este título otorga a todos los ciudadanos".*

c) Tercera edad. Cuya protección se invoca en el art. 50, en los siguientes términos: *"Los poderes públicos garantizarán, mediante pensiones adecuadas y periódicamente actualizadas, la suficiencia económica a los ciudadanos durante la tercera edad. Asimismo, y con independencia de las obligaciones familiares, promoverán su bienestar mediante un sistema de servicios sociales que atenderán sus problemas específicos de salud, vivienda, cultura y ocio".*

d) Consumidores. A los que se refiere el art. 51 del siguiente modo:

"1. Los poderes públicos garantizarán la defensa de los consumidores y usuarios, protegiendo, mediante procedimientos eficaces, la seguridad, la salud y los legítimos intereses económicos de los mismos.

2. Los poderes públicos promoverán la información y educación de los consumidores y usuarios, fomentarán sus organizaciones y oirán a éstas en las cuestiones que puedan afectar a aquéllas, en los términos que la ley establezca".

VII) Los deberes constitucionales

Es usual que junto a los derechos se haga mención a los deberes que a los ciudadanos impone la Constitución, y que en su mayoría están incluidos en la Sección 2ª, Capítulo 2º del Título I, dentro de la rúbrica: "De los derechos y deberes de los ciudadanos".

Torres del Moral considera que aún encontrándose en la Constitución, no pueden considerarse como constitucionales, con el mismo rango que los anteriores, sino que son en realidad derechos y deberes de naturaleza legal, pues será una ley posterior quien regule esos deberes y fije las correspondientes sanciones, aunque con fundamento directo en la Constitución. Los enumeramos a continuación.

1. Deber de conocer el castellano, lengua oficial del Estado. Artículo 3.1.

© 2009 Abalar Consultores, S.L.

2. Obligación de adquirir enseñanza básica. Artículo 27.4.

3. Deber de defender a España, del que se derivan las obligaciones militares y la defensa en casos de riesgo, catástrofe o calamidad pública. Artículo 30.

4. Deberes tributarios. Artículo 31.1.

5. Deberes conyugales y familiares. Artículo 32 y 39.

6. Deber de trabajar. Artículo 35.

7. Deberes de todos respecto a la salud pública. Artículo 43.

8. Deber de conservar el medio ambiente. Artículo 45.

9. Obligación de comparecer ante las Cámaras parlamentarias a requerimiento de éstas. Artículo 76.

10. Obligación de cumplir las sentencias y demás resoluciones judiciales firmes, así como prestar colaboración requerida por jueces y tribunales. Artículo 118.

2. LA IGUALDAD ANTE LA LEY: PRINCIPIO DE NO DISCRIMINACIÓN

El principio de igualdad ante la ley y la prohibición de discriminación es una vieja aspiración del ser humano que fue recogida con entusiasmo por el movimiento constitucional del siglo XVIII que marcó el fin del Antiguo Régimen. Se convirtió en una de las principales reivindicaciones de los revolucionarios liberales, especialmente de los franceses, hasta el punto de que su proclamación forma parte de la divisa del Estado surgido de la Revolución Francesa ("Libertad, igualdad, fraternidad").

España inserta desde muy pronto en este movimiento jurídico-político, aunque con abundantes salidas del mismo para sumergirse en etapas más o menos largas de poder personal, no plasmó, sin embargo, de forma expresa este ideal en sus Constituciones hasta bien entrado el siglo XX. Lo hizo con la Constitución republicana de 1931, que en su artículo 2 proclamaba la igualdad ante la ley de todos los españoles.

El artículo 14 de la Constitución de 1978, que como hemos visto no tiene más antecedente en el constitucionalismo español que el ofrece el artículo 2 de la Constitución de 1931, es, sin embargo, un precepto muy frecuente en el ámbito del Derecho Constitucional Comparado, tanto histórico como actual.

Este principio viene recogido en nuestra Constitución de la siguiente manera:

"Los españoles son iguales ante la ley, sin que pueda prevalecer discriminación alguna por razón de nacimiento, raza, sexo, religión, opinión o cualquier otra condición o circunstancia personal o social."

© 2009 Abalar Consultores, S.L.

El legislador se ha preocupado, por otra parte, de conectar el artículo 14 de la Constitución, que consagra una igualdad meramente formal, impidiendo diferencias de trato que carezcan de justificación objetiva y razonable, con el artículo 9.2 del mismo texto, el cual impone a los poderes públicos la tarea de promover la igualdad real y efectiva. Manifestación de ello son, por ejemplo, la Ley 13/1982, de 7 de abril, de integración social de los minusválidos, o la Ley Orgánica 3/2007, de 22 de marzo, para la igualdad efectiva entre mujeres y hombres.

3. GARANTÍAS DE LOS DERECHOS

3.1 SISTEMA CONSTITUCIONAL DE GARANTÍAS

Un derecho vale jurídicamente lo que valen sus garantías. De ello hubo conciencia desde el inicio del régimen constitucional, que fue cifrado no tanto en la existencia de libertades como en su aseguramiento.

Galeotti define las garantías como los mecanismos jurídicos de seguridad que el Ordenamiento constitucional establece para la salvaguarda y defensa de la integridad de su valor normativo.

Aunque hay garantías frente a particulares, la mayoría de las garantías constitucionales están previstas para oponerlas frente a los poderes públicos, y a veces se confunden con los derechos que pretenden garantizar. Veamos a continuación, entre otras que pudieran añadirse, las siguientes:

1. Las que **protegen la libertad personal** en caso de detención: Duración máxima de la detención preventiva y prisión provisional, información de los derechos al detenido, no obligación de declarar, asistencia letrada, *habeas corpus*.

2. **Garantía de la libertad personal frente a la potestad sancionadora de la Administración,** que nunca puede suponer la privación de aquélla.

3. **Garantías de los derechos a la intimidad personal y familiar y, a su través, de la libertad y seguridad personales:** Inviolabilidad de domicilio y secreto de las comunicaciones privadas.

4. La **no obligatoriedad de declarar la ideología, la religión o la creencia propia**, como garantía de la libertad en este ámbito.

5. Las **garantías de la libertad de comunicación:** Prohibición de censura previa y exigencia de resolución judicial para el secuestro de publicaciones y de otros medios de comunicación.

6. La **eliminación de autorización previa para el ejercicio de la libertad de reunión y manifestación**.

© 2009 Abalar Consultores, S.L.

7. El requisito de **resolución judicial motivada para la suspensión o disolución de una asociación legalmente constituida**.

8. El **principio de legalidad en materia penal y sancionatoria**.

9. La **prohibición de tribunales de honor en la Administración civil y de tribunales de excepción en general**.

10. La exigencia de que el condenado a pena privativa de libertad sea mantenido en el ejercicio de todos los derechos fundamentales compatibles con el contenido del fallo condenatorio, con el sentido de la pena y con la ley penitenciaria.

11. La participación de los sectores afectados en la programación general de la enseñanza y la intervención de los profesores, padres y alumnos en el control y gestión de los centros docentes sostenidos con financiación pública.

12. Las **garantías del derecho a la propiedad:** Justificación de la expropiación en una causa de utilidad pública o de interés social y pago de una indemnización.

13. La **fuerza vinculante de los convenios laborales colectivos** como garantía del derecho de negociación colectiva.

4. GARANTÍAS NORMATIVAS: LA RESERVA DE LEY

4.1 NIVELES GENERALES DE PROTECCIÓN

La reserva de ley

El atr. 53 de la Constitución establece tres niveles generales de protección de los derechos.

1. El capítulo III, del Título I, más que derechos propiamente dichos, contiene principios de política social y económica. Estos principios sólo están protegidos por el principio general de rigidez constitucional, esto es, por la posibilidad de cuestionar la inconstitucionalidad de una norma con rango legal que los vulnere (protección normal).

2. Los derechos comprendidos en la Sección 2ª del Capítulo II, están protegidos por la reserva de ley para regular su ejercicio y límites. Ley que, por lo demás, debe respetar en todo caso su contenido esencial. La duda de si dicha ley debía revestir el carácter de orgánica fue resuelta por el Tribunal Constitucional exigiendo solamente ley e incluso decreto-ley si se daba el requisito de extraordinaria y urgente necesidad.

Además le corresponde el control de su constitucionalidad, en relación con el contenido esencial del derecho, y con la detección de los intereses jurídicamente protegidos que dan vida al derecho (protección intermedia).

© 2009 Abalar Consultores, S.L.

3. Los derechos comprendidos en la Sección 1ª del Capítulo II están protegidos, además de por todas las garantías anteriores, por la reserva de ley orgánica (artículo 81) para su regulación, por su tutela preferente y sumaria de los jueces y tribunales y por el recurso de amparo ante el Tribunal Constitucional. Garantías que también son aplicables al principio de igualdad ante la ley, previsto en el artículo 14 y al derecho de objeción de conciencia respecto a obligaciones militares, reconocido en el artículo 30.

El principio de reserva legal tiene una doble significación:

a) **Formalmente** implica la necesidad de que los derechos fundamentales solo puedan ser objeto de regulación por normas con rango de ley.

Esta garantía está expresamente regulada en la Constitución en el artículo 53 (sólo por ley podrá regularse el ejercicio de los derechos y libertades fundamentales), artículo 81 (que exige ley orgánica para el desarrollo de los derechos fundamentales, reconocidos en Sección 1ª del Capítulo II) y los artículos 86.1 y 82 (prohibición al Gobierno de la posibilidad de regular por Decreto-Ley o Decretos Legislativos, lo referente a derechos y libertades fundamentales).

b) **Materialmente**, la ley orgánica no puede desarrollar los derechos y libertades fundamentales de cualquier manera, sino que, como previene el artículo 53.1, dicha regulación habrá de respetar su contenido esencial.

5. LAS GARANTÍAS JURISDICCIONALES: ESPECIAL REFERENCIA AL RECURSO DE AMPARO

Se puede procurar la tutela de los derechos y libertades públicas ante la Jurisdicción ordinaria, ante el Tribunal Constitucional y ante la Jurisdicción internacional que representa en esta materia el Tribunal Europeo de los Derechos del Hombre.

5.1 PROTECCIÓN EN LA JURISDICCIÓN ORDINARIA. MINISTERIO FISCAL

El artículo 162 de la Constitución otorga al Ministerio Fiscal legitimación para interponer el recurso de amparo. Además la Ley Orgánica del Tribunal Constitucional ordena su intervención en todos los que se promuevan en defensa de la legalidad, de los derechos de los ciudadanos y del interés público tutelado por la ley.

Aunque al Ministerio Fiscal se le encomienda, al igual que al Defensor del Pueblo la defensa de los derechos fundamentales y libertades públicas reconocidas en la Constitución, su ámbito de actuación es diferente. El Defensor del Pueblo actúa primordialmente en un ámbito extraprocesal, mientras que el Ministerio Fiscal actúa en el ámbito del proceso.

© 2009 Abalar Consultores, S.L.

5.2 PROTECCIÓN POR EL TRIBUNAL CONSTITUCIONAL

De entre las competencias atribuidas al Tribunal Constitucional existen dos a través de las cuales se efectúa la tutela de los derechos fundamentales en dicha jurisdicción:

1. Genéricamente, a través del control de la constitucionalidad de las leyes, por recurso directo o a través de la cuestión de inconstitucionalidad. El Tribunal Constitucional debe declarar la inconstitucionalidad de las leyes que puedan vulnerarla.

2. Específicamente, a través del recurso de amparo, recurso que tiene por objeto la protección de los derechos y libertades reconocidos en la Sección 1ª del capítulo II del Título I (artículos 15 a 29), además del derecho a la igualdad (artículo 14) y a la objeción de conciencia (artículo 30).

El recurso de amparo tiene carácter subsidiario, pues previamente ha de acudirse a la jurisdicción ordinaria. Sólo se exceptúan los recursos contra lesiones producidas por el Poder legislativo (artículo 42 L.O.T.C.), en que se puede acudir directamente al recurso de amparo ante el Tribunal Constitucional y, como es lógico, las producidas por un órgano jurisdiccional, en que cabe acudir ante el Tribunal Constitucional siempre que el derecho lesionado haya sido invocado formalmente en el proceso y se hayan agotado todos los recursos utilizables dentro de la vía judicial.

El recurso de amparo presente los siguientes rasgos fundamentales:

1. Se ha establecido únicamente para controlar las violaciones de los derechos comprendidos en los artículos 14 a 30 (en este caso sólo la referida a la objeción de conciencia).

2. La Sala del Tribunal que estime el recurso podrá elevar el asunto al Pleno del Tribunal, que entonces, sí podrá declarar la inconstitucionalidad de dicha ley en nueva sentencia.

3. Es un recurso de naturaleza subsidiaria, por lo que requiere el agotamiento de la vía judicial previa, en la cual habrá que haberse invocado el derecho constitucional vulnerado, a fin de que los órganos judiciales se pronuncien sobre ello.

4. Todo el proceso está regulado por un criterio antiformalista y tendente a la consecución de la justicia material antes que al cumplimiento de formalismos procesales.

5. El Tribunal Constitucional ha interpretado que el amparo se extiende también frente a violaciones de los derechos producidos por la Seguridad Social y por empresas nacionales o concesionarias de servicios públicos, que, a estos efectos, pueden ser entendidas como dotadas de poder público, aunque sea de forma indirecta o mediata.

© 2009 Abalar Consultores, S.L.

ANEXO (Modificación por la Ley Orgánica 6/2007, de 24 de mayo, por la que se modifica la Ley Orgánica 2/1979, de 3 de octubre del TC):

Nueva regulación de la admisión del Recurso de Amparo

En la nueva regulación, el recurso de amparo debe ser objeto de una decisión de admisión a trámite, debiendo el recurrente alegar y acreditar que el contenido del recurso justifica una decisión sobre el fondo en razón de su especial trascendencia constitucional (nueva redacción del art. 50 LOTC). Hasta ahora, simplemente se debía comprobar que no concurrían las causas tasadas de inadmisión, pasándose en este nuevo sistema a la determinación de la existencia de una relevancia constitucional.

La "especial trascendencia constitucional" se apreciará atendiendo a su importancia para la interpretación de la Constitución, para su aplicación o para su general eficacia, y para la determinación y alcance de los derechos fundamentales. Los Secretarios Judiciales del Tribunal Constitucional, examinarán si el recurso cumple los requisitos formales, concediendo un plazo de 10 días para las posibles subsanaciones. El conocimiento de estos recursos ya no corresponde en exclusiva a las Salas, sino que también se extiende a las Secciones, dándoles mayores competencias (art 48).

Si en su admisión a trámite no alcanza la unanimidad, la sección trasladará la decisión a la Sala respectiva, que resolverá mediante providencia. Estas providencias de inadmisión, tanto de las Salas como de las Secciones, se limitaran a especificar el requisito incumplido.

Para poder acceder al recurso de amparo, se debe agotar la vía judicial ordinaria, ya no solo los recursos, sino todos los "medios de impugnación", lo que incluye los recursos extraordinarios. El afectado debe denunciar formalmente en el proceso la vulneración del derecho constitucional, posibilitando su resolución por el orden judicial ordinario mediante el incidente de nulidad de las actuaciones.

Se amplía el objeto en el articulo 49.1, que abarcará también las omisiones de las autoridades que puedan implicar violaciones de Derechos Fundamentarles y Libertades Publicas (antes solo contra las disposiciones, actos jurídicos o simples vías de hecho).

La interposición del amparo por sí misma no suspende los efectos del acto o sentencia impugnados, pero podrá ser acodada por la Sala cuando la ejecución del acto o sentencia produzca un perjuicio al recurrente que pudiera hacer perder al amparo su finalidad, siempre y cuando la suspensión no ocasione una perturbación grave a un interés constitucionalmente protegido, ni a los derechos fundamentales o libertades de otra persona.

Como medida de garantía, durante la tramitación del recurso se dota a las Salas de potestad para adoptar las medidas cautelares que sean necesarias para evitar que el recurso de amparo pudiese perder su finalidad. La Sala podrá condicionar la suspensión de la ejecución y la adopción de las medidas cautelares a la satisfacción por el interesado de la oportuna fianza suficiente para responder de los daños y perjuicios que pudieren originarse. Su fijación y determinación podrá delegarse en el órgano jurisdiccional de instancia.

© 2009 Abalar Consultores, S.L.

En los supuestos de urgencia excepcional, la adopción de la suspensión y de las medidas cautelares y provisionales podrá efectuarse en la resolución de la admisión a trámite.

Por último, se modifica el trámite de la "auto cuestión" o cuestión interna de constitucionalidad, de tal forma que en el supuesto de que el recurso de amparo debiera ser estimado porque, a juicio de la Sala o, en su caso, la sección, la ley aplicada lesione derechos fundamentales o libertades publicas, se elevará la cuestión al Pleno con suspensión del Plazo para dictar sentencia. Tras la resolución de constitucionalidad del Pleno se prosigue con el recurso de amparo ante la Sala o la sección que lo estuviese conociendo con anterioridad.

5.3 PROTECCIÓN INTERNACIONAL

En el ámbito del Consejo de Europa, el Convenio para la Protección de los Derechos Humanos y de las Libertades Fundamentales de 1950, creó el Tribunal Europeo de los Derechos del Hombre, con competencia para conocer de todos los asuntos relativos a la aplicación e interpretación del Convenio que las partes contratantes o la Comisión creada en el Consejo de Europa se sometan.

Este recurso es subsidiario, ya que los nacionales de los Estados contratantes no pueden acudir directamente ante el Tribunal, sino que han de hacerlo ante la Comisión, la cual, si lo estima pertinente, plantea la demanda ante el Tribunal.

6. LA SUSPENSIÓN DE LOS DERECHOS

Una Constitución se redacta con vistas a su vigencia y aplicación en situaciones de normalidad, pero estas condiciones pueden cambiar hasta el extremo de que los mecanismos constitucionales no sean suficientes para garantizar ni el ejercicio de los derechos ni el funcionamiento de las instituciones.

Para hacer frente a estas situaciones de crisis, nuestra Constitución ha incorporado en su articulado cuales pueden ser esos supuestos excepcionales y las competencias de los órganos estatales a tenor del estado que se declare.

El artículo 55 de la Constitución regula la suspensión de los derechos y libertades:

"1. Los derechos reconocidos en los artículos 17, 18, apartados 2 y 3, artículo 19, 20 apartados 1 a) y d), y 5, artículos 21 y 28, apartado 2, y artículo 37, apartado 2, podrán ser suspendidos cuando se acuerde la declaración del estado de excepción o de sitio. Se exceptúa de lo establecido anteriormente el apartado 3 del artículo 17 para el supuesto de declaración del estado de excepción.

2. Una ley orgánica podrá determinar la forma y los casos en los que, de forma individual y con la necesaria intervención judicial y el adecuado control parlamentario, los derechos reconocidos en los artículos 17, apartado 2 y 18, apartados 2 y 3, pueden ser suspendidos para personas determinadas, en relación

© 2009 Abalar Consultores, S.L.

con las investigaciones correspondientes a la actuación de bandas armadas o elementos terroristas.

La utilización injustificada o abusiva de las facultades reconocidas en dicha ley orgánica producirá responsabilidad penal, como violación de los derechos y libertades reconocidos por las leyes".

Por su parte, el art. 116 establece:

"1. Una ley orgánica regulará los estados de alarma, de excepción y de sitio, y las competencias y limitaciones correspondientes.

2. El estado de alarma será declarado por el Gobierno mediante decreto acordado en Consejo de Ministros por un plazo máximo de quince días, dando cuenta al Congreso de los Diputados, reunido inmediatamente al efecto y sin cuya autorización no podrá ser prorrogado dicho plazo, El decreto determinará el ámbito territorial a que se extienden los efectos de la declaración.

3. El estado de excepción será declarado por el gobierno mediante decreto acordado en Consejo de Ministros, previa autorización del Congreso de los Diputados. La autorización y proclamación del estado de excepción deberá determinar expresamente los efectos del mismo, el ámbito territorial a que se extiende y su duración, que no podrá exceder de treinta días, prorrogables por otro plazo igual con los mismos requisitos.

4. El estado de sitio será declarado por la mayoría absoluta del Congreso de los Diputados, a propuesta exclusiva del Gobierno. El Congreso determinará su ámbito territorial, duración y condiciones.

5. No podrá procederse a la disolución del Congreso mientras estén declarados algunos de los estados comprendidos en el presente artículo, quedando automáticamente convocadas las Cámaras si no estuvieran en período de sesiones. Su funcionamiento, así como el de los demás poderes constitucionales del Estado, no podrá interrumpirse durante la vigencia de estos estados. Disuelto el Congreso o expirado su mandato, si se produjere alguna de las situaciones que dan lugar a cualquiera de dichos estados, las competencias del Congreso serán asumidas por su Diputación Permanente.

6. La declaración de los estados de alarma, de excepción y de sitio no modificarán el principio de responsabilidad del Gobierno y de sus agentes reconocidos en la Constitución y en las leyes".

6.1 ESTADO DE ALARMA, EXCEPCIÓN Y SITIO

La Ley Orgánica 4/1981, de 1 de junio, regula los estados de alarma, excepción y sitio, que los ha contemplado como tres situaciones distintas.

© 2009 Abalar Consultores, S.L.

6.1.1 Estado de alarma

Se puede declarar frente situaciones de catástrofes naturales, calamidades o desgracias públicas de gran magnitud; crisis sanitarias graves; paralización de los servicios públicos esenciales para la comunidad cuando no se los garantice en caso de huelga o de conflictos laborales colectivos y haya, además, alguna otra circunstancia grave como las mencionadas, y a situaciones de desabastecimiento de productos de primera necesidad. Está claro que la declaración no obedece a motivos de carácter político.

Es competente para declararlo el Gobierno, que puede hacerlo en todo o en parte del territorio nacional, especificando en el Decreto este extremo, así como sus efectos y duración, que no puede exceder de 15 días. El Gobierno debe informar al Congreso de los Diputados y suministrarle la información que éste le requiera, siendo éste el competente para prorrogar el estado de alarma.

Las medidas son básicamente de restricción al derecho de libre circulación, intervención de empresas o servicios y en la movilización de su personal.

6.1.2 Estado de excepción

Puede declararse en caso de grave alteración del libre ejercicio de los derechos y libertades de los ciudadanos o del normal funcionamiento de las instituciones democráticas o de los servicios públicos esenciales para la comunidad o, en caso de cualquier otra grave alteración del orden público que no pueda restablecerse, con el ejercicio ordinario de las potestades públicas.

El Gobierno remite al Congreso la solicitud en la que se contienen los siguientes extremos:

a) Mención expresa de los derechos y garantías cuya suspensión solicita, que no podrán ser distintos de los enumerados en el artículo 55.1 de la Constitución, a saber:

- Derechos relativos a la libertad y seguridad personales.
- Inviolabilidad del domicilio.
- Secreto de las comunicaciones.
- Libertad de residencia y de circulación.
- Libertad de expresión y de información activa y pasiva.
- Derecho a la cláusula de conciencia y al secreto profesional en el ejercicio de la libertad de información.
- La garantía de resolución judicial en el secuestro de medios de comunicación.
- Libertad de reunión y manifestación.

© 2009 Abalar Consultores, S.L.

- El derecho de huelga.
- El derecho de adopción de medidas de conflicto colectivo.

b) Cuantía máxima de las sanciones económicas que pueden imponerse.

El Congreso debe aprobar la solicitud, pudiendo imponer cuantas modificaciones estime convenientes, y obtenida la autorización el Gobierno, por Decreto, declara el estado de excepción en los términos autorizados, por un plazo de treinta días.

El Gobierno puede dar por finalizado el plazo antes de tiempo dando cuenta al Congreso, y si quiere prorrogarlo deberá solicitarlo con igual tramitación y únicamente por otros treinta días.

6.1.3 Estado de sitio

Cuando se produzca una insurrección o acto de fuerza contra la soberanía o independencia de España, contra su integridad territorial o contra el ordenamiento constitucional, cuando la situación no pueda resolverse por otros medios.

El órgano competente para declararlo es el Congreso de los Diputados, a propuesta del Gobierno, determinando el ámbito territorial, duración y condiciones.

La declaración de estado de sitio puede ampliar las medidas propias de los estados de alarma y de excepción con la suspensión de las garantías jurídicas del detenido reconocidas en el artículo 17.3 de la Constitución, es decir, el derecho de éste a ser informado inmediatamente y de modo comprensible de sus derechos y de las razones de su detención, a no declarar y a ser asistido por letrado.

En el estado de sitio, el Gobierno asume todas las facultades extraordinarias previstas en la Constitución y en la Ley Orgánica siempre que hayan sido incluidas en la declaración que hace el Congreso. El Gobierno designará la autoridad militar que ejecute las medidas que procedan, siempre bajo la dirección de aquél. Dicha autoridad publicará y difundirá dichas medidas. Se puede determinar el sometimiento de determinados delitos a la jurisdicción militar.

6.2 SUSPENSIÓN INDIVIDUAL

De acuerdo con el artículo 55 de la Constitución, los derechos y garantías cuyo ejercicio puede ser individualmente suspendido son:

1. La garantía de duración máxima de 72 horas de la detención preventiva.
2. La inviolabilidad del domicilio y, por consiguiente, la garantía de resolución judicial para efectuar en él entradas o registros.
3. El secreto de las comunicaciones.

© 2009 Abalar Consultores, S.L.

Derogada la legislación especial antiterrorista, se han incluido estos preceptos en la legislación ordinaria, concretamente en la Ley de Enjuiciamiento Criminal.

Al respecto, el art. 520 bis, de la LECr autoriza la prórroga de la detención por 48 horas más, siempre que en las primeras 48 horas de la detención se solicite dicha prórroga mediante comunicación motivada a la autoridad judicial competente y sea autorizada en las 24 horas siguientes.

También podrá solicitar del Juez la incomunicación, y éste deberá pronunciarse sobre la misma, en resolución motivada, en el plazo de 24 horas. Solicitada la comunicación, el detenido quedará en todo caso incomunicado sin perjuicio del derecho de defensa que le asiste y de lo establecido en los artículos 520 y 527, hasta que el Juez hubiere dictado la resolución pertinente.

El art. 553 del mismo Texto legal autoriza a los agentes de policía la entrada en domicilio en casos de extraordinaria y urgente necesidad cuando se trate de presuntos responsables de delitos relacionados con las actividades de bandas armadas o elementos terroristas, cualquiera que fuese el lugar o domicilio donde se ocultasen o refugiasen, así como el registro que, con ocasión de aquélla se efectúe en dichos lugares y la ocupación de los efectos e instrumentos que en ellos se hallasen y que pudieran tener relación con el delito perseguido.

En cuanto a la intervención de las comunicaciones telefónicas, el art. 570 de esta misma Ley, autoriza al Ministro del Interior o, en su defecto, al Secretario de Estado de Seguridad en casos de urgencia, y cuando se realicen investigaciones para la averiguación de delitos relacionados con la actuación de bandas armadas o elementos terroristas o rebeldes, a realizarlas, comunicándolo urgentemente al Juez competente, quien de forma motivada, revocará o confirmará tal resolución en un plazo máximo de setenta y dos horas desde que fue ordenada la observación.

7. LA INSTITUCIÓN DEL DEFENSOR DEL PUEBLO

7.1 NATURALEZA

En distintos países y con distinta denominación (Ombudsmän, en Suecia; Mediateur, en Francia, Commissioner, en Inglaterra) se ha ido extendiendo esta figura que viene a supervisar la actividad de la Administración en la defensa de los derechos fundamentales que los ciudadanos consideren violados o perjudicados por la actividad de aquélla. Es un órgano unipersonal.

7.2 REGULACIÓN

La Constitución española establece en su art. 54, que "*una ley orgánica regulará la institución del Defensor del Pueblo como alto comisionado de las Cortes Generales,*

© 2009 Abalar Consultores, S.L.

designado por éstas para la defensa de los derechos comprendidos en este Título, a cuyo efecto podrá supervisar la actividad de la Administración, dando cuenta a las Cortes Generales". Tal previsión constitucional ha sido desarrollada por la Ley Orgánica 3/1981, de 6 de abril, del Defensor del Pueblo, modificada por Ley Orgánica 2/1992, de 5 de marzo.

7.3 ELECCIÓN Y NOMBRAMIENTO

Es elegido por las Cortes Generales por mayoría cualificada (por mayoría de 3/5, de los miembros del Congreso, ratificada por igual mayoría del Senado) para un período de cinco años, exigiéndose para ello ser español, mayor de edad y hallarse en el pleno disfrute de sus derechos civiles y políticos. El nombramiento del Defensor del Pueblo corresponde a los Presidentes del Congreso y del Senado, los cuales acreditarán conjuntamente con sus firmas tal nombramiento, que se publicará en el B.O.E.

7.4 CESE

El Defensor del Pueblo cesará por alguna de las siguientes causas: Renuncia, expiración del plazo de nombramiento (5 años), muerte o incapacidad sobrevenida, actuar con notoria negligencia en el cumplimiento de las obligaciones y deberes del cargo o por haber sido condenado por delito doloso mediante sentencia firme.

7.5 ADJUNTOS

El Defensor del Pueblo está auxiliado por un Adjunto Primero y un Adjunto Segundo en los que puede delegar sus funciones. Son, además, los encargados de sustituirle en caso de imposibilidad temporal o de cese. Los nombra y separa el propio Defensor, previa conformidad de las Cortes Generales.

7.6 ESTATUTO JURÍDICO

- No está sujeto a mandato imperativo alguno.

- No recibirá instrucciones de Autoridad alguna, desempeñando sus funciones con autonomía y según su criterio.

- Goza de inviolabilidad, no pudiendo ser detenido sino en caso de flagrante delito, correspondiendo la decisión sobre su inculpación, prisión, procesamiento y juicio exclusivamente a la Sala de lo Penal del Tribunal Supremo.

- No podrá ser expedientado, multado, perseguido o juzgado en razón de las opiniones que formule o a los actos que realice en el ejercicio de sus competencias.

Estas reglas también son aplicables al Adjunto Primero y al Adjunto Segundo.

© 2009 Abalar Consultores, S.L.

7.7 ACTUACIONES

Las actuaciones del Defensor del Pueblo son gratuitas para el interesado y no será preceptiva la asistencia de Letrado ni de Procurador.

Están legitimados para recurrir al Defensor del Pueblo toda persona natural o jurídica que invoque un interés legítimo, sin restricción alguna.

En cuanto a las quejas, deberán presentarse firmadas por el interesado con indicación de su nombre, apellidos y domicilio, en escrito razonado, en papel común y en el plazo máximo de un año, contado a partir del momento en que tuviera conocimiento de los hechos objeto de las mismas. Se rechazan las quejas anónimas.

7.8 FUNCIONES

La Constitución asigna al Defensor del Pueblo dos funciones:

1. **Supervisar y controlar** la actividad administrativa.

El Defensor del Pueblo ejerce su misión, con diferentes efectos, en relación a los tres poderes del Estado.

- Legislativo: Podrá sugerir al órgano legislativo, (o al administrativo en el ejercicio de la potestad reglamentaria) la modificación de una norma si llegase al convencimiento de que su cumplimiento puede producir situaciones injustas o perjudiciales para los administrados.
- Ejecutivo: Puede investigar las quejas referentes al funcionamiento de la Administración civil, militar o autónoma.
- Judicial: Velará por el funcionamiento de la Administración de justicia, debiendo dar traslado de las quejas que reciba de ella al Ministerio Fiscal I al Consejo General del Poder Judicial.

2. Interposición de **recursos de inconstitucionalidad y amparo** ante el Tribunal Constitucional.

Todos los poderes públicos están obligados a auxiliarlo, con carácter preferente y urgente, en sus investigaciones e inspecciones.

Como consecuencia de las quejas que reciba, iniciará las investigaciones necesarias para comprobarlas y, si estima que son fundadas, se dirigirá a las autoridades correspondientes para que corrijan las actuaciones que las hubieran ocasionado.

Sin embargo, no es competente para modificar o anular los actos y resoluciones de la Administración pública, pero podrá sugerir la modificación de los criterios utilizados para la producción de aquellos. Y, asimismo, podrá formular a las Autoridades y funcionarios de las Administraciones públicas advertencias, recomendaciones,

© 2009 Abalar Consultores, S.L.

recordatorios de sus deberes legales y propuestas para la adopción de nuevas medidas.

El Defensor del Pueblo elevará anualmente un informe ordinario a las Cortes Generales y puede elevar otros con carácter eventual o extraordinario cuando la urgencia o la gravedad de los hechos lo aconsejen.

El Defensor del pueblo rechazará las quejas anónimas y podrá rechazar aquellas en las que advierta mala fe, carencia de fundamento, inexistencia de pretensión, así como aquellas otras cuya tramitación irrogue perjuicios al legítimo derecho de tercera persona. Sus decisiones no serán susceptibles de recurso, pudiendo actuar de oficio o a instancia de parte.

© 2009 Abalar Consultores, S.L.

© 2009 Abalar Consultores, S.L.

TEMA 6

Los órganos constitucionales. La Corona y la monarquía parlamentaria. Las Cortes Generales. El Gobierno y la Administración. El Consejo General del Poder Judicial. El Tribunal Constitucional.

1. LOS ÓRGANOS CONSTITUCIONALES. LA CORONA Y LA MONARQUÍA PARLAMENTARIA

Según el artículo 1 de la Constitución, la forma política del Estado español es la Monarquía parlamentaria.

Para **Sánchez Agesta**, las tres piezas maestras en que se apoya esta forma política son:

- Un Rey que no pueda actuar por sí, sino a través de un ministro responsable.
- Un Gobierno que responde ante la Cámara de sus actos y de su política, y que, por consiguiente, ha de contar con su asenso, pues la Cámara puede hacer cesar el Gabinete con una moción de censura o negando su confianza.
- Facultad del Gabinete, apoyado por el Rey, de disolver el órgano de representación popular.

Dentro de las llamadas "monarquías limitadas" se encuentra la Monarquía constitucional que es aquella en la que los poderes del monarca están definidos en una Ley o Constitución, a la cual debe someterse el propio soberano.

A su vez, dentro de la Monarquía constitucional, la forma más generalizada es la Monarquía parlamentaria en la que el Rey reina pero no gobierna, el que gobierna realmente es el Consejo de Ministros que ha de contar en todo momento con el apoyo del Parlamento.

El Rey aparece, por tanto, como una figura simbólica. El Rey tiene funciones que cumplir, pero no poderes, "el Rey reina pero no gobierna". Tiene lo que se ha venido a llamar "poder moderador", pues en frase de Benjamín Constant: "Al reinar le queda, cuando se le quita el gobernar, nada más y nada menos que el ser el poder neutro, intermediario y regulador del Estado constitucional". Poder neutral que, precisamente por ser neutral y carecer de atribuciones efectivas, puede presentarse como poder superior.

© 2009 Abalar Consultores, S.L.

La Corona se regula en el Título II, *"De la Corona"* (arts. 56 a 65 CE).

1.1 CARACTERES DE LA MONARQUÍA

- Es **hereditaria**. La Corona de España es hereditaria en los sucesores de S.M. don Juan Carlos I de Borbón, legítimo heredero de la dinastía histórica (art. 57.1).

- Es **parlamentaria**. La forma política del Estado español es la Monarquía parlamentaria (art. 1.3). A la Monarquía la controla el Parlamento.

- **El Rey es el Jefe del Estado, símbolo de su unidad y permanencia y tiene como misión fundamental velar por el funcionamiento regular de las instituciones** (art. 56.1), lo que comporta una exigencia de absoluta neutralidad política.

La Corona representa la unidad del Estado frente a la división orgánica de poderes y al Estado español en relación con las Comunidades Autónomas cuyos derechos ha de respetar el Rey. De otro lado, es símbolo de permanencia por el carácter hereditario de la Corona.

- Asume **la más alta representación del Estado español en las relaciones internacionales,** especialmente con las naciones de su comunidad histórica.

- La persona del Rey es **inmune, inviolable** -sagrada e inviolable, dice la Constitución de 1812- e **irresponsable** (art. 56.3).

La inmunidad es total; el Rey es inmune al ordenamiento jurídico; sólo está obligado a cumplir su juramento de respetar la Constitución española, respetar los derechos de los ciudadanos, el sistema político y representar fielmente el cargo de Rey.

La inviolabilidad es parcial; supone la necesidad de una especial protección penal frente a los ataques a su persona y familia y, sobre todo, implica la imposibilidad de someter a juicio al Rey, reflejo de la tradición británica según la cual "el Rey no puede hacer el mal". No puede ser detenido ni procesado salvo autorización de las Cámaras y en caso de flagrante delito.

El Rey es irresponsable, no responde de sus actos al ser inmune. La persona del Rey no está sujeta a responsabilidad, puesto que de sus actos responden las personas que los refrenden, careciendo de validez sin dicho refrendo. Refrenda los actos del Rey:

- Generalmente el Presidente del Gobierno y, en su caso, los Ministros de la rama correspondiente.

- Excepcionalmente el Presidente del Congreso de los Diputados, en los casos de la propuesta y el nombramiento del Presidente del Gobierno, y la disolución de las Cámaras con convocatoria de elecciones.

La figura del refrendo consiste básicamente en desplazar la responsabilidad de los actos del Rey, en el ejercicio de la Jefatura del Estado, a aquellas personas que los

© 2009 Abalar Consultores, S.L.

avalan con su firma. El acto del refrendo se materializa mediante la firma del encargado de hacerlo junto a la firma del Monarca. El mecanismo del refrendo es pues, condición de validez de los actos del Rey.

1.2 TÍTULO Y TRATAMIENTO

Su título es el de Rey de España y podrá utilizar los demás que correspondan a la Corona (art. 56.2), y su tratamiento es el de Majestad.

Es Capitán General de los Ejércitos de Tierra, Mar y Aire.

Ostenta a título honorífico, los empleos de General de Brigada del Arma de Infantería, Contralmirante de la Armada y General de Brigada del Ejército del Aire.

Tanto la Ley penal común como la Ley penal especial, le prestan especial tutela (Delitos contra el Jefe del Estado y su sucesor; rebelión; contra la forma de gobierno; falsificación de su firma o estampilla, etc.).

La consorte del Rey, mientras lo sea o permanezca viuda, tiene título de Reina y tratamiento de Majestad. El consorte de la Reina recibirá el título de Príncipe y tratamiento de Alteza Real.

El Príncipe heredero tendrá la dignidad de Príncipe de Asturias y los demás títulos vinculados tradicionalmente al sucesor de la Corona de España (art. 57.2).

1.3 COMPETENCIAS DEL REY

La Corona se configura como un órgano del Estado (el Rey es el Jefe del Estado), pero además, se atribuyen a la Corona funciones específicas que se concretan seguidamente.

1.3.1 De carácter ejecutivo

a) Guardar y hacer guardar la Constitución y las leyes (art. 61,1).

b) Proponer el candidato a Presidente del Gobierno y, en su caso, nombrarlo, así como poner fin a sus funciones (art. 62,d).

c) Nombrar y separar a los miembros del Gobierno, a propuesta de su Presidente (arts. 62,e) y 100).

d) Debe ser informado de los asuntos de Estado y presidir, a estos efectos, las sesiones del Consejo de Ministros, cuando lo estime oportuno, a petición del Presidente del Gobierno (art. 62,g).

e) Conferir empleos civiles y militares, así como condecoraciones y distinciones, con arreglo a las leyes (art. 62,f).

© 2009 Abalar Consultores, S.L.

f) Ejercer el mando supremo de las Fuerzas Armadas (art. 62,h). Se trata de una función formal y honorífica. No hay que olvidar que es al Gobierno a quien corresponde dirigir la Administración militar y la defensa del Estado.

g) Ejercer el Alto Patronazgo de las Reales Academias (art. 62,,j). Se justifica por ser todas las Academias de creación real a lo largo de la Historia.

h) Realizar lo que se ha venido en llamar "actos de Estado", esto es:

   1. Recibir y acreditar embajadores y otros diplomáticos, sin embargo la designación material de los embajadores y representantes españoles y la concesión del *placet* a los representantes extranjeros corresponde al Gobierno, como director de la política exterior (arts. 63,1 y 97).

   2. Manifestar el consentimiento del Estado para obligarse internacionalmente por medio de tratados (63,2 y 94).

   3. Asumir la más alta representación del Estado Español en las relaciones internacionales (art. 56,1).

   4. Declarar la guerra y hacer la paz, previa autorización de las Cortes Generales (art. 63,3).

i) Nombrar y separar libremente a los miembros civiles y militares de su Casa (estos actos no necesitan refrendo).

j) Nombrar al Presidente de las Comunidades Autónomas, que es elegido por su respectiva Asamblea de entre sus miembros, con el refrendo del Presidente del Gobierno (arts. 151 y 152).

1.3.2 De carácter legislativo

a) Sancionar y promulgar las leyes. No le está atribuida la sanción de las leyes de las Comunidades Autónomas, sino a sus respectivos Presidentes, en virtud de lo dispuesto en los respectivos Estatutos de Autonomía (art. 62,a).

b) Convocar y disolver las Cortes Generales y convocar elecciones en los términos previstos en la Constitución (art. 62,b). (Es una formalidad a cumplir por el Monarca, pero siempre en función de las decisiones del Presidente del Gobierno dentro de las pautas marcadas por la Constitución).

c) Convocar a referéndum en los casos previstos en la Constitución, a propuesta del Presidente del Gobierno (referéndum en casos de decisiones políticas de especial trascendencia; para reforma constitucional; para revisión total de la Constitución y para los referéndum de las Comunidades Autónomas) (art. 62,c).

d) Expedir los decretos acordados en el Consejo de Ministros (art. 62,f).

© 2009 Abalar Consultores, S.L.

1.3.3 De carácter judicial

a) Ejercer el derecho de gracia con arreglo a la ley, que no podrá autorizar indultos generales (art. 62,i).

La prerrogativa real de gracia no será aplicable a ninguno de los supuestos previstos en el art. 102 CE, referidos a delitos de traición y contra la seguridad del Estado, cometidos por el Presidente y demás miembros del Gobierno.

El indulto es una de las formas de extinguirse la responsabilidad criminal, conforme dispone el art. 130,3 del Código penal.

El indulto extingue la pena pero no sus efectos y eso es precisamente lo que le diferencia de la amnistía que consiste en el perdón y olvido total, ya que su concesión supone que no se puede iniciar procedimiento judicial alguno sobre los hechos incluidos en la misma, suspendiéndose los iniciados, y si existe ya condena se dará por extinguida, borrándose todos sus efectos al producirse la automática cancelación de los antecedentes penales.

El indulto puede ser total o parcial, según que se extinga toda o parte de la pena.

b) Nombrar a los veinte miembros del Consejo General del Poder Judicial, así como al Presidente del Tribunal Supremo (arts. 122 y 123,2), al Fiscal General del Estado (art. 124,4) y a los doce miembros del Tribunal Constitucional y a su Presidente (arts. 159,1 y 160).

Dice el art. 65,1 que *"El Rey recibe de los Presupuestos del Estado una cantidad global para el sostenimiento de su Familia y Casa, y distribuye libremente la misma".* Estos actos no necesitan de refrendo.

La Casa de S.M. el Rey, constituye el organismo que, bajo la dependencia directa de S.M., tiene como misión servirle de apoyo administrativo en las actividades derivadas del desempeño de sus funciones como Jefe del Estado. Está constituida por Jefatura, Cuarto Militar, Secretaría General, Guardia Real y Servicio de Seguridad.

1.4 LA SUCESIÓN EN EL TRONO DE ESPAÑA

"La Corona de España es hereditaria en los sucesores de S.M. Don Juan Carlos I de Borbón, legítimo heredero de la dinastía histórica. La sucesión en el trono seguirá el orden regular de primogenitura y representación, siendo preferida siempre la línea anterior a las posteriores; en la misma línea, el grado más próximo al más remoto; en el mismo grado, el varón a la mujer, y en el mismo sexo, la persona de más edad a la de menos" (art. 57).

El Rey no transmite, ni vende ni compra la Corona, sino que la tiene mientras viva y la pierde por renuncia o abdicación, la cual puede ser voluntaria (por el mismo Monarca) u obligada (por las Cortes Generales). El título de Rey de España es vitalicio pues se adquiere de por vida.

© 2009 Abalar Consultores, S.L.

El Rey es el titular de la Corona, la cual se hereda en base a dos principios:

1.- *Principio de primogenitura.* Hereda el primogénito del Rey.

2.- *Principio de representación.* En el momento en que aparece el heredero, hereda éste y su primogénito.

"Aquellas personas que teniendo derecho a la sucesión en el Trono contrajeren matrimonio contra la expresa prohibición del Rey y de las Cortes Generales, quedarán excluidas en la sucesión a la Corona por sí y por sus descendientes" (art. 57,4).

"Extinguidas todas las líneas llamadas en Derecho, las Cortes Generales proveerán a la sucesión en la Corona en la forma que más convenga a los intereses de España" (art. 57,3).

"Las abdicaciones y renuncias y cualquier duda de hecho o de derecho que ocurra en el orden de sucesión a la Corona se resolverán por una ley orgánica" (art. 57,5).

1.5 CAPACIDAD

El Rey ha de ser mayor de edad y tener capacidad necesaria para el ejercicio de su autoridad. Si no posee alguna de estas condiciones se ponen en marcha dos instituciones de significado distinto: La Regencia que suple la falta de capacidad en el orden político y la Tutela que suple el defecto de capacidad civil

1.5.1 La Regencia

Se da la situación de Regencia cuando el Rey no reúne las condiciones para serlo. La Regencia, como es lógico y tradicional, se configura como una magistratura de carácter vicarial, a la que, de otro lado, corresponde, mientras subsista, ejercer las mismas funciones del Rey. Se regula en el art. 59 de la Constitución y tiene lugar en los supuestos de:

1. Minoría de edad. Cuando el Rey fuere menor de edad entrará a ejercer la Regencia el padre o la madre del Rey y, en su defecto, el pariente mayor de edad más próximo a suceder en la Corona.

2. Inhabilitación. Si el Rey se inhabilitare para el ejercicio de su autoridad y la imposibilidad fuere reconocida por las Cortes Generales, entrará a ejercer inmediatamente la Regencia el Príncipe heredero de la Corona, si fuere mayor de edad. Si no lo fuere, se procederá de la manera prevista en el caso anterior, hasta que el Príncipe heredero alcance la mayoría de edad.

Si no hubiera ninguna persona a quien corresponda la Regencia, ésta será nombrada por las Cortes Generales y se compondrá de una, tres o cinco personas.

© 2009 Abalar Consultores, S.L.

Para ejercer la Regencia es preciso ser español y mayor de edad. La Regencia se ejercerá por mandato constitucional y siempre en nombre del Rey.

1.5.2 La Tutela del Rey menor

La tutela es una institución del Derecho de Familia, en la que el tutor tiene como función principal el cuidar de las personas menores o incapaces y la guarda de sus bienes. En relación con el Rey, la tutela se refiere a la persona y bienes del Rey menor.

Según el art. 60,1 de la Constitución, *"Será tutor del Rey menor la persona que en testamento hubiese nombrado el Rey difunto, siempre que sea mayor de edad y español de nacimiento* (testamentaria)*; si no lo hubiese nombrado, será tutor el padre o la madre mientras permanezcan viudos* (legítima). *En su defecto, lo nombrarán las Cortes Generales* (parlamentaria, constitucional o dativa), *pero no podrán acumularse los cargos de Regente y de Tutor sino en el padre, madre o ascendientes del Rey".*

"El ejercicio de la tutela es también incompatible con el de todo cargo o representación política" (art. 60,2).

1.6 PROCLAMACIÓN Y JURAMENTO

"El Rey, al ser proclamado ante las Cortes Generales, prestará juramento de desempeñar fielmente sus funciones, guardar y hacer guardar la Constitución y las leyes y respetar los derechos de los ciudadanos y de las Comunidades autónomas" (art. 61.1).

"El Príncipe heredero, al alcanzar la mayoría de edad, y el Regente o Regentes, al hacerse cargo de sus funciones, prestarán el mismo juramento, así como el de fidelidad al Rey" (art. 61.2).

El juramento regio es una tradición arraigada de la Monarquía española, si bien la fórmula de la Constitución vigente enlaza más con las de otras constituciones monárquicas europeas, teniendo de ese modo el juramento, como señala Alzaga, el carácter de símbolo del pacto producido a fines del siglo XIX entre las monarquías y las nuevas instituciones representativas.

1.7 CÓNYUGE DEL REY O DE LA REINA

Respecto de los mismos, el art. 58 prescribe que *"la Reina consorte o el consorte de la Reina no podrán asumir funciones constitucionales, salvo lo dispuesto para la Regencia".*

© 2009 Abalar Consultores, S.L.

2. LAS CORTES GENERALES

2.1 FUNCIONES

Las Cortes Generales se configuran en nuestra Constitución como el órgano representativo por excelencia. Según **Sánchez Agesta** son la pieza clave de la forma política del Estado, pues éste se define como una Monarquía parlamentaria, que participa de la soberanía nacional en la medida en que la soberanía, que de acuerdo con el artículo 1.1 de la Constitución, reside en el pueblo español, se ejerce por representación, y en cuanto intervienen, con una posición predominante, en lo que se considera el acto más representativo de esa soberanía: La aprobación de la Constitución y su reforma.

Nuestra Constitución regula las Cortes Generales en su Título III que abarca los artículos 66 a 96. Dispone el art. 66 que las Cortes Generales, formadas por el Congreso de los Diputados y el Senado, representan al pueblo español, ejercen la potestad legislativa del Estado, aprueban sus Presupuestos y ejercen las competencias que le atribuya la Constitución, controlan la acción del Gobierno y son inviolables.

2.2 CARACTERES

- **Son el órgano típico de representación popular**. A través de las Cortes Generales los ciudadanos participan en los asuntos públicos por medio de sus representantes libremente elegidos por ellos. Representan al pueblo español del que emanan todos los poderes del Estado.

- **Son un poder político**. Es uno de los poderes del Estado que realiza las funciones de legislar y sólo limitado por la Constitución. Ejercen la potestad legislativa del Estado, o sea, elaboran y aprueban las leyes. También aprueban los Presupuestos generales del Estado que le presenta todos los años el Gobierno de la Nación y que tienen como tiempo límite para su aprobación el 31 de diciembre, so pena de prorrogar los anteriores.

- **Su acción es continua**. Como tal órgano no decae nunca, pues aunque existen períodos ordinarios de sesiones, así como sesiones extraordinarias, fuera de ellas se crea en cada Cámara una Diputación Permanente, al objeto de garantizar esa continuidad.

- **Son un órgano deliberante,** esto es, sus decisiones se toman tras un proceso de discusión o debate.

- **Las Cortes Generales son inviolables**. Así lo afirma el art. 66,3 CE. Ni los poderes públicos ni los particulares pueden coaccionar a las Cámaras en su actuación. Las Cortes Generales, afirma Peces Barba, no pueden ser interferidas ni coaccionadas ni en sus propias funciones ni en los locales donde las desarrollan. Como institución no puede ser objeto de ningún control o represión.

© 2009 Abalar Consultores, S.L.

- **Las Cortes son un órgano público**. Así, el art. 80 CE establece que las sesiones plenarias de las Cámaras serán públicas, salvo acuerdo en contrario de cada Cámara, que ha de ser adoptado por mayoría absoluta, o con arreglo al Reglamento.

- **Su estructura es bicameral,** al estar formadas por dos Cámaras: El Congreso de los Diputados o Cámara Baja y el Senado o Cámara Alta. El Congreso resalta la idea de la representación nacional en conjunto, mientras que el Senado incide, sobre todo, en la configuración regional de España.

2.3 EL CONGRESO DE LOS DIPUTADOS

Es el órgano que canaliza la representación del pueblo español, realizando de manera exclusiva el control del Gobierno y ejercitando principalmente la función legislativa.

El Congreso se compone de un mínimo de 300 y un máximo de 400 diputados, elegidos por sufragio universal, libre, igual, directo y secreto, en los términos que establezca la ley. En este sentido la Ley Orgánica Electoral General dispone que el Congreso estará formado por 350 diputados.

La *circunscripción electoral es la provincia*. La ley asigna una representación mínima inicial a cada circunscripción distribuyendo los demás en proporción a la población. Ceuta y Melilla estarán representadas cada una de ellas por *un diputado*.

La elección se verificará en cada circunscripción mediante el sistema de representación proporcional, en listas cerradas. Con ello tiende a asignarse a cada partido político un número de diputados proporcional al número de votos obtenidos. El sistema electoral español para la asignación de escaños utiliza la fórmula conocida como Ley D´Hont.

Serán electores y elegibles todos los españoles que estén en pleno uso de sus derechos políticos (democracia representativa).

Las elecciones tendrán lugar entre los treinta días y sesenta días desde la terminación del mandato. El Congreso electo deberá ser convocado dentro de los veinticinco días siguientes a la celebración de las elecciones.

El Congreso es elegido por *cuatro años*. El mandato de los diputados termina cuatro años después de su elección o el día de la disolución de la Cámara, esto es, lo que dura una legislatura. Sesión es la reunión de la Cámara para tratar el orden del día.

2.4 EL SENADO

"El Senado es la Cámara de representación territorial" (art. 69,1 CE). Es la Cámara de las Regiones en la cual éstas ven representados sus intereses.

Para la elección de los senadores y duración de su mandato se aplican las mismas reglas señaladas en relación a los Diputados. La elección se hace en listas abiertas.

© 2009 Abalar Consultores, S.L.

- En cada una de las provincias peninsulares se eligen cuatro senadores por sufragio universal, libre, igual, directo y secreto.
- Las poblaciones de Ceuta y Melilla, elegirán *dos senadores cada una.*
- Cada una de las provincias insulares con Cabildo o Consejo Insular, constituirán una circunscripción a efectos de la elección de senadores, correspondiendo tres a cada una de las islas mayores (Gran Canaria, Tenerife y Mallorca) y uno a cada una de las islas menores o agrupaciones siguientes: *Ibiza-Formentera*, Menorca, Fuerteventura, Gomera, Hierro, Lanzarote y La Palma.
- Las Comunidades Autónomas designarán, además, un senador y otro más por cada millón de habitantes de su respectivo territorio.

El Senado es elegido por cuatro años. El mandato de los senadores termina cuatro años después de su elección o el día de la disolución de la Cámara.

2.5 ESTATUTO DE LOS PARLAMENTARIOS

Establece el art. 71.1 y 2 CE que *"Los Diputados y Senadores gozarán de inviolabilidad por las opiniones manifestadas en el ejercicio de sus funciones. Durante el periodo de su mandato los Diputados y Senadores gozarán asimismo de inmunidad y sólo podrán ser detenidos en caso de flagrante delito. No podrán ser inculpados ni procesados sin la previa autorización de la Cámara respectiva"* (esta autorización se llama suplicatorio).

Sólo podrán ser juzgados por la Sala 2ª del Tribunal Supremo, por eso se dice que están aforados.

Con el nombre de inviolabilidad se conoce en nuestro Derecho la irresponsabilidad por las opiniones expresadas y por los votos emitidos en las Cámaras. Su justificación concreta estriba en la necesidad de que los miembros de las Cámaras gocen de libertad de expresión como medio de formar la voluntad de las Cámaras.

La irresponsabilidad debe considerarse perpetua, prolongando sus efectos una vez finalizado el período de mandato y según Pérez Serrano implica verdadera causa de inimputabilidad o de justificación en el orden penal.

La inmunidad designa una especial tutela en materia penal que ampara al parlamentario por actos ajenos a su función. El contenido clásico de esta prerrogativa, a tenor de nuestro constitucionalismo decimonónico, consiste en que los miembros de las Asambleas parlamentarias no pueden ser detenidos ni procesados si no lo autoriza la Cámara a que pertenecen.

La ley electoral determinará las causas de incompatibilidad e inelegibilidad de los diputados y senadores, contempladas en el art. 70 de la Constitución, que comprenderán en todo caso a los componentes del Tribunal Constitucional; a los altos cargos de la Administración del Estado, con la excepción de los miembros del

© 2009 Abalar Consultores, S.L.

Gobierno; al Defensor del Pueblo; a los Magistrados, Jueces y Fiscales en activo; a los militares profesionales y miembros de las Fuerzas y Cuerpos de Seguridad en activo y a los miembros de las Juntas Electorales.

A tenor del art. 67 de la Constitución, nadie puede ser miembro de las dos Cámaras simultáneamente, ni acumular el acta de una Asamblea de Comunidad autónoma con la de Diputado del Congreso.

2.6 FUNCIONAMIENTO DE LAS CÁMARAS

"Las Cámaras funcionarán en Pleno y por Comisiones" (art. 75,1 CE).

El precepto distingue dos órganos funcionales de las Cámaras, con cuya actividad se va formando la voluntad de cada una de ellas. El términos generales, el Pleno, como reunión de todos los miembros de derecho que componen cada Cámara, es el órgano de decisión por excelencia, único capacitado para expresar la voluntad de aquélla.

Las Comisiones Legislativas Permanentes hacen un estudio con detalle de las leyes, siempre y cuando se haga por delegación del Pleno.

Las Cámaras podrán delegar en las Comisiones Legislativas Permanentes la aprobación de proyectos o proposiciones de ley (excepto la reforma constitucional, las cuestiones internacionales, las leyes orgánicas y de bases y los Presupuestos generales del Estado).

El Pleno podrá, no obstante, recabar en cualquier momento el debate y votación de cualquier proyecto o proposición de ley que haya sido objeto de esta delegación (art. 75 CE).

Las Cámaras podrán reunirse en sesiones extraordinarias a petición del Gobierno, de la Diputación Permanente o de la mayoría absoluta de los miembros de cualquiera de las Cámaras, y sobre un orden del día predeterminado (art. 73 CE).

Las Cámaras podrán celebrar reuniones en sesión conjunta para ejercer las competencias no legislativas que el Título II atribuye expresamente a las Cortes Generales (art. 74 CE). *"Las sesiones conjuntas de ambas Cámaras serán presididas por el Presidente del Congreso* (art. 72.2 CE).

"Para adoptar los acuerdos las Cámaras deben estar reunidas reglamentariamente y con asistencia de la mayoría de sus miembros" (art. 78 CE). *"El voto de Senadores y Diputados es personal e indelegable"* (art. 79 CE), y *"no estarán ligados por mandato imperativo"* (art. 67 CE).

Cada una de las Cámaras elabora su propio Reglamento de funcionamiento y organización, aprueban automáticamente sus presupuestos y, de común acuerdo, regulan el Estatuto del Personal de las Cortes Generales (art. 72.1 CE).

Las Cámaras se reúnen anualmente en dos periodos ordinarios de sesiones: El primero, de septiembre a diciembre, y el segundo, de febrero a junio (art. 73 CE).

© 2009 Abalar Consultores, S.L.

Las Cámaras pueden también recibir peticiones individuales o colectivas que se harán siempre por escrito, quedando prohibida la presentación directa por manifestaciones ciudadanas. Podrán remitir aquellas peticiones al Gobierno que estará obligado a explicarse sobre su contenido, siempre que las Cámaras lo exijan (art. 77 CE).

2.7 ÓRGANOS

2.7.1 El Presidente

Los Reglamentos del Congreso y del Senado regulan la elección de los Presidentes de cada Cámara.

Para su elección se requiere mayoría absoluta en primera votación; de no obtenerse, resultaría elegido en segunda votación el candidato más votado de entre los dos candidatos que más votos hubiesen obtenido en primera votación.

2.7.2 La Mesa

Es el órgano colegiado rector de cada una de las Cámaras y ostenta la representación colegiada de ésta en los actos a los que asista.

La Mesa del Congreso está integrada por el Presidente de la Cámara, quien dirige y coordina su acción, cuatro Vicepresidentes y cuatro Secretarios. En el Senado se integra por el Presidente de la Cámara, bajo cuya autoridad y dirección actúa, dos Vicepresidentes y cuatro Secretarios.

Como órgano de gobierno y dirección, la Mesa tiene un carácter predominantemente institucional.

2.7.3 El Pleno

El Pleno está formado por la totalidad de los miembros de las Cámaras, pudiendo participar también aquellos miembros del Gobierno que no tengan la condición de parlamentarios.

Las sesiones plenarias tienen carácter solemne y, por ello, es el órgano base en el que se desarrolla el debate y la discusión política general, donde se aprueban los actos parlamentarios, teniendo también la función del control gubernamental.

2.7.4 Las Comisiones

Son grupos de trabajo integrados por un mínimo de parlamentarios pertenecientes a los distintos grupos políticos con representación parlamentaria. Permiten un control directo sobre la labor del Gobierno. Las Comisiones pueden ser de diversos tipos:

© 2009 Abalar Consultores, S.L.

- Comisiones permanentes.
- Comisiones no permanentes, definidas como las que se crean para un trabajo en concreto y cuya extinción se produce a la finalización del trabajo encomendado.
- Comisiones generales.
- Comisiones legislativas. Son las más importantes, pudiendo las Cámaras delegar en ellas la aprobación de proyectos o proposiciones de ley. Se exceptúan de tal delegación las leyes orgánicas y de bases, los Presupuestos generales del Estado, la reforma constitucional y las cuestiones internacionales.
- Comisiones no legislativas.
- Comisiones de investigación. El Congreso y el Senado y, en su caso, ambas Cámaras conjuntamente, podrán nombrar Comisiones de investigación sobre cualquier asunto de interés público. Sus conclusiones no serán vinculantes para los Tribunales, ni afectará a las resoluciones judiciales, sin perjuicio de que el resultado de la investigación sea comunicado al Ministerio Fiscal para el ejercicio, cuando proceda, de las acciones oportunas, según el art. 76 de la Constitución.

2.7.5 La Diputación Permanente

La Constitución, en su artículo 78.1 y 2, establece que *"en cada Cámara habrá una Diputación Permanente, compuestas por un mínimo de veintiún miembros* (la Constitución no hace referencia en cuanto a su número máximo), *que representarán a los grupos parlamentarios, en proporción a su importancia numérica. Las Diputaciones Permanentes estarán presididas por el Presidente de la Cámara respectiva".*

En los interregnos parlamentarios por disolución de las Cámaras o por periodos de vacaciones parlamentarias, son las Diputaciones Permanentes de cada una de las Cámaras las que asumirán el gobierno de la Cámara respectiva.

2.7.6 Grupos Parlamentarios

Se denomina grupo parlamentario a cada uno de los grupos formados por los miembros del parlamento procedentes de los diferentes partidos políticos.

Para formar grupo parlamentario en el Congreso se exige un mínimo de 15 miembros; en su defecto se pasa a formar parte del grupo mixto. No obstante, podrán formar grupo parlamentario aquellas formaciones políticas o coaliciones que hubieran obtenido al menos cuatro escaños y el 15% de los votos en la circunscripción electoral en la que se hubieren presentado o el 5% de los votos emitidos en el conjunto de la Nación.

© 2009 Abalar Consultores, S.L.

Para formar grupo parlamentario en el Senado, se exige un mínimo de 10 senadores.

A efectos de su regulación reglamentaria pueden admitir, tanto la consideración de órganos de gobierno de la Cámara, pues son los que determinan la composición de los órganos directivos de ésta y participan directamente en su funcionamiento a través de la Junta de Portavoces como la de órganos de trabajo de la misma, ya que son los que canalizan los trabajos tanto en las Comisiones como en el Pleno, de ahí que su importancia política sea enorme si bien no tienen por qué coincidir los grupos parlamentarios y los grupos políticos presentes en la Cámara.

En cuanto a su naturaleza jurídica se consideran asociaciones privadas que ejercitan funciones públicas de carácter transitorio.

Por otro lado, los diputados que no se integran en ningún grupo, pueden asociarse a cualquiera de ellos para evitar quedar incorporados por mandato reglamentario al grupo mixto. En el grupo mixto, quedarán integrados los diputados que no lo estén en otro grupo parlamentario. También pasan al grupo mixto los componentes de aquellos grupos parlamentarios que se reduzcan durante el transcurso de la legislatura a un número inferior a tres, supuesto en el que dicho grupo queda automáticamente disuelto.

2.7.7 La Junta de Portavoces

La Junta de Portavoces es el órgano colegiado de dirección de los trabajos parlamentarios.

Es un órgano fundamentalmente político, y está compuesta por los portavoces de todos los grupos parlamentarios, bajo la presidencia del Presidente de la Cámara, que la convocará iniciativa propia, a petición de 2 grupos parlamentarios o de la quinta parte de los miembros de la Cámara. Las decisiones se adoptarán en función del criterio del voto ponderado.

2.8 FUNCIONES

Se distinguen las funciones de las Cortes Generales, del Congreso y del Senado independientemente y de ambos en actuación sucesiva.

2.8.1 Funciones de las Cortes Generales

1. Proveer a la sucesión a la Corona en la forma que más convenga a los intereses de España, una vez extinguidas todas las líneas llamadas en Derecho.

2. Exclusión de la sucesión de aquellas personas que, teniendo derecho a ella, contrajeren matrimonio contra la expresa prohibición del Rey y de las Cortes Generales.

© 2009 Abalar Consultores, S.L.

3. Inhabilitación del Rey.

4. Designación de Regente o tutor del Rey.

5. Proclamación del Rey, recibiéndole juramento.

6. Autorización de los tratados internacionales que constitucionalmente les corresponda.

7. Autorizar acuerdos de cooperación entre Comunidades Autónomas.

8. Distribuir los recursos del Fondo de Compensación, previsto para corregir desequilibrios interterritoriales.

Si no hubiera acuerdo entre Senado y Congreso, el acuerdo se intentará obtener por una Comisión mixta, que presentará un texto para ser votado por ambas Cámaras. Si no se aprobara decidirá el Congreso por mayoría absoluta.

2.8.2 Funciones del Congreso

Las funciones más importantes son:

1. Otorgar la confianza al Presidente del Gobierno designado por el Rey, mediante la correspondiente votación de investidura.

2. Hacer cesar al Gobierno aceptando una moción de censura presentada contra él, o negándole la confianza solicitada en una cuestión de confianza.
3. Declarar el estado de sitio, autorizar la declaración de estado de excepción o la prórroga del estado de alarma decretados por el Gobierno.

4. Autorizar la convocatoria de referéndum, respecto a decisiones políticas de especial trascendencia.

5. Convalidar o derogar los Decretos-Leyes dictados por el Gobierno, en caso de extraordinaria o urgente necesidad.

2.8.3 Funciones del Senado

Las únicas funciones que se atribuyen al Senado con exclusividad son las consistentes en la aprobación por mayoría absoluta (previo requerimiento al presidente de la Comunidad Autónoma y en el caso de no ser atendido por éste) de la adopción de las medidas necesarias para obligar a alguna Comunidad autónoma que no cumpliere las obligaciones que la Constitución u otras leyes le imponen o que actuare de forma gravemente atentatoria para el interés general de España, al cumplimiento forzoso de dichas obligaciones (art. 155 CE).

© 2009 Abalar Consultores, S.L.

2.8.4 Funciones del Congreso y Senado sucesivamente

1. **Funciones legislativas**. Como representación popular, las Cámaras asumen la tarea legislativa del Estado. La función legislativa es realmente la más importante de las Cámaras. Un proyecto de ley es dictaminado primero por el Congreso y posteriormente por el Senado. En caso de discrepancia prevalece la voluntad del Congreso.

Una de las leyes más importantes es la Ley de Presupuestos que debe presentarse ante el Congreso de los Diputados tres meses antes de la finalización de los anteriores. Esta ley no recoge únicamente el control de las cuentas anuales del Estado, sino que se viene utilizando para incorporar otras disposiciones importantes en la llamada Ley de Acompañamiento.

2. **Funciones de control del Poder Ejecutivo**. Ambas Cámaras conjunta o separadamente, pueden recabar del Gobierno, de sus Departamentos y de cualesquiera autoridades del Estado y de las Comunidades Autónomas, la información y ayuda que precisen, reclamar ante ellas la presencia de miembros del Gobierno, formular al Gobierno y a cada uno de sus miembros interpelaciones y preguntas, y formas comisiones de investigación sobre cualquier asunto de interés público.

Será obligatorio comparecer a requerimiento de las Cámaras. La ley regulará las sanciones que puedan imponerse por incumplimiento de esta obligación.

3 EL GOBIERNO Y LA ADMINISTRACIÓN

3.1 COMPOSICIÓN Y FUNCIONES

El Título IV de la Constitución, bajo la denominación "Del Gobierno y de la Administración", se refiere a dos tipos de actividades: *La política y la administrativa*, situadas en el seno del poder ejecutivo y no siempre nítidamente diferenciables. Teóricamente la distinción es clara.

El Gobierno realiza la actividad política, constituida por el núcleo de decisiones del poder ejecutivo de mayor importancia, basadas en razones de oportunidad cuya apreciación queda a la libertad de los sujetos que lo integran.

La Administración se constituye por un conjunto de órganos servidos por funcionarios, cuya neutralidad política se pretende, y que tiene por misión ejecutar materialmente la ley y asegurar la efectividad de las decisiones políticas del Gobierno.

Desde el punto de vista práctico, la distinción no es tan fácil porque toda medida política implica una serie de actuaciones administrativas, sin las cuales no puede obtener efectividad y porque la pura actividad administrativa supone muchas veces la adopción de decisiones discrecionales que encierran verdaderas opciones políticas.

© 2009 Abalar Consultores, S.L.

Por otra parte, desde el punto de vista de los sujetos, la confusión aumenta si se tiene en cuenta que unas mismas personas, los Ministros, actúan bajo un doble carácter: como órganos políticos (al formar parte del Gobierno) y como órganos administrativos, en cuanto en virtud del principio de jerarquía, ocupan la cúspide de la organización administrativa del Estado, en cada una de las respectivas ramas en que ésta se divide para el desempeño de sus funciones (Ministerios).

El Título V de la Constitución, bajo la rúbrica "De las relaciones entre el Gobierno y las Cortes Generales", se regulan los mecanismos de control político de las Cortes sobre el Gobierno; la prerrogativa del Gobierno de disolver las Cortes Generales, y la actuación de ambos poderes del Estado en situaciones de crisis (estados de alarma, excepción y sitio).

Cuando los actos del Consejo de Ministros son de carácter político están sometidos al control parlamentario, mientras que cuando actúa como órgano administrativo, el control de su actividad se realiza por la jurisdicción contencioso administrativa.

3.2 RESPONSABILIDAD DEL GOBIERNO

Hay dos tipos de responsabilidad:

a) **Responsabilidad penal**. La responsabilidad criminal del Presidente y demás miembros del Gobierno será exigible, en su caso, ante la Sala de lo Penal del Tribunal Supremo.

Si la acusación fuere por traición o por cualquier delito contra la seguridad del Estado, cometido en el ejercicio de sus funciones, solo podrá ser planteada por iniciativa de la cuarta parte de los miembros del Congreso, y con la aprobación de la mayoría absoluta del mismo.

b) **Responsabilidad política**. El Gobierno responde solidariamente en su gestión política ante el Congreso de los Diputados. Dicha responsabilidad es exigible mediante la adopción de una moción de censura presentada contra el Gobierno, o negando a éste el apoyo si planteare la cuestión de confianza.

"Las Cámaras y sus Comisiones podrán recabar, a través de los Presidentes de aquéllas, la información y ayuda que precisen del Gobierno y de sus Departamentos y de cualesquiera autoridades del Estado y de las Comunidades Autónomas" (art. 109 CE).

"Las Cámaras y sus Comisiones pueden reclamar la presencia de los miembros del Gobierno" (art. 110.1 CE).

"Los miembros del Gobierno tienen acceso a las sesiones de las Cámaras y a sus Comisiones y la facultad de hacerse oír en ellas, y podrán solicitar que informen ante las misma, funcionarios de sus Departamentos" (art. 110.2 CE).

© 2009 Abalar Consultores, S.L.

El control de la acción del Gobierno se lleva a cabo por las Cortes Generales mediante la posibilidad de reclamar la presencia de los miembros del mismo y dirigirle toda clase de preguntas e interpelaciones (art. 111.1 CE), pudiendo incluso cesar al propio Presidente, mediante la llamada "moción de censura".

"Toda interpelación podrá dar lugar a una moción en la que la Cámara manifieste su posición" (art. 111.2 CE).

3.2.1 La cuestión de confianza

"El Presidente del Gobierno, previa deliberación del Consejo de Ministros, puede plantear ante el Congreso de los Diputados la cuestión de confianza sobre su programa o sobre una declaración de política general. La confianza se entenderá otorgada cuando vote a favor de la misma la mayoría simple de los Diputados" (art. 112 CE).

Su razón de ser radica en la necesidad que puede sentir el Gobierno, en determinadas circunstancias, de contar con el apoyo de la mayor proporción posible de Diputados.

"Si el Congreso niega su confianza al Gobierno (si no obtiene la mayoría simple*), éste presentará su dimisión al Rey, procediéndose a continuación a la elección de un nuevo Presidente del Gobierno*" (art. 114.1 CE).

3.2.2 Moción de censura

"El Congreso de los Diputados puede exigir la responsabilidad política del Gobierno mediante la adopción por mayoría absoluta de la moción de censura.

La moción de censura deberá ser propuesta al menos por la décima parte de los Diputados, y habrá de incluir un candidato a la Presidencia del Gobierno.

La moción de censura no podrá ser votada hasta que transcurran cinco días desde su presentación. En los dos primeros días de dicho plazo podrán presentarse mociones alternativas.

Si la moción de censura no fuere aprobada por el Congreso, sus signatarios no podrán presentar otra durante el mismo período de sesiones" (art. 113 CE).

En los casos de presentación de una moción de censura, nuestra Constitución exige que al ser presentada se designe un candidato a la Presidencia del Gobierno (moción de censura constructiva). Si el Congreso la aprueba, el Gobierno presentará su dimisión al Rey y el candidato incluido en aquélla se entenderá investido de la confianza de la Cámara, por lo que el Rey le nombrará Presidente del Gobierno (art. 114.2 CE).

La moción de censura y la cuestión de confianza se diferencian entre sí por su origen, ya que la primera se debe a la iniciativa parlamentaria, mientras que la segunda es planteada por el Presidente del Gobierno.

© 2009 Abalar Consultores, S.L.

3.3 EL CONSEJO DE ESTADO

El art. 107 de la Constitución dice que *"El Consejo de Estado es el supremo órgano consultivo del Gobierno"*. Su sede está en Madrid. Es autónomo (tanto orgánica como funcionalmente) en el ejercicio de sus funciones para garantizar su objetividad e independencia de acuerdo con la Constitución y las leyes. Por tanto, no está integrado en ninguno de los departamentos ministeriales.

En el ejercicio de su función consultiva, el Consejo de Estado velará para que se cumpla la Constitución y el resto de las leyes, mejor dicho, el resto del ordenamiento jurídico. Es el que determina la legalidad y, en su caso, la constitucionalidad de los proyectos de disposiciones generales, tratados y actos administrativos que le sean sometidos a consulta.

a) Competencias. El Consejo de Estado emitirá dictamen en cuantos asuntos sometan a su consulta el Gobierno o sus miembros, o las Comunidades autónomas, a través de sus Presidentes.

Sus dictámenes no son vinculantes, salvo que la ley disponga lo contrario (vinculantes según ley). Es preceptivo el dictamen del Consejo de Estado en los siguientes casos:

- Proyectos de Decretos Legislativos.
- Dudas y discrepancias que surjan en la interpretación o cumplimiento de tratados, convenios o acuerdos internacionales en los que España sea parte.
- Asuntos de Estado a los que el Gobierno reconozca especial trascendencia o repercusión.
- Todo asunto en que, por precepto expreso de una ley, haya de consultarse ante el Consejo de Estado en Pleno.

Las Comunidades autónomas podrán, por conducto de sus Presidentes, solicitar dictamen del Consejo de Estado, bien en Pleno o en Comisión Permanente, en aquellos asuntos en que, por la especial competencia o experiencia del mismo, lo estimen conveniente.

Corresponderá al Consejo de Ministros resolver aquellos asuntos en que, siendo preceptiva la consulta al Consejo de Estado, el Ministro consultante disienta del parecer del Consejo.

Las disposiciones y resoluciones sobre asuntos informados por el Consejo de Estado expresarán si se acuerdan conforme con el dictamen del Consejo de Estado o se apartan de él. En el primer caso se usará la fórmula "de acuerdo con el Consejo de Estado", en el segundo, la de "oído el Consejo de Estado".

b) Órganos. El Consejo de Estado actúa en Pleno y en Comisión Permanente. También puede actuar en Secciones.

© 2009 Abalar Consultores, S.L.

El *Pleno del Consejo* lo integran: el *Presidente*, los *Consejeros permanentes* (inamovibles en sus cargos, nombrados entre personas que han prestado reconocidos servicios al Estado, como Ministros, altos funcionarios con más de 15 años de servicios, etc.), los *Consejeros natos* (que lo serán mientras permanezcan en el cargo, como el Fiscal General del Estado, el Presidente del Consejo General de la Abogacía...), los *Consejeros electos* (elegidos libremente, en número de 10, por cuatro años entre quienes hayan desempeñado ciertos cargos como Diputado, Senador, Magistrado del TC, Secretarios de Estado, etc.), y el *Secretario General* (elegido por el Pleno a propuesta de la Comisión Permanente).

La *Comisión Permanente* se compone del Presidente, los Consejeros permanentes y el Secretario General.

El Presidente del Consejo de Estado será nombrado por Real Decreto acordado en Consejo de Ministros y refrendado por el Presidente del Gobierno, entre juristas de reconocido prestigio y experiencia en asuntos de Estado.

4. EL PODER JUDICIAL. EL CONSEJO GENERAL DEL PODER JUDICIAL

4.1 FUNCIONES Y PRINCIPIOS CONSTITUCIONALES QUE INFORMAN LA ADMINISTRACIÓN DE JUSTICIA

Dice el artículo 117.1 de la Constitución: *"La justicia emana del pueblo y se administra en nombre del Rey por Jueces y Magistrados integrantes del poder judicial, independientes, inamovibles, responsables y sometidos únicamente al imperio de la ley".*

La función realizada por el poder judicial consiste en aplicar el Derecho objetivo al caso concreto, juzgando y haciendo ejecutar lo juzgado, por medio de un procedimiento denominado "proceso".

Esta función jurisdiccional no se realiza por uno, sino por una pluralidad de órganos, por lo que es preciso su ordenación y articulación con arreglo a criterios de racionalidad. En este sentido, según **Carretero**, el poder judicial objetivamente considerado, sería el conjunto de normas que establecen su distribución entre los órganos que lo detentan y su articulación interna, especialmente por medio de un sistema de competencias.

La Constitución reconoce esta doble perspectiva, organización y función, en el poder judicial, estableciendo en su articulado una serie de principios fundamentales relativos al mismo, que podemos clasificar según se refieran a la organización o a la función que desempeña.

Corresponde desempeñar el poder judicial a los Jueces y Magistrados y puede definirse como la potestad que tienen aquellos de juzgar (interpretar las normas y aplicarlas al caso concreto) y hacer ejecutar lo juzgado (realización material de lo declarado en las resoluciones judiciales).

© 2009 Abalar Consultores, S.L.

4.2 REGULACIÓN

Las principales normas que regulan el poder judicial son las siguientes:

a) El Título VI de la Constitución (arts. 117 a 127).

b) La Ley Orgánica del Poder Judicial, de 1 de julio de 1985, modificada sustancialmente por la Ley Orgánica 16/1994, de 8 de noviembre.

c) La Ley de Demarcación y Planta Judicial, de 28 de diciembre de 1988.

4.3 PRINCIPIOS DE ORGANIZACIÓN

1. Legalidad. El artículo 122.1 de la CE reserva a una ley orgánica la determinación de la constitución, funcionamiento y gobierno de los Juzgados y Tribunales. Dicha Ley Orgánica fue promulgada el 1 de Julio de 1985.

Sin perjuicio de que el estudio de la "planta y organización" de los Tribunales corresponda a un tema de Derecho Procesal, en este momento hemos de señalar que el Estado se organiza territorialmente a efectos judiciales, en municipios, partidos, provincias y Comunidades autónomas sobre las que ejercen potestad jurisdiccional: Juzgados de Paz, de Primera Instancia e Instrucción, de lo Contencioso-Administrativo, de lo Social, de Vigilancia Penitenciaria y de Menores; Audiencias Provinciales, Tribunal del Jurado y Tribunales Superiores de Justicia. Sobre todo el territorio nacional ejercen potestad jurisdiccional la Audiencia Nacional y el Tribunal Supremo.

2. Autogobierno. El artículo 122.2 de la CE establece que *"El Consejo General del Poder Judicial es el órgano de gobierno del mismo".*

3. Reconocimiento constitucional del Tribunal Supremo. Según el artículo 123 de la CE *"El Tribunal Supremo con jurisdicción en toda España, es el órgano jurisdiccional superior en todos los órdenes, salvo lo dispuesto en materia de garantías constitucionales. El Presidente del Tribunal Supremo será nombrado por el Rey, a propuesta del Consejo General del Poder Judicial, en la forma que determine la ley".*

El Tribunal Supremo está integrado por las Salas de lo Civil, lo Penal, lo Contencioso-Administrativo, lo Social y lo Militar.

4. Creación de Tribunales Superiores de Justicia de las Comunidades autónomas. El Tribunal Constitucional ha destacado que en virtud del principio de unidad jurisdiccional estos Tribunales no son órganos de las Comunidades Autónomas sino del Estado y de su organización judicial. Están integrados por una Sala de lo Civil y lo Penal, otra de lo Contencioso-Administrativo y otra de lo Social.

© 2009 Abalar Consultores, S.L.

5. Previsión de la Policía Judicial. Según el artículo 126 de la CE, la Policía Judicial depende de los Jueces, Tribunales y del Ministerio Fiscal en sus funciones de averiguación del delito y descubrimiento y aseguramiento del delincuente en los términos que la ley establezca. Se define la dependencia funcional, pero no la orgánica, que sigue manteniéndola el poder ejecutivo. La LOPJ ha acentuado algo esta relación de la Policía con las autoridades judiciales al permitir el establecimiento de unidades adscritas de Policía Judicial a cuyos miembros se les concede la garantía de la inamovilidad mientras duren las investigaciones que se les hubiera encomendado.

4.4 PRINCIPIOS RELATIVOS A LA FUNCIÓN

Algunos se refieren a la naturaleza misma de la función, otros a las garantías objetivas que han de rodear su desenvolvimiento y otros a las garantías subjetivas de sus integrantes.

4.4.1 Naturaleza

Según el artículo 117.1 de la CE, que viene a ser una redundancia del artículo 1.2, *"la justicia emana del pueblo"*. Para **Lucas Verdú** esta expresión es inexacta, interpretando que el constituyente quiso decir, que el poder judicial emana del pueblo.

4.4.2 Garantías objetivas

- **Legalidad**. *"La justicia emana del pueblo y se administra en nombre del Rey por Jueces y Magistrados integrantes del poder judicial, independientes, inamovibles, responsables y sometidos únicamente a la Constitución y al imperio de la ley"* (art. 117 CE).

- **Unidad y exclusividad en el ejercicio de la función**. El principio de unidad jurisdiccional se recoge en el art. 117.5 CE, mientras que el principio de exclusividad en el ejercicio de la función se enuncia en el artículo 117,3 y 4, en sus facetas positiva y negativa:

Artículo 117.3: *"El ejercicio de la potestad jurisdiccional en todo tipo de procesos, juzgando y haciendo ejecutar lo juzgado, corresponde exclusivamente a los Juzgados y Tribunales determinados por las leyes, según las normas de competencia y procedimiento que las mismas establezcan"*.

Artículo 117.4: *"Los Juzgados y Tribunales no ejercerán mas funciones que las señaladas en el apartado anterior y las que expresamente les sean atribuidas por la ley en garantía de cualquier derecho"*.

El principio de unidad jurisdiccional es la *base de la organización y funcionamiento de los Tribunales*. La ley regulará el ejercicio de la jurisdicción militar en el ámbito estrictamente castrense y en los supuestos de estado de sitio, de acuerdo con los principios de la Constitución.

© 2009 Abalar Consultores, S.L.

- **Iniciación del proceso**. El derecho a acudir ante los órganos de la jurisdicción se reconoce en la Constitución en varias ocasiones:

a) **Derecho a la tutela judicial efectiva**. Al que se refiere el art. 24.1 de la CE: *"Todas las personas tienen derecho a obtener la tutela efectiva de los Jueces y Tribunales en el ejercicio de sus derechos e intereses legítimos, sin que, en ningún caso, pueda producirse indefensión".*

b) **Participación popular**. El art. 125 regula la acción popular a favor de los ciudadanos y, fundamentalmente, su participación en la Administración de Justicia, a través de la figura del Jurado y de los Tribunales consuetudinarios y tradicionales, confiriéndole expresamente este carácter al Tribunal de las Aguas de la Vega Valenciana.

c) **Actuación del Ministerio Fiscal**. El art. 124.1 atribuye al Ministerio Fiscal la misión de promover la acción de la justicia en defensa de la legalidad de los derechos de los ciudadanos y del interés público tutelado por la ley, de oficio o a petición de los interesados, así como velar por la independencia de los Tribunales y procurar ante éstos la satisfacción del interés social.

- **Desarrollo del proceso**. La Constitución establece las siguientes garantías básicas relativas al desarrollo del proceso:

a) **Publicidad de las acciones**. *"Las actuaciones judiciales serán públicas, con las excepciones que prevean las leyes de procedimiento* (art. 120.1).

b) **Oralidad**. *"El procedimiento será predominantemente oral, sobre todo en materia criminal. Las sentencias serán motivadas y se pronunciarán en audiencia pública"* (art. 120.2).

c) **Motivación de sentencias**. *"Las sentencias serán siempre motivadas y se pronunciarán en audiencia pública"* (artículo 120.3).

4.4.3 Garantías subjetivas

Se concretan en el derecho al Juez natural y en la concesión a Jueces y Magistrados de un estatuto que garantiza su imparcialidad.

- **Indemnización por error judicial**. *"Los daños causados por error judicial, así como los que sean consecuencia del funcionamiento anormal de la Administración de Justicia darán derecho a una indemnización a cargo del Estado, conforme a la ley"* (art. 121 CE).

- **Gratuidad de la justicia**. La justicia será gratuita cuando así lo disponga la ley y, en todo caso, respecto de quienes acrediten insuficiencia de recursos para litigar (art. 119 CE).

© 2009 Abalar Consultores, S.L.

- Se prohíben los **Tribunales de excepción**.

4.5 CUMPLIMIENTO DE LAS RESOLUCIONES FIRMES DE LOS JUECES Y TRBUNALES Y COLABORACIÓN CON LA JUSTICIA

"Es obligado cumplir las sentencias y demás resoluciones firmes de los Jueces y Tribunales, así como prestar la colaboración requerida por éstos en el curso del proceso y en la ejecución de lo resuelto" (art. 118 CE).

Como dice el profesor Prieto Castro, "la eficacia y utilidad de la función jurisdiccional de Estado y la seguridad del comercio jurídico exigen que los pronunciamientos sean, en determinado momento, inalterables y obligatorios para todos".

4.6 EL CONSEJO GENERAL DEL PODER JUDICIAL

Como establece el art. 122.2 CE y la propia Ley Orgánica del Poder Judicial, el Consejo General del poder judicial es el órgano de gobierno del mismo. Este gobierno se refiere a la gestión relativa a selección, formación, nombramientos, ascensos, situaciones administrativas y régimen disciplinario.

El art. 122.1 de la CE determina que: *"La ley orgánica del poder judicial determinará la constitución, funcionamiento y gobierno de los Juzgados y Tribunales, así como el estatuto jurídico de los Jueces y Magistrados de carrera, que formarán un Cuerpo único, y del personal al servicio de la Administración de Justicia".*

La LOP, define a este poder, en su exposición de motivos, como *"el conjunto de órganos que, institucionalmente caracterizados por su independencia, tienen un emplazamiento constitucional que les permite ejecutar y aplicar imparcialmente las normas que expresan la voluntad popular, someter a todos los poderes públicos al cumplimiento de la Ley, controlar la legalidad de la actuación administrativa y ofrecer a todas las personas tutela efectiva en el ejercicio de sus derechos e intereses legítimos".*

4.6.1 Composición

De conformidad con el artículo 122 de la CE, el Consejo General del poder judicial estará integrado por el Presidente del Tribunal Supremo, que lo presidirá y por veinte miembros nombrados por el Rey por un periodo de cinco años mediante Real Decreto refrendado por el Ministro de Justicia.

Los Vocales del Consejo General del poder Judicial serán propuestos por el Congreso de los Diputados y el Senado, y elegidos entre:

- Doce entre Jueces y Magistrados de todas las categorías judiciales, en los términos que establezca la ley orgánica.

© 2009 Abalar Consultores, S.L.

- Cuatro a propuesta del Congreso de los Diputados y cuatro a propuesta del Senado, elegidos en ambos casos por mayoría de tres quintos de sus miembros, entre abogados y otros juristas, todos ellos de reconocida competencia y con más de quince años de ejercicio en su profesión.

4.6.2 Órganos

A) El Presidente

El Presidente del Tribunal Supremo y del Consejo General del poder judicial será nombrado por el Rey a propuesta del propio Consejo entre miembros de la Carrera Judicial o juristas de reconocida competencia, con más de quince años de antigüedad en su carrera o en el ejercicio de su profesión. Podrá ser reelegido y nombrado por una sola vez para un nuevo mandato.

Es la primera autoridad judicial de la nación. La propuesta del Consejo General del poder judicial se adoptará por mayoría de tres quintos de sus miembros en la propia sesión constitutiva del mismo.

El nombramiento del Presidente del Tribunal Supremo y del Consejo General del poder judicial se llevará a cabo en Real Decreto refrendado por el Presidente del Gobierno.

El Presidente del Tribunal Supremo y del Consejo General del poder judicial prestará juramento o promesa ante el Rey y tomará posesión de su cargo ante los Plenos del Consejo General del poder judicial y de dicho Alto Tribunal en sesión conjunta.

El Presidente del Consejo General del poder judicial será sustituido por el Vicepresidente en los supuestos de vacante, ausencia, enfermedad u otro motivo legítimo.

B) El Vicepresidente

El Vicepresidente del Consejo General del poder pudicial será propuesto por el Pleno de éste entre sus Vocales, por mayoría de tres quintos de sus componentes, y nombrado por el Rey.

El Vicepresidente sustituye al Presidente en los supuestos de vacante, ausencia, enfermedad u otro motivo legítimo, y desempeña las demás funciones que le atribuyen las leyes.

C) El Pleno

El Pleno se reunirá, previa convocatoria del Presidente, o en su caso, del Vicepresidente, en sesiones ordinarias y extraordinarias con arreglo a lo que se determine en el Reglamento de Organización aprobado por el propio Consejo.

© 2009 Abalar Consultores, S.L.

En todo caso, deberá celebrarse sesión extraordinaria, cuando lo soliciten cinco de sus miembros, incluyendo en el orden del día los asuntos que éstos hayan propuesto.

El Pleno quedará válidamente constituido cuando se hallaren presentes un mínimo de catorce de sus miembros, con asistencia del Presidente o de quien legalmente le sustituya.

D) La Comisión Permanente

Anualmente el Pleno del Consejo General del poder judicial procederá a designar la Comisión Permanente, que estará compuesta por el Presidente del Consejo, que la presidirá, y cuatro Vocales elegidos por mayoría de tres quintos, por acuerdo del Pleno del Consejo General: Dos pertenecientes a la carrera judicial y otros dos que no formen parte de la misma.

Las reuniones de la Comisión Permanente sólo serán válidas con asistencia de tres al menos de sus componentes, entre los que deberá encontrarse el Presidente o quien legalmente le sustituya.

El Presidente podrá delegar en el Vicepresidente, o en quien legalmente le sustituya, la presidencia de la Comisión Permanente para la resolución de los asuntos de su competencia.

E) La Comisión Disciplinaria

El Pleno del Consejo General elegirá anualmente, por mayoría de tres quintos, de entre sus Vocales, a los componentes de la Comisión Disciplinaria, que estará integrada por cinco miembros; tres de ellos elegidos entre los Vocales que pertenezcan a la carrera judicial, y los dos restantes, ajenos a ésta.

La Comisión Disciplinaria deberá actuar, en todo caso, con la asistencia de todos sus componentes y bajo la presidencia del miembro de la misma que sea elegido por mayoría. En caso de transitoria imposibilidad o ausencia justificada de alguno de los miembros, se procederá a su sustitución por otro Vocal del Consejo de idéntica procedencia, que será designado por la Comisión Permanente.

A la Comisión Disciplinaria corresponde la competencia para la instrucción de expedientes e imposición de sanciones a Jueces y Magistrados.

F) La Comisión de Calificación

Anualmente, el Pleno del Consejo General procederá a designar los componentes de la Comisión de Calificación, que estará integrada por cinco miembros, elegidos en la misma forma establecida para la Comisión Disciplinaria.

Será presidida y quedará válidamente constituida en los mismos términos previstos para la referida Comisión.

© 2009 Abalar Consultores, S.L.

Corresponderá a la Comisión de calificación informar, en todo caso, sobre los nombramientos de la competencia del Pleno, excepto el nombramiento del Magistrado del Tribunal Supremo.

Para la adecuada formación de los criterios de calificación de los Jueces y Magistrados, la Comisión podrá recabar información de los distintos órganos del poder judicial y, en todo caso, recibirá un informe anual elaborado por las correspondientes Salas de Gobierno de los órganos jurisdiccionales a que aquéllos estuviesen adscritos, que deberá fundarse en criterios objetivos y suficientemente valorados y detallados.

5 EL TRIBUNAL CONSTITUCIONAL

La Constitución dedica su Título IX a la regulación del Tribunal Constitucional. El mencionado Título comprende los artículos 159 a 165.

El Tribunal Constitucional es el órgano dedicado esencialmente a controlar la constitucionalidad de las leyes, al margen de la jurisdicción ordinaria. Está encargado de la defensa jurídica de la Constitución, para asegurar su supremacía frente a las normas de cualquier rango que pudieran vulnerarla.

El artículo 165 dispone que una ley orgánica regulará el funcionamiento del Tribunal Constitucional, el estatuto de sus miembros, el procedimiento ante el mismo y las condiciones para el ejercicio de las acciones. La mencionada regulación se ha realizado por la Ley Orgánica 2/1979, de 3 de octubre; modificada por la L.O. 7/1999 y por la L.O. 6/2007.

El Tribunal Constitucional es el único órgano del Estado que carece de control, sometido sólo a la Constitución y a su ley orgánica. Su función es la de "guardián de la Constitución", que garantiza la supremacía de la Constitución sobre las leyes y demás normas con rango de ley.

Tiene su sede en Madrid, extendiendo su jurisdicción a todo el territorio nacional y es único en su orden. Es un órgano pasivo pues no actúa de oficio sino a instancia de parte cuando se presentan los recursos.

5.1 COMPOSICIÓN

Se compone de 12 miembros nombrados por el Rey (a los que también cesa), que tienen el título de Magistrados del Tribunal Constitucional, siendo propuestos de la siguiente forma:

- Cuatro por el Congreso.
- Cuatro por el Senado (en ambos casos por mayoría de 3/5 de sus miembros).

© 2009 Abalar Consultores, S.L.

- Dos por el Gobierno.
- Dos por el Consejo General del poder judicial.

El Tribunal en Pleno elige de entre sus miembros a su Presidente que es nombrado por el Rey por un período de tres años, pudiendo ser reelegido por una sola vez. La elección del Presidente entre sus miembros se hará en votación secreta.

En la primera votación es necesaria la mayoría absoluta. De no conseguirse, se procederá a una segunda votación, resultando elegido el Magistrado que obtenga mayor número de votos.

En caso de empate, y tras una nueva votación, será propuesto el de mayor antigüedad y si persiste la igualdad, el de mayor edad. El Presidente ostenta un voto de calidad para decidir los empates que pueden producirse en las distintas resoluciones del Tribunal.

Los miembros del Tribunal Constitucional deberán ser nombrados entre Magistrados y Fiscales, profesores de Universidad, funcionarios públicos y abogados, teniendo que ser *"juristas de reconocida competencia y con más de quince años de ejercicio profesional"*, por un período de nueve años y se renovarán por terceras partes cada tres y tendrán las incompatibilidades propias de los miembros del poder judicial.

En cuanto a su régimen jurídico, los miembros del Tribunal Constitucional serán independientes e inamovibles en el ejercicio de su mandato, no podrán ser perseguidos por las opiniones expresadas en el ejercicio de sus funciones, ni ser destituidos ni suspendidos, si no lo es por alguna de las causas que la ley establece (art. 20 LOTC).

5.2 FUNCIONAMIENTO

El Tribunal Constitucional actúa en Pleno o en Sala. El Pleno está formado por todos los Magistrados del Tribunal. Lo preside el Presidente del Tribunal Constitucional, o el Vicepresidente en su defecto o, a falta de ambos, el Magistrado más antiguo o de mayor edad.

Para la validez de los acuerdos adoptados han de estar presentes dos tercios de los que en su caso lo compongan. En él se plantean todos los recursos y cuestiones que son competencia del Tribunal y se determina la composición de las Salas.

Las Salas del Tribunal Constitucional son dos, integradas cada una por seis Magistrados nombrados por el Tribunal en Pleno. La primera la preside el Presidente del Tribunal, mientras que la segunda el Vicepresidente de dicho Tribunal.

5.3 COMPETENCIAS

Esencialmente es competente para conocer:

© 2009 Abalar Consultores, S.L.

- Del **recurso y de la cuestión de inconstitucionalidad** contra leyes y disposiciones normativas o actos con fuerza de ley.

- Del **recurso de amparo** por violación de los derechos y libertades fundamentales (arts. 14 a 29 y la objeción de conciencia del art. 30 de la Constitución).

- De los conflictos de competencia entre el Estado y las Comunidades Autónomas o de los de éstas entre sí.

- De los conflictos entre los órganos constitucionales del Estado.

- De la declaración de constitucionalidad de los Tratados internacionales.

5.3.1 Recurso de inconstitucionalidad

Que se interpongan contra las leyes, disposiciones normativas o actos del Estado con fuerza de ley, Reglamento de las Cortes Generales y leyes, disposiciones normativas y actos con fuerza de ley de las Asambleas Legislativas de las Comunidades Autónomas. Están legitimados para interponer el recurso de inconstitucionalidad:

- El Presidente del Gobierno.

- El Defensor del Pueblo.

- 50 Diputados.

- 50 Senadores.

- Los órganos colegiados de las Comunidades Autónomas (Gobiernos) y, en su caso, las Asambleas Legislativas de las mismas (arts. 162,1,a) CE y 32 LOTC).

5.3.2 Recurso de amparo

Que se interpongan por la violación de los derechos y libertades reconocidos en los arts.10 y 14 a 29, ambos inclusive, así como la objeción de conciencia (párrafo 2º del art. 30 de la Constitución), originadas por disposiciones o actos de los poderes públicos del Estado, las Comunidades Autónomas y demás entes públicos de carácter territorial, corporativo o institucional, así como de sus funcionarios o agentes.

Están legitimados para interponer el recurso de amparo:

- Toda persona natural o jurídica que invoque un interés legítimo.

- El Defensor del Pueblo.
- El Ministerio Fiscal.

Sólo se podrá interponer el recurso de amparo tras haber agotado la vía judicial ordinaria.

© 2009 Abalar Consultores, S.L.

5.3.3 Cuestión de inconstitucionalidad

"Cuando un órgano judicial considere, en algún proceso, que una norma con rango de ley, aplicable al caso, de cuya validez el fallo, pueda ser contraria a la Constitución, planteará la cuestión ante el Tribunal Constitucional en los supuestos, en la forma y con los efectos que establezca la ley, que en ningún caso serán suspendidos" (art. 163 CE).

5.4 SENTENCIAS

Las sentencias del Tribunal Constitucional se publicarán en el B.O.E. con los votos particulares si los hubiere. Tienen el valor de cosa juzgada a partir del día siguiente al de su publicación y no cabe recurso alguno contra ellas (son "firmes"). Las que declaren la inconstitucionalidad de una ley o de una norma con fuerza de ley y todas las que se limiten a la estimación subjetiva de un derecho, tienen efectos *erga omnes.*

A modo de resumen diremos que el Tribunal Constitucional no es poder judicial. Es un órgano dedicado a controlar la constitucionalidad de las leyes, al margen de la jurisdicción ordinaria. Está encargado de la defensa jurídica de la Constitución, para asegurar su supremacía frente a las normas de cualquier rango que pudieran vulnerarla. Es pues el intérprete supremo de la Constitución y su función es ser su guardián. Asimismo, en cierto modo, es superior a la organización judicial, pues es un Tribunal especializado.

5.5 INCOMPATIBILIDADES

La condición de miembro del Tribunal Constitucional es incompatible: con todo mandato representativo, con los cargos políticos o administrativos, con el desempeño de funciones directivas en un partido político o en un sindicato y con el empleo al servicio de los mismos; con el ejercicio de las carreras judicial y fiscal, y con cualquier actividad profesional o mercantil.

En lo demás, los miembros del Tribunal Constitucional tendrán las incompatibilidades propias de los miembros del poder judicial.

Los miembros del Tribunal Constitucional serán independientes e inamovibles en el ejercicio de su mandato.

© 2009 Abalar Consultores, S.L.

TEMA 7

La organización territorial del Estado. Estado unitario, Estado federal y Estado regional. El Estado de las Autonomías en la Constitución Española. La autonomía local.

1. ORGANIZACIÓN TERRITORIAL DEL ESTADO

1.1 ORGANIZACIÓN TERRITORIAL DEL ESTADO

1.1.1 Concepto de Estado

Etimológicamente, la palabra estado procede del latino *status*, que en el lenguaje jurídico designa una situación jurídica en general. El hombre es un ser social por naturaleza que se agrupa para satisfacer sus necesidades. De esa agrupación de seres humanos nace la sociedad y cuando esta evoluciona y se organiza, aparecen unos poderes de dirección y una estructura de gobierno y justicia. A partir de entonces podemos situar el nacimiento del Estado.

En Occidente, como señala **Delgado Pinto**, son varios los términos que se utilizaron para designar la comunidad política en sus sucesivas formas históricas: polis, civitas, *res publica*, imperio, reino, etc. En la Italia del Renacimiento aparece por primera vez el vocablo "*stato*" con referencia a las Ciudades-Estado (Venecia, Florencia, Pisa...), a las que por su peculiar y novedosa fisonomía no convenía ninguna de las expresiones anteriores.

Maquiavelo, en el comienzo mismo del "*Príncipe*", utiliza ya el término "*stato*" en el sentido moderno y actual de comunidad política. Desde entonces, el término penetra y se difunde en las restantes lenguas europeas, aunque en pugna todavía con otras expresiones tradicionales y, es en el siglo XIX cuando definitivamente se generaliza su uso.

Usualmente, se entiende por Estado la comunidad políticamente organizada. Una sociedad debe tener una organización política para que pueda considerarse un Estado.

© 2009 Abalar Consultores, S.L.

Para **González Vicen** el término Estado no designa una forma de convivencia política cualquiera, sino una organización política concreta que se abre paso con los siglos modernos y cuyas características, entre otras, son el poder "soberano", la racionalidad de la Administración, la hacienda pública, el ejército permanente, la neutralidad religiosa; rasgos todos que no son casuales, sino que reciben su sentido propio en un proceso de independencia y concentración.

En sentido amplio, puede servirnos para nuestros fines la siguiente definición: *"El Estado es una agrupación humana fijada en un territorio determinado y dotada de un poder soberano"* (Hauriou).

Esta definición contiene los elementos necesarios para la existencia de un Estado: **población, territorio y poder**.

1. La población. Es el elemento personal o social (agrupación humana) básico del Estado. Es la personificación del Estado. Es el conjunto de individuos que se encuentran unidos al Estado por un vínculo jurídico al que habitualmente se le da el nombre de *nacionalidad* y que se caracteriza por su permanencia y su continuidad. Una parte mayoritaria de la doctrina prefiere emplear el término *nación*, es decir, la agrupación humana en la que las personas se sienten unidas por lazos materiales y espirituales, y se consideran diferentes a los individuos de otras comunidades.

2. El territorio. Es el elemento físico o material (sobre el que se establece la población). Es el soporte, la base física o material del Estado en el que ejerce su soberanía, estando delimitado por las fronteras (que se determinan mediante Tratados), sin perjuicio de que, en el juego de las relaciones internacionales, se considere territorio de un Estado espacios situados fuera de su entorno natural, como, por ejemplo, una embajada en otro país (de ahí la inviolabilidad que internacionalmente se le reconoce).

Kelsen considera al territorio como el ámbito de validez del orden jurídico estatal, es decir, el ámbito espacial al que se extiende el poder del Estado.

El territorio del Estado es el lugar donde éste ejerce plena soberanía, es el fundamento espacial para que el Estado pueda desplegar su autoridad sobre todos los hombres que viven en él, sean ciudadanos propios o extranjeros. El contenido del territorio comprende:

- La unidad geográfica territorial o tierra firme. El territorio natural comprendido dentro de las fronteras del país.
- El territorio fluvial (ríos, lagos y mares interiores).
- El espacio marítimo o mar territorial, esto es, la zona marítima unida a la costa (doce millas a partir de la costa en bajamar).
- El espacio aéreo sobre tierra firme y el mar territorial.
- Los buques de guerra y aeronaves militares.

© 2009 Abalar Consultores, S.L.

- Los buques y aeronaves mercantes, siempre que estén en mar libre.

- Las legaciones diplomáticas y consulares en el extranjero.

Las características del territorio son: **Necesario, exclusivo, fijo, determinado** y **vigente.**

3. El poder. Es el elemento esencialmente político (que dirige el grupo, con poderes de coerción). Es el elemento más importante del Estado y de la política. Para que los hombres y mujeres que forman una comunidad puedan cumplir y alcanzar los objetivos propuestos, es necesaria una organización o, lo que es lo mismo, un poder.

Es la capacidad de decisión y de influencia que procede de la voluntad de la población para que se ejerza la autoridad en el gobierno de esa comunidad humana en el territorio en que viven, e incluso, fuera del mismo.

Es único, autónomo y soberano que ordena la vida en común de los habitantes de un territorio determinado y que nace del propio pueblo o población. Históricamente tenía un origen divino (teocracia). No tiene por encima ningún otro poder, sin perjuicio de que pueda desglosarse en distintos poderes, según las funciones llamadas a ejercer por todo Estado: Legislativa, ejecutiva y judicial.

La idea de poder está ligada a la de *soberanía* o poder soberano del Estado. El Estado soberano es independiente.

La soberanía es la característica esencial del poder del Estado, que tiene una doble dimensión:

- ***Soberanía interna***, que se manifiesta en el establecimiento y mantenimiento de una ordenación económica, social, política y jurídica. Tiene su límite en el sometimiento al Derecho.

- ***Soberanía externa***, que se manifiesta en las relaciones internacionales de los Estados, y supone que el Estado soberano se halla excluido de toda subordinación respecto de los otros. Tiene sus límites en los compromisos internacionales, así por ejemplo, las Naciones Unidas establecen en su Carta ciertas limitaciones a los Estados miembros lo que supone una merma en su soberanía.

Por otra parte, las actuales organizaciones supranacionales (UE, OTAN, etc.), suponen limitaciones cada vez mayores a la soberanía de los Estados integrados en ellas.

El art. 1 de la Constitución española establece que *"la soberanía nacional reside en el pueblo español del que emanan los poderes del Estado"*.

Los **elementos del poder** son dos:

1. **Dominación**. Es la *fuerza* del poder pues dispone de los medios necesarios para conseguir los resultados pretendidos.

© 2009 Abalar Consultores, S.L.

2. **Competencia**. Se refiere a la *autoridad* que se predica del poder, en tanto que es reconocido como titular del derecho a emplear los medios precisos.

Los **caracteres del poder** del Estado son los siguientes: Centralizador, político, civil (es decir, diferente del poder militar y por encima de éste), temporal (diferente del religioso), y soberano.

2 ESTADO UNITARIO, ESTADO FEDERAL Y ESTADO REGIONAL

Desde el punto de vista de su organización territorial, el Estado reviste esencialmente las siguientes formas:

- Estado unitario.
- Estado compuesto (federal y confederal).
- Estado regional.

a) Estado unitario

Es la expresión, en cierto modo, más clara y elemental de formación política. En este tipo de organización suele haber un solo pueblo que ocupa todo el territorio y depende de una sola soberanía.

El Estado unitario se apoya en una comunidad nacional homogénea y consistente, de tal manera que no es posible distinguir en él partes internas que merezcan por sí mismas el nombre de Estado. Un ejemplo claro de este tipo de Estado es Francia.

Desde un punto de vista teórico el Estado unitario puede revestir dos modalidades:

1. **Estado unitario centralizado**. Es aquel en que toda la actividad pública procede de un poder central y converge hacia él. El poder central es el único que tiene la facultad de dictar normas en todo el territorio.

Esta centralización se justifica por la necesidad de mantener la unidad y cohesión de la nación; por evitar una dispersión del poder que produciría un debilitamiento; por la necesidad de que la acción del Estado llegue a todas las partes del territorio de manera imparcial.

Es claro que este tipo de Estado totalmente centralizado no es posible en la práctica, y ello porque el Estado no puede realizarlo todo y, porque, además, existen unas comunidades intermedias entre el Estado y el individuo que el poder central no puede desconocer ni usurpar sus funciones, como pueden ser los municipios, provincias, departamentos o regiones.

© 2009 Abalar Consultores, S.L.

En definitiva el Estado totalmente centralizado es un esquema teórico que no tiene realización práctica.

2. **Estado unitario descentralizado**. Es aquel en que se reconoce a determinadas entidades territoriales la facultad de administrarse por sus propios órganos. Esta descentralización puede realizarse de dos formas:

1ª. Descentralización administrativa. Opera a través de municipios y provincias, en favor de las cuales se dan competencias por vía de delegación.

2ª. Descentralización regional, que se caracteriza por su ámbito territorial, pero también porque puede llevar a un reconocimiento del derecho de autonomía sobre esas regiones.

La descentralización administrativa, ampliada y extendida, supone un paso del Estado unitario descentralizado hacia el Estado regional.

b) Estado federal

Es una forma de Estado en la que aparece un Supe restado o Estado Central que se superpone a los Estados miembros. Ello supone que estados soberanos deciden agruparse bajo una única bandera y abandonar una parte de sus competencias formando un Estado federal central. Aparece históricamente con la Constitución de los Estados Unidos de América del Norte, de 1787.

El Estado federal puede surgir de dos maneras diferentes:

1. **Por asociación**. Cuando dos o más Estados independientes tienen intereses espirituales y materiales comunes y deciden formar un único Estado federal.

   Este tipo de federalismo requiere una continuidad geográfica, una cierta homogeneidad espiritual y social, al objeto de evitar fricciones entre los Estados miembros.

2. Por **descentralización**. Proceso inverso que surge cuando el Estado unitario se propone conceder la máxima autonomía a las entidades territoriales que lo componen.

Los **caracteres** del Estado federal son:

1. Una Constitución federal.

2. Tantas Constituciones particulares como Estados miembros.

3. Una delimitación de competencias entre el Estado central y los Estados miembros.

4. El Estado central es el único que tiene las siguientes prerrogativas:

© 2009 Abalar Consultores, S.L.

- Puede declarar la guerra.
- Dirige la política exterior.
- Suscribe tratados internacionales.
- Ostenta el mando del Ejército.
- Regula el sistema monetario y postal.

5. Existe un parlamento bicameral, donde una Cámara representa a todo el Estado y la otra representa a los Estados miembros.

6. Existe un Tribunal federal para resolver los conflictos que pudieran surgir entre el Estado federal y los diferentes Estados federados.

Como **elementos** del estado federal podemos citar:

- **Autonomía**. Cada Estado tiene un poder legislativo, ejecutivo y judicial en su territorio.

- **La participación**. El Estado federal representa tanto a los ciudadanos como a los estados miembros. Los entes federados intervienen en los órganos federales, en concreto en el Parlamento.

- **Arbitraje**. Existe un órgano específico encargado de solucionar los conflictos que surjan entre el estado central y los estados miembros.

c) Estado confederal

Es una asociación de Estados, similar a la federal, con la diferencia de que cualquiera de los Estados que la componen conserva su propia soberanía y tienen la facultad de retirarse de dicha confederación cuando lo consideren oportuno, característica que no se puede dar en el Estado federal.

La doctrina únicamente considera como forma de Estado, es decir, como un todo jurídico el Estado federal, mientras que la confederación es una mera comunidad de Estados soberanos, en la que cada uno conserva su identidad jurídica. Por esta diferencia, se originó la Guerra de Secesión en los Estados Unidos, entre los confederados (sudistas) que pretendían la separación de los estados sureños y los federales (yanquis).

d) Estado regional

Este Estado se fundamenta en la región, entendida como área homogénea que posee características físicas y culturales distintas de las áreas que le rodean y que, aún formando parte de una sola nación, conserva un sentimiento de identidad cultural propio.

El profesor **Ferrando Badía** dice que el regionalismo aspira esencialmente a lo siguiente:

© 2009 Abalar Consultores, S.L.

1º. Asegurar una mejor adecuación de la acción estatal a las necesidades y características locales.

2º. Promover la mejora de las condiciones económicas, sociales y culturales de las regiones.

3º. Realizar un mayor acercamiento de los ciudadanos al Estado, consintiéndoles participar en la administración de los asuntos que afectan a sus propios intereses.

Otros autores señalan que la tendencia actual de trasformar los Estados unitarios en regionales hay otras finalidades, siendo una de ellas el buscar fórmulas de equilibrio político capaces de anular ciertas inclinaciones independentistas o separatistas, que pueden constatarse en ciertas regiones.

La primera experiencia de este tipo aparece en la Constitución española de 1931, influida por ciertas tesis de la Constitución alemana de Weimar de 1919, tratando de superar el Estado unitario sin optar por un Estado federal propiamente dicho.

Esta fórmula que no llegó a desarrollarse en España por la guerra civil, fue la adoptada por la Constitución italiana de 1947, que establecía dos tipos de regiones, y es la línea seguida por la Constitución española vigente, que también establece dos tipos de Comunidades autónomas.

Formas políticas del Estado

Hasta finales del siglo XIX, se ha vivido con una tipología de los regímenes políticos heredada de los griegos, en la que se distinguía la **monarquía** (gobierno de uno solo), la **oligarquía** (o gobierno de unos pocos) y la **democracia** (o gobierno de todos), establecida ya en la antigüedad por Aristóteles.

Dentro de los regímenes de separación de poderes y de los regímenes parlamentarios, las dos formas habituales que se mantienen en la actualidad son la **Monarquía** y la **República** (gobierno del pueblo).

La forma regia de la separación de poderes es la monarquía limitada, en la que un Parlamento con competencias financieras y legislativas viene a restringir las prerrogativas del monarca (del monarca considerado como Dios, representante de la divinidad o como propietario del Estado, se ha pasado a considerar al rey como un miembro del estado y órgano del mismo, sometido a la Constitución y al resto del ordenamiento jurídico).

La forma republicana de separación de poderes es el régimen presidencial que puede ser *presidencialista* cuando el Presidente es a la vez Jefe del Gobierno con facultad para vetar leyes aprobadas por el Parlamento (caso de EEUU y Francia), o *parlamentaria* cuando el Presidente es distinto del Jefe del Gobierno (caso de Italia, Alemania).

Cuando los ciudadanos no participan en el proceso de elaboración jurídico, se está hablando de un Estado autocrático.

© 2009 Abalar Consultores, S.L.

3. EL ESTADO DE LAS AUTONOMÍAS EN LA CONSTITUCIÓN ESPAÑOLA

3.1 INTRODUCCIÓN

Una de las novedades importantes de la Constitución de 1978 es la referente a la nueva organización territorial del Estado español. El Estado autonómico es una forma política reciente, que puede encuadrarse dentro del tipo de Estado regional.

Tiene su origen en la Segunda República española, cuya Constitución (1931) lo denominaba Estado integral para indicar que la autonomía de las regiones no rompe la unidad e integridad territorial. En esta época Cataluña aprobó su Estatuto de Autonomía (1932) por primera vez. Más tarde durante la contienda civil, el País Vasco y Galicia aprobaron sus Estatutos de autonomía. Esta fórmula fue acogida por la Constitución italiana de 1947 en algunas regiones.

Es un sistema de descentralización política basado fundamentalmente en los principios de autonomía opcional de competencias y cooperación y solidaridad entre las distintas nacionalidades.

Hay una unidad nacional, poderes generales y centrales (por ejemplo, la Monarquía y las Cortes Generales) que conviven con el poder autonómico, y todos ellos bajo los principios de solidaridad y coordinación.

La Comunidad autónoma es pues un ente territorial con capacidad de autogobierno, constituido bien por varias provincias limítrofes con características históricas, culturales y económicas comunes, bien por territorios insulares, bien por una sola provincia con entidad regional histórica o ciertas características especiales que la individualizan.

3.2 ORGANIZACIÓN TERRITORIAL

El Título VIII de la Constitución está dedicado a la Organización territorial del Estado.

El Capítulo I recoge los principios generales de organización territorial, estableciendo un Estado autonómico, formado por **municipios, provincias y Comunidades Autónomas**, solidario entre sus regiones, y con libertad de circulación, establecimiento y derechos para todos sus ciudadanos, cualquiera que sea la parte del territorio donde procedan o se encuentren.

Dice el art. 137, *"El Estado se organiza territorialmente en municipios, en provincias y en las Comunidades Autónomas que se constituyan. Todas estas entidades gozan de autonomía para la gestión de sus respectivos intereses".*

El art. 138 dispone que

"1. El Estado garantiza la realización efectiva del principio de solidaridad consagrado en el artículo 2 de la Constitución velando por el establecimiento de un

© 2009 Abalar Consultores, S.L.

equilibrio económico, adecuado y justo, entre las diversas partes del territorio español, y atendiendo en particular a las circunstancias del hecho insular.

2. Las diferencias entre los Estatutos de las distintas Comunidades Autónomas no podrán implicar, en ningún caso privilegios económicos o sociales".

El art. 139 establece que *"1. Todos los españoles tienen los mismos derechos y obligaciones en cualquier parte del territorio del Estado.*

2. Ninguna autoridad podrá adoptar medidas que directa o indirectamente obstaculicen la libertad de circulación y establecimiento de las personas y la libre circulación de bienes en todo el territorio español".

3.3 VÍAS DE ACCESO A LA AUTONOMÍA

La Constitución diseñó, fundamentalmente, dos vías para que las nacionalidades y regiones españolas accedieran a su autonomía:

1ª. **Vía lenta u ordinaria**, cuyo punto de partida es el artículo 143.

2ª. **Vía rápida o extraordinaria**, que tiene su punto de partida en el artículo 151.

Virgilio Zapatero escribió que en la implantación de las dos vías no había autonomías de primera y segunda, pues el techo final de todas ellas era el mismo, sino que lo que se hacía es modular los ritmos de acceso al mismo techo de competencias.

Peces Barba dijo que las diversas vías que establece la Constitución para acceder a la autonomía permiten llegar a una meta de igualdad entre todas las Comunidades Autónomas al final del proceso, una vez terminada la dinámica de trasferencias de competencias y de funciones desde los poderes del Estado a los de éstas.

3.4 LA VÍA ORDINARIA DEL PROCESO AUTONÓMICO

El artículo 143 de la Constitución abre la llamada vía ordinaria de acceso al régimen autonómico. Este artículo y sus concordantes forman un cuerpo normativo que rige todo el proceso que debe seguir una región desde que decide iniciar el proceso autonómico hasta que se constituye en Comunidad autónoma, mediante la aprobación de su correspondiente Estatuto. Las cuestiones fundamentales que han de resolverse serán las siguientes:

a) Sujetos del proceso autonómico. Se distinguen tres grupos:

a) Las provincias limítrofes de características históricas, culturales y económicas comunes.

b) Los territorios insulares (Baleares y Canarias).

© 2009 Abalar Consultores, S.L.

c) Las provincias con entidad regional histórica (Asturias, Murcia, Cantabria, La Rioja).

b) Órganos que asumen la representación. Las Diputaciones, Cabildos y Municipios, aunque se admitieron excepciones como en Navarra, Órgano Foral competente, o los órganos preautonómicos ya existentes.

c) Condiciones para la validez de la iniciativa autonómica. La iniciativa debe estar avalada por las dos terceras partes de los municipios cuya población represente, al menos, la mayoría del censo electoral de cada provincia o isla, en el plazo de 6 meses desde el primer acuerdo adoptado al respecto por alguna de las Corporaciones locales interesadas. Si no prospera la iniciativa en ese plazo, habría que esperar cinco años para reintentarlo.

d) Elaboración del Estatuto de Autonomía. La elaboración se efectúa por una Asamblea compuesta por miembros de Diputaciones afectadas y por los Diputados y Senadores elegidos en ellas. El texto se eleva a las Cortes Generales para su tramitación como ley orgánica.

e) Contenido del Estatuto de Autonomía. Los Estatutos de autonomía vienen a ser las Constituciones autonómicas y regulan el conjunto de instituciones autónomas propias y el número y contenido de las materias sobre las que ejerce competencias (materias previstas en la larga lista del artículo 148 CE).

3.5 LA VÍA EXTRAORDINARIA DEL ARTÍCULO 151

Dos notas distinguen esta iniciativa respecto a la del artículo 143, el que la iniciativa deben suscribirla las tres cuartas partes de los municipios de cada provincia, y el que dicha iniciativa debe ser ratificada mediante referéndum por el voto afirmativo de la mayoría absoluta de los electores de cada provincia.

La razón de estos especiales requisitos se encuentra en el mayor contenido de la autonomía a que pueden acceder *ab initio* las Comunidades que se constituyan al amparo de este procedimiento especial. Políticamente la razón se encuentra, según Peces Barba, en hacer posible a otras nacionalidades y regiones distintas de Cataluña, País vasco y Galicia, el alcanzar el mismo techo de autonomía que éstas (Por este proceso accedió Andalucía).

El contenido del Estatuto fija la división de poderes dentro de la Comunidad (Consejo de Gobierno, Asamblea legislativa y Tribunal Superior de Justicia) y la asunción de competencias, que es el máximo posible dentro de la Constitución, sin tener que esperar cinco años para incrementarlas.

© 2009 Abalar Consultores, S.L.

3.6 LOS ESTATUTOS DE AUTONOMÍA

Actualmente ya están aprobados todos los Estatutos de Autonomía, y se consideran como las normas básicas dentro de cada ordenamiento autonómico. Su contenido está previsto en el artículo 147 de la Constitución:

a) Denominación de la Comunidad que mejor corresponde a su identidad histórica.

b) Delimitación de su territorio.

c) Denominación, organización y sede de las instituciones Autónomas propias.

d) Las competencias asumidas dentro del marco establecido en la Constitución y las bases para el traspaso de los servicios correspondientes a las mismas.

Sus **caracteres** son:

a) Son a la vez normas autonómicas y normas estatales.

b) Son normas subordinadas a la Constitución.

c) Son normas superiores a las demás leyes del Estado y de las Comunidades autónomas.

3.7 CLASES DE COMUNIDADES AUTÓNOMAS

Siguiendo al profesor **Torres del Moral**, podemos distinguir 5 tipos de procedimiento de acceso a la autonomía:

1. Comunidades de régimen común ordinario simple. Se distingue por tres notas: a) Iniciativa en el proceso autonómico, mediante un doble acuerdo de las corporaciones provinciales (o en su caso insulares) y municipales interesadas, o bien con el acuerdo del ente preautonómico si existía. En algunos supuestos se ha añadido la intervención de las Cortes Generales (art. 144 CE); b) La elaboración del Estatuto por el artículo 146; c) el contenido de éste por el artículo 147, en lo relativo a la organización administrativa, y por el artículo 148, en lo relativo a materias sobre las que puede asumir competencias la Comunidad autónoma. Se integran en esta vía, Aragón, Castilla-León, Castilla-La Mancha y Extremadura.

2. Comunidades de régimen preferencial. Recogida por la Constitución pensando en aquellas comunidades que históricamente habían accedido ya a un autogobierno (Cataluña, País Vasco y Galicia).

La iniciativa autonómica se dejó en manos de los órganos preautonómicos colegiados; Generalidad de Cataluña, Consejo General del País Vasco y Junta de Galicia.

© 2009 Abalar Consultores, S.L.

3. Procedimiento ordinario agravado. Acceso a la autonomía por la vía del artículo 151. Fue seguido por Andalucía.

El contenido del Estatuto fija la organización institucional basada en una Asamblea legislativa, un Consejo de Gobierno y un Tribunal Superior de Justicia, y en cuanto a las competencias suponen el máximo nivel de trasferencia y delegación de facultades estatales en los límites que marca la propia Constitución y la unidad del Estado.

4. Procedimiento seguido por Navarra. El Gobierno Central y la Diputación Foral convinieron la redacción del Estatuto que fue aprobado por las Cortes como ley orgánica en lectura única de cada Cámara.

5. Procedimiento especial seguido por Valencia y Canarias. (El profesor Parada lo denomina mixto). Habiéndose cumplido como ordinario simple fue simultáneamente complementado con una ley orgánica de transferencia de otras competencias.

3.8 COMPETENCIAS QUE PUEDEN ASUMIR LAS COMUNIDADES AUTÓNOMAS

Se concretan en el art. 148 de la CE:

"1. Las Comunidades Autónomas podrán asumir competencias en las siguientes materias:

1ª. Organización de sus instituciones de autogobierno.

2ª. Las alteraciones de los términos municipales comprendidos en su territorio y, en general, las funciones que correspondan a la Administración del Estado sobre las Corporaciones locales y cuya trasferencia autorice la legislación de Régimen Local.

3ª. Ordenación del territorio, urbanismo y vivienda.

4ª. Las obras públicas de interés de la Comunidad Autónoma en su propio territorio.

5ª. Los ferrocarriles y carreteras cuyo itinerario se desarrolle íntegramente en el territorio de la Comunidad Autónoma y, en los mismos términos, el transporte desarrollado por estos medios o por cable.

6ª. Los puertos de refugio, los puertos y aeropuertos deportivos y, en general, los que no desarrollen actividades comerciales.

7ª. La agricultura y ganadería, de acuerdo con la ordenación general de la economía.

8ª. Los montes y aprovechamientos forestales.

9ª. La gestión en materia de protección del medio ambiente.

© 2009 Abalar Consultores, S.L.

10ª. Los proyectos, construcción y explotación de los aprovechamientos hidráulicos, canales, regadíos de interés de la Comunidad Autónoma; las aguas minerales y termales.

11ª. La pesca en aguas interiores, el marisqueo y la acuicultura, la caza y la pesca fluvial.

12ª. Ferias interiores.

13ª. El fomento del desarrollo económico de la Comunidad Autónoma dentro de los objetivos marcados por la política económica nacional.

14ª. La artesanía.

15ª. Museos, bibliotecas y conservatorios de música de interés para la Comunidad Autónoma.

16ª. Patrimonio monumental de interés de la Comunidad Autónoma.

17ª. El fomento de la cultura, de la investigación y, en su caso, de la enseñanza de la lengua de la Comunidad Autónoma.

18ª. Promoción y ordenación del turismo en su ámbito territorial.

19ª. Promoción del deporte y de la adecuada utilización del ocio.

20ª. Asistencia social.

21ª. Sanidad e higiene.

22ª. La vigilancia y protección de sus edificios e instalaciones. La coordinación y demás facultades en relación con las policías locales en los términos que establezca una ley orgánica.

2. Trascurridos cinco años, y mediante la reforma de sus Estatutos, las Comunidades Autónomas podrán ampliar sucesivamente sus competencias dentro del marco establecido en el artículo 149".

3.9 COMPETENCIAS EXCLUSIVAS DEL ESTADO

Se recogen en el art. 149 de la CE: *"1. El Estado tiene competencia exclusiva sobre las siguientes materias:*

1ª. La regulación de las condiciones básicas que garanticen la igualdad de todos los españoles en el ejercicio de los derechos y en el cumplimiento de los deberes constitucionales.

2ª. Nacionalidad, inmigración, emigración, extranjería y derecho de asilo.

3ª. Relaciones internacionales.

© 2009 Abalar Consultores, S.L.

4ª. Defensa y Fuerzas Armadas.

5ª. Administración de Justicia.

6ª. Legislación mercantil, penal y penitenciaria; legislación procesal, sin perjuicio de las necesarias especialidades que en este orden se deriven de las particularidades del derecho sustantivo de las Comunidades Autónomas.

7ª. Legislación laboral, sin perjuicio de su ejecución por los órganos de las Comunidades Autónomas.

8ª. Legislación civil, sin perjuicio de la conservación, modificación y desarrollo por las Comunidades Autónomas de los derechos civiles, forales o especiales, allí donde existan. En todo caso, las reglas relativas a la aplicación y eficacia de las normas jurídicas, relaciones jurídico-civiles relativas a las formas de matrimonio, ordenación de los registros e instrumentos públicos, bases de las obligaciones contractuales, normas para resolver los conflictos de leyes y determinación de las fuentes del Derecho, con respeto, en este último caso, a las normas de Derecho foral o especial.

9ª. Legislación sobre propiedad intelectual e industrial.

10ª. Régimen aduanero y arancelario; comercio exterior.

11ª. Sistema monetario: divisas, cambio y convertibilidad; bases de la ordenación del crédito, banca y seguros.

12ª. Legislación sobre pesas y medidas, determinación de la hora oficial.

13ª. Bases y coordinación de la planificación general de la actividad económica.

14ª. Hacienda general y Deuda del Estado.

15ª.Fomento y coordinación general de la investigación científica y técnica.

16ª. Sanidad exterior. Bases y coordinación general de la sanidad. Legislación sobre productos farmacéuticos.

17ª. Legislación básica y régimen económico de la Seguridad Social, sin perjuicio de la ejecución de sus servicios por las Comunidades Autónomas.

18ª. Las bases del régimen jurídico de las Administraciones públicas y del régimen estatutario de sus funcionarios que, en todo caso, garantizarán a los administrados un trato común ante ellas; el procedimiento administrativo común, sin perjuicio de las especialidades derivadas de la organización propia de las Comunidades Autónomas; legislación sobre expropiación forzosa; legislación básica sobre contratos y concesiones administrativas y el sistema de responsabilidad de todas las Administraciones públicas.

19ª. Pesca marítima, sin perjuicio de las competencias que en la ordenación del sector se atribuyan a las Comunidades Autónomas.

© 2009 Abalar Consultores, S.L.

20ª. Marina mercante y abanderamiento de buques; iluminación de costas y señales marítimas; puertos de interés general; aeropuertos de interés general, control del espacio aéreo, tránsito y transporte aéreo, servicio meteorológico y matriculación de aeronaves.

21ª. Ferrocarriles y trasportes terrestres que transcurran por el territorio de más de una Comunidad Autónoma; régimen general de comunicaciones; tráfico y circulación de vehículos a motor; correos y telecomunicaciones; cables aéreos, submarinos y radiocomunicación.

22ª. La legislación, ordenación y concesión de recursos y aprovechamientos hidráulicos cuando las aguas discurran por más de una Comunidad Autónoma, y la autorización de instalaciones eléctricas cuando su aprovechamiento afecte a otra Comunidad o el transporte de energía salga de su ámbito territorial.

23ª. Legislación básica sobre protección del medio ambiente, sin perjuicio de las facultades de las Comunidades Autónomas de establecer normas adicionales de protección. La legislación básica sobre montes, aprovechamientos forestales y vías pecuarias.

24ª. Obras públicas de interés general o cuya realización afecte a más de una Comunidad Autónoma.

25ª. Bases del régimen minero y energético.

26ª. Régimen de producción, comercio, tenencia y uso de armas y explosivos.

27ª. Normas básicas del régimen de prensa, radio y televisión y, en general, de todos los medios de comunicación social, sin perjuicio de las facultades que en su desarrollo y ejecución correspondan a las Comunidades Autónomas.

28ª. Defensa del patrimonio cultural, artístico y monumental español contra la exportación y la expoliación; museos, bibliotecas y archivos de titularidad estatal, sin perjuicio de su gestión por parte de las Comunidades Autónomas.

29ª. Seguridad pública, sin perjuicio de la posibilidad de creación de policías por las Comunidades Autónomas en la forma que se establezca en sus respectivos Estatutos en el marco de lo que disponga una ley orgánica.

30ª. Regulación de las condiciones de obtención, expedición y homologación de títulos académicos y profesionales y normas básicas para el desarrollo del artículo 27 de la Constitución, a fin de garantizar el cumplimiento de las obligaciones de los poderes públicos en esta materia.

31ª. Estadística para fines estatales.

32ª. Autorización para la convocatoria de consultas populares por vía de referéndum.

2. Sin perjuicio de las competencias que podrán asumir las Comunidades Autónomas, el Estado considerará el servicio de la cultura como deber y atribución esencial y facilitará la comunicación cultural entre las Comunidades Autónomas, de acuerdo con ellas.

© 2009 Abalar Consultores, S.L.

3. Las materias no atribuidas expresamente al Estado por esta Constitución podrán corresponder a las Comunidades Autónomas, en virtud de sus respectivos Estatutos. La competencia sobre las materias que no se hayan asumido por los Estatutos de Autonomía corresponderá al Estado, cuyas normas prevalecerán, en caso de conflicto, sobre las de las Comunidades Autónomas en todo lo que no esté atribuido a la exclusiva competencia de éstas. El derecho estatal será, en todo caso, supletorio del derecho de las Comunidades Autónomas".

3.10 CONTROL DE LAS COMUNIDADES AUTÓNOMAS

La Constitución garantiza una serie de mecanismos mediante los que el Estado controla la actividad de las Comunidades Autónomas. Los instrumentos ordinarios de control estatal son:

1. Control de constitucionalidad de sus disposiciones normativas, por el Tribunal Constitucional.
2. El del ejercicio de funciones delegadas por el Gobierno, previo dictamen del Consejo de Estado.
3. El de la administración autónoma y sus normas reglamentarias, por la Jurisdicción contencioso-administrativa.
4. El de las materias económicas y presupuestarias, por el Tribunal de Cuentas.

Los instrumentos extraordinarios, están pensados para supuestos de auténtica gravedad, cuando una Comunidad no cumpliere las obligaciones que la Constitución u otras leyes le impusieren o actuara de forma que atentara gravemente al interés general de España.

En tales casos el Gobierno puede adoptar las medidas necesarias para obligar a la Comunidad al cumplimiento forzoso de sus obligaciones o para la protección del interés general. Previo requerimiento al Presidente de la Comunidad Autónoma y, en el caso de no ser atendido, con la aprobación por mayoría absoluta del Senado.

Por último, la Constitución contempla también la posibilidad de un supuesto de auténtica excepción, que pudiera tener su origen en un funcionamiento anómalo del régimen autonómico de una región: El riesgo de ruptura de la unidad nacional o la amenaza a su integridad territorial.

A las Fuerzas Armadas corresponde, dentro de su misión de defensa del orden constitucional, hacer frente, en último extremo, a cuanto supusiera una agresión real y directa a esa unidad nacional o esa integridad territorial, que son el punto de partida del proceso constituyente mismo, en definitiva, la base de la que se parte en la construcción del nuevo Estado.

© 2009 Abalar Consultores, S.L.

4. LA AUTONOMÍA LOCAL

Es el sector de la Administración Pública integrado por los entes públicos menores de carácter territorial (Entrena Cuesta). Su norma reguladora es la **Ley 7/1985, de 2 de abril, Reguladora de las Bases de Régimen Local (LRBRL)**, modificada por la Ley 4/1996, y por la **Ley 57/2003, de 16 de diciembre, de medidas para la modernización del gobierno local**, que enumera las entidades locales territoriales: Municipio, provincia e islas en los archipiélagos balear y canario, entidades de ámbito territorial inferior al municipal, comarcas u otras entidades que agrupen a varios municipios, áreas metropolitanas y mancomunidades de municipios.

4.1 LA PROVINCIA

El art. 141.1 de la Constitución establece que *"la provincia es una Entidad Local, con personalidad jurídica propia, determinada por la agrupación de municipios y división territorial para el cumplimiento de las actividades del Estado. Cualquier alteración de los límites provinciales habrá de ser aprobada por las Cortes Generales mediante ley orgánica".*

Sólo mediante ley aprobada por las Cortes Generales puede modificarse la denominación y capitalidad de las provincias. El territorio de la Nación se divide actualmente en 50 provincias.

Los **elementos** básicos de la provincia son: **Territorio** (base física, suma de los territorios de los municipios), **población** (habitantes de la provincia) y **organización** (la Diputación provincial).

La organización de la provincia se estructura en torno a la Diputación Provincial, que es el órgano de gobierno y la administración autónoma de la provincia. No existe en las Comunidades Autónomas uniprovinciales al integrarse en ellas.

La Diputación Provincial está integrada por el Presidente, Vicepresidente y los Diputados provinciales.

Los diputados provinciales son elegidos por y entre los concejales electos de los municipios de la provincia. Su mandato será de cuatro años. Constituidos los diputados, elegirán ellos mismos al presidente que deberá obtener, en primera votación, mayoría absoluta, y en su caso, simple en la segunda, que le corresponde la dirección del gobierno y la administración de la provincia, la representación de la Diputación, convocar y presidir las sesiones del Pleno, la Comisión de Gobierno y cualquier otro órgano de la Diputación. Podrá ser destituido mediante moción de censura.

*Sus órganos de gobierno son: **El Pleno, la Comisión de Gobierno y el Presidente**.*

Las competencias de la Diputación son:

- Coordinación de los servicios municipales.

© 2009 Abalar Consultores, S.L.

- Asistencia y cooperación jurídica, económica y técnica a los municipios, especialmente los de menor capacidad económica y de gestión.
- Prestación de servicios públicos de carácter supramunicipal.
- Fomento y administración de intereses peculiares de la provincia.

4.2 EL MUNICIPIO

El municipio es la **entidad local básica** de la organización territorial del Estado y **cauce inmediato de participación ciudadana en los asuntos públicos**, que institucionaliza y gestiona con autonomía los intereses propios de la respectiva colectividad, con personalidad jurídica y plena capacidad para cumplir sus fines.

A) Elementos del municipio

Son el **territorio, la población y la organización**.

a) El territorio. Los municipios tienen una base territorial en la que el Ayuntamiento ejerce sus competencias, denominado **término municipal**.

La competencia para alterar, crear o suprimir términos municipales corresponde a las Comunidades Autónomas (art. 148.2 CE).

b) La población. Es el conjunto de personas que constituidas en comunidad, se organizan para dar satisfacción a sus intereses. Para referirse a la población del Municipio se suele hablar de "*vecindario*"; la consideración de vecino otorga determinados derechos y facultades e incluso impone determinadas obligaciones.

Según la Ley 7/1985, modificada por la Ley 4/1996, todo español o extranjero que viva en territorio español deberá estar empadronado en el Municipio en que resida habitualmente. Quien viva en varios municipios deberá inscribirse únicamente en el que habite durante más tiempo al año.

El conjunto de personas inscritas en el Padrón municipal constituye la población del municipio. Los inscritos en el Padrón municipal son los vecinos del municipio. La condición de vecino se adquiere en el mismo momento de su inscripción en el Padrón.

c) La organización jurídica. El art. 140 CE establece que *"La Constitución garantiza la autonomía de los municipios"* para la gestión de sus propios intereses. *"Estos gozarán de personalidad jurídica plena. Su gobierno y administración corresponde a sus respectivos Ayuntamientos, integrados por Alcaldes y Concejales. Los Concejales serán elegidos por los vecinos del municipio mediante sufragio universal, igual, libre, directo y secreto. Los Alcaldes serán elegidos por los Concejales o por los vecinos"*.

Serán electores todos los ciudadanos españoles, o en su caso extranjeros, mayores de edad incluidos en el censo municipal, y que estén en uso de sus derechos civiles y políticos. Este sistema sigue siendo proporcional, matizado por el hecho de que no

© 2009 Abalar Consultores, S.L.

serán tenidas en cuenta las candidaturas que no obtengan al menos, el cinco por ciento de los votos válidos.

El Concejo abierto se aplicará a los Municipios con menos de cien habitantes y aquellos que por tradición cuenten con este singular régimen de gobierno y administración, así como en aquellos en los que su localización geográfica, la mejor gestión de los intereses municipales u otras circunstancias lo hagan aconsejable.

B) Órganos municipales

Los órganos municipales fundamentales son: el Alcalde, los Tenientes de Alcalde, el Pleno del Ayuntamiento y la Comisión de Gobierno.

1. El Alcalde. Es un órgano unipersonal que ostenta la presidencia de la Corporación municipal cuya competencia es dirigir el gobierno del Ayuntamiento en la condición de institución política y en su condición de Administración pública, además de representar al Ayuntamiento y dirigir la Administración municipal, ejerce la Jefatura de la Policía Local. Puede dictar Bandos. A los efectos penales tiene la consideración de Autoridad.

Es elegido por mayoría absoluta de los concejales; si no se alcanza ese *quórum* será elegido el que haya encabezado la lista con mayor número de votos.

2. Los Tenientes de Alcalde. Son nombrados y revocados discrecionalmente por el Alcalde de entre los miembros de la Comisión de Gobierno y donde ésta no exista de entre los concejales. Tienen la función de sustituir al Alcalde en caso de vacante, enfermedad o ausencia. Son nombrados y revocados libremente por el Alcalde.

3. El Pleno del Ayuntamiento. Integrado por todos los concejales y presidido por el Alcalde, con las, entre otras, siguientes atribuciones: alteración del término municipal, aprobación de planes urbanísticos, la determinación de los tributos municipales, la aprobación de la plantilla del personal al servicio municipal, el ejercicio de la competencia reglamentaria, el control y fiscalización de los órganos de Gobierno, etc.

4. La Junta o Comisión de Gobierno. Es un órgano colegiado integrado por el Alcalde y un número de concejales no superior a 1/3 del total, nombrados y separados libremente por aquél, dando cuenta al Pleno, que sólo existe en municipios de *más de 5.000 habitantes* y en los de menos, cuando así lo disponga su Reglamento orgánico, o así lo apruebe el Pleno de su Ayuntamiento. Su misión inicial es la de asesoramiento al Alcalde en el ejercicio de sus atribuciones.

El mandato de los miembros de los Ayuntamientos es de cuatro años contados a partir de la fecha de su elección.

© 2009 Abalar Consultores, S.L.

4.3 LAS ISLAS COMO ENTES LOCALES

Según el art. 141.4 CE, *"en los archipiélagos, las islas tendrán además su administración propia en forma de Cabildos o Consejos".*

1. Los Cabildos de las Islas Canarias, como órganos de gobierno, administración, representación y funcionamiento de cada isla se rigen por la Ley de Régimen Local y vienen a representar el rol que en la provincia corresponde a las Diputaciones Provinciales.

2. Los Consejos insulares de las Islas Baleares, que también tienen las mismas normas de organización, representación y funcionamiento de los anteriores.

© 2009 Abalar Consultores, S.L.

TEMA 8

La Unión Europea. Los tratados originarios y modificativos. El derecho derivado. Las instituciones de la Unión Europea. Aplicación del derecho comunitario en España. El Acuerdo Schengen y la cooperación en Justicia e Interior.

1. LA UNIÓN EUROPEA

1.1 ORÍGENES Y EVOLUCIÓN

La actual Unión Europea surgió del deseo de una gran mayoría de los países de Europa occidental de llegar a formas de colaboración mutua, con lo que se pretendía superar antiguas discordias y configurar un gran conjunto que se presentase como una gran potencia mundial.

La Unión Europea es una organización supraestatal que tiene como objetivo conseguir la unidad europea, así como organizar de modo coherente y solidario las relaciones entre los Estados miembros y entre sus pueblos.

Por su población y su riqueza, la Unión Europea es uno de los núcleos básicos del mundo. Forma, junto a los Estados Unidos y Japón, la triada económica más poderosa de la Tierra. Y es, tras China y la India, la tercera potencia demográfica mundial.

La antigua idea europea hunde sus raíces históricas en el tiempo. Estadistas y políticos como Napoleón, Metternich o Briand; filósofos y escritores como Leibniz, Montesquieu, Saint-Simon o el abate Saint Pierre, soñaron modelos de integración continental que iban desde la federación igualitaria de Estados hasta la desaparición de éstos, fundidos en una común soberanía europea.

Durante siglos, la historia jugó en contra de este ideal. Inmersos en las querellas nacionalistas, atraídos por la aventura imperialista en otros continentes, afanados en la construcción de Estados fuertes e industrializados, los pueblos europeos descuidaron durante mucho tiempo el cultivo de sus intereses comunes. Mientras, sus sistemas económicos y políticos, sus valores morales y culturales, se extendían a todos los rincones del planeta.

La competencia entre las naciones de Europa originó la Primera Guerra Mundial. De ella salieron todas debilitadas, muchas de ellas humilladas y mutiladas. Y las viejas rencillas, lejos de resolverse, se enconaron.

© 2009 Abalar Consultores, S.L.

Algunos vieron la solución de la crisis en el resurgir de los particularismos nacionales, en la hegemonía de los más fuertes. Y surgieron los regímenes totalitarios, de un nacionalismo xenófobo y excluyente. Otros, los menos, alcanzaron a comprender que la capacidad de reacción de Europa dependía precisamente de la capacidad de superación de los nacionalismos estrechos y de la adopción del europeísmo como proyecto común.

Políticos como Charles Guide, Aristide Briand, Gustav Stresseman o Luigi Einaudi creyeron ver en el federalismo la solución de la integración europea. Los aspectos más destacados de esta época son el movimiento Unión-Paneuropea, fundado en 1924 por el conde austriaco Coudenhove-Kalergi y la propuesta de creación de "una especie de vínculo federal" entre los Estados Europeos presentada en 1929 por el ministro de Asuntos Exteriores francés Aristide Briand en la Sociedad de Naciones.

El panaeuropeísmo vivió su época dorada en los años siguientes de la década de los veinte. La labor pacificadora de la Sociedad de Naciones y el acercamiento franco-alemán permitieron alentar la esperanza en la construcción de unos Estados Unidos de Europa, sobre la base de un *pacto militar, político, económico y aduanero.*

La Segunda Guerra Mundial pareció representar el fracaso de los ideales federalistas y paneuropeos, sin embargo el europeísmo resurgió con gran fuerza en una Europa ocupada militarmente por soviéticos y americanos. El 19 de septiembre de 1946, Winston Churchill se pronunció en Zurich a favor de la construcción de los Estados Unidos de Europa. Otros políticos patrocinan diversos movimientos quedando patente la voluntad política de construir una Europa unida.

En 1947, la Administración Truman lanzó el *plan Marshall* sobre la concesión de grandes créditos y facilidades económicas del que se beneficiaron diecisiete Gobiernos europeos creando la Organización Europea de Cooperación Económica (OECE) para administrar sus fondos. Esta ayuda norteamericana facilitó una rápida reconstrucción.

El camino de la recuperación económica fue señalado por tres pequeños países: Bélgica, Holanda y Luxemburgo que a comienzos de 1948 pusieron en marcha un proceso de unión aduanera, el Benelux -que en 1958 se convirtió en unión económica-posibilitando la existencia del Mercado Común Europeo.

El proceso de integración económica y política de los países de la OECE se reveló, sin embargo, falto de voluntad política por parte de algunos Estados miembros y llenos de dificultades técnicas. Pero estos fracasos no desalentaron a los europeístas, que lograron éxitos significativos.

En 1950 se constituyó la Unión Europea de Pagos para facilitar las relaciones comerciales entre los miembros de la OECE. Cinco años más tarde nacía la Unión Europea Occidental, organización político-militar que agrupaba a siete Estados miembros de la OTAN.

El 9 de mayo de 1950 el hoy considerado uno de los padres de Europa Robert Schumann, (Luxemburgo 1886-1963), a la sazón Ministro francés de Asuntos Exteriores, declaró lo que ha sido guía en la construcción europea moderna: *"Europa no se hará de golpe ni en una construcción de conjunto: se hará mediante realizaciones concretas, creando primero una solidaridad de hecho".*

© 2009 Abalar Consultores, S.L.

Entre otras personalidades no podemos dejar de hacer mención especial del belga y también consumado europeísta, Paul-Henri Spaak, (Schaerbeek 1899-1972), Presidente de la primera Asamblea General de la ONU (1946), del Consejo de Europa (1950) y de la Asamblea de la CECA (1952); así como al francés Jean Monnet (1888-1979), también presidente que fue de la CECA (1952-1955), y del Comité para los Estados Unidos de Europa (1955-1975).

La actual Europa Europea se formó inicialmente por Francia, Alemania Federal, Italia, Bélgica, Holanda y Luxemburgo (La Europa de los Seis), mediante el Tratado de París de 1951. En años posteriores, la Comunidad europea se amplió con la incorporación de nuevos miembros: el Reino Unido, Dinamarca e Irlanda en 1973; Grecia en 1981; y España y Portugal el 1 de enero de 1986, conformándose así la Europa de los doce.

Con la incorporación de Austria, Finlandia y Suecia el 1 de enero de 1995, los miembros comunitarios son quince. El Tratado de Adhesión, firmado en Grecia el 6 de marzo de 2003, entró en vigor el 1 de mayo de 2004, fecha de incorporación efectiva a la Unión Europea de diez nuevos Estados: Polonia, Hungría, Chequia, Eslovenia, Eslovaquia, Estonia, Letonia, Lituania, Malta y Chipre, con lo cual la actual Unión Europea queda integrada por veinticinco países. El 1 de enero de 2007 ingresaron Bulgaria y Rumanía. En la actualidad son 27 países miembros.

2. LOS TRATADOS ORIGINARIOS Y MOTIFICATIVOS

El primer paso verdaderamente importante para la unidad europea fue la creación bajo la idea de Jean Monnet y el impulso de Robert Schumann, de la **Comunidad Europea del Carbón y del Acero** (CECA), mediante el Tratado de París de 18 de abril de 1951, que pretendía crear las primeras bases concretas de una federación europea, pero que sólo afectaba a un sector del comercio continental: el carbón y del acero, ante las dificultades de crear una unión política.

Partiendo de la fundamental colaboración entre Francia y Alemania, fue el primer tratado constitutivo de la actual Unión Europea, integrada entonces por Francia, Alemania Federal, Italia, Bélgica, Holanda y Luxemburgo, surgiendo así un mercado común de estos dos productos en cuanto a precios, aranceles, legislación, etc.; comunidad que encuentra su base *en un mercado común, en objetivos comunes y en instituciones comunes*. La CECA nació con cuatro instituciones: Consejo de Ministros, Alta Autoridad, Asamblea y Tribunal de Justicia.

En 1955, en Messina (Italia) se creó un Comité para elaborar un Tratado de contenido económico, que cristalizó el **25 de marzo de 1957**, con la firma de los Tratados de Roma que crearon la **Comunidad Económica Europea** (CEE) o **Mercado Común y la Comunidad Europea de Energía Atómica** (CEEA o EURATOM), naciendo así la Europa comunitaria propiamente dicha. Se crea con la intención de *sentar las bases de una unión cada vez más estrecha entre los pueblos europeos*. Los órganos institucionales de la CEE y el EURATOM eran: Consejo de Ministros, Comisión, Asamblea y Tribunal de Justicia.

© 2009 Abalar Consultores, S.L.

Durante 1965, entró en crisis por la retirada de Francia (política de silla vacía), y superada la crisis se unificaron los órganos institucionales de las Comunidades: Consejo de Ministros, Comisión, Parlamento y Tribunal de Justicia (Tratado de Bruselas).

En 1974 (París) se creó el Consejo Europeo, formado por los Jefes de Estado o de Gobierno de los países miembros, ratificado por el Acta Única de 1986. Significó dar realce al factor político e incrementar la influencia de los Estados en el proceso de integración.

Con la aprobación del **Acta Única Europea**, firmada en Luxemburgo el 17 de febrero de 1986 (entró en vigor el 1 de Julio de 1987), que tiene su antecedente en la Declaración solemne de Stuttgart de 19 de junio de 1983, se dio un paso decisivo hacia la configuración de un nuevo modelo de organización político-económica, persiguiendo el establecimiento de un mercado interior común, que implicara un espacio sin fronteras interiores, en el que la libre circulación de mercancías, personas, servicios y capitales estará garantizada de acuerdo con las disposiciones de los Tratados Comunitarios.

Según la exposición de motivos, constituye un paso adelante para la creación de la Unión Europea, basada en Comunidades que funcionan con reglas propias, y en la cooperación entre los Estados miembros en materia de política exterior.

Creó el Consejo Europeo, que ya funcionaba de facto, formado por los Jefes de Estado o de Gobierno de los Estados miembros, así como el Presidente de la Comisión de la Unión. Estarán asistidos por los Ministros de Asuntos Exteriores de los Estados miembros y por un componente de la Comisión, debiendo reunirse al menos, dos veces al año.

Los órganos de la Unión Europea son: la Comisión, el Parlamento, el Tribunal de Justicia, el Tribunal de Primera Instancia y el Tribunal de Cuentas.

Entre las disposiciones del Acta Única, destacamos:

a) Creación de un mercado interior al 31 de diciembre de 1992. Creación de un espacio sin fronteras interiores, en el que la libre circulación de mercancías, personas, servicios y capitales esté garantizada.

b) Establecimiento de medidas de armonización impositivas. Cooperación económica y monetaria.

c) Política social. Armonización y mejora de las condiciones de trabajo, estableciendo medidas protectoras para la seguridad y la salud de los trabajadores.

d) Cohesión económica y social, reduciendo las diferencias regionales y el retraso de las regiones menos favorecidas, a través del Fondo Europeo de Desarrollo Regional (FEDER).

e) Impulsión de la investigación y desarrollo tecnológico para favorecer la competitividad internacional.

© 2009 Abalar Consultores, S.L.

f) Protección del medio ambiente. Se basa en los principios de prevención y corrección en la fuente (quien contamina paga).

g) Coordinación de la política exterior. Formulación de una única política exterior europea, bajo los principios de información mutua y consulta previa en cuestiones de interés general a fin de asegurar que la influencia de la CEE se ejerza eficazmente.

A tal fin se crea la Comisión de Cooperación Política Europea, formada por los Ministros de Asuntos Exteriores de los países miembros y por la Comisión, que se deberá reunir al menos cuatro veces al año, siendo presidida por quien ejerza la Presidencia del Consejo. La aprobación de este Tratado le valió a la Comunidad el sobrenombre de "La Europa de los mercaderes".

Revisiones posteriores llevaron al Tratado de la Unión Europea o Tratado de Maastricht y al Tratado de Ámsterdam.

El Tratado de la Unión Europea, más conocido por el nombre de la ciudad holandesa donde se suscribió, Maastricht, el 7 de febrero de 1992, supone ya el paso decisivo e irreversible hacia la unión política. Superada la Europa de los mercaderes, se pretende construir la Europa de los ciudadanos, asentada en la unión política, económica y monetaria. Influyó decisivamente la caída del muro de Berlín en 1989 y la unificación de Alemania, en la aceleración política que desembocó en este Tratado.

Tras el Tratado de Maastricht, los pilares sobre los que se fundamenta la Unión Europea son tres:

- *Primer Pilar*: Las tres Comunidades Europeas (CECA, CEE y EURATOM).
- *Segundo Pilar*: La política exterior y la seguridad común (PESC).
- *Tercer Pilar*: La cooperación en materia de justicia y asuntos de interior.

El artículo A del Tratado dice: *"El presente Tratado constituye una nueva etapa en el proceso creador de una Unión cada vez más estrecha entre los pueblos de Europa, en la cual las decisiones serán tomadas en la forma más próxima posible a los ciudadanos".*

El Tratado de Maastricht, que entró en vigor el 1 de enero de 1993, modifica el articulado de los tres Tratados constitutivos de las Comunidades Europeas, dando nuevo impulso al proceso de integración europea.

Como innovaciones más importantes a los efectos de la oposición, citamos:

1. Creación de una Unión Europea.

2. Establece plazos y mecanismos para la unión económica y monetaria. (UEM). Se implanta una moneda única, el euro, que entró en vigor el 1 de enero de 1999. No integran el espacio euro Reino Unido, Dinamarca y Suecia.

© 2009 Abalar Consultores, S.L.

3. Regula el derecho de asilo, política de inmigración, cooperación policial creando una Oficina Europea de Policía (EUROPOL).

4. Crea la ciudadanía comunitaria. Por iniciativa del Gobierno español se ha introducido en el Tratado de Maastricht el concepto de *la ciudadanía comunitaria*. El estatuto del ciudadano significa que los ciudadanos de la Unión Europea residentes en otro Estado miembro tienen derecho de sufragio activo y pasivo en las elecciones municipales del país en que residan, es decir, pueden votar y ser elegidos.

   Además si se encuentran fuera de la Unión, todos los ciudadanos comunitarios podrán acogerse a la protección de las embajadas o consulados de los demás Estados miembros si el país de origen del interesado no posee allí ninguna representación diplomática. Finalmente, todo ciudadano de la Unión Europea tendrá derecho de petición (es decir, de solicitud, reclamación o queja) ante el Parlamento Europeo y podrá dirigirse al Defensor del Pueblo europeo, que es nombrado por el Parlamento.

5. Libre circulación de personas, mercancías, servicios y capitales, finalidad que se ha conseguido a partir del **1 de enero de 1993,** fecha de entrada en vigor del Tratado de Maastricht. Todo ciudadano de la Unión Europea tendrá derecho a circular y residir libremente en el territorio de los Estados miembros. Este derecho solamente puede restringirse por razones de orden público, seguridad pública o salud pública.

6. Promoción del progreso económico y social, creando un espacio sin fronteras interiores, fortaleciendo la cohesión económica y social y estableciendo la unión económica y monetaria, con divisa única y un Banco Central Europeo.

7. Establecimiento de una política exterior y de seguridad común que conduzca, en su momento a una defensa común.

8. La Cooperación Judicial y Asuntos Internos, desarrollando una estrecha cooperación en el ámbito de la justicia y de los asuntos de interior.

Como consecuencia de este Tratado, España ha llevado a la práctica la primera reforma de la Constitución de 1978, afectando al art. 13.2, para permitir el sufragio en elecciones municipales a los comunitarios residentes, no así en las generales y autonómicas.

Dentro del tercer pilar, el problema de la droga tiene un tratamiento multidisciplinar, según el artículo K.1 del Tratado de Maastricht, proveyéndose, por un lado, la lucha contra la drogadicción, responsabilidad de cada Estado miembro o de la Comisión, y por otro, la cooperación judicial, aduanera y policial, campos de responsabilidad exclusiva de los Estados miembros. La materia penal en el Tratado se trata en los artículos "K".

© 2009 Abalar Consultores, S.L.

La Conferencia intergubernamental de revisión del Tratado de Maastricht de 1996 ha producido como fruto el **Tratado de Ámsterdam**, firmado el 2 de octubre de 1997, como un paso más a la total integración europea, entrando en vigor el 1 de mayo de 1999. Dicho Tratado ha sido ratificado por España, por Ley Orgánica 9/1998, de 16 de diciembre.

El Tratado de Amsterdam tiene un enfoque programático y no plantea cambios radicales, realizando reformas de distinta importancia, según la materia:

- En Cooperación en Asuntos de Justicia e Interior se marca el objetivo de "mantener y desarrollar un espacio de libertad, seguridad y justicia interior", en el que esté garantizada la libre circulación de personas conjuntamente con medidas adecuadas respecto al control de las fronteras exteriores, el asilo, la inmigración y la prevención y lucha contra la delincuencia.

- Introduce una política de empleo y una política social europea vinculante para los Estados miembros.

- Refuerza las políticas en materia de medio ambiente, salud y protección de los consumidores.

- Introduce mejoras en la Política Exterior y de Seguridad Común para facilitar las acciones comunes de la Unión.

- Refuerza los poderes del Parlamento Europeo.

- Introduce los términos "cooperación reforzada" y "flexibilidad" para permitir la formación de grupos de países de la Unión con una integración más avanzada en determinadas materias.

- Simplifica el TUE y los Tratados de las Comunidades Europeas, suprimiendo artículos obsoletos y realizando una nueva numeración consecutiva de todo el articulado.

Señalamos algunos de los aspectos más importantes:

A) Asuntos de Justicia e Interior

Uno de los objetivos del Tratado de Ámsterdam es la consecución de un espacio común de libertad, seguridad y justicia. Para ello se arbitran medidas en defensa de las libertades y contra la discriminación, se potencia la libre circulación de personas en el ámbito territorial de la Unión, y se dan pasos hacia delante en la creación de una auténtica política europea.

En defensa de las libertades, se establece un procedimiento para suspender como miembro de la Unión al Estado que viole en forma grave y persistente los principios de libertad, democracia, respeto a los derechos humanos o Estado de Derecho, y se arbitran medidas para combatir cualquier tipo de discriminación por sexo, raza u origen

© 2009 Abalar Consultores, S.L.

étnico, religión o creencia, discapacidad, edad u orientación sexual, tratando de forma especial la igualdad hombre – mujer.

Una novedad en el Tratado de Amsterdam ha sido **la incorporación de los Acuerdos Schengen en el marco institucional único de la Unión**, sin resultar afectada la posición del Reino Unido e Irlanda que rehusaron unirse al tales Acuerdos, que consienten que el resto de países inserten en el marco de la Unión Europea la especial "integración a más velocidad" o "cooperación reforzada" en materia de libre circulación de personas. De esta forma, Schengen queda bajo el control de las instituciones de la Unión Europea.

Se establecen normas comunes para las fronteras exteriores que permitan hacer desaparecer por completo las fronteras interiores. El Reino Unido, Irlanda y Dinamarca han obtenido la posibilidad de autoexcluirse de estas disposiciones sobre libre circulación de personas, manteniendo su "propia zona de viaje común", logrando el Reino Unido e Irlanda que se les reconociera su derecho a poder ejercer en sus fronteras controles a las personas, lo que implica que el resto de Estados también puedan establecer controles para las personas que provengan de estos tres Estados o de los territorios bajo su control, como Gibraltar.

La petición de asilo de un ciudadano de un Estado miembro de la Unión a otro Estado miembro se considerara inadmisible. Respecto a la lucha contra la delincuencia, el Tratado potencia la cooperación policial y judicial penal en la lucha contra la delincuencia, y en especial contra el terrorismo, trata de seres humanos, delitos contra los niños, drogas, armas, corrupción y fraude. EUROPOL se configura como una auténtica policía europea con capacidad operativa en todos los Estados miembros.

B) Políticas sociales, de salud y de medio ambiente

Aunque las políticas de empleo y protección social siguen siendo competencia de los Estados, serán coordinadas por la Unión en el marco de una estrategia común que incluye evaluaciones anuales de las políticas de empleo.

En materia de salud pública, se habilita a la Unión para tomar medidas en el terreno veterinario y fitosanitario dirigidas a proteger la salud humana y a aprobar normas destinadas a asegurar un alto control de calidad en los órganos para transplantes humanos, así como en la sangre y sus derivados.

En materia medio ambiental, el Tratado de Ámsterdam incorpora el concepto de desarrollo sostenible como objetivo y base de toda la actuación de la Comunidad.

C) Política Exterior y de Seguridad Común

El Tratado de Ámsterdam refuerza los instrumentos para que la UE pueda desarrollar en los casos de crisis internacionales (Argelia, Oriente Medio, Corea, etc.) una actuación común, aunque se mantiene la soberanía de los Estados miembros en política exterior.

Las estrategias comunes serán determinadas por el Consejo Europeo, es decir, la reunión de los Jefes de Estado o de Gobierno y del Presidente de la Comisión.

© 2009 Abalar Consultores, S.L.

Se crea el cargo de Alto representante de la Unión en la PESC (Política Exterior y de Seguridad Común), que será asumido por el Secretario General del Consejo. Éste será responsable de la unidad de planificación, colaborará en la formulación y preparación de las decisiones PESC y podrá ser designado para actuar en nombre del Consejo en las reuniones con terceros países. También se contempla la posibilidad de nombrar enviados especiales, como representantes de la Unión, en relación con asuntos o áreas específicas.

En Ámsterdam se decide el acercamiento resuelto a la Unión Europea Occidental (UEO), organización militar que podría en el futuro integrarse en la Unión. La Unión podrá recurrir a la UEO para realizar operaciones militares de carácter humanitario, de mantenimiento de la paz o de gestión de crisis.

Por su parte, el **Tratado de Niza**, aunque se trate legalmente de un tratado separado no tiene en realidad entidad propia ya que sus disposiciones se limitan a cambiar y adoptar las disposiciones del Tratado de la Unión Europea y de los Tratados Constitutivos de las Comunidades Europeas. Fue firmado el 26 de abril de 2001, entrando en vigor el 1 de febrero de 2003. Completa el proceso lanzado por el Tratado de Amsterdam con vista a la preparación de las instituciones para funcionar en una Unión ampliada.

Señalaremos algunas de las modificaciones institucionales:

- **Fiscalidad**. Se requiere unanimidad para todas las disposiciones sobre fiscalidad.

- **Mayoría cualificada en el Consejo**. Con la entrada en vigor del Tratado de Niza, una decena de disposiciones sobre las políticas comunitarias se someterá a la mayoría cualificada, al igual que otras ocho cuestiones institucionales.

- **Lucha contra la delincuencia**. Creación de EUROJUST, una unidad de procuradores y magistrados de cada Estado miembro.

- **Ciudadano.** Declaración sobre el plazo para responder a cualquier petición escrita de un ciudadano.

- **Libre circulación de personas**.

- **Asilo y política de inmigración**. A partir del 1 de mayo de 2004, ciertas decisiones relativas a la circulación de ciudadanos de terceros países, o relativas a la política de inmigración, se aprobarán por el procedimiento de codecisión.

- **Comisión**. Aumento de poderes del Presidente de la Comisión. A partir del 2005, la Comisión se compondrá de un Comisario de cada Estado miembro. Cuando la Unión cuente con 27 Estados miembros, la primera Comisión que se nombrará, contará con un número de Comisarios inferior al de Estados miembros (sistema de rotación igualitaria).

© 2009 Abalar Consultores, S.L.

- **Nombramientos**. La mayor parte de los nombramientos será decidida por el Consejo por mayoría cualificada (Presidente de la Comisión, miembros del Tribunal de Cuentas, del Comité Económico y Social y del Comité de las Regiones).

- **El Diario Oficial de las Comunidades Europeas**. Se convertirá en el "Diario Oficial de la Unión Europea".

- **Consejo**. Nueva ponderación de votos a partir de 1 de enero de 2005, teniendo en cuenta, a petición de un Estado miembro, el aspecto "población".

- **Parlamento Europeo**. Aumento de poderes.

- **Partidos políticos europeos**. Creación de una base jurídica para el estatuto de los partidos políticos a escala europea.

El Parlamento Europeo, por una abrumadora mayoría, puso en claro su apoyo político al **Tratado de Lisboa** que fue acordado por los 27 jefes de Estado y gobierno el 13 de diciembre de 2007, en Lisboa.

El Tratado de Lisboa sustituye a la desaparecida Constitución de la UE (que nunca llegó a entrar en vigor), que fue rechazada por los electores holandeses y franceses en 2005, aunque aprobada por los españoles el 20 de febrero de 2005, en referéndum.

El Tratado vuelve a la Unión Europea más democrática y al proceso de legislación más transparente, tanto a nivel europeo como nacional. Otorgará a la UE los instrumentos precisos para actuar más eficientemente en áreas clave de interés para los ciudadanos de la Unión Europea, tales como cambio climático, terrorismo internacional y crimen transfronterizo.

Si los 27 miembros avalan el documento, entrará en vigor en enero de 2009. Hasta la entrada en vigor del Tratado de Lisboa, mantiene su vigencia el Tratado de Niza.

2.1 OTROS PROCESOS DE UNIÓN EUROPEA

Pero la CEE no fue el único proceso de unión económica de Europa Occidental. En 1960 se creó la **EFTA (Asociación Europea de Libre Comercio)**, liderada por el Reino Unido e integrada por Suecia, Noruega, Dinamarca, Austria, Suiza y Portugal. No obstante, sus objetivos económicos eran mucho más limitados que los de la CEE y, al contrario que ésta, no preveía una futura unión política. Por su parte, en 1949, la URSS y los países que estaban bajo su influencia, constituyeron el **COMECON (Consejo de Mutua Asistencia Económica).**

© 2009 Abalar Consultores, S.L.

3. EL DERECHO DERIVADO

La doctrina distingue dos grandes grupos normativos en el Derecho comunitario:

1. Derecho primario u originario

Formado por los Tratados Constitutivos de las Comunidades y han venido a completarlos o modificarlos. Se consideran Tratados básicos.

- **Tratado de París** firmado el 18 de abril de 1951, que constituyó la Comunidad Europea del Carbón y del Acero (Tratado CECA).
- **Tratados de Roma** de 25 de marzo de 1957, que originó la Comunidad Económica Europea (Tratado CEE) y la Comunidad Europea de Energía Atómica (Tratado EURATOM).
- **Convenio sobre Instituciones Comunes** de 1957, creador del Parlamento, Tribunal y Consejo Económico y Social.
- **Tratado de Fusión** de 1965, por el que se constituyó un único Consejo y una única Comisión para las tres Comunidades (Bruselas).
- **Tratados Presupuestarios** de 1970 (Luxemburgo) y 1975 (Bruselas).
- **Tratados de Adhesión del** Reino Unido, Irlanda y Dinamarca de 22 de enero de 1971.
- **Tratado de Adhesión** de Grecia de 28 de mayo de 1979.
- **Tratado de Adhesión** de España y Portugal de 12 de junio de 198585.
- **Acta Única Europea** de 17de febrero de 1986.
- **Tratado de la Unión Europea,** de 7 de febrero de 1992 (Tratado de Maastricht).
- **Tratado de Adhesión de Noruega, Austria, Finlandia y Suecia,** de 24 de junio de 1994 (Noruega no lo ratificó).
- **Tratado de Ámsterdam**, de 2 de octubre de 1997, ratificado por España por Ley Orgánica 9/98, de 16 de diciembre.
- **Tratado de Niza**, firmado el 26 de febrero de 2001.
- **Tratado de Lisboa,** cuando entre en vigor.

© 2009 Abalar Consultores, S.L.

2. Derecho derivado o secundario

Formado por las normas emanadas de las instituciones comunitarias dotadas de poder legislativo, que son la Comisión y el Consejo.

Según el artículo 189 del Tratado de Maastricht: *"Para el cumplimiento de su misión, el Parlamento Europeo y el Consejo conjuntamente, el Consejo y la Comisión adoptarán reglamentos y directivas, tomarán decisiones, formularán recomendaciones y emitirán dictámenes, en las condiciones previstas en el presente Tratado.*

El reglamento tendrá alcance general. Será obligatorio en todos sus elementos y directamente aplicable a cada Estado miembro. La directiva obligará al Estado miembro destinatario en cuanto al resultado que deba conseguirse, dejando, sin embargo, a las autoridades nacionales la elección de la forma y de los medios para incorporación al derecho interno. La decisión será obligatoria en todos sus elementos y para todos sus destinatarios. Las recomendaciones y los dictámenes no serán vinculantes".

3.1 EL REGLAMENTO

El reglamento es un instrumento jurídico que nace con el objetivo determinado de crear un Derecho único aplicable por igual en todos los Estados miembros y a sus ciudadanos, que se integra en los ordenamientos nacionales a partir de su publicación en el Diario Oficial de las Comunidades Europeas (que sustituye al Diario Oficial de la CECA el 20 de abril de 1958), no siendo necesario acto alguno de recepción por parte de los Estados miembros.

Nace pues, como regla perfecta, susceptible de dirigirse directamente al ciudadano cuya posición de destinatario se traduce en la posibilidad de invocar ante los Tribunales la norma comunitaria como fuente directa de derechos y obligaciones.

Constituye un acto normativo de carácter general, *obligatorio en todos sus elementos y directamente aplicable en los Estados miembros.* Los reglamentos se caracterizan por:

- Tener alcance general, es decir, que sus destinatarios no están individualmente determinados, rasgo que la distingue de la decisión.

- Ser obligatorio en todos sus elementos, lo cual implica que no cabe en el Reglamento algo tan típico de las normas internacionales clásicas (tratados), como es la prestación de consentimiento con formulación de reservas que originan la inaplicación de determinados preceptos en los Estados que las formulen.

- Aplicarse directamente en cada Estado miembro, rasgo que le diferencia de la directiva. Ello quiere decir que el reglamento comunitario no necesita de la interposición normativa de los Estados miembros para producir sus efectos. Y no solo no la necesita, sino que es contraria a su naturaleza, salvo en el caso de las medidas de ejecución nacional que en algunos reglamentos exigen.

© 2009 Abalar Consultores, S.L.

No existe aquí, pues, ninguno de los mecanismos que los Estados usan para la recepción o incorporación de las normas internacionales. Para su entrada en vigor en España no es necesario que se publiquen en el Boletín Oficial de Estado, basta con su publicación en el Diario Oficial de la Unión Europea, en la fecha que los mismos determinan, o en su defecto transcurrida una *vacatio legis* de veinte días.

Los reglamentos pueden ser *ejecutivos*, elaborados por el Consejo o la Comisión o *reglamentos base*, elaborados por el Consejo quien dicta las reglas generales que se dejan a un ulterior desarrollo, por razones técnicas o de contingencia.

3.2 LA DIRECTIVA

Norma base o finalista que *establece únicamente el resultado a alcanzar, dejando abierta la elección en lo referente a los medios y formas a los Estados a quienes se dirige*, que son mediadores necesarios para hacer posible la incidencia del Ordenamiento comunitario en la esfera particular.

Acto normativo cuyo destinatario son los Estados miembros y cuya obligación alcanza sólo a los resultados propuestos, dejando la libertad a los Estados miembros respecto de la forma y método para lograrlos. Los caracteres de la directiva son los siguientes:

- Imponen una obligación de resultado. La directiva, en efecto, es obligatoria. No es un conjunto de recomendaciones o instrucciones. Lo que ocurre es que la directiva impone a los Estados miembros una obligación de resultado, dejándoles libertad para elegir la forma y los medios de darle cumplimiento.

- Requieren la intervención normativa de los Estados miembros. En la directiva, a diferencia de lo que ocurría en el reglamento, es necesaria una intervención normativa de los Estados para transformarla en Derecho Interno, con arreglo al reparto de competencias dentro de cada uno de ellos.

- Así en ciertos casos será precisa la aprobación de una ley (directivas que regulan el IVA, por ejemplo), y en otros casos bastará un decreto o una orden.

- Deben ser notificados a sus destinatarios que *pueden ser uno, varios o todos los Estados miembros*. Lo más frecuente es que la directiva tenga por destinatario a todos los Estados miembros, a los que se concede un plazo para darles cumplimiento. Aunque no es obligatorio, ni condiciona su entrada en vigor, también se publican en Diario Oficial de la Unión Europea.

Las relaciones entre directiva y reglamento son de *competencia y no de jerarquía*. Las normas de Derecho primario establecen o determinan qué materias han de ser reguladas por uno u otro tipo de norma. En algunos supuestos la elección corresponde a los propios órganos comunitarios que las aprueban.

© 2009 Abalar Consultores, S.L.

3.3 LA DECISIÓN

Acto cuasinormativo de carácter particular, *obligatorio en todos sus elementos, si bien tan solo para los destinatarios de la misma*, que pueden ser uno o varios Estados miembros, o una o varias personas físicas o jurídicas. El Tribunal comunitario les ha reconocido efecto directo, como a los Reglamentos, y se diferencian de ellos en su carácter particular y no general.

No requieren ser publicadas en el Diario Oficial de la Unión Europea aunque de hecho lo sean. Deben ser motivadas.

3.4 LAS RECOMENDACIONES Y LOS DICTÁMENES

Las recomendaciones son instrucciones no vinculantes que marcan las líneas de actuación a los Estados miembros, aunque también pueden dirigirse a personas físicas o jurídicas. Las recomendaciones contienen una invitación a actuar.

Los dictámenes son emitidos como consecuencia de una iniciativa externa, conteniendo una apreciación general de ciertos procedimientos o una contribución a la preparación de actos jurídicos posteriores. Tampoco es vinculante. En los dictámenes se limitan a expresar una opinión.

A diferencia de los actos obligatorios, las recomendaciones y los dictámenes no son impugnables ante el Tribunal de Justicia.

3.5 LA ORDEN DE DETENCIÓN EUROPEA

El día 13 de junio de 2002 se adoptó por el Consejo de Ministros de Justicia e Interior la Decisión marco relativa a la orden de detención europea y a los procedimientos de entrega entre Estados miembros, primer instrumento jurídico de la Unión en el que se hace aplicación del principio de reconocimiento mutuo enunciado en las conclusiones del Consejo Europeo de Tampere.

El mandato de crear un espacio de libertad, seguridad y justicia que el Tratado de Ámsterdam ha encomendado a la Unión tiene por objeto asegurar que el derecho a la libre circulación de los ciudadanos pueda disfrutarse en condiciones de seguridad y justicia accesible a todos.

Se trata, por tanto, de la creación de una verdadera comunidad de Derecho en la que se asegure la protección jurídica efectiva de los derechos ciudadanos y en la que la lesión de tales derechos cuente con la respuesta de un sistema judicial sin fronteras dentro de la Unión.

En este contexto, los mecanismos tradicionales de cooperación judicial dejan paso a una nueva forma de entender las relaciones entre los sistemas jurídicos de los Estados miembros basada en la confianza. Aquí es donde se inserta el principio de reconocimiento mutuo, que permite la ejecución prácticamente automática de las resoluciones dictadas por las autoridades judiciales de los demás Estados.

© 2009 Abalar Consultores, S.L.

Se sustituyen los procedimientos extradicionales por un nuevo procedimiento de entrega de las personas sospechosas de haber cometido algún delito o que eluden la acción de la justicia después de haber sido condenados por sentencia firme, mediante un procedimiento que se articula en torno a un modelo de resolución judicial unificado a escala de la Unión.

Desaparecen, por tanto, motivos de denegación habituales en los procedimientos extradicionales, como los relativos a la no entrega de nacionales o a la consideración de los delitos como delitos políticos.

El art. 1 de la Ley 3/2003, de 14 de marzo, sobre la orden europea de detención y entrega, define esta como *"una resolución judicial dictada en un Estado miembro de la Unión Europea con vistas a la detención y entrega por otro Estado miembro de una persona a la que se reclama para el ejercicio de acciones penales o para la ejecución de una pena o una medida de seguridad privativas de libertad".*

El art. 2 de la misma señala que en España, son **"autoridades judiciales de emisión"** competentes, a efectos de emitir la orden de detención europea, el juez o tribunal que conozca de la causa en la que proceda tal tipo de órdenes y que son **"autoridades judiciales de ejecución"** competentes, a efectos de dar cumplimiento a la orden de detención europea, los Juzgados Centrales de Instrucción y la Sala de lo Penal de la Audiencia Nacional, siendo la Autoridad Central competente el Ministerio de Justicia.

El art. 5 dispone que las autoridades judiciales de emisión españolas podrán dictar una orden de detención europea en los siguientes supuestos:

a) Con el fin de proceder al ejercicio de acciones penales, por aquellos hechos para los que la ley penal española señale una pena o una medida de seguridad privativas de libertad cuya duración máxima sea, al menos, de doce meses.

b) Con el fin de proceder al cumplimiento de una condena a una persona o una medida de seguridad no inferior a cuatro meses de privación de libertad.

4. INSTITUCIONES DE LA UNIÓN EUROPEA

La Unión Europea no es una federación como los Estados Unidos, ni simplemente una organización de cooperación entre gobiernos, como las Naciones Unidas, sino que tiene un carácter único. Los países que constituyen la Unión Europea comparten su soberanía para ser más fuertes y tener una influencia mundial que ninguno de ellos podría ejercer individualmente.

© 2009 Abalar Consultores, S.L.

4.1 INSTITUCIONES PRINCIPALES

Conforme a lo previsto en los Tratados constitutivos de las distintas Comunidades, las instituciones comunitarias, en sentido estricto, sólo son cuatro: La Asamblea, el Consejo, la Comisión y el Tribunal de Justicia. El Tratado de Maastricht elevó a la categoría de Institución comunitaria al Tribunal de Cuentas.

Este esquema responde a la diferente representación que ostentan las instituciones: la Asamblea, representa a los pueblos de los Estados miembros reunidos en las Comunidades; el Consejo a los Gobiernos, representados por sus miembros; la Comisión, el interés general de las Comunidades; el Tribunal de Justicia, el respeto del Derecho. No cabe por tanto, buscar una clasificación de las instituciones siguiendo el esquema clásico de poderes porque la Comunidad no se configura siguiendo el modelo estatal.

El "triángulo institucional" decide las políticas y leyes (directivas, reglamentos y decisiones) que se aplican en la Unión Europea. En principio la Comisión propone las nuevas leyes de la Unión pero son el Parlamento y el Consejo los que las adoptan.

Otras dos instituciones desempeñan un papel vital: El Tribunal de Justicia vela por el cumplimiento de la legislación europea y el Tribunal de Cuentas controla la financiación de las actividades de la Unión.

4.1.1 El Parlamento europeo

La Eurocámara o Parlamento europeo es el cuerpo parlamentario de elección directa de la UE. Junto con el Consejo de la Unión Europea forma la rama bicameral legislativa de las instituciones de la Unión y ha sido descrita como una de las legislaturas más poderosas del mundo.[1] El Parlamento junto al Consejo forman el cuerpo legislativo de mayor rango en la Unión. Sin embargo sus poderes como tal están limitados a las competencias entregadas a la Unión Europea por los estados miembros.

Por lo que la institución tiene poco control sobre las políticas sostenidas por los estados y dentro de los otros dos de los tres pilares de la Unión Europea. El Parlamento está integrado por 785 MPE (miembros del Parlamento europeo o eurodiputados) quienes constituyen el segundo electorado democrático más grande del mundo (después de India) y el electorado democrático trans-nacional más grande del mundo (492 millones).

Ha sido elegido directamente cada cinco años mediante sufragio universal desde 1979. Si bien el Parlamento europeo tiene grandes poderes legislativos, *no posee iniciativa legislativa* como muchos parlamentos nacionales.

El Parlamento europeo representa la **voluntad de los ciudadanos** de los Estados miembros. Está integrado por 785 parlamentarios (España tiene 54 representantes). La sede del Pleno del Parlamento Europeo se encuentra en Estrasburgo; la sede de las Comisiones se encuentra en Bruselas y la sede de la Secretaría General en Luxemburgo.

© 2009 Abalar Consultores, S.L.

La organización interna se inspira en la de los Parlamentos nacionales (Presidencia, pleno, comisiones...), agrupándose los parlamentarios con independencia de su nacionalidad, según afinidades políticas: Grupo popular, socialista, liberal, demócrata, etc. Se puede formar un grupo parlamentario con 29 diputados de un país; 18 de tres países y 14 si son de cuatro o más. **Sus principales misiones son:**

- Examinar y adoptar la legislación europea. En virtud del procedimiento de codecisión, el Parlamento comparte este poder por igual con el Consejo de la Unión Europea.
- Aprobar el presupuesto de la UE, junto con el Consejo de la Unión Europea.
- Efectuar un control democrático de las otras instituciones de la UE, creando en su caso comités de investigación.
- Dar el visto bueno a acuerdos internacionales importantes tales como la adhesión de nuevos Estados miembros de la UE o acuerdos de asociación y comercio entre la UE y otros países.

El **Tratado de Niza** le ha atribuido nuevas competencias, que se concretan en:

- Puede interponer recurso de anulación contra los actos de las instituciones sin que tenga como fin salvaguardar sus prerrogativas.
- Puede recabar el dictamen del Tribunal de Justicia sobre la compatibilidad de cualquier acuerdo internacional con las disposiciones del Tratado.

4.1.2 Consejo de la Unión Europea

El Consejo de la Unión Europea (CUE), antes llamado Consejo de Ministros, es el principal órgano legislativo y de toma de decisiones en la UE.

El Consejo de la Unión Europea representa a los Gobiernos de los Estados miembros, quienes en su seno legislan para la Unión, establecen sus objetivos políticos, coordinan sus políticas nacionales y resuelven las diferencias existentes entre ellos y con otras instituciones. El Consejo es un órgano comunitario, regulada por normas de Derecho internacional.

La sede del Secretariado General está en Bruselas. El Consejo estará compuesto por un representante de cada Estado miembro de rango ministerial, facultado para comprometer al Gobierno de dicho Estado miembro; pero los miembros del Consejo que no asistan pueden delegar su voto en otro miembro del Consejo. Durante los meses de abril, junio y octubre celebrará sus reuniones en Luxemburgo.

Ostenta el máximo poder decisorio y normativo, es decir, **es el órgano legislativo por excelencia de la Unión Europea.** Decide leyes europeas una vez obtenida la opinión del Parlamento.

© 2009 Abalar Consultores, S.L.

El Consejo está vinculado por el Derecho comunitario, y en sus deliberaciones se busca un equilibrio, una armonización entre los intereses de la Comunidad y los de los distintos Estados miembros.

Representa los intereses particulares de los Estados miembros, además de tener atribuida la responsabilidad de las relaciones exteriores de la Unión Europea.

La Presidencia se ejerce sucesivamente por cada Estados cada seis meses. De ser ratificado el Tratado de Lisboa después de 2009 no volverá a haber presidencia rotatoria, ya que se establece la creación de una presidencia continua elegida por un periodo de dos años y medio renovables una sola vez. Asimismo, quien dirija la cartera de relaciones exteriores, ocupará a la vez el cargo de Presidente del Consejo de ministros de Relaciones exteriores de la Unión.

En cuanto a su funcionamiento, debe reunirse mensualmente, sin perjuicio de celebrar reuniones extraordinarias. Se establecen nueve configuraciones distintas del Consejo:

- Asuntos generales y relaciones exteriores (CAGRE).
- Asuntos económicos y financieros (ECOFIN).
- Justicia e Interior.
- Empleo, política social, salud y consumidores.
- Competitividad (mercado interior, industria e investigación).
- Transporte, telecomunicaciones y energía.
- Agricultura y Pesca.
- Medio ambiente.
- Educación, juventud y cultura.

Sin embargo, el Consejo sigue siendo una única institución. Cada ministro participante puede comprometer a su gobierno, es decir, que su firma es la firma de todo el gobierno, y también es responsable ante su parlamento nacional y los ciudadanos a quienes dicho parlamento representa. Esto garantiza la legitimidad democrática de las decisiones del Consejo.

Está asistido por la Secretaría General dirigida por un Secretario General que constituye el soporte administrativo. En 1999 Javier Solana fue nombrado Secretario General del Consejo y también Alto Representante para la Política Exterior y de Seguridad Común (PESC), y en esta calidad ayuda al Consejo a elaborar y aplicar decisiones políticas. También desarrolla el diálogo político, en nombre del Consejo, con países no perteneciente a la Unión Europea.

© 2009 Abalar Consultores, S.L.

El Consejo tiene las siguientes responsabilidades básicas:

1. Aprobar leyes europeas. En muchos ámbitos legisla en común con el Parlamento europeo.
2. Coordinar las políticas económicas generales de los Estados miembros.
3. Concluir acuerdos internacionales entre la Unión Europea y una o más organizaciones de Estados o internacionales.
4. Aprobar el presupuesto de la Unión Europea, junto con el Parlamento.
5. Desarrollar la política exterior y de seguridad común de la Unión Europea (PESC).
6. Coordinar la cooperación entre los tribunales nacionales y la policía en materia penal.

La mayoría de estas responsabilidades se refieren a ámbitos "comunitarios", es decir, aquellos en los que los Estados miembros deciden poner en común su soberanía y delegar sus poderes de toma de decisiones a las instituciones de la Unión. Estos ámbitos constituyen el "primer pilar" de la Unión Europea.

Sin embargo, las dos últimas se refieren en gran parte a áreas en que los Estados miembros no han delegado sus poderes sino que simplemente trabajan juntos. Esto se llama "cooperación intergubernamental" y cubre el segundo y "tercer pilar" de la Unión.

El Consejo cuenta con el apoyo de un Comité de Representantes Permanentes (COREPER), que se encarga de preparar los trabajos del Consejo a excepción de los problemas agrícolas, estudiados por el Comité Especial de Agricultura, y de realizar las tareas que éste le confíe.

En Bruselas cada Estado miembro de la Unión Europea tiene un equipo permanente que le representa y defiende su interés nacional en el seno de la Unión. En la práctica el jefe de cada representación es embajador de su país ante la Unión Europea.

Estos embajadores, conocidos como "representantes permanentes", se reúnen semanalmente en el Comité de Representantes Permanentes (COREPER). El COREPER es ayudado por varios grupos de trabajo, compuestos por funcionarios de las administraciones nacionales.

4.1.3 La Comisión

Es un órgano colegiado, que **ostenta el poder ejecutivo**, cuyos miembros son nombrados de común acuerdo por los Gobiernos de los Estados miembros. Cada cinco años se designa una nueva Comisión, en un plazo de seis meses desde las elecciones al Parlamento Europeo.

Oficiosamente, los miembros de la Comisión son conocidos como "Comisarios". Su número actual es de 27. Su nacionalidad será determinada por un sistema de rotación

© 2009 Abalar Consultores, S.L.

absolutamente justo para todos los países, que tratarán asuntos relativos a economía, pesca, agricultura, energía, etc.

Tiene su sede en Bruselas, pero también tiene oficinas en Luxemburgo, representaciones en todos los países de la Unión Europea y delegaciones en muchas capitales de todo el mundo. Por su funcionamiento y organización **expresa la voluntad de la Unión Europea**, vela, protege y promociona los intereses de la Unión y no los particulares o nacionales de los países respectivos.

Para ello establece las directrices de interés comunitario, velando por el cumplimiento de los Tratados y del Derecho derivado, investigando y persiguiendo las infracciones, administrando el presupuesto y ejecutando las iniciativas comunitarias. La Comisión es "*la guardiana de los Tratados*". En definitiva, expresa los intereses comunitarios.

La Comisión es políticamente responsable ante el Parlamento, que tiene el poder de destituirla adoptando una moción de censura. La Comisión asiste a todas las sesiones del Parlamento para aclarar y justificar sus políticas y también contesta regularmente a las preguntas escritas y orales planteadas por los diputados.

Las funciones principales son:

1. Proponer legislación al Parlamento y al Consejo.

2. Gestionar y aplicar las políticas de la Unión Europea y el presupuesto.

3. Hacer cumplir la legislación europea (junto con el Tribunal de Justicia). Vigila el cumplimiento de las sentencias del Tribunal de Justicia Europeo.

4. Representar a la Unión Europea en la escena internacional, por ejemplo, negociando acuerdos entre la Unión y otros países.

5. Tiene un poder normativo importante en ámbitos competenciales concretos como es la política agrícola común o la armonización de la legislación de los Estados. Igualmente aprueba decisiones y recomendaciones que afectan a los Estados.

4.1.4 El Tribunal de Justicia

Con sede en Luxemburgo, ostenta la jurisdicción única. Fue creado en 1952 conforme al Tratado de París. A comienzos del 2008, el Tribunal estaba compuesto por 27 jueces y 8 abogados generales. A petición de la sala, el Consejo de la Unión Europea puede, por unanimidad, incrementar el número de abogados generales, que son nombrados conjuntamente por los Estados miembros por un período de seis años, cuyo papel consiste en presentar, pública e imparcialmente, dictámenes motivados sobre los casos planteados ante el Tribunal.

El Tribunal de Justicia actuará en *Salas o en Gran Sala* (en aras de la eficacia el Tribunal podrá reunirse bajo la forma de "Gran Sala" de sólo 13 jueces en vez de tener siempre que celebrar una sesión plenaria a la que asistan todos los jueces) y cuando el Estatuto así lo disponga también podrá actuar en Pleno.

© 2009 Abalar Consultores, S.L.

Sus sentencias son obligatorias para los Estados miembros, las instituciones comunitarias, las organizaciones sociales, las personas jurídicas y las personas físicas y, son ejecutivas de acuerdo con el procedimiento que establezcan las respectivas leyes nacionales.

Para ayudar al Tribunal a hacer frente a los miles de casos sobre los que debe entender y ofrecer a los ciudadanos una mejor protección legal, el Acta Única Europea creó un Tribunal de Primera Instancia que depende del Tribunal de Justicia y al que corresponde pronunciarse en ciertos tipos de casos, particularmente demandas presentadas por particulares y casos de competencia desleal entre empresas.

Cada uno de ambos tribunales tiene un presidente, elegido por sus compañeros jueces por un período de tres años. El Tribunal dicta sentencias sobre los asuntos que le son planteados. Los tipos más comunes son:

1.- **Cuestiones prejudiciales**. Los tribunales de cada país de la UE son responsables de garantizar que la ley de la UE se aplica correctamente en ese país, pero existe el riesgo de que tribunales de distintos países interpreten la legislación de la Unión Europea de diversas maneras. Para impedir que esto suceda existe un "procedimiento prejudicial". Esto significa que si un tribunal nacional tiene cualquier duda sobre la interpretación o validez de una ley de la Unión, puede, y a veces debe, recabar la opinión del Tribunal de Justicia, que es emitida en forma de "cuestión prejudicial".

2.- **Recurso por incumplimiento**. La Comisión puede iniciar este procedimiento si tiene razones para creer que un Estado miembro no cumple sus obligaciones conforme a la ley de la Unión. El procedimiento puede también ser iniciado por otro Estado miembro.

3.- **Recurso de anulación**. Si un Estado miembro, el Consejo, la Comisión o el Parlamento creen que una ley concreta de la Unión Europea es ilegal, pueden pedir al Tribunal que se anule.

4.- **Recurso por omisión**. El Tratado requiere que el Parlamento, el Consejo y la Comisión tomen ciertas decisiones en determinadas circunstancias. Si no lo hacen, los Estados miembros, las otras instituciones comunitarias y los particulares o empresas pueden presentar una denuncia ante el Tribunal para que esta violación quede registrada oficialmente.

La reforma operada en el Tratado de Niza se centra en una nueva estructura jurisdiccional con la posibilidad de creación de salas jurisdiccionales, un nuevo reparto de competencias entre los distintos órganos jurisdiccionales comunitarios y una serie de medidas complementarias relativas a la composición y funcionamiento del Tribunal.

Las competencias comprenden los siguientes aspectos:

1. Infracciones de derecho comunitario por los Estados miembros.
2. Control de la legalidad de la actividad o inactividad de los órganos comunitarios.

© 2009 Abalar Consultores, S.L.

3. Responsabilidad extracontractual de las Comunidades.

4. Litigios entre las Comunidades y los funcionarios y demás agentes de servicio.

5. Contratos de las Comunidades que contengan una cláusula compromisoria de sumisión a la jurisdicción del Tribunal.

6. Controversias entre los Estados miembros relacionadas con el objeto de los Tratados que sean sometidas al Tribunal en virtud de un compromiso.

7. Elaboración de dictámenes.

4.1.5 El Tribunal de Cuentas

El Tribunal de Cuentas, con sede en Luxemburgo, estará compuesto por un nacional de cada Estado miembro. Los miembros del Tribunal de Cuentas son nombrados por el Consejo, para un periodo de seis años renovables. Entre ellos elegirán al Presidente del Tribunal de Cuentas por un periodo de tres años.

El Tribunal de Cuentas es el supremo órgano fiscalizador de la gestión económica de la Unión Europea. Tiene atribuida la responsabilidad de las cuentas comunitarias y el control de la legalidad de las operaciones financieras.

4.2 OTROS ÓRGANOS COMUNITARIOS

4.2.1 El Consejo Europeo

Configurado como un órgano de la Unión Europea, globalmente considerada que no tiene la condición de institución comunitaria dado que los Tratados constitutivos de las tres Comunidades no lo identifican como tal.

En el Acta Única Europea se institucionaliza el Consejo Europeo, pero no se especifica sus competencias.

El art. 2 del Acta Única establece que: *"El Consejo Europeo estará compuesto por los Jefes de Estado o de Gobierno de los Estados miembros, así como por el Presidente de la Comisión de las Comunidades Europeas. Estarán asistidos por los Ministros de Asuntos Exteriores y por un miembro de la Comisión"*.

Bajo el rótulo de "*cooperación política*", el Consejo Europeo trata de:

- Materias comunitarias relacionadas con la coordinación política.
- Problemas nacionales de algún Estado que sean importantes desde el punto de vista de la cohesión de las Comunidades.
- Problemas de política internacional.

© 2009 Abalar Consultores, S.L.

Fija las grandes orientaciones y proporciona el impulso político, cuyas decisiones se denominan "*conclusiones*", "*declaraciones*" o "*comunicados*".

El Tratado de Maastricht ha configurado al **Consejo Europeo como máximo órgano político de la Unión Europea**, que impulsa el desarrollo de la Unión y el desarrollo de la integración. Con sede en Luxemburgo, reúne una vez al mes a los Jefes de Estados y Gobiernos, así como al Presidente de la Comisión Europea, sin perjuicio de las extraordinarias que se consideren oportunas.

El Presidente del Consejo Europeo es el Presidente en ejercicio del Consejo de la Unión Europea, puesto que es ocupado, de forma rotativa, cada seis meses por los Jefes de Estado o de Gobierno de los Estados miembros.

Se reunirá al menos dos veces al año bajo la presidencia del Jefe de Estado o de Gobierno del Estado miembro que ejerza la presidencia del Consejo.

4.2.2 El Instituto Monetario Europeo

4.2.3 El Defensor del Pueblo

Lo nombra el Parlamento Europeo. Defiende a los ciudadanos y empresas de la Unión Europea frente a la mala gestión.

4.2.4 El Supervisor Europeo de Protección de Datos

El SEPD garantiza que las instituciones y organismos de la UE respetan el derecho de las personas a la intimidad en el tratamiento de sus datos personales.

4.3 ÓRGANOS AUXILIARES DE LA UNIÓN EUROPEA

4.3.1 Comité Económico y Social

Con sede en Bruselas es el Órgano consultivo del Consejo y de la Comisión en el que están representadas los diferentes sectores económicos y sociales interesados en las actividades de la Comunidad (productores, agricultores, transportistas, trabajadores, comerciantes, artesanos, profesiones libres y consumidores).

4.3.2 Comité de las Regiones

Órgano consultivo creado por el Tratado de Maastricht e integrado por representantes de los entes regionales y locales. El Tratado de Niza exige que los representantes de los entes regionales y locales sean titulares de un mandato electoral u ostenten responsabilidad política ante una asamblea electiva.

© 2009 Abalar Consultores, S.L.

También son nombrados por el Consejo por unanimidad, a propuesta de sus respectivos Estados miembros, para un período de cuatro años. Tiene la finalidad de tener en cuenta, a nivel comunitario, los intereses de las distintas regiones y entidades locales.

4.3.3 Banco Europeo de Inversiones (B.E.I.)

Es una institución pública autónoma, creado por el Tratado de Roma para facilitar la expansión económica de la Unión Europea, cuya principal misión es contribuir al desarrollo equilibrado y estable del mercado comunitario.

Sus fondos están suscritos por los Estados miembros, aunque tiene otros recursos procedentes de empréstitos que formaliza bajo su exclusiva responsabilidad.

5. APLICACIÓN DEL DERECHO COMUNITARIO EN ESPAÑA

5.1 LOS PRINCIPIOS DE EFECTO DIRECTO Y PRIMACÍA

El Tribunal de Justicia ha establecido los principios generales del efecto directo y de la primacía del Derecho comunitario, como los dos pilares de dicho ordenamiento. El efecto directo comporta las siguientes consecuencias:

a) Las normas comunitarias no necesitan ser traspuestas a normas de Derecho interno, sino que son directamente aplicables desde que son promulgadas en el "Diario Oficial" de la Unión Europea.

b) Las normas comunitarias son fuente inmediata de derechos y obligaciones para todos aquellos a quienes conciernan, sean Estados miembros o particulares, que sean partes de relaciones jurídicas derivadas del Derecho comunitario.

c) Las normas comunitarias pueden ser directamente invocadas por los particulares ante los órganos jurisdiccionales de los Estados miembros, que tienen obligación de aplicarlas.

El efecto directo de las normas de los Tratados no es sólo vertical -aplicación a las relaciones de un particular con la Administración pública-, sino horizontal -aplicación a las relaciones de un particular con otro particular, trátese de personas individuales o colectivas-.

También se reconoce efecto directo a los reglamentos y decisiones, y no se reconoce a las directivas, salvo que sean tan precisas y detalladas que no dejen margen de apreciación al legislador nacional o haya concurrido el plazo prescrito para su desarrollo.

© 2009 Abalar Consultores, S.L.

La primacía es consecuencia del efecto directo y de la obligatoriedad del Derecho comunitario. Al tener que ser aplicado de manera uniforme a todos los Estados miembros, tal aplicación sólo será posible en la medida en que tal Derecho prevalece sobre la legislación nacional de los Estados miembros.

La primacía significa que si una determinada cuestión cae dentro de Derecho comunitario, tal cuestión no puede ya ser regulada ni por el derecho interno de los Estados miembros, ni siquiera por un acuerdo internacional de los Estados miembros.

6. EL ACUERDO DE SCHENGEN Y LA COOPERACIÓN EN JUSTICIA E INTERIOR

En el proceso de creación de una unidad europea, los diversos países van haciendo un progresivo traspaso de competencias tradicionalmente propias del Estado a favor de esa nueva Entidad común que es la Unión Europea.

Respecto del principio de libre circulación de personas hay que decir que desde los orígenes de la Unión Europea, los primeros Tratados constitutivos ya apuntaron tal objetivo, esto es, que dentro de las fronteras de los países miembros, las personas, nacionales o extranjeros residentes en ellos, pudieran desplazarse libremente, sin necesidad de control fronterizo policial alguno, como si se tratase a estos efectos de un Estado único y federal.

Si bien alguno de los aspectos apuntados tuvieron una relativa rápida implantación, la libre circulación de personas no conseguía avanzar, posiblemente debido a dos factores: Uno relacionado con el mercado de trabajo, al temer algunos Estados que la libertad total de circulación podría suponer niveles intolerables de inmigración laboral; otro, la tradicional asociación de la soberanía nacional con el control de las respectivas fronteras y la admisión de extranjeros.

Para sacar del estancamiento en que se encontraba el desarrollo del principio de libre circulación de personas, un grupo de Estados miembros de la Unión Europea decidió avanzar colateralmente, y, así, el 14 de junio de 1985, Bélgica, la República Federal Alemana, Francia, Luxemburgo y Países Bajos firmaron en la localidad luxemburguesa de Schengen, un Acuerdo relativo a la supresión progresiva de los controles en las fronteras comunes, poniendo en marcha definitivamente la aplicación de tal principio.

Para materializar los contenidos del Acuerdo de Schengen, el 19 de junio de 1990, se firmó el Convenio de Aplicación del Acuerdo de Schengen (CAAS), que fue ratificado por España el 23 de julio de 1993 (BOE nº 81, de 5 de abril de 1994).

Las Partes contratantes son Francia, Bélgica, los Países Bajos, Luxemburgo y Alemania, así como Italia, España (se adhirió el 25 de junio de 1991), Portugal, Grecia y Austria. El 19 de diciembre de 1996, Dinamarca, Finlandia y Suecia se adhirieron a su vez al Convenio y más adelante la totalidad de los países de la Unión Europea. (No han firmado el Reino Unido e Irlanda que gozan de unos acuerdos bilaterales de supresión de controles mutuos).

© 2009 Abalar Consultores, S.L.

En relación con Islandia y Noruega, por lo que se refiere al principio de libertad de circulación de personas, quedaron asociados mediante un Acuerdo de cooperación con los Estados miembros de Schengen, firmado el 18 de mayo de 1999. Suiza firmó el Acuerdo en 2005.

A través de este Acuerdo se garantiza la participación de estos dos Estados en las actividades de la Unión Europea, mediante la ejecución y aplicación de las disposiciones del Acervo Schengen en el marco de la Unión Europea, en lo relativo a la suspensión gradual de los controles fronterizos. En definitiva, todos los países del Espacio Schengen, con la excepción de Suiza, Noruega e Islandia son miembros de la UE.

A partir de la fecha de aplicación del CAAS, el 26 de marzo de 1995, las Partes contratantes suprimieron definitivamente sus fronteras internas con relación al tránsito de ciudadanos.

El objetivo del Acuerdo es la creación de una *zona de libre circulación con la supresión de los controles en las fronteras comunes de los países firmantes,* facilitando la circulación de personas y el transporte de mercancías.

El Acuerdo, el Convenio y las declaraciones y decisiones aprobados por el Comité Ejecutivo del espacio de Schengen forman lo que se denomina el Acervo de Schengen. Con el Tratado de Ámsterdam se decidió incorporar dicho acervo a partir de 1 de mayo de 1999 a la Unión Europea, dado que representa uno de los principales objetivos del mercado único, a saber, el establecimiento de la libre circulación de personas.

En el *Vademecum* sobre cooperación policial transfronteriza en Schengen se resuelven las eventuales interpretaciones jurídicas divergentes de un mismo concepto que pueden darse por las partes contratantes, informando lo que en su territorio cada parte entiende por figuras tales como la legítima defensa, el concepto de fuerza mayor, domicilio, armas de servicio, etc., así como la forma concreta de llevar a cabo los mecanismos de cooperación policial previstos, así como puntos de contacto para intercambio de informaciones, transmisión de solicitudes, autoridades competentes para resolverlas, etc.

6.1 DEFINICIONES

El Título Primero del CAAS, dice que a los efectos del presente Convenio, se entenderá por:

- **Fronteras**. El CAAS, en su art. 11, establece dos tipos de fronteras: exteriores e interiores. Las primeras pueden ser *terrestres, marítimas o aéreas.*

Las fronteras terrestres exteriores son las fronteras terrestres y marítimas entre Estados de la Unión Europea y otro Estado no parte de la Unión, por ejemplo, la frontera de Grecia con Albania, España con Marruecos, Finlandia con Rusia, etc.

© 2009 Abalar Consultores, S.L.

Las fronteras aéreas o marítimas serán exteriores cuando el vuelo o el buque haya hecho escala o proceda de un tercer Estado no parte de la Unión Europea, ejemplo vuelo Caracas-Madrid; Moscú-Varsovia-Madrid, etc.

Las fronteras interiores terrestres son las comunes a los Estados signatarios del Tratado de Amsterdam, y las aéreas o marítimas cuando el vuelo o el buque tenga como punto de partida y de llegada a un aeropuerto o puerto de un Estado de la Unión Europea, sin que haya hecho escala en un tercer Estado no parte del Tratado.

Las fronteras interiores podrán cruzarse en cualquier lugar sin que se realice ningún control de las personas.

No obstante cuando así lo exija el orden público o la seguridad nacional una parte contratante podrá decidir, tras consultar a las demás partes, efectuar en las fronteras interiores y durante un periodo limitado, controles fronterizos nacionales adaptados a la situación.

A pesar de la desaparición del control en las fronteras interiores, los extranjeros que hayan entrado regularmente en el territorio de una de las partes contratantes estarán obligadas a declararlo. Dicha declaración podrá realizarse bien a la entrada o bien en un plazo de tres días hábiles a partir de la entrada, según establezcan las respectivas autoridades nacionales.

- **Vuelo interior**. Todo vuelo con procedencia o destino exclusivamente en los territorios de las Partes contratantes sin aterrizaje en el territorio de un tercer Estado (Ej. Madrid-Roma).

- **Tercer Estado**. Todo Estado que no sea una de las Partes contratantes.

- **Extranjero**. El art. 1 del CAAS establece que es extranjero *"toda persona que no sea nacional de los Estados de las Comunidades Europeas",* si bien este concepto, no será aplicable a las personas sometidas al ámbito de aplicación del régimen comunitario, que se consideran comunitarios, esto es:

  a) A los nacionales de los Estados miembros de la Unión Europea.

  b) A los nacionales de Noruega, Islandia y Leichtenstein (Espacio Económico Europeo). Los dos primeros son Estados asociados a la Unión Europea, tras la firma del Acuerdo el día 18 de mayo de 1999.

  c) A los nacionales de Suiza, desde el día 1 de junio de 2002.

  d) Determinados familiares de los anteriores.

Las personas sometidas al ámbito de aplicación del régimen comunitario tendrán derecho, siempre debidamente documentadas (documento de identidad o pasaporte,) a entrar, salir, circular y permanecer libremente en territorio nacional, sin perjuicio de las limitaciones que se les pueden imponer por razones de orden público, seguridad pública o salud pública.

© 2009 Abalar Consultores, S.L.

- **Extranjero inscrito como no admisible**. Extranjero no admisible es el extranjero inscrito en la lista de no admisibles por un país contratante.

El Acuerdo, en ningún modo incide sobre el régimen de extranjería vigente en los Estados parte. Para España supone la modificación de pautas en cuanto al control fronterizo, cuestión ajena a la regulación de las diferentes situaciones en que se pueden encontrar los extranjeros en España, que continúan bajo el ámbito de la Ley Orgánica 4/2000, de 11 de enero, sobre derechos y libertades de los extranjeros en España y su reinserción social, reformada por la Ley Orgánica 8/2000, de 22 de diciembre; Ley Orgánica 11/2003, de 29 de septiembre y 14/2003, de 20 de noviembre, desarrollada por Real Decreto 2383/2004, de 30 de diciembre, por el que se aprueba su Reglamento de ejecución.

Esta Ley será de aplicación a todas aquellas personas, que careciendo de nacionalidad española, residan o se encuentren en nuestro país, exceptuando a los ciudadanos comunitarios, diplomáticos, funcionarios consulares, así como miembros y representantes de organizaciones y Misiones Permanentes.

Conforme a la misma las tres situaciones en las que podrán encontrarse los extranjeros en España, son: *estancia* (la permanencia en territorio español por un período de tiempo no superior a noventa días); *residencia temporal* (a la que podrán acceder aquellos que acrediten una estancia ininterrumpida de dos años); y por último *residencia permanente* (que exige cinco años de residencia temporal).

- **Paso fronterizo**. La entrada en territorio Schengen se realizará mediante el cruce por un paso habilitado y durante las horas de apertura establecidas para cada frontera exterior. En casos especiales se podrá autorizar el cruce de fronteras exteriores fuera de los pasos fronterizos habilitados o de las horas de apertura establecidas. Se establecen controles fijos y móviles en las fronteras exteriores.

Para armonizar de hecho y de derecho, las exigencias de entrada y salida en todo el espacio Schengen, se crea el Manual Común de Fronteras.

Es de destacar que las fronteras interiores no desaparecen, lo que desaparece es el control fronterizo para conseguir la libre circulación, pero siguen existiendo como límite del espacio en que cada Estado ejerce sus competencias y soberanía.

- **Política de visados**. También se crea un visado único para el territorio de todos los Estados adheridos al Acuerdo Schengen.

El visado es un documento que emiten las Delegaciones diplomáticas o consulares acreditadas en el país de residencia del extranjero (o excepcionalmente en otro) y que le faculta para presentarse en frontera y solicitar la entrada, es decir, el visado por sí solo no constituye una autorización irrevocable de entrada, sino que tan sólo habilita a la presentación en frontera, donde se verificará el cumplimiento o no de los requisitos de entrada. Existen varias modalidades de visado:

1. *Visado de viaje*, válido para una o varias entradas sin que la duración de una estancia pueda durar más de tres meses por semestre.

2. *Visado de tránsito,* que autoriza a transitar una o varias veces, como máximo cinco días, para ir a otro Estado que no pertenezca al territorio Schengen.

© 2009 Abalar Consultores, S.L.

3. *Visado para estancia de larga duración*, que son visados para estancias superiores a tres meses, concedido por cada Estado según su Derecho nacional y que autoriza a su poseedor a transitar por los demás Estados parte con la finalidad de llegar al Estado que lo concedió.

4. *Visados de validez territorial limitada*, de carácter excepcional, para los casos en que sólo se permita la estancia en un Estado miembro, debiendo efectuarse tanto la entrada como la salida por ese Estado.

- **Control fronterizo**. El control realizado en las fronteras que, con independencia de otros motivos, se base únicamente en la intención de cruzar la frontera.

- **Transportista**. Toda persona física o jurídica que realice, con carácter profesional, el transporte de personas por vía aérea, marítima o terrestre.

- **Permiso de residencia**. Toda autorización expedida por una Parte contratante que dé derecho a permanecer en su territorio. No se incluye en esta definición la autorización temporal de residencia en el territorio de una Parte contratante expedida durante el examen de una solicitud de asilo o de una solicitud de permiso de residencia.

- **Política de asilo**. Se establece una regulación uniforme en materia de refugiados y en los procedimientos de solicitud.

Es una **solicitud de asilo** toda solicitud presentada por escrito, oralmente o de cualquier otra forma por un extranjero en la frontera exterior o en el territorio de una Parte Contratante con el fin de obtener el reconocimiento de la condición de refugiado de acuerdo con la convención de Ginebra de de 28 de julio de 1951 relativa al Estatuto de los Refugiados, modificada por el Protocolo de Nueva York de 31 de enero de 1967, y con el fin de obtener el derecho de residencia invocando tal condición.

El **examen de una solicitud de asilo** corresponde:

a) Al Estado que otorgue al interesado un visado o permiso de residencia.

b) Al Estado que autorice la entrada al interesado.

c) Al Estado al que el interesado hubiere accedido.

d) Al Estado que hubiere otorgado al interesado la condición de refugiado y le hubiese concedido el derecho de residencia, asumirá la responsabilidad del examen de la solicitud de asilo a los miembros de la misma familia.

© 2009 Abalar Consultores, S.L.

6.2 COOPERACIÓN POLICIAL EN EL CAAS

A efectos del Convenio, el déficit de seguridad que podrían resultar de la supresión de los controles debe evitarse mediante una serie de medidas compensatorias. Una "cooperación policial" reforzada constituye una de las medidas compensatorias más importantes. Esta cooperación policial prevé, en particular:

6.2.1 La asistencia mutua a efectos de prevención e investigación de hechos delictivos (apartados 1 a 3 del art. 39)

La Policía de los Estados signatarios podrán actuar sobre el territorio de otra parte contratante y reconocer a estos actos valor jurídico, mediante los siguientes instrumentos:

a) La vigilancia transfronteriza o **derecho de vigilancia**

Consiste en la posibilidad de continuar, en el arco de una investigación judicial, la vigilancia, registrada en un Estado "A", de una persona que presuntamente haya participado en un hecho delictivo que pueda dar lugar a la extradición, hasta el territorio de otro Estado "B". Es decir, el art. 40 del CAAS permite a los servicios de Policía de un Estado, continuar en el territorio de otro Estado Schengen una operación de vigilancia iniciada en su país.

Al igual que en el derecho de persecución, el derecho de vigilancia debe reunir ciertos requisitos y observar ciertos límites:

- Se requiere autorización previa del Estado ante el cual la vigilancia va a tener lugar. Para ello, el país requirente deberá presentar previamente una solicitud de asistencia judicial que, en casos especialmente urgentes, podrá presentarse inmediatamente después de cruzar la frontera.
- El agente ha de actuar respetando el Derecho del país en cuyo territorio esté actuando y obedecer las órdenes de las autoridades locales competentes.
- En principio podrá llevar su arma de servicio pero estará prohibida su utilización excepto en caso de legítima defensa según el Derecho nacional del país requerido.
- Está prohibida la entrada en los domicilios y lugares no accesibles al público.
- El agente no podrá interrogar ni detener a la persona vigilada.
- Cualquier operación será objeto de un informe a las autoridades del país en cuyo territorio se haya efectuado.

El cese de la vigilancia se hará a instancia del Estado requerido o cinco horas después de cruzar la frontera si no se hubiera obtenido la autorización.

© 2009 Abalar Consultores, S.L.

b) La persecución transfronteriza o **derecho de persecución**

La denominada "persecución en caliente" consiste en la posibilidad que tienen los agentes de proseguir la persecución en el territorio de otro Estado miembro que tenga una frontera común con su país, a una persona que haya participado en un hecho delictivo que pueda dar lugar a extradición (delitos contra la vida, agresiones sexuales, robo y receptación, incendio, secuestro y toma de rehenes, falsificación de moneda, tráfico de personas, narcotráfico, extorsión, transporte ilícito de residuos tóxicos, infracción sobre armas y explosivos y destrucción con explosivos).

Esta institución de cooperación exclusivamente policial está pensada para el delincuente *in fraganti*, para cuando la persecución no se haya ininterrumpido o en los casos de evasión de detenidos o condenados. Esto significa que la persecución en caliente viene impelida por una situación de urgencia, que ha impedido comunicar a las autoridades locales el hecho del paso de la línea fronteriza.

Tal como ocurría en el supuesto de la vigilancia transfronteriza, los agentes perseguidores no podrán interrogar, ni identificar al sospechoso.

No obstante, pueden "retener" al perseguido hasta la llegada de las autoridades locales, que serán las competentes para su identificación y eventual detención.

Dicha persecución únicamente podrá efectuarse por las fronteras terrestres con las siguientes limitaciones: Por lo que se refiere a la frontera común con la República Portuguesa, los agentes que realicen la persecución podrán perseguir a la persona hasta 50 Km. más allá de la frontera o durante un período de tiempo no superior a dos horas a partir del cruce de la frontera común y por lo que se refiere a la República francesa 10 Km.

Por la parte española, serán autoridades y agentes competentes para efectuar las operaciones de persecución transfronteriza y, en colaboración con los agentes policiales perseguidores de la otra Parte, para determinar la identidad del perseguido o proceder a su detención, los funcionarios del Cuerpo Nacional de Policía, los miembros del Cuerpo de la Guardia Civil y los funcionarios de la Dirección General de Aduanas del Ministerio de Economía y Hacienda en lo referente al ámbito de su competencia en materia de tráfico ilícito de estupefacientes y de sustancias psicotrópicas, tráfico de armas, explosivos y transporte ilícito de productos tóxicos.

Para recibir la solicitud de autorización para iniciar la persecución o la comunicación del inicio de la persecución, así como para recibir el informe sobre su resultado, será competente la Dirección Adjunta Operativa de la Dirección General de la Policía y de la Guardia Civil (ámbito del Cuerpo Nacional de Policía).

c) La entrega vigilada de sustancias prohibidas (art. 73 CAAS)

Se concibe como una técnica policial que justifica sobre todo el proceso de investigación de los autores de tráfico de estupefacientes. Consiste en vigilar y observar la ruta seguida por una determinada entrega de sustancias prohibidas a fin de descubrir o identificar a las personas involucradas en la comisión de algún delito relativo a dichas sustancias.

© 2009 Abalar Consultores, S.L.

El art. 282 bis de la Ley de Enjuiciamiento Criminal, añadido por Ley Orgánica 5/1999, de 13 de enero, de modificación de la Ley de Enjuiciamiento Criminal en materia de perfeccionamiento de la acción investigadora relacionada con el tráfico ilegal de drogas y otras actividades ilícitas graves, recoge unos conceptos que se estiman de necesario conocimiento a los efectos de la oposición.

1.- Agente encubierto. Cuando se trate de investigaciones que afecten a actividades propias de la delincuencia organizada, el Juez de Instrucción competente o el Ministerio Fiscal dando cuenta inmediata al Juez, podrán autorizar a funcionarios de la Policía Judicial, actuar bajo identidad supuesta y adquirir y transportar los objetos, efectos e instrumentos del delito y diferir la incautación de los mismos. La identidad supuesta será otorgada por el Ministerio del Interior por el plazo de seis meses prorrogables por períodos de igual duración.

2.- Delincuencia organizada. Es la asociación de tres o más personas para realizar, de forma permanente o reiterada, conductas que tengan como fin cometer determinados delitos, especialmente graves.

6.2.3 La comunicación de información en casos particulares para reprimir infracciones futuras, prevenir infracciones o prevenir peligros para el orden y la seguridad públicos (art. 46)

6.2.4 La intensificación de la cooperación policial en las regiones fronterizas sobre la base de acuerdos bilaterales (apartados 4 y 5 del art. 39)

Las partes se comprometen a que sus servicios de policía, respetando la normativa nacional y dentro de los límites de sus competencias, se presten asistencia para prevenir e investigar hechos delictivos, siempre que el Derecho nacional no reserve la solicitud a las autoridades judiciales.

6.3 EL SISTEMA DE INFORMACIÓN SCHENGEN (SIS)

Para hacer eficaz el Convenio Schengen se crea el llamado Sistema de Información Schengen (SIS), que es una base de datos común de los países signatarios que permite mediante un procedimiento de consulta automatizado disponer de descripción de personas (reclamadas, desaparecidas, pendientes de vigilancia, personas a proteger, extranjeros incluidos en la lista de no admisibles, etc.), y de objetos (vehículos de motor de una cilindrada superior a 50 cc., remolques y caravanas de más de 750 kg. robados, encubiertos, extraviados o encubiertos fraudulentamente, armas de fuego robadas, extraviadas u ocultadas fraudulentamente, documentos de identidad vírgenes o ya expedidos, robados, encubiertos o extraviados, billetes de banco de interés policial, etc.), al efectuar controles en la frontera y otras comprobaciones.

© 2009 Abalar Consultores, S.L.

El SIS está integrado por una Unidad de Apoyo Técnico (enlaces técnicos directos entre grupos especializados, intercambio y formación de especialistas, etc.) y los sistemas nacionales de información Schengen (N.SIS). El ordenador central (C.SIS) se encuentra en **Estrasburgo** y asume la función técnica de apoyo, centralizando toda la información relativa al Convenio que se maneja en el espacio Schengen, distribuyendo la información a los centros instalados en cada Estado (N.SIS).

El SIS es un sistema de información común que permite a las autoridades asignadas por las Partes Contratantes, gracias a un procedimiento de consulta automatizado, disponer de descripción de personas y de objetos, con ocasión de controles en la fronteras exteriores y comprobaciones y demás controles de policía y de aduanas realizados en el interior del país de conformidad con el Derecho nacional.

Sobre el principio que se ha establecido entre los Estados firmantes del Acuerdo, basado en la propiedad del dato informático, sólo el Estado que ha introducido una información determinada puede modificar o retirar su difusión del S.I.S.

Los SIS se apoyan en la **Oficina SIRENE** (Suplementary Information Request at the Nacional Entries), cuya finalidad es la preparación de expedientes para la introducción de datos en el SIS, y servir de órgano de comunicación bilateral con las SIRENE de otros países, cuando éstas deban actuar con respecto a una persona u objeto incluidos en el SIS. El manual SIRENE constituye la base jurídica de cada intervención.

Las oficinas SIRENE son los intermediarios por los que transita la información que excede el marco de la comunicación entre el C.S.I.S y el N.S.I.S. y que es necesaria para los servicios de Policía en todas las cuestiones relacionadas con el SIS. Se trata, en particular, de la transmisión de expedientes, comunicación de respuestas positivas, fichas de impresiones digitales, textos dispositivos, obtención de información complementaria que sea relevante para la búsqueda, así como la realización de consultas. En concreto, el Servicio SIRENE en el Cuerpo Nacional de Policía actúa:

- Como interlocutor de los demás SIRENE de las Partes contratantes.
- Como enlace con todos los servicios que actúan en el ámbito nacional (autoridades policiales, administrativas, aduaneras o judiciales de todo el territorio nacional).

Esta Oficina SIRENE, en España, está integrada en la Comisaría General de Policía Judicial de la Dirección General de la Policía y de la Guardia Civil (ámbito del Cuerpo Nacional de Policía).

6.4 ESTRUCTURA DEL CAAS

A partir de la fecha de la entrada en vigor del Tratado de Amsterdam, todo el acervo Schengen será de inmediata aplicación entre los Estados Schengen, bajo el marco jurídico-institucional de la Unión Europea.

La autoridad política es asumida por el Consejo de Ministros, compuesto por los Ministros competentes asistidos por los expertos necesarios, que adoptará sus

© 2009 Abalar Consultores, S.L.

decisiones por unanimidad, celebrando reuniones periódicas en cada uno de los Estados miembros.

La Presidencia es ejercida por cada país miembro en turnos rotatorios de seis meses, al igual que sucede en la Unión Europea.

La estructura funcional del CAAS está constituida por cuatro áreas fundamentales: Policía y Seguridad, Circulación de Personas, Transportes y Aduanas.

6.5 OTROS ASPECTOS DEL CAAS

- Aplicación del principio *non bis in idem*, por el que una persona que haya sido juzgada en sentencia firme por una Parte contratante no podrá ser perseguida por los mismos hechos por otra de las Partes, siempre que en caso de condena, se haya ejecutado la sanción, se esté ejecutando o no pueda ejecutarse ya según la legislación de la Parte contratante donde haya tenido lugar la condena.

- *Estupefacientes*. Se regula la creación de un grupo de trabajo permanente para analizar la problemática de la criminalidad en esta materia, incrementar los aspectos prácticos y técnicos de la cooperación, permitir las entregas vigiladas, controlar los lugares donde se trafique con estupefacientes y desplegar controles reforzados en las fronteras exteriores con aplicación de modernas tecnologías.

- *Armas de fuego y municiones*. Se regula el compromiso de adaptar las legislaciones internas a las disposiciones del Convenio de Aplicación.

A tal efecto las armas de fuego quedan clasificadas en:

- **Armas prohibidas**. Armas de guerra, automáticas y camufladas; municiones perforantes, explosivas o incendiarias.

- **Armas sujetas a autorización**. Armas de fuego cortas semiautomáticas o de repetición; armas de fuego cortas de un solo disparo con percusión central o anular (de longitud total inferior a 29 centímetros); armas de fuego largas semiautomáticas cuyo cargador y recámara puedan contener más de tres cartuchos; armas de fuego largas de repetición y semiautomáticas de cañón liso que no exceda de 60 centímetros.

- **Armas sujetas a declaración**. Armas de fuego largas de repetición; armas de fuego largas de un impacto con uno o varios cañones estriados; armas de fuego cortas, de un impacto con percusión anular de longitud total superior a 28 centímetros; armas de fuego para señales, lacrimógenas o de alarma; armas de fuego las semiautomáticos cuyo cargador y recámara no puedan contener más de tres cartuchos sin ser recargadas.

© 2009 Abalar Consultores, S.L.

El **Titulo V** corresponde a transporte y circulación de mercancías.

En el **Título VI** se regula la Protección de datos de carácter personal. Su objetivo es proteger los derechos fundamentales de la persona que figura en la base de datos del SIS.

El Acuerdo se acoge al Convenio sobre Protección de personas frente al tratamiento automatizado de datos de carácter personal del Consejo de Europa de 1981. También se regula el acceso a los ficheros que podrá ser ejercido por toda persona susceptible de figurar en ellos.

Cada Estado se compromete a controlar la entrada en las instalaciones de personas no autorizadas; controlar los soportes de datos, la introducción, utilización y acceso a los sistemas y ficheros, etc.

El **Título VII** regula la composición y funciones del Comité Ejecutivo. Es el órgano administrativo encargado de velar por el cumplimiento del Convenio. Las decisiones se deben adoptar por unanimidad. Se podrán crear grupos de trabajo compuestos por representantes de las Administraciones de las Partes contratantes.

6.6 LA COOPERACIÓN POLICIAL EN EL ÁMBITO DE LA UNIÓN EUROPEA

Al margen del CAAS, pero directamente vinculado a él han echado a andar una serie de instituciones que pretenden reforzar la cooperación policial en la Europa comunitaria (**Grupo de Trevi y Europol**).

6.6.1 Grupo de Trevi (Terrorismo-Revolución-Violencia)

Fue creado en Luxemburgo en 1976, en el ámbito de la Unión Europea para luchar contra la criminalidad organizada y el terrorismo. España se incorporó como observador en 1979 y como miembro de pleno derecho en 1986. Sus objetivos eran el intercambio de información entre los servicios de policía, la promoción de la formación común de los policías europeos, la celebración de cursos de perfeccionamiento y el intercambio de funcionarios de Policía.

6.6.2 Europol

La Oficina Europea de Policía es el organismo de colaboración y coordinación de la Policía de la Unión Europea. El Convenio constitutivo (Convenio Europol) se firmó en Bruselas el 26 de julio de 1995, publicándose en el BOE nº 232, de 28 de septiembre de 1998. Se sede se encuentra en La Haya.

El art. 2.1 del Convenio Europol establece que el objetivo de Europol consiste en mejorar, en el marco de la cooperación policial entre los Estados miembros, la eficacia de los servicios competentes de los Estados miembros y la cooperación entre ellos, para prevenir y luchar contra las formas graves de delincuencia internacional, cuando existan indicios concretos o motivos razonables para creer que haya implicada una

© 2009 Abalar Consultores, S.L.

estructura delictiva organizada y que dos o más Estados miembros se vean afectados de tal modo que, debido al alcance, gravedad y consecuencias de los actos delictivos, se requiere una actuación común de los Estados miembros.

A efectos del Convenio, las siguientes formas de delincuencia deben considerarse formas graves de delincuencia internacional: los delitos cometidos o que puedan cometerse como actividades de terrorismo que atenten contra la vida, la integridad física y la libertad de las personas, así como contra sus bienes, el tráfico ilícito de estupefacientes, las actividades ilícitas de blanqueo de dinero, el tráfico de material nuclear y radiactivo, las redes de inmigración clandestina, la trata de seres humanos y el tráfico de vehículos robados.

Para alcanzar progresivamente estos objetivos, EUROPOL actuará en primer lugar en materia de prevención y lucha contra el tráfico ilícito de estupefacientes, de material nuclear y radiactivo, las redes de inmigración clandestina, la trata de seres humanos y el tráfico de vehículos robados.

Se ocupará también de los delitos cometidos o que puedan cometerse en el marco de actividades de terrorismo que atenten contra la vida, la integridad física y la libertad de las personas, así como contra sus bienes.

El Consejo podrá decidir por unanimidad, encomendar a EUROPOL que se ocupe de otras formas de delincuencia de las mencionadas en el anexo del presente Convenio o de los aspectos específicos de las mismas. Antes de decidir, El Consejo encargará al Consejo de Administración de EUROPOL que elabore la resolución pertinente y en particular que exponga las consecuencias que tendrá para EUROPOL en términos presupuestarios y de personal.

La competencia de EUROPOL sobre una forma de delincuencia o sobre aspectos específicos de la misma abarcará igualmente:

- **El blanqueo de dinero** ligado a esas formas de delincuencia o a sus aspectos específicos.

- **Los delitos conexos**.

Se consideran conexos:

- Los delitos cometidos con objeto de procurarse los medios para perpetrar los actos que sean competencia de EUROPOL.

- Los delitos cometidos para facilitar o consumar la ejecución de los actos que sean competencia de EUROPOL.

- Los delitos cometidos para conseguir la impunidad de los actos que sean competencia de EUROPOL.

Las **funciones** prioritarias se establecen en el artículo 3 del Convenio:

- Facilitar el intercambio de información entre los Estados miembros.

© 2009 Abalar Consultores, S.L.

- Recoger, compilar y analizar informaciones y datos.

- Comunicar sin demora a los servicios competentes de los Estados miembros por medio de las unidades nacionales, los datos que les afecten y la relación entre los actos delictivos de los que ha tenido conocimiento.

- Facilitar las investigaciones en los Estados miembros transmitiendo a las unidades nacionales toda la información pertinente al respecto.

- Gestionar sistemas informatizados de recogida de datos.

Para mejorar la cooperación y la eficacia de los servicios nacionales competentes de los Estados miembros en el marco de los objetivos definidos en el apartado 1 del artículo 2, EUROPOL desempeñará, además, las funciones siguientes:

- Profundizar en los conocimientos especializados utilizados por los servicios competentes de los Estados miembros en el marco de sus investigaciones y ofrecer asesoramiento para las mismas.

- Proporcionar datos estratégicos para facilitar y promover la utilización eficaz y racional de los recursos disponibles a nivel nacional para las actividades operativas.

- Elaborar informes sobre el estado de los trabajos.

Además, en el marco de los objetivos que establece el apartado 1, del artículo 2, EUROPOL podrá, en la medida en que lo permitan su dotación de personal y sus recursos presupuestarios y dentro de los límites fijados por el Consejo de Administración, asistir a los Estados miembros, mediante asesoramiento e investigaciones en los ámbitos siguientes:

- Formación de los miembros de los servicios competentes.

- Organización y equipamiento de dichos servicios.

- Métodos de prevención de la delincuencia.

- Métodos de policía técnicos y científicos, y métodos de investigación.

6.6.3 Unidades nacionales

La unidad nacional es el único órgano de enlace entre EUROPOL y los servicios competentes de los Estados miembros. Las relaciones entre la unidad nacional y los servicios competentes se regirán por el Derecho nacional respectivo, en particular por sus normas constitucionales.

© 2009 Abalar Consultores, S.L.

En España, la unidad nacional es el Servicio Nacional de Inteligencia Criminal, NCSIS.EUROPOL, dependiente de la Comisaría General de Policía Judicial de la Dirección General de la Policía y de la Guardia Civil (ámbito del Cuerpo Nacional de Policía). La función de las unidades nacionales será:

- Suministrar por iniciativa propia a EUROPOL las informaciones y datos necesarios para el desempeño de las funciones de este organismo.
- Responder a las solicitudes de información, de suministro de datos y de asesoramiento formuladas por EUROPOL.
- Mantener al día sus informaciones y datos.
- Con arreglo a las disposiciones del Derecho nacional, aprovechar las informaciones y los datos de interés para los servicios competentes y transmitirlos a los mismos.
- Remitir a EUROPOL las solicitudes de asesoramiento, información, datos y análisis.
- Transmitir a EUROPOL informaciones para su almacenamiento en los sistemas informatizados de recogida de datos.
- Velar por la legalidad de cada operación de intercambio de información con EUROPOL.

6.6.4 Funcionarios de enlace

Cada unidad nacional enviará a EUROPOL por lo menos un funcionario de enlace. El número de funcionarios de enlace que podrán enviar los Estados miembros a EUROPOL se fijará mediante acuerdo del Consejo de Administración.

Las unidades nacionales encargarán a sus funcionarios de enlace la defensa de los intereses de las mismas en EUROPOL de acuerdo con el Derecho nacional del Estado miembro acreditante y ajustándose a las disposiciones relativas al funcionamiento de EUROPOL.

Los funcionarios de enlace apoyarán en el marco de los objetivos establecidos en el apartado 1, del artículo 2, el intercambio de información entre las unidades nacionales acreditantes y Europol, en particular mediante:

- La transmisión de información de las unidades nacionales acreditantes a EUROPOL.
- La transmisión de datos de EUROPOL a las unidades acreditantes.
- La cooperación con el personal de EUROPOL mediante la transmisión de información y asesoramiento en el análisis de la información que afecte a los Estados miembros acreditantes.

© 2009 Abalar Consultores, S.L.

6.6.5 Sistema de información

Para cumplir sus funciones, EUROPOL creará y gestionará un sistema de información informatizado. Los Estados miembros, representados por las unidades nacionales y los funcionarios de enlace, suministrarán datos directamente a dicho sistema observando su legislación nacional, y EUROPOL suministrará los datos facilitados por los Estados y otras instancias, así como los datos resultantes del análisis; el sistema de información será accesible para consulta directa por parte de las unidades nacionales, los funcionarios de enlace, el director, los directores adjuntos, y los agentes de EUROPOL debidamente habilitados.

6.6.6 Órganos de EUROPOL

Los órganos de EUROPOL, según el art. 27 del Convenio, son:

- El Consejo de Administración.
- El Director.
- El Interventor Financiero.
- El Comité Presupuestario.

© 2009 Abalar Consultores, S.L.

© 2009 Abalar Consultores, S.L.

TEMA 9

Derecho Administrativo: Concepto, caracteres y contenido. Principio de legalidad. Actividad reglada y actividad discrecional de la Administración. El reglamento: Concepto y caracteres. El acto administrativo: Concepto, caracteres y clases. El procedimiento administrativo: Principios y aplicación.

1. DERECHO ADMINISTRATIVO: CONCEPTO, CARACTERES Y CONTENIDO

1.1 CONCEPTO

Según **Entrena Cuesta**, el Derecho administrativo es el *conjunto de normas de Derecho público interno que regulan la organización y actividad de las Administraciones públicas.* En esta definición se recogen las características del Derecho administrativo, que pasamos a analizar.

a) **Conjunto de normas de Derecho público**. Una norma tendrá carácter jurídico público cuando se refiera a relaciones o situaciones en que necesariamente esté implicada la participación de un ente público.

De esta forma encontrarán acomodo dentro del Derecho administrativo no sólo aquellos preceptos que atribuyan a la Administración prerrogativas que por sí misma pueda ejercitar, sino también los que regulan su organización, o se ocupan de relaciones que se desarrollan en situación de paridad entre dos entes públicos que, a través de tales relaciones, persiguen de forma inmediata y directa una finalidad pública.

b) **Conjunto de normas de Derecho público interno**. El sector del Derecho internacional que regula la organización y actividades de las administraciones internacionales no debe integrarse dentro del Derecho administrativo, sino dentro del Derecho internacional administrativo.

c) **Conjunto de normas que regulan la organización y actuación de las Administraciones públicas**. La regulación de la organización administrativa tiene carácter jurídico.

© 2009 Abalar Consultores, S.L.

1.2 CARACTERES

Las normas que integran el Derecho administrativo tienen una **característica** dual: unas disciplinan la organización administrativa, otras las relaciones de la Administración pública. La distinción es de gran importancia en cuanto al papel que puedan desempeñar los administrados en el supuesto de que se infrinja alguna de tales normas, pues mientras las primeras les afectan tan solo de forma mediata, las segundas inciden inmediatamente sobre derechos o intereses.

1.3 CONTENIDO

El Derecho administrativo tiene, pues, un **contenido** tridimensional: Un sector de normas regula la organización administrativa, otro las relaciones entre los distintos entes públicos y el tercero, sin duda el más importante y que fue justamente el que determinó la aparición de esta rama del Derecho, se ocupa de las relaciones entre los entes públicos y los ciudadanos, conjugando las prerrogativas de aquellos con las garantías que el Estado de Derecho postula para todo sujeto del Ordenamiento jurídico.

Finalmente para que una norma de Derecho público interno pueda considerarse como administrativa, deberá estar referida al menos a una Administración pública, que podrá ser estatal, autonómica, local o institucional.

2. EL PRINCIPIO DE LEGALIDAD

El principio de legalidad significa el sometimiento de la Administración a lo que la ley establezca.

El Estado de Derecho se caracteriza no solo por su elemento sustantivo -el reconocimiento y la tutela de los derechos políticos subjetivos-, sino también por la forma como este objetivo va a alcanzarse: El sometimiento del Estado y, dentro de él, principalmente, la Administración, a la ley. Este segundo elemento formal, es lo que se denomina el principio de legalidad.

Dicho principio postula que la Administración se someta en todo momento a lo que la ley establezca. Y cuando se utiliza el término "ley" se comprende no solo las leyes en sentido estricto, sino también los reglamentos y, en general, todos los principios que informan el Ordenamiento jurídico. Por todo ello se dice que la Administración habrá de someterse no sólo a la ley, sino a todo el *bloque de la legalidad*, al Ordenamiento jurídico.

Este sometimiento se consigue mediante la instrumentación de una serie de técnicas cuya elaboración corresponde al Derecho administrativo, que, como sabemos, está edificado sobre los dos pilares de la prerrogativa de la Administración y la garantía de los administrados. Estas técnicas descansan en las bases siguientes:

© 2009 Abalar Consultores, S.L.

- Sometimiento de la Administración a la ley en sentido estricto.
- Ordenación jerárquica de las normas jurídicas, a través de la cual se efectúa una ordenación funcional del poder.
- Se prohíbe a la Administración alterar mediante actos singulares lo establecido en disposiciones por ella dictadas.
- Se impone a la Administración la obligación de perseguir en todas sus actuaciones el interés público.
- Se predica la nulidad o anulabilidad de tales actos.
- Se establece una regulación de responsabilidad administrativa que asegure, mediante la justa indemnización, el restablecimiento del principio de igualdad ante la ley y, con él, el orden jurídico perturbado.

El principio de legalidad plantea dos cuestiones fundamentales:

1ª. La finalidad que se busca con la sumisión de la Administración a la ley.

El principio de legalidad tiene su arranque en la Revolución francesa, que repudió las técnicas de gobierno de los Reyes autoritarios y sometió la regulación de las relaciones entre la Administración y los administrados a normas jurídicas, lo que constituye uno de los principios en que se basa el Estado de Derecho.

Tal sometimiento de la Administración a la ley se hizo con una finalidad fundamental: la de servir de defensa a la libertad de los ciudadanos. Por ello, no siempre que la Administración esté sometida a la ley puede hablarse de Estado de Derecho, sino solamente en aquellos casos en que el Estado reconoce y tutela los derechos públicos de los ciudadanos mediante la sumisión de la Administración a la ley y el establecimiento de garantías para hacer efectiva tal sumisión.

El principio de legalidad así entendido tiene su consagración en el artículo 9.1 de la Constitución cuando dice: *"Todos los poderes públicos están sujetos a la Constitución y al resto del Ordenamiento jurídico"*, y más concretamente el artículo 103.2, cuando señala que *"La Administración pública sirve con objetividad los intereses generales con sometimiento pleno a la Ley y al Derecho"*.

2ª. El tipo de vinculación que se produce entre la Administración y el Ordenamiento jurídico.

En primer lugar se ha planteado si la Administración puede hacer todo aquello no prohibido por la ley (vinculación negativa), o si en su actividad necesita siempre estar habilitada en virtud de alguna norma (vinculación positiva). La doctrina tradicional patrocinaba la primera postura, pero actualmente los autores están de acuerdo en defender la segunda posición.

© 2009 Abalar Consultores, S.L.

Es decir, no basta con que una ley no prohíba a la Administración desarrollar la actividad, ni que exista siquiera una ausencia de normas, sino que para que la Administración pueda actuar legítimamente, es necesario que esté habilitada o apoderada para desarrollar tal actividad, por el Ordenamiento jurídico. Habilitaciones que han de ser expresas, específicas y concretas, es decir, para actuar en materias determinadas.

En definitiva la Administración pública podrá hacer todo aquello para lo que esté habilitada con mayor o menor detalle por el Ordenamiento jurídico.

3. ACTIVIDAD REGLADA Y ACTIVIDAD DISCRECIONAL DE LA ADMINISTRACIÓN

La Administración para desarrollar su actividad, debe estar autorizada por el Ordenamiento jurídico. Pues bien, puede suceder que el Ordenamiento jurídico además de autorizar a la Administración para desarrollar una actividad, le imponga las soluciones concretas que debe adoptar en cada caso, o puede suceder, por el contrario, que permitiéndole desarrollar una determinada actividad, le faculta a la vez para decidir la solución que crea más conveniente para el interés público. En el primer caso estamos en presencia de una *actividad reglada* de la Administración, y en el segundo estamos en la llamada *actividad discrecional*.

Según la Ley de la Jurisdicción Contencioso Administrativa, la discrecionalidad surge cuando el Ordenamiento jurídico atribuye a algún órgano competencia para apreciar, en un supuesto dado, lo que sea el interés público.

La discrecionalidad puede tener un mayor grado o menor amplitud. El Ordenamiento jurídico puede facultar a la Administración para decidir sobre la realización o no de una determinada actividad, o le puede facultar para decidir solamente sobre el contenido concreto de la misma.

La discrecionalidad como señala García de Enterría, es esencialmente una libertad de elección entre alternativas igualmente justas o, si se prefiere, entre indiferentes jurídicos, porque la decisión se fundamenta en criterios extrajurídicos (de oportunidad, económicos) no incluidos en la ley y remitidos al juicio subjetivo de la Administración.

Una potestad es discrecional siempre que el Ordenamiento jurídico no establece cuando debe ejercitarse, como debe ejercitarse y en que sentido se debe ejercitar.

La discrecionalidad no es sinónimo de arbitrariedad. Para que el ejercicio de una potestad administrativa sea discrecional no es necesario, por tanto, que sean discrecionales los tres aspectos indicados, bastando que exista discrecionalidad respecto de uno de ellos.

© 2009 Abalar Consultores, S.L.

Lo que sí es requisito imprescindible para que pueda hablarse de discrecionalidad y no de arbitrariedad, es que los fines que se persiguen o hayan de perseguirse por cada potestad estén taxativamente enunciados en el Ordenamiento jurídico. Como dice Giannini la potestad discrecional puede ser libre en todo menos en la elección de los fines que persigue.

El control de la actividad discrecional se lleva a cabo por los Tribunales, admitiéndose el recurso contra actos discrecionales. Dicho recurso no podrá referirse a los elementos discrecionales del acto, pero sí a los reglados, y en primer lugar al fin perseguido por la actuación administrativa.

Si la Administración ejercita sus potestades para una finalidad distinta de la predeterminada por el Ordenamiento jurídico está desviándose de aquélla, incurrirá en el vicio llamado *desviación de poder*.

Además habrán de observarse las normas de procedimiento administrativo en la elaboración de los actos discrecionales, y han de ser tenidos en cuenta los principios generales del Derecho.

4. EL REGLAMENTO: CONCEPTO Y CARACTERES

Definimos al Reglamento como la n*orma escrita, dictada por la Administración, en virtud de su competencia propia, y con valor inferior a la ley*. Tres son las características que podemos deducir del concepto

a) *Es una norma escrita* emanada de la Administración, lo que sirve para diferenciarla de la ley, la cual nunca emanará de la Administración, sino de los órganos que dentro de cada comunidad representan la voluntad de la misma (Parlamento, Asamblea, Cortes)

b) *Tiene valor inferior a la Ley*. Con ello se excluye del concepto de Reglamento a los Decretos legislativos y a los Decretos-leyes, que si bien provienen de la Administración, al ser dictados por ella por delegación o por razones de urgencia tienen el valor de una ley.

c) El Reglamento contiene una norma, es un *acto normativo*. Es lo que distingue a los Reglamentos de los actos administrativos.

4.1 FUNDAMENTO

La atribución a la Administración de la potestad de dictar Reglamentos tiene un doble fundamento o justificación.

Desde el punto de vista material, tal fundamento estriba en que los Parlamentos actúan en forma solemne, lenta e intermitente y están imposibilitados, dada la complejidad técnica de algunas materias para poder regular las mismas

© 2009 Abalar Consultores, S.L.

minuciosamente. Solamente con leyes no se puede gobernar, sino que es necesario recurrir a la colaboración de los Reglamentos. García de Enterría dice que guste o desagrade, sean o no grandes los riesgos de esta normación secundaria, la potestad reglamentaria de la Administración es hoy absolutamente imprescindible.

Desde un punto de vista formal, el fundamento de la potestad reglamentaria de la Administración se encuentra en la propia Constitución, cuando en su artículo 97 atribuye al Gobierno el ejercicio de la potestad reglamentaria.

4.2 CLASES

De las múltiples clasificaciones que pueden hacerse, recogemos las siguientes:

a) **Por razón del sujeto** que las dicta se distinguen entre reglamentos estatales, autonómicos, locales e institucionales. A su vez, cabe también establecer subdivisiones en consideración al órgano del que en cada caso emanan.

Los reglamentos pueden ser dictados por el Consejo de Ministros, las Comisiones delegadas, Ministros, Comunidades Autónomas, Corporaciones locales, Alcaldes...

Hay que tener en cuenta que los Reglamentos se van a jerarquizar en función de la Administración que las dicta, y dentro de cada Administración por el órgano que las dicta.

b) **Por su relación con la ley** los reglamentos pueden ser:

- **Reglamentos ejecutivos**. Desarrollan lo establecido en una ley, normalmente en virtud de una autorización o mandato expreso en la misma. En unos casos la ley autoriza al Gobierno para dictar el reglamento que la desarrolle, mientras que en otros la propia ley ordena al Gobierno para que dicte el reglamento de aplicación.

- **Reglamentos independientes**. Son consecuencia de la potestad reglamentaria de la Administración y operan sobre ámbitos distintos a los regulados por las leyes, no conectando inmediatamente con una ley.

- **Reglamentos normales**. Son los que se someten plenamente a los límites que el Derecho positivo establece con carácter general en la materia.

- **Reglamentos excepcionales**. Son aquellos en que falla o se matiza de forma singular unas veces el límite de la jerarquía normativa -reglamentos sobre materias deslegalizadas- y, otras tanto el límite como el de las materias reservadas, llamados reglamentos de necesidad.

© 2009 Abalar Consultores, S.L.

c) **Por razón de su contenido** se distingue entre los reglamentos internos o de organización y los externos o de relación; y entre los estatutos y los reglamentos en sentido estricto.

Los reglamentos internos agotan su eficacia en el ámbito de la propia Administración sin que regulen o repercutan en relaciones entre aquélla y los particulares o entre los entes públicos.

El término estatuto se emplea para denominar aquellos reglamentos en los que se traza la constitución de un ente público, mientras que dicho ente podrá, normalmente, dictar reglamentos en sentido estricto, con los que desarrollará los preceptos de su estatuto o regulará extremos no previstos en aquél.

5. EL ACTO ADMINISTRATIVO: CONCEPTO, CARACTERES Y CLASES

5.1 CONCEPTO

Según García de Enterría, acto administrativo es la *declaración de voluntad, de juicio, de conocimiento o deseo realizada por la Administración en ejercicio de una potestad administrativa distinta de la potestad reglamentaria.* De esta definición se derivan las siguientes características:

1. Se trata de una declaración intelectual, lo que excluye las actividades propiamente materiales.

2. La declaración puede ser de voluntad, que será lo normal en las decisiones o resoluciones finales de los procedimientos, pero también de otros estados intelectuales: De juicio (por ejemplo, un informe); de conocimiento (por ejemplo, certificados, diligenciado de títulos, levantamiento de actas); de deseo (por ejemplo, las propuestas de un órgano a otro).

3. La declaración ha de proceder de una Administración, lo que excluye los actos jurídicos del administrado, los supuestos actos materialmente administrados dictados por órganos públicos no encuadrados en la Administración (órganos judiciales), así como los contratos o convenios en cuanto son fruto de varias voluntades y no solo de una Administración.

4. La declaración administrativa en que el acto consiste, se presenta como el ejercicio de una potestad administrativa.

5. La potestad administrativa ejercida en el acto ha de ser distinta de la potestad reglamentaria.

© 2009 Abalar Consultores, S.L.

5.2 ELEMENTOS DEL ACTO ADMINISTRATIVO

Se pueden agrupar de la forma siguiente:

a) **Elemento subjetivo**. El acto administrativo ha de proceder de un sujeto de la Administración pública. Ello supone:

- Que se derive de un ente público.
- Que dentro del ente público, emane del órgano administrativo competente.
- Que el titular del órgano administrativo ha de tener aptitud para actuar en relación con dicho órgano y en relación con los interesados.

Se plantean así tres problemas:

1°. *La competencia*. Es el conjunto de atribuciones que corresponden a un órgano administrativo con preferencia a los demás. Pues bien, el órgano administrativo ha de ser competente por razón del territorio, por razón de la materia y por razón del grado jerárquico.

2°. *La aptitud del titular del órgano frente a dicho órgano*. El titular del órgano administrativo ha de estar legalmente adscrito a éste. Tal circunstancia puede no producirse en los tres casos siguientes:

- Que dicte el acto quien no tiene título alguno para ello.
- Que el acto de nombramiento del titular esté viciado.
- Que existiendo nombramiento legal se dicte el acto después de que haya perdido su virtualidad.

3°. *La aptitud del titular del órgano frente a los interesados*. Al titular del órgano administrativo no ha de afectarle alguno o algunos de los motivos de abstención y recusación establecidos legalmente.

b) **Elemento objetivo** o **contenido del acto**. Bajo esta rúbrica se refieren los autores al contenido del acto, señalando que el mismo debe reunir los siguientes requisitos:

- *Posibilidad*. Los actos de contenido imposible son nulos de pleno derecho.
- *Licitud*. Los actos han de ajustarse al Ordenamiento jurídico. Los actos.constitutivos de delito son nulos de pleno derecho.
- *Adecuación a los fines* que el mismo persigue.

c) **Elemento causal**. Alude al "porqué" o causa del acto administrativo, la razón o circunstancia que justifican en cada caso el acto que se dicte.

© 2009 Abalar Consultores, S.L.

d) **Elemento teleológico**. Se concreta en el "para qué" ha sido dictado el acto administrativo, y consiste en último término, en el logro del interés público en cada una de las manifestaciones concretas de éste.

e) **Elemento formal**. La forma, como elemento del acto administrativo, se desglosa en dos aspectos distintos: La forma de integración de la voluntad administrativa, esto es, el procedimiento administrativo, y la forma de declaración de voluntad administrativa.

La Ley de 30/1992, de 26 de Noviembre, de Régimen Jurídico de las Administraciones Públicas y del Procedimiento Administrativo Común, modificada por Ley 4/1999, de 13 de enero, establece que los actos administrativos se producirán *por escrito*, a menos que su naturaleza exija o permita otra forma más adecuada de expresión o constancia, y serán motivados con referencia sucinta de hechos y fundamentos de derecho, en la mayoría de los supuestos.

5.3 CLASES

De las numerosas clasificaciones proponemos la siguiente:

a) **Por la fuente de los efectos jurídicos que produce:**

1. *Actos negocios jurídicos*. Son aquellos cuyos efectos derivan de la declaración de voluntad que el acto conlleva. Son las admisiones, nombramientos, autorización, dispensas.

2. *Actos que no son negocios jurídicos*. Son actos administrativos en los cuales, a diferencia de los negocios jurídicos, los efectos no provienen de la declaración de voluntad, sino de la propia ley. Comprenden las comprobaciones, certificados, inscripciones.

b) **Por la forma de exteriorización**

1. *Actos administrativos expresos*. La declaración de voluntad tiene lugar por medio de la palabra oral o escrita.

2. *Actos administrativos tácitos*. La manifestación de voluntad tiene lugar a través de una conducta, de la cual se deduce la voluntad del órgano.

3. *Actos administrativos presuntos*. No existe declaración de voluntad, ni conducta, pero la ley presume la voluntad administrativa.

4. *Actos orales, escritos y mímicos*.

© 2009 Abalar Consultores, S.L.

c) **Por su fiscalización contencioso-administrativa**

1. *Actos impugnables*. Son la regla general, pero, en todo caso, han de ser:

   - Actos definitivos (resolución administrativa), que son aquellos que ponen fin a un procedimiento, conteniendo la voluntad del órgano administrativo.

   - Actos de trámite, que son aquellos que van formando la voluntad administrativa siempre que decidan directa o indirectamente el fondo del asunto.

   - Actos que agoten la vía administrativa, que causan estado.

   - Actos que hayan adquirido firmeza, son firmes cuando no son susceptibles de recurso alguno, por haber trascurrido los plazos previstos.

2. **Actos no impugnables**. Son la excepción. Se trata de actos que no tienen posibilidad de impugnación.

d) **Por razón de las potestades utilizadas al dictarlos**

1. **Actos reglados**. Son aquellos en que todos sus elementos aparecen fijados y precisados por la ley.

2. **Actos discrecionales**. Son aquellos en que todos sus elementos figuran concretados legalmente.

6 EL PROCEDIMIENTO ADMINISTRATIVO: PRINCIPIOS Y APLICACIÓN

6.1 ÁMBITO DE APLICACIÓN

Se establece en la Ley 30/1992, de 26 de noviembre, de Régimen Jurídico de las Administraciones Públicas y del Procedimiento Administrativo Común (LRJAP y PAC), reformada por Ley 4/1999, de 13 de enero, que en su artículo segundo, considera que son Administraciones públicas:

a) La Administración Central del Estado (General y territorial).

b) Las Administraciones de las Comunidades Autónomas.

c) Las Entidades que integran la Administración Local.

d) Las entidades de Derecho público con personalidad jurídica propia vinculadas o dependientes de cualquiera de las Administraciones Públicas

© 2009 Abalar Consultores, S.L.

tendrán asimismo la consideración de Administración Pública. Estas Entidades sujetarán su actividad a la presente ley cuando ejerzan potestades administrativas, sometiéndose en el resto de su actividad a lo que dispongan sus normas de creación (Administración institucional).

Hay que mencionar las últimas reformas de la Ley 30/1992, en lo relativo al Procedimiento Administrativo Común. En primer lugar, **el R.D. 522/2006, de 28 de abril**, suprime la obligación de tener que presentar la fotocopia del D.N.I. de los administrados en aquellos procedimientos en los que la Administración ya posea dicho documento.

Por otro lado, **la Ley 11/2007, de 22 de junio, de acceso electrónico de los ciudadanos a los Servicios Públicos** (conocida como Ley de la Administración Electrónica), establece el derecho de los administrados a relacionarse por medios telemáticos con las Administraciones Públicas.

6.2 PRINCIPIOS RECTORES DEL PROCEDIMIENTO ADMINISTRATIVO

6.2.1 Principios generales

En el art. 3 de la LRJAP y PAC se reconocen los principios de *lealtad constitucional, jerarquía, descentralización, colaboración, asistencia recíproca, eficacia y servicio público:*

"1. Las Administraciones públicas sirven con objetividad los intereses generales y actúan de acuerdo con los principios de eficacia, jerarquía, descentralización, desconcentración y coordinación, con sometimiento a la Constitución, a la Ley y al Derecho.

2. Las Administraciones públicas, en sus relaciones se rigen por el principio de cooperación, y en su actuación por los criterios de eficiencia y servicio a los ciudadanos.

3. Bajo la dirección del Gobierno de la Nación, de los órganos de gobierno de las Comunidades Autónomas y de los correspondientes de las Entidades que integran la Administración local, la actuación de la Administración pública respectiva se desarrolla para alcanzar los objetivos que establecen las leyes y el resto del ordenamiento Jurídico.

4. Cada una de las Administraciones públicas actúa para el cumplimiento de sus fines con personalidad jurídica única".

La Ley 4/1999, de 13 de enero, ha introducido dos principios derivados del de seguridad jurídica: *la buena fe y la confianza legítima de los ciudadanos* en que la actuación de las Administraciones públicas no puede ser alterada arbitrariamente.

© 2009 Abalar Consultores, S.L.

La Ley 11/2007, de 22 de junio, de acceso electrónico de los ciudadanos a los Servicios Públicos (conocida como Ley de la Administración Electrónica), establece el derecho de los administrados a relacionarse por medios telemáticos con las Administraciones Públicas.

6.2.2 Principios relativos a las relaciones entre las Administraciones

Según el art. 4 de la Ley, en sus relaciones las Administraciones se deben respeto a sus respectivas competencias, asistencia y cooperación recíproca e intercambio de información.

Para posibilitar la coherencia y la coordinación de la actuación administrativa se establecen las Conferencias Sectoriales, formadas por los Ministros y órganos de Gobierno de las Comunidades Autónomas (art. 5), se potencian la firma de Convenios de colaboración (art. 6) y la realización de planes y programas conjuntos (art. 7).

6.2.3 Principios relativos a la competencia

El art. 11 de la Ley, reconoce a cada Administración pública la posibilidad de crear, dentro de su ámbito, los órganos administrativos propios de las especialidades derivadas de su organización.

El art. 12 establece la indisponibilidad de la competencia, estableciendo específicamente los casos de *delegación* (dejación de la competencia al subordinado) o *avocación* (asunción de la competencia por el superior). También se reconocen la desconcentración y la coordinación de la competencia (arts. 12 y 18).

Las delegaciones de competencias y su revocación deberán publicarse en el Boletín Oficial de Estado, en el de la Comunidad autónoma o en el de la Provincia, según la Administración a que pertenezca el órgano delegante, y el ámbito territorial de competencia de éste.

Las resoluciones administrativas que se adopten por delegación indicarán expresamente esta circunstancia y se considerarán dictadas por el órgano delegante. Salvo autorización expresa de una ley, no podrán delegarse las competencias que se ejerzan por delegación.

La delegación será revocable en cualquier momento por el órgano que la haya conferido.

La *competencia* es la medida de las atribuciones o facultades jurídicas que sobre una determinada materia u objeto corresponden a cada órgano.

Los criterios fundamentales que se manejan para distribuir la competencia son tres: el jerárquico, el territorial y el material.

La *competencia jerárquica* es la medida de la distribución de las funciones y potestades entre los diversos grados de jerarquía. Se trata de un reparto vertical. Normalmente este criterio determina la atribución a los órganos superiores de las

© 2009 Abalar Consultores, S.L.

funciones y potestades de mayor trascendencia y a los inferiores de las de menor importancia.

La *competencia territorial*, que supone una distribución horizontal en razón del territorio de las funciones y potestades y en relación con otros órganos que se encuentran situados al mismo nivel jerárquico.

La *competencia objetiva* o *material,* que supone una distribución por fines, objetivos o funciones y es la que da origen, por ejemplo, a la diversidad de atribuciones entre los diversos Ministerios, y dentro de éstos la distribución de aquéllos entre las distintas Direcciones Generales.

6.2.4 Principios relativos a los administrados

A los administrados se les reconocen los siguientes derechos:

- Conocer el estado de tramitación de los procedimientos, art. 35, a).
- Identificar a las autoridades y funcionarios que intervienen en aquéllos, art. 35,b).
- Usar las lenguas oficiales del territorio de su Comunidad, art. 35, c).
- A utilizar las lenguas oficiales en el territorio de su Comunidad, art. 35,d).
- Formular alegaciones y aportar documentos en cualquier fase del procedimiento anterior al trámite de audiencia, art. 35, e).
- Obtener información y orientación acerca de proyectos, actuaciones o solicitudes que quieran realizar, art. 35, g).
- Ser tratados con respeto y deferencia por las autoridades y funcionarios, art. 35, i).
- Exigir responsabilidades de las Administraciones y del personal a su servicio cuando corresponda legalmente, art. 35, j).
- Derecho de acceso a archivos y registros, art. 37.
- Obligación de que la Administración resuelva, art. 42.

6.2.5 Principios relativos a las disposiciones y actos administrativos

En los artículos 51 y 52 de la Ley se establecen los principios de legalidad, jerarquía normativa, publicidad e inderogabilidad singular.

© 2009 Abalar Consultores, S.L.

6.3 APLICACIÓN DEL PROCEDIMIENTO ADMINISTRATIVO

El procedimiento administrativo está formado por el conjunto de actos en los que se concreta la actuación administrativa. Está regulado en el Título VI de la LRJAP y PAC "Disposiciones generales sobre los procedimientos administrativos".

El procedimiento administrativo está inspirado en los principios de *contradicción, economía procesal, oficialidad, imparcialidad y publicidad*. En él se distinguen las siguientes fases:

6.3.1 Iniciación

De *oficio, por acuerdo del órgano competente*, (bien por propia iniciativa por orden superior, a petición razonada de otros órganos o por denuncia) o a *solicitud de la persona interesada*.

Las solicitudes que se formulen contendrán: Identificación del interesado y lugar a efectos de notificaciones; hechos, razones y petición en que se concrete la solicitud; lugar, fecha y firma del solicitante; órgano, centro o unidad administrativa a la que se dirige (art. 70).

6.3.2 Ordenación

El procedimiento, sometido al criterio de celeridad, se impulsará de oficio en todos sus trámites, y las cuestiones incidentales que se susciten en el procedimiento no suspenderán la tramitación del mismo, salvo la recusación (art. 74 y siguientes).

6.3.3 Instrucción

Fase decisiva para la aportación de la prueba, audiencia del interesado y concreción del objeto del procedimiento. Está inspirada por los principios de contradicción e igualdad.

- El procedimiento se instruirá de oficio por el órgano que tramite el procedimiento, sin perjuicio de que los interesados puedan formular alegaciones, presentar documentos o proponer actuaciones antes del trámite de audiencia (arts. 78 y 79).
- Proposición y práctica de la prueba (arts. 80 y 81).
- Petición y evacuación de informes (arts. 82 y 83).
- Trámite de audiencia a los interesados y, en su caso, información pública (arts. 84 y 86).

© 2009 Abalar Consultores, S.L.

6.3.4 Finalización

El procedimiento puede finalizar:

1. Por **resolución motivada** del órgano competente (art. 89).

Las resoluciones contendrán la decisión que será motivada y expresarán los recursos que contra la misma procedan, órgano administrativo o judicial ante el que hubieran de presentarse y plazo para interponerlos. La resolución que ponga fin al procedimiento decidirá todas las cuestiones planteadas por los interesados y aquellas otras derivadas del mismo.

2. Por **desistimiento de la solicitud o renuncia al derecho** en que se funde la solicitud (art. 90).

Todo interesado podrá desistir de su solicitud o, cuando ello no esté prohibido por el ordenamiento jurídico, renunciar a sus derechos. Tanto el desistimiento como la renuncia podrán hacerse por cualquier medio que permita su constancia (arts. 90 y 91).

3. Por **declaración de caducidad** de la solicitud (art. 92).

En los procedimientos iniciados a solicitud del interesado, cuando se produzca su paralización por causa imputable al mismo, la Administración le advertirá que, transcurridos tres meses, se producirá la caducidad del mismo. Podrá no ser aplicable la caducidad en el supuesto de que la cuestión suscitada afecte al interés general o fuera conveniente sustanciarla para su definición y esclarecimiento.

4. Por **convenio** o **pacto** (art. 88).

Las Administraciones públicas podrán celebrar acuerdos, pactos, convenios o contratos con personas tanto de derecho público como privado, siempre que no sean contrarios al ordenamiento jurídico ni versen sobre materias no susceptibles de transacción y tengan por objeto satisfacer el interés público que tienen encomendado, con el alcance, efectos y régimen jurídico específico que en cada caso prevea la disposición que regule pudiendo tales actos tener la consideración de finalizadores de los procedimientos administrativos o insertarse en los mismos con carácter previo, vinculante o no, a la resolución que les oponga fin.

6.3.5 Ejecución

Los actos administrativos serán *inmediatamente ejecutivos*, excepto lo previsto en los artículos 111, sobre interposición de recursos y 128, sobre irretroactividad, y en los casos en que una disposición establezca lo contrario o necesiten aprobación o autorización superior (art. 94).

© 2009 Abalar Consultores, S.L.

La ejecución puede ser *voluntaria* (art. 94) o *forzosa* (art. 95). La ejecución forzosa, respetando siempre el principio de proporcionalidad, previo apercibimiento, puede realizarse mediante *apremio sobre el patrimonio, ejecución subsidiaria, multa coercitiva o compulsión sobre las personas.*

Si fueran varios los medios de ejecución admisibles se elegirá el menos restrictivo para la libertad individual. Si fuese necesario entrar en el domicilio del afectado, las Administraciones públicas deberán obtener el consentimiento del mismo, o en su defecto, la oportuna autorización judicial (art. 96).

6.3.6 Fase de impugnación (recursos)

Fase sensiblemente modificada por la Ley 4/1999, que vuelve a establecer el *recurso potestativo de reposición* y el *recurso de alzada*, junto al *recurso de revisión* contra actos firmes.

1º. ***Recurso de alzada y recurso potestativo de reposición*** (art. 107)

"1. Contra las resoluciones y los actos de trámite, si estos últimos deciden directa o indirectamente el fondo del asunto, determinan la imposibilidad de continuar el procedimiento, producen indefensión o perjuicio irreparable a derechos e intereses legítimos, podrán interponerse por los interesados los recursos de alzada y potestativo de reposición, que cabrá fundar en cualquiera de los motivos de nulidad o anulabilidad previstos en los artículos 62 y 63 de esta Ley.

La oposición a los restantes actos de trámite podrá alegarse por los interesados para su consideración en la resolución que ponga fin al procedimiento.

2. Las leyes podrán sustituir el recurso de alzada, en supuestos o ámbitos sectoriales, determinados, y cuando la especificidad de la materia así lo justifique, por otros procedimientos de impugnación, reclamación, conciliación, mediación y arbitraje, ante órganos colegiados o comisiones específicas no sometidas a instrucciones jerárquicas, con respeto a los principios, garantías y plazos que la presente Ley reconoce a los ciudadanos y a los interesados en todo procedimiento administrativo.

En las mismas condiciones, el recurso de reposición podrá ser sustituido por los procedimientos a que se refiere el párrafo anterior, respetando su carácter potestativo para el interesado.

La aplicación de estos procedimientos en el ámbito de la Administración Local no podrá suponer el desconocimiento de las facultades resolutorias reconocidas a los órganos representativos electos establecidos por la Ley.

3. Contra las disposiciones administrativas de carácter general no cabrá recurso en vía administrativa.

Los recursos contra un acto administrativo que se funden únicamente en la nulidad de alguna disposición administrativa de carácter general podrán interponerse directamente ante el órgano que dictó dicha disposición.

© 2009 Abalar Consultores, S.L.

4. Las reclamaciones económico-administrativas se ajustarán a los procedimientos establecidos por su legislación específica".

2º. Recurso de alzada

Según el art. 114 de la LRJAP y PAC: *"1. Las resoluciones y actos a que se refiere el artículo 107.1, cuando no pongan fin a la vía administrativa, podrán ser recurridos en alzada ante el órgano superior jerárquico del que los dictó. A estos efectos, los Tribunales y órganos de selección del personal al servicio de las Administraciones públicas y cualesquiera otros que, en el seno de éstas, actúen con autonomía funcional, se considerarán dependientes del órgano al que estén adscritos o, en su defecto, del que haya nombrado al presidente de los mismos.*

2. El recurso podrá interponerse ante el órgano que dictó el acto que se impugna o ante el competente para resolverlo.

Si el recurso se hubiera interpuesto ante el órgano que dictó el acto impugnado, éste deberá remitirlo al competente en el plazo de diez días, con su informe y con una copia completa y ordenada del expediente

El titular del órgano que dictó el acto recurrido será responsable directo del cumplimiento de lo previsto en el párrafo anterior".

El art. 115 dice: *"1. El plazo para la interposición del recurso de alzada será de **un mes**, si el acto fuera expreso.*

*Si no lo fuera, el plazo será de **tres meses** y se contará, para el solicitante y otros posibles interesados, a partir del día siguiente a aquel en que, de acuerdo con su normativa específica, se produzcan los efectos del silencio administrativo.*

Transcurridos dichos plazos sin haberse interpuesto el recurso, la resolución será firme a todos los efectos.

2. El plazo máximo para dictar y notificar la resolución será de tres meses. Transcurrido este plazo sin que recaiga resolución, se podrá entender desestimado el recurso, salvo en el supuesto previsto en el artículo 43.2, segundo párrafo.

3. Contra la resolución de un recurso de alzada no cabrá ningún otro recurso administrativo, salvo el recurso extraordinario de revisión en los casos establecidos en el artículo 118.1".

3º. Recurso potestativo de reposición

Según el art. 116 de la LRJAP y PAC: *"1. Los actos administrativos que pongan fin a la vía administrativa podrán ser recurridos potestativamente en reposición ante el mismo órgano que los hubiera dictado o ser impugnados directamente ante el orden jurisdiccional contencioso-administrativo.*

© 2009 Abalar Consultores, S.L.

2. No se podrá interponer recurso contencioso administrativo hasta que sea resuelto expresamente o se haya producido la desestimación presunta del recurso de reposición interpuesto".

Por su parte el art. 117, sobre plazos dice: *"1. El plazo para la interposición del recurso de reposición será de* ***un mes****, si el acto fuera expreso. Si no lo fuera, el plazo será de tres meses y se contará, para el solicitante y otros posibles interesados, a partir del día siguiente a aquel en que, de acuerdo con su normativa específica, se produzca el acto presunto. Transcurridos dichos plazos, únicamente podrá interponerse recurso contencioso-administrativo, sin perjuicio, en su caso, de la procedencia del recurso extraordinario de revisión.*

2. El plazo máximo para dictar y notificar la resolución del recurso será de un mes. Contra la resolución de un recurso de reposición no podrá interponerse de nuevo dicho recurso.

3. Contra la resolución de un recurso de reposición no podrá interponerse de nuevo dicho recurso".

4º. *Recurso extraordinario de revisión*

Se regula en los artículos 108 y 118.1 de la LRJAP y PAC. El art. 108 dice que *"Contra los actos firmes en vía administrativa, sólo procederá el recurso extraordinario de revisión cuando concurra alguna de las circunstancias previstas en el art. 118.1".* Estas son:

"1ª. Que al dictarlos se hubiera incurrido en error de hecho, que resulte de los propios documentos incorporados al expediente.

2ª. Que aparezcan documentos de valor esencial para la resolución del asunto que, aunque sean posteriores, evidencien el error de la resolución recurrida.

3ª. Que en la resolución hayan influido esencialmente documentos o testimonios declarados falsos por sentencia judicial firme, anterior o posterior a aquella resolución.

4ª. Que la resolución se hubiese dictado como consecuencia de prevaricación, cohecho, violencia, maquinación fraudulenta u otra conducta punible y se haya declarado así en virtud de sentencia judicial firme".

"El recurso extraordinario de revisión se interpondrá, cuando se trate de la causa 1ª, dentro del plazo de cuatro años siguientes a la fecha de la notificación de la resolución impugnada. En los demás casos, el plazo será de tres meses a contar desde el conocimiento de los documentos o desde que la sentencia judicial quedó firme" (art. 118.2).

"Lo establecido en el presente artículo no perjudica el derecho de los interesados a formular la solicitud y la instancia a que se refieren los artículos 102 y 105.2 de la presente Ley ni su derecho a que las mismas se sustancien y resuelvan" (art. 118.3).

El art. 119 se refiere a la resolución del recurso en los siguientes términos: *"1. El órgano competente para la resolución del recurso podrá acordar motivadamente la*

© 2009 Abalar Consultores, S.L.

inadmisión a trámite, sin necesidad de recabar dictamen del Consejo de Estado u órgano consultivo de la Comunidad Autónoma, cuando el mismo no se funde en alguna de las causas previstas en el apartado 1, del artículo 118 o en el supuesto de que se hubiesen desestimado en cuanto al fondo otros recursos sustancialmente iguales.

2. El órgano al que corresponde conocer del recurso extraordinario de revisión debe pronunciarse no sólo sobre la procedencia del recurso, sino también, en su caso, sobre el fondo de la cuestión resuelta por al acto recurrido.

3. Transcurrido el plazo de tres meses desde la interposición del recurso extraordinario de revisión sin haberse dictado y notificado la resolución, se entenderá desestimado, quedando expedita la vía jurisdiccional contencioso-administrativa".

6.3.7 Interposición del recurso (art. 110)

El escrito de interposición deberá expresar:

1. El nombre y apellidos del recurrente, así como su identificación personal.
2. El acto que se recurre y la razón de su impugnación.
3. Lugar, fecha y firma del recurrente, identificación del medio y, en su caso, del lugar que se señala a efectos de notificaciones.
4. Órgano, centro o unidad administrativa al que se dirige.
5. Las demás particularidades exigidas, en su caso, por las disposiciones específicas.

El error en la calificación del recurso por parte del recurrente no será obstáculo para su tramitación, siempre que se deduzca su verdadero carácter. Los vicios y defectos que hagan anulable un acto no podrá ser alegados por quienes los hubieren causado.

6.3.8 Cómputo de plazos

Siempre que la ley o normativa comunitaria europea no se exprese otra cosa, cuando los plazos se señalen por días, se entiende que éstos son *hábiles*, excluyéndose del cómputo los domingos y los declarados festivos.

Cuando los plazos se señalen por días naturales, se hará constar esta circunstancia en las correspondientes notificaciones.

Si el plazo se fija en meses o años, éstos se computarán a partir del día siguiente a aquel en que tenga lugar la notificación o publicación del acto del que se trate, o desde el siguiente a aquel en que se produzca la estimación o desestimación por silencio administrativo.

Si en el mes de vencimiento no hubiera día equivalente a aquel en que comienza el cómputo, se entenderá que el plazo expira el último día del mes.

© 2009 Abalar Consultores, S.L.

Cuando el último día sea inhábil, se entenderá prorrogado al primer día hábil siguiente.

Los plazos expresados en días se contarán a partir del día siguiente a aquel en que tenga lugar la notificación o publicación de que se trate o desde el siguiente a aquel en que se produzca la estimación o la desestimación por silencio administrativo.

Cuando un día fuese inhábil en el municipio o Comunidad autónoma en que residiese el interesado, e inhábil en la sede del órgano administrativo, o a la inversa, se considerará inhábil en todo caso.

La Administración General del Estado y las Administraciones de las Comunidades autónomas, con sujeción al calendario laboral oficial, fijarán, en su respectivo ámbito, el calendario de días inhábiles a efectos de cómputos de plazos. El calendario aprobado por las Comunidades autónomas comprenderá los días inhábiles de las Entidades que integran la Administración local correspondiente a su ámbito territorial, a las que será de aplicación.

Dicho calendario deberá publicarse antes del comienzo de cada año en el diario oficial que corresponda y en otros medios de difusión que garanticen su conocimiento por los ciudadanos.

6.3.9 Ampliación de plazos

La Administración, salvo precepto en contrario, podrá conceder de oficio o a petición de los interesados, una ampliación de los plazos establecidos, que no exceda de la mitad de los mismos, si las circunstancias lo aconsejan y con ello no se perjudican derechos de tercero. El acuerdo de ampliación deberá ser notificado a los interesados.

La ampliación de plazos por el tiempo máximo permitido se aplicará en todo caso a los procedimientos tramitados por las misiones diplomáticas y oficinas consulares. Así como a aquellos que, tramitándose en el interior, exijan cumplimentar algún trámite en el extranjero o en los que intervengan interesados residentes fuera de España.

Tanto la petición de los interesados como la decisión sobre la ampliación deberán producirse, en todo caso, antes del vencimiento del plazo de que se trate. En ningún caso podrá ser objeto de ampliación un plazo ya vencido. Los acuerdos sobre ampliación de plazos o sobre su denegación no serán susceptibles de recursos.

6.3.10 Concepto de interesado

El art. 31 de la LRJAP y PAC dice: "1. *Se consideran interesados en el procedimiento administrativo:*

a) Quienes lo promuevan como titulares de derechos o intereses legítimos individuales o colectivos.

b) Los que, sin haber iniciado el procedimiento, tengan derechos que puedan resultar afectados por la decisión que en el mismo se adopte.

© 2009 Abalar Consultores, S.L.

c) Aquellos cuyos intereses legítimos, individuales o colectivos, puedan resultar afectados por la resolución y se personen en el procedimiento en tanto no haya recaído resolución definitiva.

2. Las asociaciones y organizaciones representativas de intereses económicos y sociales serán titulares de intereses legítimos colectivos en los términos que la Ley establezca.

3. Cuando la condición de interesado derivase de alguna relación jurídica transmisible, el derechohabiente sucederá en tal condición cualquiera que sea el estado del procedimiento".

6.3.11 Pluralidad de interesados

Art. 33: *"Cuando en una solicitud, escrito o comunicación figuren varios interesados, las actuaciones a que den lugar se efectuarán con el representante o el interesado que expresamente hayan señalado, y, en su defecto, con el que figure en primer lugar".*

6.3.12 Silencio administrativo en procedimientos iniciados a solicitud de interesado

Dispone el art. 43 de la LRJAP y PAC: *"1. En los procedimientos iniciados a solicitud del interesado, el vencimiento del plazo máximo sin haberse notificado resolución expresa legitima al interesado o interesados que hubieran deducido la solicitud para entenderla estimada o desestimada por silencio administrativo, según proceda, sin perjuicio de la resolución que la Administración debe dictar en la forma prevista en el apartado 4 de este artículo.*

2. Los interesados podrán entender estimadas por silencio administrativo sus solicitudes en todos los casos, salvo que una norma con rango de Ley o norma de Derecho Comunitario Europeo establezca lo contrario. Quedan exceptuados de esta previsión los procedimientos de ejercicio del derecho de petición, a que se refiere el artículo 29 de la Constitución, aquellos cuya estimación tuviera como consecuencia que se transfirieran al solicitante o a terceros facultades relativas al dominio público o al servicio público, así como los procedimientos de impugnación de actos y disposiciones, en los que el silencio tendrá efecto desestimatorio.

No obstante, cuando el recurso de alzada se haya interpuesto contra la desestimación por silencio administrativo de una solicitud por el transcurso del plazo, se entenderá estimado el mismo si, llegado el plazo de resolución, el órgano administrativo competente no dictase resolución expresa sobre el mismo.

3. La estimación por silencio administrativo tiene a todos los efectos la consideración de acto administrativo finalizado del procedimiento.

La desestimación por silencio administrativo tiene los solos efectos de permitir a los interesados la interposición del recurso administrativo o contencioso-administrativo que resulte procedente.

© 2009 Abalar Consultores, S.L.

4. La obligación de dictar resolución expresa a que se refiere el apartado primero del artículo 42 se sujetará al siguiente régimen:

a) En los casos de estimación por silencio administrativo, la resolución expresa posterior a la producción del acto sólo podrá dictarse de ser confirmatoria del mismo.

b) En los casos de desestimación por silencio administrativo, la resolución expresa posterior al vencimiento del plazo se adoptará por la Administración sin vinculación alguna al sentido del silencio.

5. Los actos administrativos producidos por silencio administrativo se podrán hacer valer tanto ante la Administración como ante cualquier persona física o jurídica, pública o privada. Los mismos producen efectos desde el vencimiento del plazo máximo en el que debe dictarse y notificarse la resolución expresa sin que la misma se haya producido, y su existencia puede ser acreditada por cualquier medio de prueba admitido en derecho, incluido el certificado acreditativo del silencio producido que pudiera solicitarse del órgano competente para resolver. Solicitado el certificado, éste deberá emitirse en el plazo máximo de quince días".

6.3.13 Falta de resolución expresa en procedimientos iniciados de oficio

Establece el art. 44 de la LRJAP y PAC: *"En los procedimientos iniciados de oficio, el vencimiento del plazo máximo establecido sin que se haya dictado y notificado resolución expresa no exime a la Administración del cumplimiento de la obligación legal de resolver, produciendo los siguientes efectos:*

1. En el caso de procedimientos de los que pudiera derivarse el reconocimiento o, en su caso, la constitución de derechos u otras situaciones jurídicas individualizadas, los interesados que hubieren comparecido podrán entender desestimadas sus pretensiones por silencio administrativo.

2. En los procedimientos en que la Administración ejerce potestades sancionadoras o, en general, de intervención, susceptibles de producir efectos desfavorables o de gravamen, se producirá la caducidad. En estos casos, la resolución que declare la caducidad ordenará el archivo de las actuaciones.

En los supuestos en los que el procedimiento se hubiera paralizado por causa imputable al interesado, se interrumpirá el cómputo del plazo para resolver y notificar la resolución".

6.3.14 Fin de la vía administrativa

Recordemos, que según el artículo 109 de la LRJAP y PAC: *"Ponen fin a la vía administrativa:*

a) Las resoluciones de los recursos de alzada.

b) Las resoluciones de los procedimientos de impugnación a que se refiere el art. 107.2.

© 2009 Abalar Consultores, S.L.

c) Las resoluciones de los órganos administrativos que carezcan de superior jerárquico, salvo que una Ley establezca lo contrario.

d) Las demás resoluciones de órganos administrativos cuando una disposición legal o reglamentaria así lo establezca.

e) Los acuerdos, pactos, convenios o contratos que tengan la consideración de finalizadores del procedimiento".

6.3.15 Actos nulos y anulables

El artículo 62 de la LRJAP y PAC considera que

"1. Los actos de las Administraciones públicas son ***nulos de pleno derecho*** *en los casos siguientes:*

a) Los que lesionen los derechos y libertades susceptibles de amparo constitucional.

b) Los dictados por órgano manifiestamente incompetente por razón de la materia o del territorio.

c) Los que tengan un contenido imposible.

d) Los que sean constitutivos de infracción penal o se dicten como consecuencia de ésta.

e) Los dictados prescindiendo total y absolutamente del procedimiento legalmente establecido o de las normas que contienen las reglas esenciales para la formación de la voluntad de los órganos colegiados.

f) Los actos expresos o presuntos contrarios al ordenamiento jurídico por los que se adquieren facultades o derechos cuando se carezca de los requisitos esenciales para su adquisición.

g) Cualquier otro que se establezca expresamente en una disposición de rango legal.

2. También serán nulas de pleno derecho las disposiciones administrativas que vulneren la Constitución, las leyes u otras disposiciones administrativas de rango superior, las que regulen materias reservadas a la ley, y las que establezcan la retroactividad de disposiciones sancionadoras no favorables o restrictivas de derechos individuales".

Y el artículo 63 preceptúa que:

"1. Son ***anulables*** *los actos de la Administración que incurran en cualquier infracción del ordenamiento jurídico, incluso la desviación de poder.*

© 2009 Abalar Consultores, S.L.

2. Los defectos formales solo determinarán la anulabilidad cuando el acto carezca de los requisitos formales indispensables para alcanzar su fin o de lugar a la indefensión de los interesados.

3. La realización de actuaciones administrativas fuera del tiempo establecido para ellas solo implicará la anulabilidad del acto cuando así lo imponga la naturaleza del término o plazo".

© 2009 Abalar Consultores, S.L.

TEMA 10

El Gobierno: Composición, organización y funciones. La organización y funcionamiento de la Administración General del Estado: Principios de organización, funcionamiento y relaciones con los ciudadanos. Órganos superiores y órganos directivos en la organización central.

1 EL GOBIERNO: COMPOSICIÓN, ORGANIZACIÓN Y FUNCIONES

1.1 COMPOSICIÓN Y ORGANIZACIÓN

El Consejo de Ministros o Gobierno de la Nación (llamado también Gabinete) está compuesto por *"el Presidente del Gobierno, el Vicepresidente o Vicepresidentes, en su caso, los Ministros y los demás miembros que establezca la ley"* (artículo 98 CE). También podrán asistir al Consejo de Ministros, cuando fueren llamados para ello, los Secretarios de Estado, pero no forman parte del Gobierno.

Es el supremo órgano colegiado de la Nación en materias políticas y administrativas. Desde el punto de vista constitucional es el Gobierno de la Nación y está constituido por el Presidente, los Vicepresidentes, en su caso, y los Ministros.

El Consejo de Ministros está presidido por el Presidente del Gobierno, o por uno de los Vicepresidentes, si aquél no lo pudiera presidir. El Ministro de la Presidencia actuará como Secretario.

Cuando el Consejo de Ministros actúa como órgano político sus actos están sometidos al control parlamentario, mientras que cuando lo hace como órgano administrativo el control de esta actividad se realiza por la jurisdicción contencioso-administrativa.

El Consejo de Ministros tiene una doble naturaleza: *Política,* cuando interviene en las funciones políticas, y *administrativa*, cuando interviene en funciones administrativas. Es importante esta distinción, pues cuando actúa como órgano político, sus actos no quedan sujetos a la impugnación ante la jurisdicción contencioso administrativa, sino ante el Parlamento.

Los miembros del Gobierno se reúnen en *Pleno* (Consejo de Ministros) y en *Comisiones Delegadas del Gobierno.*

© 2009 Abalar Consultores, S.L.

1.2 FUNCIONES

El poder ejecutivo en España está encarnado por el Gobierno y la Administración pública.

El art. 97 CE establece que *"El Gobierno dirige la política exterior e interior, la Administración civil y militar y la defensa del Estado. Ejerce la función ejecutiva y la potestad reglamentaria de acuerdo con la Constitución y las leyes"*. Le compete, pues, la *dirección de la política general.*

A su vez, el art. 1º de la Ley 50/1997, de 27 de noviembre, del Gobierno, señala:

"1. El Gobierno dirige la política interior y exterior, la Administración civil y militar y la defensa del Estado. Ejerce la función ejecutiva y la potestad reglamentaria de acuerdo con la Constitución y las leyes.

2. El Gobierno se compone del Presidente, del Vicepresidente o Vicepresidentes, en su caso, y de los Ministros.

3. Los miembros del Gobierno se reúnen en Consejo de Ministros y en Comisiones Delegadas del Gobierno".

El Gobierno es responsable de la actividad política, constituida por el núcleo de decisiones del Poder ejecutivo más importantes, basadas en razones de oportunidad cuya apreciación dependerá de criterios ideológicos, utilitarios o prácticos.

La Administración se constituye por un conjunto de órganos servidos por funcionarios neutrales políticamente, al menos en abstracto, cuya misión es la realización material de las disposiciones normativas y asegurar la eficacia de las decisiones políticas del Gobierno. La Administración gestiona los intereses colectivos de la comunidad, es decir, los intereses públicos.

La labor fundamental del Gobierno es de naturaleza política. De acuerdo con el programa que ha sometido al dictamen popular y que ha merecido su aprobación, el Gobierno viene obligado a adoptar determinadas decisiones que impulsen la acción política en todos los ámbitos de actividad.

- **Dirección política exterior**. Función política de dirección de las relaciones internacionales del Estado. En general el Gobierno debe informar inmediatamente al Congreso y Senado de la conclusión de tratados y convenios internacionales. En otras ocasiones necesitará la previa autorización de las Cortes Generales, como son los tratados de carácter político y militar.

- **Dirección política interior**. También es una función netamente política. Según Sánchez Agesta se trata de actos que tienden a establecer una determinada orientación en la actividad del poder público, impulsando su acción y fijando el programa de su actuación.

- **Iniciativa legislativa**. Le corresponde al Gobierno la iniciativa legislativa mediante la presentación de proyectos de ley. Los proyectos de ley serán aprobados por el Consejo de Ministros, que los someterá al Congreso, acompañados de una

© 2009 Abalar Consultores, S.L.

exposición de motivos y de los antecedentes necesarios para pronunciarse sobre ellos (art. 88 CE).

Uno de los proyectos de ley más importantes, y que el Gobierno debe presentar anualmente al Congreso es la Ley de Presupuestos. Según el art. 134 CE, corresponde al Gobierno la elaboración de los Presupuestos Generales del Estado y a las Cortes Generales su examen, enmienda y aprobación. La presentación debe hacerse al menos tres meses antes de la expiración de los del año anterior

- **Dirección de la Administración civil y militar**. Función política. Según Óscar Alzaga, esta importante función alude a las metas que los diversos órganos de la Administración han de alcanzar en una determinada situación concreta, distribuyendo la tarea administrativa entre los diversos departamentos y organismos, armonizando la labor administrativa para impedir actuaciones contradictorias y soslayar repeticiones.

- **Dirección de la defensa del Estado**. También es una función política. Esta función del Estado se puede contemplar en un doble aspecto: Defensa hacia el exterior y defensa hacia el interior del territorio nacional. Según la Constitución corresponde al Rey, previa autorización de las Cortes Generales, declarar la guerra y hacer la paz. En cuanto al mantenimiento de la paz interior, el artículo. 104 de la Constitución establece que las Fuerzas y Cuerpos de Seguridad, bajo la dependencia del Gobierno, tendrán como misión proteger el libre ejercicio de los derechos y libertades y garantizar la seguridad ciudadana. Para ordenar operaciones a las Fuerzas Armadas en el exterior que no estén directamente relacionadas con la defensa de España o el interés nacional, el Gobierno realizará consulta previa y recabará la autorización del Congreso de los Diputados (art. 17.1 de la Ley Orgánica 5/2005, de 17 de noviembre, de la Defensa Nacional).

- **Ejercicio de la función ejecutiva**. Es una función administrativa. Las Cortes Generales aprueban las leyes y el Gobierno las ejecuta. Aquí nos referimos a la función ejecutiva en sentido estricto, donde el Gobierno debe seguir las pautas marcadas por una norma, de la que no puede salirse.

- **Ejercicio de la potestad reglamentaria**. Función administrativa. En virtud de la potestad reglamentaria, el Gobierno puede aprobar normas jurídicas de carácter general, que obliguen a todos. Estas normas jurídicas reciben el nombre de Reglamentos.

El Gobierno tiene potestad normativa, pues además de la potestad reglamentaria, como es normal en el ejecutivo, tiene potestad de dictar normas con rango formal de ley en dos supuestos distintos: Decretos-leyes y Decretos legislativos.

Según el artículo 5 de la Ley del Gobierno, al Consejo de Ministros, como órgano colegiado del Gobierno, le corresponde:

a) Aprobar los proyectos de ley y su remisión al Congreso de los Diputados o, en su caso, al Senado.

b) Aprobar el Proyecto de Ley de Presupuestos Generales del Estado.

c) Aprobar los Reales Decretos-Leyes y los Reales Decretos Legislativos.

© 2009 Abalar Consultores, S.L.

d) Acordar la negociación y firma de Tratados internacionales, así como su aplicación provisional.

e) Remitir los Tratados internacionales a las Cortes Generales en los términos previstos en los artículos 94 y 96.2 de la Constitución.

f) Declarar los estados de alarma y de excepción y proponer al Congreso de los Diputados la declaración del estado de sitio.

g) Disponer la emisión de Deuda Pública o contraer crédito, cuando haya sido autorizado por una ley.

h) Aprobar los reglamentos para el desarrollo y la ejecución de las leyes, previo dictamen del Consejo de Estado, así como las demás disposiciones reglamentarias que proceda.

i) Crear, modificar y suprimir los órganos directivos de los Departamentos Ministeriales.

j) Adoptar programas, planes y directrices vinculantes para todos los órganos de la Administración General del Estado.

k) Ejercer cuantas otras atribuciones le confieran la Constitución, las leyes y cualquier otra disposición.

A las reuniones del Consejo de Ministros podrán asistir los Secretarios de Estado cuando sean convocados. Las reuniones del Consejo de Ministros podrán tener carácter decisorio o deliberante. Sus sesiones serán secretas.

De las sesiones del Consejo de Ministros se levantará acta en la que figurarán, exclusivamente, las circunstancias relativas al tiempo y lugar de su celebración, la relación de asistentes, los acuerdos adoptados y los informes presentados. Actúa como Secretario el titular del Ministerio de la Presidencia.

1.3 COMISIONES DELEGADAS DEL GOBIERNO

Se crean por el Consejo de Ministros mediante Real Decreto, a propuesta del Presidente del Gobierno, para lograr una mayor coordinación en asuntos que afectan a varios Departamentos Ministeriales.

El art. 6 de la Ley 50/1997, del Gobierno, regula la estructura, competencias y funcionamiento de las Comisiones Delegadas del Gobierno:

"1. La creación, modificación y supresión de las Comisiones Delegadas del Gobierno será acordada por el Consejo de Ministros mediante Real Decreto, a propuesta del Presidente del Gobierno.

2. El Real Decreto de creación de una Comisión Delegada deberá especificar, en todo caso:

© 2009 Abalar Consultores, S.L.

a) El miembro del Gobierno que asume la presidencia de la Comisión.
b) Los miembros del Gobierno y, en su caso, Secretarios de Estado que la integran.
c) Las funciones que se atribuyen a la Comisión.
d) El miembro de la Comisión al que corresponde la Secretaría de la misma.

3. No obstante lo dispuesto en el apartado anterior, podrán ser convocados a las reuniones de las Comisiones Delegadas los titulares de aquellos otros órganos superiores y directivos de la Administración General del Estado que se estime conveniente.

4. Corresponde a las Comisiones Delegadas, como órganos colegiados del Gobierno:

a) Examinar las cuestiones de carácter general que tengan relación con varios de los Departamentos Ministeriales que integren la Comisión.
b) Estudiar aquellos asuntos que, afectando a varios Ministerios, requieran la elaboración de una propuesta conjunta previa a su resolución por el Consejo de Ministros.
c) Resolver los asuntos que, afectando a más de un Ministerio, no requieran ser elevados al Consejo de Ministros.
d) Ejercer cualquier otra atribución que les confiera el ordenamiento jurídico o que les delegue el Consejo de Ministros.

5. Las deliberaciones de las Comisiones Delegadas del Gobierno serán secretas".

1.4 ÓRGANOS DE APOYO Y COLABORACIÓN CON EL GOBIERNO

Son los siguientes:

a) Los Secretarios de Estado son órganos superiores de la Administración General del Estado, directamente responsables de la ejecución de la acción del Gobierno en un sector de actividad específica de un departamento o de la Presidencia del Gobierno.

b) Comisión General de Secretarios de Estado y Subsecretarios. Estará integrada por los titulares de las Secretarías de Estado y por los Subsecretarios de los distintos departamentos ministeriales (art. 8 Ley 50/1997, del Gobierno). Sus reuniones tienen *carácter preparatorio* de las sesiones del Consejo de Ministros. En ningún caso la Comisión podrá adoptar decisiones o acuerdos por delegación del Gobierno.

La Presidencia de la Comisión General de Secretarios de Estado y Subsecretarios corresponde a un Vicepresidente del Gobierno o, en su defecto, al Ministro de la Presidencia. La Secretaría de la Comisión será ejercida por quien se determine reglamentariamente.

© 2009 Abalar Consultores, S.L.

Todos los asuntos que vayan a someterse a aprobación del Consejo de Ministros deben ser examinados por la Comisión, excepto aquéllos que se determinen por las normas de funcionamiento de aquél.

c) Secretariado del Gobierno. Es un órgano de apoyo del Consejo de Ministros, de las Comisiones Delegadas del Gobierno y de la Comisión General de Secretarios de Estado y Subsecretarios (art. 9 Ley 50/1997, del Gobierno). Se integra en la estructura orgánica del Ministerio de la Presidencia. Ejercerá las siguientes funciones:

- Asistencia al Ministro-Secretario del Consejo de Ministros.
- Remisión de las convocatorias a los diferentes miembros de los órganos colegiados anteriormente enumerados.
- Colaboración con las Secretarías Técnicas de las Comisiones Delegadas del Gobierno.
- Archivo y custodia de las convocatorias, órdenes del día y actas de las reuniones.
- Velar por la correcta y fiel publicación de las disposiciones y normas emanadas del Gobierno que deban insertarse en el Boletín Oficial del Estado.

d) Los Gabinetes. Son órganos de *apoyo político y técnico* del Presidente del Gobierno, de los Vicepresidentes, de los Ministros y de los Secretarios de Estado.

Los miembros de los Gabinetes realizan tareas de confianza y asesoramiento especial sin que en ningún caso puedan adoptar actos o resoluciones que correspondan legalmente a los órganos de la Administración General del Estado o de las organizaciones adscritas a ella. Particularmente les prestan su apoyo en el desarrollo de su labor política, en el cumplimiento de las tareas de carácter parlamentario y en sus relaciones con las instituciones y la organización administrativa.

A los Directores, Subdirectores y demás miembros de estos Gabinetes les corresponde el nivel orgánico que reglamentariamente se determine.

El número y las retribuciones de sus miembros se determinan por el Consejo de Ministros dentro de las consignaciones presupuestarias establecidas al efecto adecuándose, en todo caso, a las retribuciones de la Administración General del Estado.

1.5 PRESIDENTE DEL GOBIERNO

1.5.1 Nombramiento

El Presidente del Gobierno es nombrado por el Rey, siendo el mecanismo de nombramiento diferente según se haga tras unas elecciones generales o tras la

© 2009 Abalar Consultores, S.L.

adopción por el Congreso de una moción de censura o negación de la confianza solicitada.

En el primer caso, el artículo 99 de la Constitución establece: *"Después de cada renovación del Congreso de los Diputados, y en los demás supuestos constitucionales en que así proceda, el Rey, previa consulta con los representantes designados por los Grupos políticos con representación parlamentaria, y a través del Presidente del Congreso, propondrá un candidato a la Presidencia del Gobierno.*

El candidato propuesto conforme al apartado anterior expondrá ante el Congreso de los Diputados el programa político del Gobierno que pretenda formar y solicitará la confianza de la Cámara.

Si el Congreso de los Diputados, por el voto de la mayoría absoluta de sus miembros, otorgase su confianza a dicho candidato, el Rey le nombrará Presidente. De no alcanzarse dicha mayoría, se someterá la misma propuesta a nueva votación cuarenta ocho horas después de la anterior, y la confianza se entenderá otorgada si obtuviere la mayoría simple.

Si efectuadas las citadas votaciones no se otorgase la confianza para la investidura, se tramitarán sucesivas propuestas en la forma prevista en los apartados anteriores.

Si transcurrido el plazo de dos meses, a partir de la primera votación de investidura, ningún candidato hubiere obtenido la confianza del Congreso, el Rey disolverá ambas Cámaras y convocará nuevas elecciones con el refrendo del Presidente del Congreso".

La elección del Presidente recibe el nombre de **voto de investidura.**

1.5.2 Cese

"El Gobierno cesa tras la celebración de elecciones generales, en los casos de pérdida de la confianza parlamentaria previstos en la Constitución (se trata de la moción de censura y la cuestión de confianza), *o por dimisión o fallecimiento de su Presidente"* (art. 101.1 CE). (Junto con el Presidente, cesará todo el equipo ministerial).

"*El Gobierno cesante continúa en funciones hasta la toma de posesión del nuevo Gobierno*" (art. 101.2 CE), el cual facilitará el normal desarrollo del proceso de formación del nuevo Gobierno y el traspaso de poderes al mismo y limitará su gestión al despacho ordinario de los asuntos públicos, absteniéndose de adoptar, salvo casos de urgencia debidamente acreditados o por razones de interés general, cualesquiera otras medidas (art. 2 de la Ley 50/1997, del Gobierno).

1.5.3 Competencias

El Presidente del Gobierno ostenta la *representación* del mismo. *Dirige la acción del Gobierno y coordina la actuación de sus miembros.* Convoca y preside las reuniones del Consejo de Ministros, sin perjuicio de lo previsto en el Artículo 62.g) de la Constitución (Presidencia de S.M. el Rey).

© 2009 Abalar Consultores, S.L.

Refrenda, en su caso los actos del Rey y somete a éste, para su sanción, las leyes aprobadas en las Cortes Generales.

El artículo 2 de la Ley del Gobierno, regula las competencias del Presidente del Gobierno:

1. El Presidente dirige la acción del Gobierno y coordina las funciones de los demás miembros del mismo, sin perjuicio de la competencia y responsabilidad directa de los Ministros en su gestión.

2. En todo caso, corresponde al Presidente del Gobierno:

a) Representar al Gobierno.

b) Establecer el programa político del Gobierno y determinar las directrices de la política interior y exterior y velar por su cumplimiento.

c) Proponer al Rey, previa deliberación del Consejo de Ministros, la disolución del Congreso, del Senado o de las Cortes Generales.

d) Plantear ante el Congreso de los Diputados, previa deliberación del Consejo de Ministros, la cuestión de confianza.

e) Proponer al Rey la convocatoria de un referéndum consultivo, previa autorización del Congreso de los Diputados.

f) Dirigir la política de defensa y ejercer respecto de las Fuerzas Armadas las funciones previstas en la legislación reguladora de la defensa nacional y de la organización militar.

g) Convocar, presidir y fijar el orden del día de las reuniones del Consejo de Ministros, sin perjuicio de lo previsto en el artículo 62.g) de la Constitución.

h) Refrendar, en su caso, los actos del Rey y someterle, para su sanción, las leyes y demás normas con rango de ley, de acuerdo con lo establecido en los artículos 64 y 91 de la Constitución.

i) Interponer el recurso de inconstitucionalidad.

j) Crear, modificar y suprimir, por Real Decreto, los Departamentos Ministeriales, así como las Secretarías de Estado. Asimismo, le corresponde la aprobación de la estructura orgánica de la Presidencia del Gobierno.

k) Proponer al Rey el nombramiento y separación de los Vicepresidentes y de los Ministros.

l) Resolver los conflictos de atribuciones que puedan surgir entre los diferentes Ministerios.

m) Impartir instrucciones a los demás miembros del Gobierno.

n) Ejercer cuantas otras atribuciones le confieran la Constitución y las leyes.

© 2009 Abalar Consultores, S.L.

El Presidente puede ser sustituido por el Vicepresidente, en casos de fallecimiento, ausencia en el extranjero o enfermedad.

1.5.4 Órganos de colaboración del Presidente del Gobierno

Como órganos superiores de colaboración y auxilio a la Presidencia del Gobierno, además de los Vicepresidentes, están el Ministerio de la Presidencia, la Secretaría de Estado para las Relaciones con las Cortes, la Secretaría de Estado de la Comunicación y el Gabinete de Presidencia del Gobierno.

1.6 VICEPRESIDENTE

No es un cargo obligatorio en el Consejo de Ministros, ni su número está predeterminado, ya que unas veces ha existido uno, otras dos, y, en ocasiones, hasta tres. Su misión es coordinar diversos Ministerios afines y destacar alguna personalidad política sobre los demás miembros del Gobierno.

El Vicepresidente del Gobierno asumirá las funciones del Presidente en los casos de fallecimiento, ausencia en el extranjero o enfermedad de éste, sin perjuicio de lo dispuesto al respecto en la Constitución (art. 3 Ley 10/1983, de 16 de agosto, de Organización de la Administración Central del Estado).

El Real Decreto 759/1996, de 5 de Mayo, de creación de Vicepresidencias del Gobierno, ha creado la Vicepresidencia Primera y Segunda del Gobierno.

Son *nombrados y separados por el Rey, a propuesta de su Presidente.*

a) **Vicepresidencia Primera**. Tendrá las funciones previstas en el citado artículo 3 de la Ley 10/1983, (sustituir al Presidente en los casos de fallecimiento, ausencia en el extranjero o enfermedad). Además se le atribuye la presidencia, por delegación del Presidente del Gobierno, de la Comisión General de Secretarios de Estado y Subsecretarios y de la Comisión Delegada del Gobierno para la Política Autonómica, así como aquellas otras funciones que le delegue el Presidente del Gobierno.

b) **Vicepresidencia Segunda**. Se le atribuye la presidencia, por delegación del Presidente del Gobierno, de la Comisión Delegada del Gobierno para Asuntos Económicos, así como aquellas otras funciones que le delegue el Presidente del Gobierno.

c) **Vicepresidencia Tercera**. Se ocupa, por delegación del Presidente del Gobierno, de presidir la Comisión Delegada del Gobierno para Asuntos relacionados con las Administraciones Públicas, tanto autonómicas como locales, así como aquellas otras funciones que le delegue el Presidente del Gobierno.

Dice el artículo 3 de la Ley del Gobierno, que al Vicepresidente o Vicepresidentes, cuando existan, corresponderá el ejercicio de las funciones que les encomiende el

© 2009 Abalar Consultores, S.L.

Presidente. El Vicepresidente que asuma la titularidad de un Departamento Ministerial, ostentará, además, la condición de Ministro (art. 3.1 de la Ley 50/1997, del Gobierno).

1.7 LOS MINISTROS

Son los Jefes de los departamentos Ministeriales, que se conciben como unidades especializadas en grandes áreas de la acción política y gestión administrativa.

Establece el artículo 4 de la Ley del Gobierno, que los Ministros, como titulares de sus departamentos, tienen competencia y responsabilidad en la esfera especifica de su actuación.

Pueden intervenir en las sesiones de las Cámaras de acuerdo con los Reglamentos respectivos de éstas.

Les corresponde, además de lo dicho sobre ellos, el ejercicio de las siguientes funciones:

a) Desarrollar la acción del Gobierno en el ámbito de su departamento, de conformidad con los acuerdos adoptados en Consejo de Ministros o con las directrices del Presidente del Gobierno.

b) Ejercer la potestad reglamentaria en las materias propias de su Departamento.

c) Ejercer cuantas otras competencias les atribuyan las leyes, las normas de organización y funcionamiento del Gobierno y cualesquiera otras disposiciones.

d) Refrendar, en su caso, los actos del Rey en materia de su competencia.

Nombran y separan a los titulares de los órganos directivos del Ministerio y de los Organismos públicos dependientes del mismo cuya competencia les corresponda; mantienen relaciones con las Comunidades autónomas y convocan las conferencias sectoriales y órganos de cooperación correspondientes.

Además de los Ministros titulares de un departamento, podrán existir Ministros sin cartera, a los que se les atribuirá la responsabilidad de determinadas funciones gubernamentales.

A estos Ministerios, hay que sumar el Ministro Portavoz del Gobierno (Ministro sin cartera), encargado de las relaciones del Gobierno con los medios de comunicación y de la comunicación o portavocía del Consejo de Ministros.

© 2009 Abalar Consultores, S.L.

1.8 EL GOBIERNO EN FUNCIONES

El Gobierno cesa, lógicamente, por las mismas causas que su Presidente.

"*El Gobierno cesante continúa en funciones hasta la toma de posesión del nuevo Gobierno*" (art. 101.2 CE), el cual facilitará el normal desarrollo del proceso de formación del nuevo Gobierno y el traspaso de poderes al mismo y limitará su gestión al despacho ordinario de los asuntos públicos, absteniéndose de adoptar, salvo casos de urgencia debidamente acreditados o por razones de interés general, cualesquiera otras medidas (art. 2 de la Ley 50/1997, del Gobierno).

El Presidente del Gobierno en funciones no podrá ejercer las siguientes facultades:

a) Proponer al Rey la disolución de alguna de las Cámaras, o de las Cortes Generales.

b) Plantear la cuestión de confianza.

c) Proponer al Rey la convocatoria de un referéndum consultivo.

El Gobierno en funciones no podrá ejercer las siguientes facultades:

a) Aprobar el Proyecto de Ley de Presupuestos Generales del Estado.

b) Presentar proyectos de ley al Congreso de los Diputados o, en su caso, al Senado.

Las delegaciones legislativas otorgadas por las Cortes Generales quedarán en suspenso durante todo el tiempo que el Gobierno esté en funciones como consecuencia de la celebración de elecciones generales.

2. LA ORGANIZACIÓN Y FUNCIONAMIENTO DE LA ADMINISTRACIÓN GENERAL DEL ESTADO

La palabra Administración etimológicamente implica la idea de manejo o gestión de asuntos o intereses (*admanus trahere*). Jurídicamente la Administración pública es una organización personificada que dentro de la comunidad política gestiona los intereses colectivos de la misma. Las notas que caracterizan a la Administración pública son:

2.1 LA ADMINISTRACIÓN PÚBLICA ES UNA ORGANIZACIÓN QUE SE INTEGRA DE ÓRGANOS Y ENTES

En la Administración pública se integran tanto la *Administración del Estado* (central y periférica), que se compone de una serie de órganos (Consejo de Ministros, Comisiones Delegadas, Ministerios...), como la *Administración autonómica* (integrada por órganos de las Comunidades Autónomas), la *Administración local*, formada a su

© 2009 Abalar Consultores, S.L.

vez por una serie de entes (municipios, provincias), la *Administración institucional*, compuesta también por entes (organismos autónomos) y la *Administración corporativa*, integrada también por entes (Colegios profesionales, Cámaras de comercio...).

2.2 LA ADMINISTRACIÓN PÚBLICA ESTÁ PERSONIFICADA, ES UNA PERSONA JURÍDICA

Todas las relaciones jurídico-administrativas se explican en tanto la Administración pública, en cuanto persona, es un sujeto de Derecho que emana declaraciones de voluntad, celebra contratos, es titular de un patrimonio, es responsable, es justiciable.

2.3 LA ADMINISTRACIÓN GESTIONA LOS INTERESES COLECTIVOS DE LA COMUNIDAD, ES DECIR, LOS INTERESES PÚBLICOS

Los intereses públicos, como dice **Martín Mateo**, son contingentes y variables y dependerá en buena medida del espíritu que anime una Constitución o una sociedad determinada.

2.4 LA ADMINISTRACIÓN PÚBLICA, AL GESTIONAR LOS INTERESES DE LA COMUNIDAD, NO ES REPRESENTANTE DE LA MISMA, SINO UNA ORGANIZACIÓN PUESTA A SU SERVICIO

Según el artículo 103 de la Constitución, la Administración pública sirve con objetividad los intereses colectivos.

Por ello, sus actos no son propios de la Comunidad sino de una organización dependiente, necesitada de justificarse en cada caso en el servicio de la comunidad a que está ordenada. Es por esto por lo que sus actos, que deben ajustarse al Ordenamiento jurídico, son susceptibles de control por los órganos jurisdiccionales.

Así el artículo 103, antes citado, dice que la Administración actúa con sometimiento pleno a la ley y al Derecho, y el artículo 106 señala que los Tribunales controlan la legalidad de la actuación administrativa.

2.5 LA ADMINISTRACIÓN CUENTA CON UNA POSICIÓN PRIVILEGIADA

Al gestionar los intereses públicos la Administración ejerce determinadas prerrogativas y privilegios que le permiten vencer las resistencias de los ciudadanos que intentan hacer prevalecer sus intereses particulares sobre los colectivos que la Administración gestiona.

© 2009 Abalar Consultores, S.L.

2.6 LA ADMINISTRACIÓN PÚBLICA PUEDE DICTAR DISPOSICIONES GENERALES

En su función de satisfacer los intereses públicos, la Administración no se limita a la ejecución concreta de las leyes, sino que su función es heterogénea, pues además de aplicar las leyes, tiene la posibilidad de dictar disposiciones generales, en virtud de su propia potestad, disposiciones conocidas con el nombre de Reglamentos y cuyo valor está subordinado siempre al de la ley.

Además la Administración también resuelve los conflictos que se puedan suscitar entre ella y los administrados, quienes, si no están conformes con los actos de la Administración, pueden interponer recursos administrativos, que son resueltos por la misma, y contra esta resolución cabe acudir ante los Tribunales.

3. PRINCIPIOS DE ORGANIZACIÓN, FUNCIONAMIENTO Y RELACIONES CON LOS CIUDADANOS

3.1 INTRODUCCIÓN

Dentro de la diversidad de Administraciones públicas existentes en la organización territorial del Estado (estatal, autonómica y local), la Administración del Estado constituye una organización extensa y compleja que tiene a su cargo la gestión en todo el territorio nacional de aquellos servicios y funciones que se consideran fundamentales para la existencia de la comunidad.

La Ley 6/1997, de 14 de abril, de Organización y Funcionamiento de la Administración General del Estado (LOFAGE), modificada por la **Ley 28/2006, de 18 de julio, de Agencias estatales para la mejora de los servicios públicos,** regula, en el marco del régimen jurídico común a todas las Administraciones públicas, la organización y funcionamiento de la Administración General del Estado y los Organismos públicos vinculados o dependientes de ella, para el desarrollo de su actividad.

El artículo 2 trata de la *personalidad jurídica y competencia* de la Administración General del Estado, estableciendo:

"1. La Administración General del Estado, bajo la dirección del Gobierno y con sometimiento pleno a la Ley y al Derecho, sirve con objetividad los intereses generales, desarrollando funciones ejecutivas de carácter administrativo.

2. La Administración General del Estado, constituida por órganos jerárquicamente ordenados, actúa con personalidad jurídica única.

3. Los Organismos públicos previstos en el Título III de esta ley tienen por objeto la realización de actividades de ejecución o gestión tanto administrativas de fomento o prestación, como de contenido económico reservadas a la Administración General del Estado; dependen de ésta y se adscriben, directamente o a través de otro

© 2009 Abalar Consultores, S.L.

Organismo público, al Ministerio competente por razón de la materia, a través del órgano que en cada caso se determine.

4. Las potestades y competencias administrativas que, en cada momento, tengan atribuidas la Administración General del Estado y sus Organismos públicos por el ordenamiento jurídico, determinan la capacidad de obrar de una y otros.

5. Los órganos que integran la Administración General del Estado y sus Organismos públicos extienden su competencia a todo el territorio español, salvo cuando las normas que les sean de aplicación la limiten expresamente a una parte del mismo".

3.2 PRINCIPIOS DE ORGANIZACIÓN Y FUNCIONAMIENTO

Los principios de organización, funcionamiento y servicio al ciudadano están previstos en los artículos 3 y 4 de la LOFAGE.

El artículo 3 dice que: *"La Administración General de] Estado se organiza y actúa, con pleno respeto al principio de legalidad, y de acuerdo con los otros principios que a continuación se mencionan:*

1. De organización.

- *a) Jerarquía.*
- *b) Descentralización funcional.*
- *c) Desconcentración funcional y territorial.*
- *d) Economía, suficiencia y adecuación estricta de los medios a los fines institucionales.*
- *e) Simplicidad, claridad y proximidad a los ciudadanos.*
- *f) Coordinación.*

2. De funcionamiento.

- *a) Eficacia en el cumplimiento de los objetivos fijados.*
- *b) Eficiencia en la asignación y utilización de los recursos públicos.*
- *c) Programación y desarrollo de objetivos y control de la gestión y de los resultados.*
- *d) Responsabilidad por la gestión pública.*
- *e) Racionalización y agilidad de los procedimientos administrativos y de las actividades materiales de gestión.*
- *f) Servicio efectivo a los ciudadanos.*
- *g) Objetividad y transparencia de la actuación administrativa.*
- *h) Cooperación y coordinación con las otras Administraciones públicas".*

Por su parte, el artículo 4 refiere que:

"1. La actuación de la Administración General del Estado debe asegurar a los ciudadanos:

© 2009 Abalar Consultores, S.L.

a) La efectividad de sus derechos cuando se relacionen con la Administración.

b) La continua mejora de los procedimientos, servicios y prestaciones públicas, de acuerdo con las políticas fijadas por el Gobierno y teniendo en cuenta los recursos disponibles, determinando al respecto las prestaciones que proporcionan los servicios estatales, sus contenidos y los correspondientes estándares de calidad.

2. La Administración General del Estado desarrollará su actividad y organizará las dependencias administrativas y, en particular, las oficinas periféricas, de manera que los ciudadanos:

a) Puedan resolver sus asuntos, ser auxiliados en la redacción formal de documentos administrativos y recibir información de interés general por medios telefónicos, informativos y telemáticos.

b) Puedan presentar reclamaciones sin el carácter de recursos administrativos, sobre el funcionamiento de las dependencias administrativas.

3. Todos los Ministerios mantendrán permanentemente actualizadas y a disposición de los ciudadanos en las unidades de información correspondientes, el esquema de su organización y la de los organismos dependientes, y las guías informativas sobre los procedimientos administrativos, servicios y prestaciones aplicables en el ámbito de la competencia del Ministerio y de sus Organismos públicos".

3.2.1 Principio de legalidad

El artículo 103 de la Constitución dice lo siguiente:

"1. La Administración pública sirve con objetividad los intereses generales y actúa de acuerdo con los principios de ***eficacia, jerarquía, descentralización, desconcentración y coordinación, con sometimiento pleno a la ley y al Derecho****.*

2. Los órganos de la Administración del Estado son creados, regidos y coordinados de acuerdo con la ley.

3. Los ciudadanos y los poderes públicos están sujetos a la Constitución y al resto del ordenamiento jurídico".

Esta concreción supone la vinculación de la Administración a la totalidad del ordenamiento jurídico, cualquiera que sea el rango y la forma de producción de las normas del mismo (Constitución, leyes, reglamentos...); vinculación que es, además, plena en el sentido de que ninguna actividad de la Administración escapa al Derecho.

El principio de legalidad se concreta en la primacía de la ley (nulidad de los actos contrarios a la ley); la *reserva de ley* (monopolio de decisión parlamentaria en determinadas materias que no pueden ser reguladas por la Administración) y en el *control judicial* de la potestad reglamentaria y de la legalidad y del *sometimiento a sus fines* de la actuación administrativa.

© 2009 Abalar Consultores, S.L.

3.2.2 Principio de libre acceso a la función pública

Recogido en el artículo 103.3 de la Constitución: *"La ley regulará el estatuto de los funcionarios públicos, el acceso a la función pública de acuerdo con los principios de mérito y capacidad, las peculiares del ejercicio de su derecho a sindicación, el sistema de incompatibilidades y las garantías para la imparcialidad en el ejercicio de sus funciones"*.

3.3 RELACIONES CON LOS CIUDADANOS

A la que se refiere el artículo 105 de la Constitución: *"La ley regulará:*

a) La audiencia de los ciudadanos, directa o indirectamente a través de las organizaciones y asociaciones reconocidas por la ley, en el procedimiento de elaboración de las disposiciones normativas que les afecten.

b) El acceso de los ciudadanos a los archivos y registros administrativos, salvo en lo que afecte a la seguridad y defensa del Estado, la averiguación de los delitos y la intimidad de las personas.

c) *El procedimiento a través del cual deben producirse los actos administrativos, garantizando, cuando proceda la audiencia del interesado"*.

Por su parte, el artículo 106.2 de la Constitución dice que: *"Los particulares, en los términos establecidos en la ley, tendrán derecho a ser indemnizados por toda lesión que sufran en cualquiera de sus bienes y derechos, salvo en los casos de fuerza mayor, siempre que la lesión sea consecuencia del funcionamiento de los servicios públicos"*.

La Constitución vincula a todos los poderes públicos, incluida a la Administración. Su actuación es objeto de revisión por los Tribunales de Justicia, a los que puede acudir el ciudadano en defensa de sus derechos, si entiende que éstos no han sido atendidos por la Administración.

El artículo 106.1 de la Constitución se refiere al control jurisdiccional de la Administración, en los siguientes términos: *"Los Tribunales controlan la potestad reglamentaria y la legalidad de la actuación administrativa, así como el sometimiento de ésta a los fines que la justifiquen"*.

4. ÓRGANOS SUPERIORES Y ÓRGANOS DIRECTIVOS EN LA ORGANIZACIÓN CENTRAL

La organización de la Administración General del Estado responde a los principios de división funcional en departamentos ministeriales y de gestión territorial integrada en Delegaciones del Gobierno en las Comunidades Autónomas (art. 6 de la LOFAGE).

© 2009 Abalar Consultores, S.L.

Los órganos de la Administración General del Estado y de sus Organismos públicos se crean, modifican y suprimen conforme a lo establecido en la ley (art. 5.1 de la LOFAGE).

La Administración General del Estado, constituida por órganos jerárquicamente ordenados, actúa con personalidad jurídica única y extiende su competencia por todo el territorio nacional (art. 2.2 de la LOFAGE).

La Administración Central del Estado constituye una organización extensa y compleja que tiene a su cargo la gestión en todo el territorio nacional de aquellos servicios y funciones que se consideran fundamentales para la existencia de la comunidad.

En la organización central, son **órganos superiores:**

- Los Ministros.
- Los Secretarios de Estado.

Son **órganos directivos:**

- Los Subsecretarios.
- Los Secretarios generales o los Secretarios generales técnicos.
- Los Directores generales.
- Los Subdirectores generales.

Y son **órganos inferiores:**

- Los jefes de área.
- Los jefes de servicio.
- Los jefes de sección.
- Los jefes de negociado.
- Los jefes de grupo.

En la organización territorial de la Administración General del Estado son órganos directivos tanto los Delegados del Gobierno en las Comunidades Autónomas, que tendrán rango de Subsecretario, como los Subdelegados del Gobierno en las provincias, los cuales tendrán nivel de Subdirector general.

En la Administración General del Estado, en el exterior son órganos directivos los embajadores y representantes permanentes ante Organizaciones internacionales.

© 2009 Abalar Consultores, S.L.

Los órganos superiores y directivos tienen, además, la condición de alto cargo, excepto los Subdirectores generales y asimilados. Todos los demás órganos de la Administración General del Estado se encuentran bajo la dependencia o dirección de un órgano superior o directivo.

Los estatutos de los Organismos públicos determinarán sus respectivos órganos directivos. Corresponde a los órganos superiores establecer los planes de actuación de la organización situada bajo su responsabilidad y a los órganos directivos su desarrollo y ejecución.

Los Ministros y Secretarios de Estado son nombrados de acuerdo con lo establecido en la legislación correspondiente.

Los titulares de los órganos directivos son nombrados, atendiendo a criterios de competencia profesional y experiencia, en la forma establecida en esta Ley, siendo de aplicación al desempeño de sus funciones:

a) La responsabilidad profesional, personal y directa por la gestión desarrollada.

b) La sujeción al control y evaluación de la gestión por el órgano superior o directivo competente, sin perjuicio del control establecido por la Ley General Presupuestaria.

Los Ministros son los jefes superiores del Departamento y superiores jerárquicos directos de los Secretarios de Estado. Los órganos directivos dependen de alguno de los anteriores y se ordenan jerárquicamente entre sí de la siguiente forma: Subsecretario, Director general y Subdirector general.

Los Secretarios generales tienen categoría de Subsecretario y los Secretarios generales técnicos tienen categoría de Director general.

Son órganos directivos los embajadores y representantes permanentes ante Organizaciones internacionales.

4.1 LOS MINISTERIOS

Según el art. 8 de la LOFAGE: *"1. La Administración General del Estado se organiza en Ministerios, comprendiendo cada uno de ellos uno o varios sectores funcionalmente homogéneos de actividad administrativa.*

La organización en Departamentos ministeriales no obsta a la existencia de órganos superiores o directivos u Organismos públicos no integrados o dependientes, respectivamente, de un Ministerio, que con carácter excepcional se adscriban a miembros del Gobierno distintos de los Ministros.

2. La determinación del número, la denominación y el ámbito de competencia respectivo de los Ministerios y las Secretarías de Estado se establecen mediante Real Decreto del Presidente del Gobierno".

© 2009 Abalar Consultores, S.L.

4.1.1 Organización interna de los Ministerios

Dice el artículo 9 de la LOFAGE: *"1. En los Ministerios pueden existir Secretarías de Estado, y excepcionalmente Secretarías Generales, para la gestión de un sector de actividad administrativa. De ellas dependerán jerárquicamente los órganos directivos que se les adscriban.*

2. Los Ministerios contarán, en todo caso, con una Subsecretaría, y dependiendo de ella una Secretaría General Técnica, para la gestión de los servicios comunes previstos en la sección 4.1 de este capítulo.

3. Las Direcciones Generales son los órganos de gestión de una o varias áreas funcionalmente homogéneas.

4. Las Direcciones Generales se organizan en Subdirecciones Generales para la distribución de las competencias encomendadas a aquéllas, la realización de las actividades que les son propias y la asignación de objetivos y responsabilidades. Sin perjuicio de lo anterior, podrán adscribirse directamente Subdirecciones Generales a otros órganos directivos de mayor nivel o a órganos superiores del Ministerio".

4.1.2 Creación, modificación y supresión de órganos y unidades administrativas

El artículo 10 de la LOFAGE preceptúa: *"1. Las Subsecretarías, las Secretarías Generales, las Secretarías Generales Técnicas, las Direcciones Generales, las Subdirecciones Generales, y órganos similares a los anteriores se crean, modifican y suprimen por Real Decreto del Consejo de Ministros, a iniciativa del Ministro interesado y a propuesta del Ministro de Administraciones Públicas.*

2. Los órganos de nivel inferior a Subdirección General se crean, modifican y suprimen por orden del Ministro respectivo, previa aprobación del Ministro de Administraciones Públicas.

3. Las unidades que no tengan la consideración de órganos se crean, modifican y suprimen a través de las relaciones de puestos de trabajo".

4.1.3 Ordenación jerárquica de los órganos ministeriales

El artículo 11 de la LOFAGE dice que: *"1. Los Ministros son los jefes superiores del Departamento y superiores jerárquicos directos de los Secretarios de Estado.*

2. Los órganos directivos dependen de alguno de los anteriores y se ordenan jerárquicamente entre sí de la siguiente forma: Subsecretario, Director general y Subdirector general.

Los Secretarios generales tienen categoría de Subsecretario y los Secretarios generales técnicos tienen categoría de Director general"

© 2009 Abalar Consultores, S.L.

4.2 ÓRGANOS SUPERIORES DE LOS MINISTERIOS

Son los Ministros y los Secretarios de Estado.

4.2.1 Los Ministros

Los Ministros son *nombrados y separados por el Rey a propuesta del Presidente del Gobierno* (art. 100 CE).

Son órganos *políticos*, dado que participan de las reuniones del Consejo de Ministros y, por lo tanto, en la dirección política del Gobierno, y, por otro lado, son órganos *administrativos*, dado que dirigen y responden de sus respectivos departamentos ministeriales (función típica).

Se crean, suprimen y modifican mediante Real Decreto del Presidente del Gobierno.

En los casos de ausencia en el extranjero o enfermedad del titular de un departamento, se encargará del despacho de los asuntos ordinarios de su competencia el Ministro que designe el Presidente del Gobierno.

Son los miembros básicos del Gobierno de la Nación, que además de la función de impulso y dirección política, son órganos superiores de la Administración del Estado y Jefes de sus respectivos departamentos ministeriales que, de acuerdo con el art. 12.1 de la LOFAGE, *"además de las atribuciones que les corresponden como miembros de Gobierno, dirigen en cuanto titulares de un departamento ministerial, los sectores de actividad integrados en su Ministerio y asumen la responsabilidad inherente a dicha dirección"*.

Corresponde a los Ministros, en todo caso, ejercer las siguientes competencias:

a) Ejercer la potestad reglamentaria en los términos previstos en la legislación específica (incluida, lógicamente, la disciplinaria).

b) Fijar los objetivos del Ministerio, aprobar los planes de actuación del mismo y asignar los recursos necesarios para su ejecución, dentro de los límites de las dotaciones presupuestarias correspondientes.

c) Aprobar las propuestas de los estados de gastos del Ministerio, y de los presupuestos de los Organismos públicos dependientes y remitirlas al Ministerio de Economía y Hacienda.

d) Determinar y, en su caso, proponer la organización interna de su Ministerio, de acuerdo con las competencias que le atribuye esta Ley.

e) Evaluar la realización de los planes de actuación del Ministerio por parte de los órganos superiores y órganos directivos y ejercer el control de eficacia respecto de la actuación de dichos órganos y de los Organismos públicos dependientes, sin perjuicio de lo dispuesto en la Ley General Presupuestaria.

© 2009 Abalar Consultores, S.L.

f) Nombrar y separar a los titulares de los órganos directivos del Ministerio y de los Organismos públicos dependientes del mismo, cuando la competencia no esté atribuida al Consejo de Ministros o al propio Organismo, y elevar al Consejo de Ministros las propuestas de nombramiento a éste reservadas.

g) Mantener las relaciones con las Comunidades Autónomas y convocar las Conferencias sectoriales y los órganos de cooperación en el ámbito de las competencias atribuidas a su Departamento.

h) Dirigir la actuación de los titulares de los órganos superiores y directivos del Ministerio, impartirles instrucciones concretas y delegarles competencias propias.

i) Revisar de oficio los actos administrativos y resolver los conflictos de atribuciones cuando les corresponda, así como plantear los que procedan con otros Ministerios.

En cuanto a la *gestión de medios,* dispone el art. 13 de la LOFAGE: Corresponde a los Ministros, sin perjuicio de su desconcentración o delegación en los órganos superiores o directivos del Ministerio o en los directivos de la organización territorial de la Administración General del Estado, las siguientes competencias:

a) Administrar los créditos para gastos de los presupuestos de su Ministerio. Aprobar y comprometer los gastos que no sean de la competencia del Consejo de Ministros y elevar a la aprobación de éste los que sean de su competencia, reconocer las obligaciones económicas, y proponer su pago en el marco del plan de disposición de fondos del Tesoro Público.

b) Autorizar las modificaciones presupuestarias que les atribuye la Ley General Presupuestaria.

c) Celebrar en el ámbito de su competencia, contratos y convenios, salvo que estos últimos correspondan al Consejo de Ministros.

d) Solicitar del Ministerio de Economía y Hacienda, la afectación o el arrendamiento de los inmuebles necesarios para el cumplimiento de los fines de los servicios a su cargo. Estos bienes quedarán sujetos al régimen establecido en la legislación patrimonial correspondiente.

e) Proponer y ejecutar, en el ámbito de sus competencias, los planes de empleo del Ministerio y los Organismos públicos de él dependientes.

f) Modificar la relación de puestos de trabajo del Ministerio que expresamente autoricen de forma conjunta los Ministerios de Administraciones Públicas y de Economía y Hacienda.

g) Convocar las pruebas selectivas con relación al personal funcionario de los cuerpos y escalas adscritos al Ministerio así como al personal laboral, de acuerdo con la correspondiente oferta, de empleo público y proveer los puestos de trabajo vacantes, conforme a los procedimientos establecidos

© 2009 Abalar Consultores, S.L.

al efecto y ajustándose al marco previamente fijado por el Ministerio de Administraciones Públicas.

h) Administrar los recursos humanos del Ministerio de acuerdo con la legislación específica en materia de personal. Fijar los criterios para la evaluación del personal y la distribución del complemento de productividad y de otros incentivos al rendimiento legalmente previstos.

i) Otorgar o proponer, en su caso, las recompensas que proceden y ejercer la potestad disciplinaria de acuerdo con las disposiciones vigentes.

j) Decidir la representación del Ministerio en los órganos colegiados o grupos de trabajo en los que no esté previamente determinado el titular del órgano superior o directivo que deba representar al Departamento.

k) Resolver los recursos administrativos y declarar la lesividad de los actos administrativos cuando les corresponda.

l) Cualesquiera otras competencias que les atribuya la legislación en vigor.

4.2.2 Los Secretarios de Estado

En los Ministerios pueden existir Secretarios de Estado que son nombrados y separados por Real Decreto acordado en Consejo de Ministros, a propuesta del Ministro respectivo (art. 15 Ley 50/1997, del Gobierno).

Dirigen y coordinan las Direcciones Generales situadas bajo su dependencia y responden de su gestión ante el Ministro del que dependen.

Pueden asistir a las reuniones del Consejo de Ministros, con voz pero sin voto y de las Comisiones Delegadas para informar sobre asuntos de su competencia, cuando sean convocados.

Dependientes de los anteriores se encuentran los Subsecretarios, los Secretarios generales, cuya existencia se prevé como excepcional, los Secretarios técnicos, los Directores generales y los Subdirectores generales.

Según el art. 14 de la LOFAGE los Secretarios de Estado dirigen y coordinan las Direcciones Generales situadas bajo su dependencia, y responden ante el Ministro de la ejecución de los objetivos fijados para la Secretaría de Estado. A tal fin les corresponde:

a) Ejercer las competencias sobre el sector de actividad administrativa asignado que les atribuya la norma de creación del órgano o que les delegue el Ministro y desempeñar las relaciones externas de la Secretaría de Estado, salvo en los casos legalmente reservados al Ministro.

b) Ejercer las competencias inherentes a su responsabilidad de dirección y, en particular, impulsar la consecución de los objetivos y la ejecución de los proyectos de su organización, controlando su cumplimiento,

© 2009 Abalar Consultores, S.L.

supervisando la actividad de los órganos directivos adscritos e impartiendo instrucciones a sus titulares.

c) Nombrar y separar a los Subdirectores generales de la Secretaría de Estado.

d) Mantener las relaciones con los órganos de las Comunidades Autónomas competentes por razón de la materia.

e) Ejercer las competencias atribuidas al Ministro en materia de ejecución presupuestaria, con los límites que, en su caso, se establezcan por aquél.

f) Celebrar los contratos relativos a asuntos de su Secretaría de Estado, y los convenios no reservados al Ministro del que dependan o al Consejo de Ministros.

g) Resolver los recursos que se interpongan contra las resoluciones de los órganos directivos que dependan directamente de él y cuyos actos no agoten la vía administrativa, así como los conflictos de atribuciones que se susciten entre dichos órganos.

h) Cualesquiera otras competencias que les atribuya la legislación en vigor.

4.3 ÓRGANOS DIRECTIVOS DE LOS MINISTERIOS

La LOFAGE regula los siguientes órganos:

4.3.1 Los Subsecretarios

Se regulan en el art. 15 de la LOFAGE en los siguientes términos:

1. Los Subsecretarios ostentan la *representación ordinaria del Ministerio*, dirigen los servicios comunes, ejercen las competencias correspondientes a dichos servicios comunes, y en todo caso las siguientes:

a) Apoyar a los órganos superiores en la planificación de la actividad del Ministerio, a través del correspondiente asesoramiento técnico.

b) Asistir al Ministro en el control de eficacia del Ministerio y sus Organismos públicos.

c) Establecer los programas de inspección de los servicios del Ministerio, así como determinar las actuaciones precisas para la mejora de los sistemas de planificación, dirección y organización y para la racionalización y simplificación de los procedimientos y métodos de trabajo, en el marco definido por el Ministerio de Administraciones Públicas.

© 2009 Abalar Consultores, S.L.

d) Proponer las medidas de organización del Ministerio y dirigir el funcionamiento de los servicios comunes a través de las correspondientes instrucciones u órdenes de servicio.

e) Asistir a los órganos superiores en materia de relaciones de puestos de trabajo, planes de empleo y política de directivos del Ministerio y sus Organismos públicos, así como en la elaboración, ejecución y seguimiento de los presupuestos y la planificación de los sistemas de información y comunicación.

f) Desempeñar la *jefatura superior de todo el personal* del Departamento.

g) Responsabilizarse del asesoramiento jurídico al Ministro en el desarrollo de las funciones que a éste le corresponden, y en particular en el ejercicio de su potestad normativa y en la producción de los actos administrativos de la competencia de aquél, así como a los demás órganos del Ministerio.

h) En los mismos términos del párrafo anterior, informar las propuestas o proyectos de normas y actos de otros Ministerios, cuando reglamentariamente proceda.

i) A tales efectos, será responsable de coordinar las actuaciones correspondientes dentro del Ministerio, y en relación con los demás Ministerios que hayan de intervenir en el procedimiento.

j) Ejercer las facultades de dirección, impulso y supervisión de la Secretaría General Técnica y los restantes órganos directivos que dependan directamente de él.

k) Cualesquiera otras que sean inherentes a los servicios comunes del Ministerio y a la representación ordinaria del mismo y las que les atribuyan la legislación en vigor.

2. Los Subsecretarios serán *nombrados y separados por Real Decreto del Consejo de Ministros a propuesta del titular del Ministerio.*

Los nombramientos habrán de efectuarse de acuerdo con los criterios establecidos en el apartado 10 del artículo 6 de esta Ley, entre funcionarios de carrera del Estado, de las Comunidades Autónomas o de las Entidades locales, a los que se exija para su ingreso el título de Grado.

4.3.2 Los Secretarios generales

A los que se refiere el art. 16 de la LOFAGE, en los siguientes términos:

1. Cuando con carácter excepcional las normas que regulan la estructura de un Ministerio prevean la existencia de un Secretario general, deberán determinar las competencias que le correspondan sobre un sector de actividad administrativa determinado.

© 2009 Abalar Consultores, S.L.

2. Los Secretarios generales ejercen las competencias inherentes a su responsabilidad de dirección sobre los órganos dependientes, así como todas aquellas que les asigne expresamente el Real Decreto de estructura del Ministerio.

3. Los Secretarios generales, con *categoría de Subsecretario*, serán nombrados y separados por Real Decreto del Consejo de Ministros, a propuesta del titular del Ministerio.

Los nombramientos habrán de efectuarse entre personas con cualificación y experiencia en el desempeño de puestos de responsabilidad en la gestión pública o privada.

4.3.3 Los Secretarios generales técnicos

El art. 17 de la LOFAGE se refiere a ellos de la siguiente forma:

1. Los Secretarios generales técnicos, bajo la inmediata dependencia del Subsecretario, tendrán las competencias sobre servicios comunes que les atribuyan el Real Decreto de estructura del Departamento y, en todo caso, las relativas a producción normativa, asistencia jurídica y publicaciones.

2. Los Secretarios generales técnicos tienen a todos los efectos la *categoría de Director general* y ejercen sobre sus órganos dependientes las facultades atribuidas a dicho órgano por el artículo siguiente.

3. Los Secretarios generales técnicos serán nombrados y separados por Real Decreto del Consejo de Ministros a propuesta del titular del Ministerio. Los nombramientos habrán de efectuarse entre funcionarios de carrera del Estado, de las Comunidades Autónomas o de las Entidades locales, a los que se exija para su ingreso el título de Grado.

4.3.4 Los Directores generales

El art. 18 de la LOFAGE establece lo siguiente:

1. Los Directores generales son los titulares de los órganos directivos encargados de la gestión de una o varias áreas funcionalmente homogéneas del Ministerio. A tal efecto, les corresponde:

a) Proponer los proyectos de su Dirección General para alcanzar los objetivos establecidos por el Ministro, dirigir su ejecución y controlar su adecuado cumplimiento.

b) Ejercer las competencias atribuidas a la Dirección General y las que le sean desconcentradas o delegadas. Proponer, en los restantes casos, al Ministro o al titular del órgano del que dependa, la resolución

© 2009 Abalar Consultores, S.L.

que estime procedente sobre los asuntos que afectan al órgano directivo.

c) Impulsar y supervisar las actividades que forman parte de la gestión ordinaria del órgano directivo y velar por el buen funcionamiento de los órganos y unidades dependientes y del personal integrado en los mismos.

d) Las demás atribuciones que le confieran las leyes y reglamentos.

2. Los Directores generales serán nombrados y separados por Real Decreto del Consejo de Ministros, a propuesta del titular del departamento.

Los nombramientos habrán de efectuarse entre funcionarios de carrera del Estado, de las Comunidades Autónomas o de las Entidades locales, a los que se exija para su ingreso el título de Grado, salvo que el Real Decreto de estructura del Departamento permita que, en atención a las características específicas de las funciones de la Dirección General, su titular no reúna dicha condición de funcionario.

4.3.5 Los Subdirectores generales

El art. 19 de la LOFAGE los regula en los siguientes términos:

Los Subdirectores generales son los responsables inmediatos, bajo la supervisión del Director general o del titular del órgano del que dependan, de la ejecución de aquellos proyectos, objetivos o actividades que les sean asignados, así como de la gestión ordinaria de los asuntos de la competencia de la Subdirección General.

Los Subdirectores generales serán *nombrados y cesados por el Ministro o el Secretario de Estado del que dependan.*

Los nombramientos se efectuarán entre funcionarios de carrera de la Administración General del Estado y, en su caso, de otras Administraciones públicas cuando así lo prevean las normas de aplicación y que pertenezcan a Cuerpos y Escalas, a los que se exija para su ingreso el título Grado.

4.4 ÓRGANOS TERRITORIALES DE LA ADMINISTRACIÓN DEL ESTADO

Para ejercer su jurisdicción sobre todo el territorio nacional, los órganos centrales de la Administración del Estado, que normalmente residen en el capital de la nación, necesitan tener en las provincias unos órganos delegados que hagan cumplir las normas emanadas de la Administración del Estado en la esfera de su competencia.

- **Órganos unipersonales**

  - Delegación General del Gobierno en la Comunidad Autónoma.
  - Subdelegados del Gobierno en las provincias y Directores Insulares de la Administración General del Estado.

© 2009 Abalar Consultores, S.L.

- **Órganos colegiados**

  - Comisión territorial de asistencia al Delegado del Gobierno.

  - Comisión Nacional de Administración Local.

Son órganos directivos de la Administración General del Estado, los Delegados del Gobierno en las Comunidades Autónomas con rango de *subsecretario* y los Subdelegados del Gobierno en las Provincias, con nivel de *subdirector general*.

4.4.1 Los Delegados del Gobierno en las Comunidades Autónomas

Dice el art. 154 de la Constitución que un Delegado nombrado por el Gobierno dirigirá la Administración del Estado en el territorio de la Comunidad autónoma y la coordinará, cuando proceda, con la Administración propia de la Comunidad autónoma.

Representan al Gobierno en el territorio de las Comunidades autónomas y ejercen la dirección, sin perjuicio de la *representación ordinaria del Estado en aquéllas a través de su Presidente.* Ejercen la dirección y supervisión de todos los servicios de la Administración General del Estado y sus Organismos públicos situados en su territorio.

Los Delegados del Gobierno *jerárquicamente* dependen de la Presidencia del Gobierno y reciben instrucciones del Ministerio para las Administraciones Públicas, del que dependen *orgánicamente*, para la correcta coordinación de la Administración General del Estado en el territorio, sin perjuicio de las que proceden del Ministro del Interior en el ámbito de las competencias del Estado, en materias de *libertades públicas y seguridad ciudadana* y de las que puedan proceder de los demás Ministerios en el ámbito de sus competencias.

El nombramiento y separación de los Delegados del Gobierno en las Comunidades autónomas, mediante Real Decreto, corresponde al Consejo de Ministros, a propuesta del Presidente del Gobierno y tendrán su sede en la localidad donde radique el Consejo de Gobierno de la Comunidad autónoma, salvo que el Consejo de Ministros determine otra cosa y sin perjuicio de lo que disponga, expresamente, el Estatuto de Autonomía.

En caso de ausencia, vacante o enfermedad, el Delegado del Gobierno será suplido, temporalmente, por el Subdelegado del Gobierno en la provincia donde aquél tenga su sede, salvo que el Delegado designe a otro Subdelegado.

En Ceuta y Melilla existe Delegado del Gobierno.

Corresponde, asimismo, a los Delegados del Gobierno:

a) Mantener las necesarias relaciones de cooperación y coordinación de la Administración General del Estado y sus Organismos públicos, con la de la Comunidad autónoma y con las correspondientes Entidades locales.

© 2009 Abalar Consultores, S.L.

b) Comunicar y recibir cuanta información precisen el Gobierno y el órgano de Gobierno de la Comunidad autónoma. Realizará también estas funciones con las Entidades locales en su ámbito territorial, a través de sus respectivos Presidentes.

A su vez, el art. 23 de la LOFAGE dispone que: *"Para el ejercicio de las funciones asignadas respecto de todos los servicios de la Administración General del Estado y sus Organismos públicos, los Delegados del Gobierno en las Comunidades Autónomas tienen las siguientes competencias:*

1. Dirigir la Delegación del Gobierno; nombrar a los Subdelegados del Gobierno en las provincias y dirigir y coordinar como superior jerárquico la actividad de aquéllos, impulsar y supervisar, con carácter general, la actividad de los restantes órganos de la Administración General del Estado y sus Organismos públicos en el territorio de la Comunidad Autónoma; e informar las propuestas de nombramiento de los titulares de órganos territoriales de la Administración General del Estado y los Organismos públicos de ámbito autonómico y, provincial, no integrados en la Delegación del Gobierno.

2. Formular a los Ministerios competentes, en cada caso, las propuestas que estime convenientes sobre los objetivos contenidos en los planes y programas que hayan de ejecutar los servicios territoriales y los de sus Organismos públicos, e informar, regular y periódicamente, a los Ministerios competentes sobre la gestión de sus servicios territoriales.

3. Proteger el libre ejercicio de los derechos y libertades y garantizar la seguridad ciudadana, a través de los Subdelegados del Gobierno y de las Fuerzas y Cuerpos de seguridad del Estado, cuya jefatura corresponderá al Delegado del Gobierno, quien ejercerá las competencias del Estado en esta materia bajo la dependencia funcional del Ministerio del Interior.

4. Elevar, con carácter anual, un informe al Gobierno, a través del Ministro de las Administraciones Públicas, sobre el funcionamiento de los servicios públicos estatales y su evaluación global.

5. Suspender la ejecución de los actos impugnados dictados por los órganos de la Delegación del Gobierno, cuando le corresponda resolver el recurso, de acuerdo con el artículo 111.2 de la Ley 30/1992, de 26 de noviembre, de Régimen Jurídico de las Administraciones Públicas y del Procedimiento Administrativo Común, y proponer la suspensión en los restantes casos, así como respecto de los actos impugnados dictados por los servicios no integrados en la Delegación del Gobierno.

6. Velar por el cumplimiento de las competencias atribuidas, constitucionalmente al Estado y la correcta aplicación de su normativa, promoviendo o interponiendo, según corresponda, conflictos de jurisdicción, conflictos de atribuciones, recursos y demás acciones legalmente procedentes.

7. Ejercer las potestades sancionadoras, expropiatorias y cualesquiera otras que les confieran las normas o que les sean desconcentradas o delegadas".

Competencias en materia de información a los ciudadanos (artículo 24 LOFAGE):

© 2009 Abalar Consultores, S.L.

“1. Los Delegados del Gobierno en las Comunidades Autónomas coordinarán la información sobre los programas y actividades del Gobierno y la Administración General del Estado en la Comunidad Autónoma.

2. Los Delegados del Gobierno en las Comunidades Autónomas promoverán, igualmente, los mecanismos de colaboración con las restantes Administraciones públicas en materia de información al ciudadano”.

Dirección de los servicios territoriales integrados (artículo 26 LOFAGE):

“1. Los Delegados del Gobierno en las Comunidades Autónomas son los titulares de las correspondientes Delegaciones del Gobierno, dirigiendo, directamente o a través de los Subdelegados del Gobierno en las provincias, los servicios territoriales ministeriales integrados en éstas, de acuerdo con los objetivos y, en su caso, instrucciones de los órganos superiores de los respectivos Ministerios.

2. Ejercen las competencias propias de los Ministerios en el territorio y gestionan los recursos asignados los servicios integrados”.

Comisión territorial de asistencia al Delegado del Gobierno (artículo 28 LOFAGE):

“1. Para el mejor cumplimiento de la función directiva y coordinadora, prevista en el artículo 23, se crea en cada una de las Comunidades Autónomas pluriprovinciales una Comisión territorial, presidida por el Delegado del Gobierno en la Comunidad Autónoma e integrada por los Subdelegados del Gobierno en las provincias comprendidas en el territorio de ésta; en las de las islas Baleares y Canarias se integrarán, además, los Directores Insulares. A sus sesiones podrán asistir los titulares de los órganos y servicios que el Delegado del Gobierno en la correspondiente Comunidad Autónoma considere oportuno.

2. Esta Comisión desarrollará, en todo caso, las siguientes funciones:

- *a) Coordinar las actuaciones que hayan de ejecutarse de forma homogénea en el ámbito de la Comunidad Autónoma, para asegurar el cumplimiento de los objetivos generales fijados por el Gobierno a los servicios territoriales.*
- *b) Asesorar al Delegado del Gobierno en la Comunidad Autónoma en la elaboración de las propuestas de simplificación administrativa y racionalización en la utilización de los recursos.*
- *c) Cualesquiera otras que a juicio del Delegado del Gobierno en la Comunidad Autónoma resulten adecuadas para que la Comisión territorial cumpla la finalidad de apoyo y asesoramiento en el ejercicio de las competencias que esta Ley le asigna”.*

4.4.2 Subdelegados del Gobierno en las provincias

A los que se refiere el art. 29 de la LOFAGE en los siguientes términos:

© 2009 Abalar Consultores, S.L.

"1. En cada provincia y bajo la inmediata dependencia del Delegado del Gobierno en la respectiva Comunidad Autónoma, existirá un Subdelegado del Gobierno, que será nombrado por aquél por el procedimiento de libre designación, entre funcionarios de carrera del Estado, de las Comunidades Autónomas o de las Entidades locales, a los que se exija, para su ingreso, el título de Doctor, Licenciado, Ingeniero, Arquitecto o equivalente.

En las Comunidades Autónomas uniprovinciales en las que no exista Subdelegado, el Delegado del Gobierno asumirá las competencias que esta Ley atribuye a los Subdelegados del Gobierno en las provincias.

Podrán crearse por Real Decreto Subdelegaciones del Gobierno en las Comunidades autónomas uniprovinciales (por ejemplo, Comunidad de Madrid), y para ello habrán de tenerse en cuenta circunstancias tales como la población del territorio, el volumen de gestión o sus singularidades geográficas, sociales o económicas.

A los Subdelegados del Gobierno les corresponde:

a) Dirigir, en su caso, los servicios integrados de la Administración General del Estado, de acuerdo con las instrucciones del Delegado del Gobierno.

b) Impulsar, supervisar e inspeccionar los servicios no integrados.

c) Desempeñar las funciones de comunicación, colaboración y cooperación con las Corporaciones locales y, en particular, informar sobre la incidencia en el territorio de los programas de financiación estatal.

d) Mantener, por iniciativa y de acuerdo con las instrucciones del Delegado del Gobierno en la Comunidad autónoma, relaciones de comunicación, cooperación y colaboración con los órganos territoriales de la Administración de la respectiva Comunidad Autónoma que tenga su sede en el territorio provincial.

e) Ejercer las competencias sancionadoras que se les atribuyan normativamente.

En las provincias en las que no radique la sede de las Delegaciones del Gobierno, el Subdelegado del Gobierno, bajo la dirección y la supervisión del Delegado del Gobierno, ejercerá las siguientes competencias:

a) La protección del libre ejercicio de los derechos y libertades, garantizando la seguridad ciudadana, todo ello dentro de las competencias estatales en la materia. A estos efectos *dirigirá las Fuerzas y Cuerpos de seguridad del Estado en la provincia.*

b) La dirección y la coordinación de la protección civil en el ámbito de la provincia.

En las que radique la sede de la Delegación de Gobierno los Subdelegados del Gobierno podrán ejercer las anteriores competencias previa delegación del Delegado del Gobierno y en todo caso bajo la dirección y supervisión del mismo.

© 2009 Abalar Consultores, S.L.

4.4.3 Estructura organizativa de las Delegaciones y Subdelegaciones del Gobierno

Los artículos 32 y siguientes de la LOFAGE regulan la estructura administrativa y la organización de las Delegaciones y Subdelegaciones del Gobierno.

a) Adscripción y organización. Artículo 32 de la LOFAGE:

"1. Las Delegaciones del Gobierno se adscriben orgánicamente al Ministerio de Administraciones Públicas.

Las Subdelegaciones del Gobierno en las provincias se constituyen en órganos de la respectiva Delegación del Gobierno.

2. La organización de las Delegaciones atenderá a los siguientes criterios:

a) Existirán áreas funcionales para gestionar los servicios que se integren en la Delegación, mantener la relación inmediata con los servicios no integrados y asesorar en los asuntos correspondientes a cada área.

b) El número de dichas áreas se fijará en atención a los diversos sectores funcionalmente homogéneos de actividad administrativa y atendiendo al volumen de los servicios que desarrolle la Administración General del Estado en cada Comunidad Autónoma, al número de provincias de la Comunidad y a otras circunstancias en presencia que puedan aconsejar criterios de agrupación de distintas áreas bajo un mismo responsable, atendiendo especialmente al proceso de transferencias del Estado a las Comunidades Autónomas.

c) Existirá un órgano para la gestión de los servicios comunes de la Delegación, incluyendo los de los servicios integrados.

3. La estructura de las Delegaciones y Subdelegaciones del Gobierno se establecerá por Real Decreto del Consejo de Ministros en el que se determinarán los órganos y las áreas funcionales que se constituyan.

La estructuración de las áreas funcionales se llevará a cabo a través de las relaciones de puestos de trabajo, que se aprobarán a iniciativa del Delegado del Gobierno".

b) Criterios sobre integración de servicios. Artículo 33 de la LOFAGE:

"1. Se integrarán en las Delegaciones del Gobierno todos los servicios territoriales de la Administración General del Estado y sus Organismos públicos, salvo aquellos casos en que por las singularidades de sus funciones o por el volumen de gestión resulte aconsejable su dependencia directa de los órganos centrales correspondientes, en aras de una mayor eficacia en su actuación.

© 2009 Abalar Consultores, S.L.

2. Los servicios integrados se adscribirán, atendiendo al ámbito territorial en que deban prestarse, a la Delegación del Gobierno o a la Subdelegación correspondiente".

c) Criterios sobre organización de servicios no integrados. Artículo 34 de la LOFAGE:

"1. Los servicios no integrados en las Delegaciones del Gobierno se organizarán territorialmente atendiendo al mejor cumplimiento de sus fines y a la naturaleza de las funciones que deban desempeñar. A tal efecto, la norma que determine su organización establecerá el ámbito idóneo para prestar dichos servicios.

2. La organización de dichos servicios se establecerá por Real Decreto a propuesta conjunta del Ministro correspondiente y del Ministro de Administraciones Públicas, cuando contemple unidades con nivel de Subdirección General o equivalentes, o por Orden conjunta cuando afecte a órganos inferiores".

d) Dependencia de los servicios no integrados. Artículo 35 LOFAGE:

"Los servicios no integrados dependerán del órgano central competente sobre el sector de actividad en el que aquéllos operen, el cual les fijará los, objetivos concretos de actuación y controlará su ejecución, así como el funcionamiento de los servicios.

Los titulares de los servicios estarán especialmente obligadas a prestar toda la colaboración que precisen los Delegados del Gobierno y los Subdelegados del Gobierno para facilitar la dirección efectiva del funcionamiento de los servicios estatales".

e) La Comisión Nacional de Administración Local. Órgano permanente de colaboración entre la Administración del Estado y la Administración Local. Bajo la presidencia del Ministro de Administraciones Públicas, estará formada por igual número de representantes de las entidades locales y de la Administración del Estado, fijado por el Gobierno. Su creación está fijada en el artículo 117 de la Ley Reguladora de las Bases de Régimen Local, de 2 de abril de 1985.

4.4.4 Los Directores Insulares de la Administración General del Estado

El art. 30 de la LOFAGE establece que *"Reglamentariamente se determinarán las islas en las que existirá un Director Insular de la Administración General del Estado, con el nivel que se determine en la relación de puestos de trabajo. Serán nombrados por el Delegado del Gobierno por el procedimiento de libre designación entre los funcionarios de carrera del Estado, de las Comunidades Autónomas o de las Entidades locales, a los que se exija para su ingreso el título de Grado.*

Los Directores Insulares dependen jerárquicamente del Delegado del Gobierno en la Comunidad Autónoma o del Subdelegado del Gobierno en la provincia, cuando este cargo exista, y ejercen, en su ámbito territorial, las competencias atribuidas por esta Ley a los Subdelegados del Gobierno en las provincias".

© 2009 Abalar Consultores, S.L.

4.4.5 La Administración General del Estado en el exterior

Se integra por:

a) Las Misiones Diplomáticas, Permanentes o Especiales.

b) Las Representaciones o Misiones Permanentes.

c) Las Delegaciones.

d) La Oficinas Consulares.

e) Las Instituciones y Organismos públicos de la Administración General del Estado cuya actuación se desarrolle en el exterior (art. 36 de la LOFAGE).

Las Misiones diplomáticas permanentes representan con este carácter al Reino de España ante el o los Estados con los que tiene establecidas relaciones diplomáticas.

Las misiones diplomáticas especiales representan temporalmente al Reino de España ante un Estado, con el consentimiento de éste, para un cometido determinado. Las Representaciones o Misiones permanentes representan con este carácter al Reino de España ante una Organización internacional.

Las Delegaciones representan al Reino de España en un órgano de una Organización internacional o en una Conferencia de Estados convocada por una Organización internacional o bajo sus auspicios.

Las Oficinas consulares son los órganos encargados del ejercicio de las funciones consulares, en los términos definidos por las disposiciones legales pertinentes, y por los acuerdos internacionales suscritos por España.

Las Instituciones y Organismos públicos de la Administración General del Estado en el exterior son los establecidos con autorización expresa del Consejo de Ministros, previo informe favorable del Ministro de Asuntos Exteriores y Cooperación, para el desempeño, sin carácter representativo, de las actividades que tengan encomendadas en el exterior.

Son órganos directivos los embajadores y representantes permanentes ante Organizaciones internacionales, quienes representan al Reino de España en el Estado y Organización internacional ante los que estén acreditados.

4.4.6 Los Organismos Públicos

Los Organismos Públicos sirven a *intereses públicos concretos y determinados*. No tienen territorio propio sino una zona, sector o ámbito de actuación. Un ejemplo es la Universidad, cuyo Rector sólo tiene poder de actuación sobre la población universitaria. Otros ejemplos: Ente Público RTVE, Consejo de Seguridad Nuclear, etc.

En la LOFAGE se opta por sustituir la tradicional denominación de Administración Institucional del Estado por una denominación genérica de Organismos Públicos, que

© 2009 Abalar Consultores, S.L.

distingue tres tipos de modelos básicos: *Organismos autónomos y entidades públicas empresariales, y agencias estatales (desde la aprobación de la Ley 28/2006 de Agencias Estatales).*

© 2009 Abalar Consultores, S.L.

TEMA 11

Los empleados públicos. Concepto y clases. Adquisición y pérdida de la condición de funcionario. Situaciones administrativas. Derechos, deberes e incompatibilidades.

1 LOS EMPLEADOS PÚBLICOS: CONCEPTO Y CLASES

1.1 INTRODUCCIÓN

Las Administraciones Públicas necesitan, para la realización de sus fines, medios materiales y personales. Estos últimos constituyen el objeto de este tema.

El art. 149 de la Constitución reconoce al Estado la competencia exclusiva para dictar las bases del régimen estatutario de los funcionarios de las Administraciones Públicas.

Por su parte, el Gobierno dirige la política de personal y ejerce la función ejecutiva y la potestad reglamentaria en materia de personal de la Administración del Estado.

Al Ministerio para las Administraciones Públicas (MAP) le corresponde el desarrollo general de la política del Gobierno en materia de personal al servicio de la Administración del Estado.

La Ley 7/2007, de 12 de abril, del Estatuto Básico del Empleado Público, recoge estas previsiones y debe servir como elemento vertebrador y de cohesión de la Función Pública española ante las profundas transformaciones que se han producido en estos años en la sociedad española y en la organización de las Administraciones Públicas: Transferencias de competencias y empleados públicos a las Comunidades Autónomas, plena integración en la Unión Europea, o tramitación de Estatutos de Autonomía que modifican sustancialmente la organización del Estado y de nuestras Administraciones Públicas.

El Estatuto Básico del Empleado Público, cuyo desarrollo obedece, como hemos dicho, al artículo 149 de la Constitución, se aplicará a 2,5 millones de funcionarios y contratados laborales de la Administración General del Estado, Comunidades Autónomas y Entidades Locales, estableciendo que los empleados públicos deberán responder de los resultados de su actuación, para lo que se fija la evaluación objetiva del desempeño como elemento clave y mecanismo de modernización.

© 2009 Abalar Consultores, S.L.

Es una norma para todos los empleados públicos (funcionarios, estatutarios y laborales); de todas las Administraciones Públicas y afecta por igual a los siguientes ámbitos:

- *Administración General del Estado.*
- *Comunidades Autónomas y Ciudades Autónomas de Ceuta y Melilla.*
- *Entidades Locales.*
- *Organismos Públicos, Agencias y Entidades de Derecho Público.*
- *Universidades.*
- *Personal Investigador.*
- *Docentes.*
- *Estatutarios de los Servicios de Sanidad.*
- *Administración de Justicia.*
- *Personal de la Sociedad Estatal Correos y Telégrafos.*
- *Cuerpos de Policía Local.*

El Estatuto Básico, además, tiene carácter supletorio para todo el personal de las Administraciones Públicas no incluido en su ámbito de actuación.

1.2 CONCEPTO DE EMPLEADO PÚBLICO

El art. 8.1 de la Ley 7/2007, de 12 de abril, del Estatuto Básico del Empleado Público, dispone que *"son empleados públicos quienes desempeñan funciones retribuidas en las Administraciones Públicas al servicio de los intereses generales".*

1.3 CLASES DE EMPLEADOS PÚBLICOS

Atendiendo a los criterios diferenciadores se pueden establecer múltiples clasificaciones de empleados públicos.

1.3.1 Por el ámbito geográfico o la Administración donde prestan sus servicios

1. *Personal funcionario de la Administración General (Administración Central y Periférica, Organismos Autónomos, Entidades Gestoras y Servicios*

© 2009 Abalar Consultores, S.L.

Comunes de la Seguridad Social, destinos civiles de la Administración Militar).

2. *Personal funcionario al servicio de las Comunidades Autónomas.*
3. *Personal funcionario al Servicio de las Entidades Locales.*

1.3.2 Por el régimen jurídico aplicable

1. *Personal funcionario al que se aplican las normas generales* (Ley de funcionarios civiles del Estado, texto articulado aprobado por Decreto de 7 de febrero de 1964; Ley 30/1984, de 2 de agosto, de Medidas para la Reforma de la Función Pública y Estatuto Básico del Empleado Público).

2. *Funcionarios excluidos de dicha aplicación.* Según se deduzca su exclusión de las normas generales (personal funcionario de la Administración de Justicia, personal funcionario retribuido por arancel) o de sus propias normas específicas (personal de las Fuerzas y Cuerpos de Seguridad del Estado, personal del Centro Nacional de Inteligencia...).

1.3.3 Por lo dispuesto en normas administrativas o de otra naturaleza

Así, el artículo 24 del Código Penal contiene una definición muy extensa al decir que se considera funcionario a efectos penales, todo "*el que por disposición inmediata de la ley, o por elección, o por nombramiento de autoridad competente, participa en el ejercicio de funciones públicas*".

1.3.4 Por disposición del Estatuto Básico del Empleado Público

Los empleados públicos se clasifican en:

a) Funcionarios de carrera

Según el art. 9.1 del Estatuto Básico, "son funcionarios de carrera quienes, en virtud de nombramiento legal, están vinculados a una Administración Pública por una relación estatutaria regulada por el Derecho Administrativo para el desempeño de servicios profesionales retribuidos de carácter permanente", figurando en las correspondientes plantillas y percibiendo sueldos con cargo a las consignaciones de personal.

Siguiendo a Entrena Cuesta, de esta definición se pueden extraer las siguientes características:

1ª. Funcionalidad. Partiendo del principio constitucional de que el régimen general del empleado público en nuestro país es el funcionarial, se reconoce el creciente papel que en el conjunto de las Administraciones Públicas vienen desempeñando la contratación de personal conforme a la legislación laboral para el desempeño de determinadas tareas. Se diferencia a quienes trabajan en el sector público administrativo, sea cual sea su relación contractual, de quienes lo hacen en el sector privado.

© 2009 Abalar Consultores, S.L.

2ª. Retribución. Con lo que se excluye a quienes ejercen funciones públicas en virtud de otras obligaciones, como podrían ser por ejemplo, las actividades de carácter civil, sustitutorias del servicio militar.

3ª. Servicios generales. El servicio a los ciudadanos y al interés general es la finalidad primordial que preside el conjunto de relaciones de empleo público. A su vez, de la definición extraemos las siguientes notas:

1ª. **Legalidad del nombramiento**. Con ello se excluyen aquellas personas que pudieran desempeñar funciones públicas sin título jurídico o con un título jurídico inválido, es decir al funcionario de hecho.

2ª. **Permanencia de sus servicios**. Desempeñan servicios de carácter permanente. Esta nota se representa en el carácter inamovible de la condición de los funcionarios de carrera y en que la misma se materializa mediante su inclusión en la plantilla del cuerpo o escala al que se pertenece. Notas que no se dan en los eventuales o interinos.

3ª. **Inclusión en la plantilla del cuerpo o escala de ingreso**. Esta circunstancia permitía diferenciar claramente al funcionario de carrera del personal laboral, sin embargo este dato no es revelador, pues hoy existen plantillas de personal laboral. Por tanto, la característica debe referirse a la diferenciación entre plantillas de funcionarios y plantillas de personal laboral. El funcionario de carrera es, por tanto, el que figura en la plantilla de un cuerpo o escala de funcionarios.

4ª. **Retribución a cargo de las distintas Administraciones Públicas**. Este dato excluye a los funcionarios que perciben sus retribuciones mediante arancel, como los notarios.

La permanencia en el cargo, característica de los funcionarios de carrera, los diferencia de los funcionarios interinos y del personal eventual. En efecto, los funcionarios interinos deben cesar en el desempeño de sus funciones cuando la plaza que ocupan sea cubierta con un funcionario de carrera; el personal eventual cesa cuando lo haga la autoridad que lo ha nombrado.

Los funcionarios de carrera pueden pertenecer a Cuerpos Generales o Cuerpos Especiales.

1. Funcionarios de Cuerpos Generales

Son aquellos a los que les corresponde el desempeño de las funciones comunes al ejercicio de la actividad administrativa (tareas burocráticas). Son Cuerpos Generales:

a) Cuerpo Superior de las Administraciones Civiles del Estado

Realizan funciones de gestión, estudio y propuesta de carácter administrativo de nivel superior. Pertenecen al Grupo A1, antiguo Grupo A. Para el acceso a los cuerpos y escalas de este Grupo se exigirá estar en posesión del título universitario de Grado. En aquellos supuestos en los que la ley exija otro título universitario será éste el que se tenga en cuenta.

© 2009 Abalar Consultores, S.L.

La clasificación de los cuerpos y escalas en cada Subgrupo está en función del nivel de responsabilidad de las funciones a desempeñar y de las características de las pruebas de acceso.

b) Cuerpo de Gestión

Fue creado por la Ley 30/1984, de 2 de agosto, de Medidas para la Reforma de la Función Pública, encomendándose a los funcionarios incluidos en el mismo tareas de colaboración con el Cuerpo Superior. Pertenecen al Grupo A2, antiguo Grupo B, exigiéndose para el ingreso estar en posesión del título de Grado.

El actual Grupo B no tiene adscrito ningún Cuerpo General y según el EBEP se exigirá para el ingreso en dichos Cuerpos, cuando sean adscritos, el título de Técnico Superior

c) Cuerpo Administrativo

Los funcionarios de dicho Cuerpo desempeñarán tareas administrativas, normalmente de trámite y de colaboración, no asignadas al Cuerpo Superior o al de Gestión. Pertenecen al Grupo C1, antiguo Grupo C, la titulación exigida para el ingreso en dicho Grupo C es título de bachiller o técnico

d) Cuerpo Auxiliar

Los funcionarios incluidos en él se dedicarán a trabajos de mecanografía, taquigrafía, despacho de correspondencia, cálculo sencillo, manejo de máquinas y otros similares. Pertenecen al Grupo C2, antiguo grupo D, y la titulación exigida es graduado en educación secundario obligatoria (ESO)

e) Cuerpo Subalterno

Los subalternos desempeñarán tareas de vigilancia, custodia, porteo u otras análogas. Actualmente su Grupo se denomina Grupo sin clasificación, y se corresponde con el antiguo Grupo E. La titulación exigida para su ingreso es la de Graduado Escolar.

Este nuevo sistema de clasificación profesional se irá desarrollando y adaptándose en la medida en que se promulguen y se apliquen las leyes de la función pública en desarrollo del Estatuto Básico.

2. Funcionarios de Cuerpos Especiales

Son aquellos que ejercen actividades que constituyen el objeto de una peculiar carrera o profesión.

© 2009 Abalar Consultores, S.L.

b) Funcionarios interinos

Son funcionarios interinos los que, por razones expresamente justificadas de necesidad y urgencia, son nombrados como tales para el desempeño de funciones propias de funcionarios de carrera, cuando se dé alguna de las siguientes circunstancias:

1. La existencia de plazas vacantes cuando no sea posible su cobertura por funcionarios de carrera.

2. La sustitución transitoria de los titulares.

3. La ejecución de programas de carácter temporal.

4. El exceso o acumulación de tareas por plazo máximo de seis meses, dentro de un periodo de doce meses.

c) Personal laboral

Es personal laboral el que en virtud de contrato de trabajo formalizado por escrito, en cualquiera de las modalidades de contratación personal previstas en la legislación laboral (Estatuto de los Trabajadores), presta servicios retribuidos por las Administraciones públicas. En función de la duración del contrato éste podrá ser fijo, por tiempo indefinido o temporal. Este personal se caracteriza por las siguientes notas:

- Su vinculación con la Administración se produce, no a través de nombramiento como ocurre con los funcionarios, sino mediante la firma de un contrato.

- Podrán desempeñar los puestos de naturaleza no permanente y aquellos cuyas actividades sean propias de oficios.

- Son trabajadores al servicio de la Administración, contratados por ésta de acuerdo con la legislación laboral, a los que es plenamente aplicable.

d) Personal eventual

Son aquellos que, en virtud de nombramiento y con carácter no permanente, sólo realizan funciones expresamente calificadas como de confianza o asesoramiento especial.

Las leyes de la Función Pública que se dicten en desarrollo del Estatuto Básico determinarán los órganos de gobierno de las Administraciones Públicas que podrán disponer de este tipo de personal.

Su nombramiento y cese, que serán libres, corresponde exclusivamente a los Ministros, Secretarios de Estado, Consejeros de Gobierno de las Comunidades Autónomas y el Pleno de las Corporaciones Locales.

© 2009 Abalar Consultores, S.L.

Este personal cesará automáticamente cuando cese la autoridad a la que presta su función de confianza o asesoramiento.

Finalmente, el desempeño de un puesto de trabajo reservado a personal eventual no constituirá en ningún caso mérito para el acceso a la Función Pública o para la promoción interna.

e) Personal directivo

El Gobierno y los Órganos de Gobierno de las Comunidades Autónomas podrán establecer el régimen jurídico específico del personal directivo así como los criterios para determinar su condición, de acuerdo, entre otros, con los siguientes principios:

1. Es personal directivo el que desarrolla funciones directivas profesionales en las Administraciones Públicas.

2. Su designación atenderá a principios de mérito y capacidad y a criterios de idoneidad, y se llevará a cabo mediante procedimientos que garanticen la publicidad y concurrencia.

3. El personal directivo estará sujeto a evaluación con arreglo a los criterios de eficacia y eficiencia, responsabilidad en su gestión y control de resultados en relación con los objetivos que les hayan sido fijados.

4. La determinación de las condiciones de empleo del personal directivo no tendrán la consideración de materia objeto de negociación colectiva a los efectos del Estatuto Básico del Empleado Público.

   Cuando el personal directivo reúna la condición de personal laboral estará sometido a la relación laboral de carácter especial de alta dirección.

1.3.5 Funcionarios en prácticas

Distinción recogida en la Ley de Funcionarios Civiles del Estado, aprobada por Decreto 315/1964, de 7 de febrero. Son los que, habiendo superado las pruebas selectivas, deben seguir un curso o un período de prácticas, siendo nombrados funcionarios de carrera al superar el mismo.

© 2009 Abalar Consultores, S.L.

CLASES DE EMPLEADOS PÚBLICOS
Por el ámbito geográfico o la Administración donde prestan sus servicios Funcionarios de la Administración General Funcionarios al Servicio de las Comunidades Autónoma Funcionarios al Servicio de las Corporaciones Locales
Por el régimen jurídico aplicable Funcionarios a los que se aplican las normas generales Funcionarios excluidos de dicho ámbito de aplicación
Por lo dispuesto en normas administrativas o de otra naturaleza Funcionarios a efectos penales
Por disposición del Estatuto Básico del Empleado Público Funcionarios de carrera Funcionarios interinos Personal laboral Personal eventual Personal directivo
Funcionarios en prácticas

1.4 SISTEMAS DE SELECCIÓN

El art. 61.6 del Estatuto Básico, dice que *"los sistemas selectivos de funcionarios de carrera serán los de oposición y concurso-oposición que deberán incluir, en todo caso, una o varias pruebas para determinar la capacidad de los aspirantes y establecer el orden de prelación. Sólo en virtud de ley podrá aplicarse, con carácter excepcional, el sistema de concurso que consistirá únicamente en la valoración de méritos"*.

A su vez, el art. 61.7, establece que *"los sistemas selectivos de personal laboral fijo serán los de oposición, concurso-oposición, o concurso de valoración de méritos"*.

La oposición consiste en la celebración de una o más pruebas de capacidad para determinar la aptitud de los aspirantes.

El concurso consiste exclusivamente en la calificación de los méritos de los aspirantes.

El concurso-oposición consiste en la sucesiva celebración como parte del procedimiento de selección de los dos sistemas anteriores.

© 2009 Abalar Consultores, S.L.

Debe tenerse en cuenta que la oposición es el sistema que se utilizará para seleccionar funcionarios salvo cuando, por la naturaleza de las funciones a desempeñar, sea más adecuada la utilización del sistema de concurso-oposición y, excepcionalmente, el de concurso.

2. ADQUISICIÓN Y PÉRDIDA DE LA CONDICIÓN DE FUNCIONARIO

2.1 ACCESO AL EMPLEO PÚBLICO Y ADQUISICIÓN DE LA RELACIÓN DE SERVICIO

2.1.1 Principios rectores

Según el artículo 55.1 del Estatuto Básico del Empleado Público, todos los ciudadanos tienen acceso al empleo público de acuerdo con los principios constitucionales de *igualdad, mérito y capacidad*, así como el de *publicidad*, y los establecidos a continuación:

a) Publicidad de las convocatorias y de sus bases.

b) Transparencia.

c) Imparcialidad y profesionalidad de los miembros de los órganos de selección.

d) Independencia y discrecionalidad técnica en la actuación de los órganos de selección.

e) Adecuación entre el contenido de los procesos selectivos y las funciones o tareas a desarrollar.

f) Agilidad, sin perjuicio de la objetividad, en los procesos de selección.

2.1.2 Requisitos generales de acceso

Para poder participar en los procesos selectivos será necesario reunir los siguientes requisitos:

a) Tener la nacionalidad española, sin perjuicio de que los nacionales de los Estados miembros de la Unión Europea podrán acceder, como personal funcionario, en igualdad de condiciones que los españoles a los empleos públicos, con excepción de aquellos que directa o indirectamente impliquen una participación en el ejercicio del poder público o en las funciones que tienen por objeto la salvaguardia de los intereses del Estado o de las Administraciones Públicas.

© 2009 Abalar Consultores, S.L.

El acceso al empleo público como personal funcionario, se extenderá igualmente a las personas incluidas en el ámbito de aplicación de los Tratados Internacionales celebrados por la Unión Europea y ratificados por España en los que sea de aplicación la libre circulación de extranjeros.

Estos extranjeros así como los que tengan residencia legal en España podrán acceder a las Administraciones Públicas, como personal laboral, en igualdad de condiciones que los españoles.

b) Poseer la capacidad funcional para el desempeño de las tareas.

c) La edad mínima para participar en los procesos de selectivos, tanto para personal funcionario como para personal laboral, es de dieciséis años cumplidos y la edad máxima no puede exceder, en su caso, de la edad máxima de jubilación forzosa.

d) No haber sido separado mediante expediente disciplinario del servicio de cualquiera de las Administraciones Públicas o de los órganos constitucionales o estatutarios de las Comunidades Autónomas, no hallarse en inhabilitación absoluta o especial para empleos o cargos públicos por resolución judicial, para el acceso al cuerpo o escala de funcionario, o para ejercer funciones similares a las que desempeñaban en el caso de personal laboral, en el que hubiese sido separado o inhabilitado. En el caso de ser nacional de otro Estado, no hallarse inhabilitado o en situación equivalente no haber sido sometido a sanción disciplinaria o equivalente que impida, en su Estado, en los mismos términos, el acceso al empleo público.

e) Poseer la titulación exigida.

f) No padecer enfermedad o defecto físico que impida el desempeño de las correspondientes funciones.

2.1.3 Personal con discapacidad

En las ofertas de empleo público se reservará un cupo *no inferior al cinco por ciento de las vacantes* para ser cubiertas entre personas con discapacidad, siempre que superen los procesos selectivos y acrediten su discapacidad y la compatibilidad con el desempeño de las tareas, de modo que progresivamente se alcance el dos por ciento de los efectivos totales en cada Administración Pública.

2.1.4 Órganos de selección

Los órganos de selección son las Comisiones Permanentes de Selección y los Tribunales (órganos de selección de carácter habitual).

Las Comisiones Permanentes de Selección se establecerán por Orden del MAP y estarán constituidas por un Presidente y un número par de vocales. Son órganos a los que se encomienda el proceso de selección para aquellos Cuerpos o Escalas en los que el elevado número de aspirantes y el nivel de titulación y especialización exigidas, así lo aconsejen.

© 2009 Abalar Consultores, S.L.

Los Tribunales son nombrados para cada convocatoria, estarán compuestos por un número impar de miembros, no inferior a cinco, debiéndose designar el mismo número de titulares que de suplentes.

Son órganos colegiados y su composición deberá ajustarse a los principios de imparcialidad y profesionalidad de sus miembros.

Igualmente, *"todos los Tribunales y órganos de selección del personal de la Administración General del Estado responderán al principio de presencia equilibrada de mujeres y hombres, salvo por razones fundadas y objetivas, debidamente motivadas.*

Asimismo, la representación de la Administración General del Estado y de los órganos públicos vinculados o dependientes de ella en las comisiones de valoración de méritos para la provisión de puestos de trabajo se ajustará al principio de composición equilibrada de ambos sexos" (art. 53 de la Ley 3/2007, de 22 de marzo, para la Igualdad efectiva de Mujeres y Hombres).

No podrá formar parte de los órganos de selección el personal de elección o de designación política, los funcionarios interinos y el personal eventual.

2.1.5 Oferta de empleo público

Referida a la Administración General del Estado, está constituida por la relación de las plazas dotadas presupuestariamente que se hallen vacantes. Su *aprobación anual corresponde al Gobierno*, a propuesta del Ministro para las Administraciones Públicas, con informe favorable del Ministerio de Economía y Hacienda, en el primer trimestre de cada año.

La publicación de la oferta obliga al Secretario de Estado para las Administraciones Públicas a convocar, dentro del primer trimestre de cada año natural, las pruebas selectivas para cubrir las plazas vacantes contenidas en la oferta y hasta un 10 por 100 adicional.

2.1.6 La convocatoria

Según Serrano Guirado es la invitación que hace la Administración a los administrados en quienes concurren determinadas condiciones para incorporarse profesionalmente al servicio de la función pública y, a la vez, la norma o conjunto de bases por la que se regirán los distintos actos del procedimiento de selección y las cuestiones que puedan plantearse en el desarrollo del mismo.

La convocatoria es la ley del concurso o de la oposición, supone un equilibrio entre las prerrogativas administrativas y las garantías de los administrados, y una vez publicada solamente podrá ser modificada con sujeción estricta a las normas de la Ley de Régimen Jurídico de las Administraciones Públicas y del Procedimiento Administrativo Común.

© 2009 Abalar Consultores, S.L.

La convocatoria ha de ser pública (Boletín Oficial del Estado, de las Comunidades Autónomas o de las Corporaciones Locales). Podrá tener carácter unitario o sólo para ingreso en Cuerpos o Escalas del Departamento correspondiente, es inalterable y debe contener las bases generales que determinan el proceso selectivo, las pruebas a realizar, programas y formas de calificación aplicables, y debe señalar el lugar y fecha de iniciación de las pruebas.

Tras la realización de las pruebas y selección de los candidatos, éstos deben aportar a la Administración la documentación acreditativa del cumplimiento de las condiciones y demás requisitos exigidos en la convocatoria respectiva, siendo llamados a la siguiente fase.

2.1.7 Adquisición de la condición de funcionario de carrera

Conforme establece el art. 62 del Estatuto Básico, *"la adquisición de la condición de funcionario de carrera se adquiere por el cumplimiento sucesivo de los siguientes requisitos:*

a) Superación del proceso selectivo y, en su caso, los cursos de formación procedentes.

b) Nombramiento conferido por la Autoridad competente, que será publicado en el Diario Oficial correspondiente

c) *Acto de acatamiento de la Constitución y, en su caso, del Estatuto de Autonomía correspondiente y del resto del Ordenamiento Jurídico* (se suprime el acto de "cumplir fielmente las obligaciones del cargo, con lealtad al Rey).

d) *Toma de posesión dentro del plazo que se establezca".*

En la Administración General del Estado, actualmente el *plazo posesorio es de un mes* a contar desde la notificación del nombramiento. No se adquiere, por tanto, la condición de funcionario hasta el momento de la toma de posesión; por ello, los efectos económicos se producen a partir de dicho momento.

El funcionario dependerá *orgánicamente* del Ministerio para las Administraciones Públicas y *funcionalmente* de aquél en que preste sus servicios.

2.2 PÉRDIDA DE LA RELACIÓN DE SERVICIO

2.2.1 Causas de pérdida de la condición de funcionario de carrera

Las causas por las que se puede perder la condición de funcionario de carrera están reguladas en los artículos 63 a 67 del Estatuto Básico del Empleado Público, y son las siguientes:

a) La renuncia a la condición de funcionario.

© 2009 Abalar Consultores, S.L.

b) La pérdida de la nacionalidad.

c) La jubilación total del funcionario.

d) La sanción disciplinaria de separación del servicio que tuviera carácter de firme.

e) La pena principal o accesoria de inhabilitación absoluta o especial para cargo público que tuviere carácter firme.

PÉRDIDA DE LA CONDICIÓN DE FUNCIONARIO
Renuncia Pérdida de la nacionalidad Jubilación Sanción disciplinaria de separación del servicio Pena principal o accesoria de inhabilitación absoluta o especial para cargo público

1.- Renuncia

Acto encuadrable en la renuncia de los derechos, que es aceptable sin más requisitos que los generales definidos en el artículo 6.3 del Código Civil conforme al cual, la exclusión voluntaria de la ley aplicable y la renuncia a los derechos en ella reconocidos solo serán válida cuando no contraríen el interés o el orden público y no perjudiquen a terceros.

La renuncia voluntaria a la condición de funcionario habrá de ser manifestada por escrito y se perfecciona con la aceptación de la misma por la Administración y es a partir de ese momento cuando se entiende extinguida la relación funcionarial. No inhabilita para nuevo ingreso en la Administración Pública a través del procedimiento de selección establecido.

No podrá ser aceptada la renuncia cuando el funcionario esté sujeto a expediente disciplinario o haya sido dictado en su contra auto de procesamiento o de apertura de juicio oral por la comisión de algún delito.

2.- Pérdida de nacionalidad

La pérdida de la nacionalidad española o la de cualquier otro Estado miembro de la Unión Europea o la de aquellos Estados a los que, en virtud de Tratados Internacionales celebrados por la Unión Europea y ratificados por España, les sea de aplicación la libre circulación de trabajadores, que haya sido tenida en cuenta para el nombramiento, determinará la pérdida de la condición de funcionario salvo que simultáneamente se adquiera la nacionalidad de alguno de dichos Estados.

© 2009 Abalar Consultores, S.L.

3.- Pena principal o accesoria de inhabilitación absoluta o especial para cargo público

La pena principal o accesoria de inhabilitación absoluta cuando hubiere adquirido firmeza la sentencia que la imponga produce la pérdida de la condición de funcionario respecto a todos los empleos o cargos que tuviere.

La pena principal o accesoria de inhabilitación especial cuando hubiere adquirido firmeza la sentencia que la imponga produce la pérdida de la condición de funcionario respecto de aquellos empleos o cargos especificados en la sentencia.

Se trata de supuestos previstos en Código Penal (artículos 39 y ss.). La redacción actual del art. 66 y 68 del Estatuto Básico permite afirmar que estas circunstancias no impiden un posterior reingreso, una vez cumplida la condena, tras concederse, a petición del interesado, con carácter extraordinario la rehabilitación, atendiendo a las circunstancias y entidad del delito cometido, salvo que hubiera ido acompañada de un expediente disciplinario de carácter administrativo que culminase con la **separación del servicio**; sanción que por faltas muy graves está prevista en el Reglamento de Régimen Disciplinario de los Funcionarios de la Administración del Estado, y que inhabilita para un nuevo ingreso en la Administración Pública.

La sanción disciplinaria de suspensión firme de funciones no implica la pérdida de la condición de funcionario.

En los supuestos de solicitud de rehabilitación en la condición de funcionario derivada de pena principal o accesoria, el silencio tendrá sentido negativo.

4.- Jubilación

Supone la pérdida de la condición de funcionario por el cumplimiento de una edad fijada en las normas estatutarias y lleva consigo, generalmente, el derecho al percibo de los subsidios y pensiones que determinan las normas de Seguridad Social.

El art. 67 del Estatuto Básico del Empleado Público, establece que *"La jubilación de los funcionarios podrá ser:*

a) *Voluntaria, a solicitud del funcionario.*

b) *Forzosa, al cumplir la edad legalmente establecida* (Se declarará de oficio al cumplir el funcionario los sesenta y cinco años de edad).

c) *Por la declaración de incapacidad permanente para el ejercicio de las funciones propias de su cuerpo o escala, o por el reconocimiento de una pensión de incapacidad permanente absoluta o, incapacidad permanente total en relación con el ejercicio de las funciones de su cuerpo o escala.*

d) *Parcial"* (A solicitud del funcionario, siempre que reúna los requisitos y condiciones establecidos en el Régimen de Seguridad Social que le sea aplicable).

© 2009 Abalar Consultores, S.L.

2.3 LAS SITUACIONES ADMINISTRATIVAS

Las situaciones administrativas se configuran como modificaciones de la relación funcionarial debidas a la concurrencia de circunstancias objetivas o subjetivas que comporten alteraciones en la estructura básica de la misma.

La característica esencial de las situaciones administrativas es que en todas ellas se mantiene latente la relación del funcionario con Administración y, consiguientemente, la posibilidad de reingresar al servicio activo siempre que se cumplan una serie de requisitos fijados reglamentariamente. Desde un punto de vista técnico, la mejor explicación de esta figura es la que se diferencia la relación de servicio y la relación orgánica.

La *relación de servicio* vendría representada por el vínculo que une al funcionario con la Administración desde el momento del ingreso, plasmado en el nombramiento, y hasta que se produzca, por alguna de las causas legalmente previstas, la extinción de dicha relación.

La *relación orgánica* es aquella que se da entre el funcionario y el puesto de trabajo que ocupa o, para ser más exactos, entre el funcionario y el órgano administrativo a cuyo frente se coloca aquél. Es necesario insistir en que para que exista la relación orgánica, resulta imprescindible que previamente exista la relación de servicio, es decir, que el titular del órgano tenga la condición de funcionario.

La normativa vigente en esta materia la forman la Ley 30/1984, de 2 de agosto, de Medidas para la reforma de la Función Pública; Ley Orgánica 2/1986, de 13 de marzo, de Fuerzas y Cuerpos de Seguridad; Ley 22/1993, de 29 de diciembre, de Medidas Fiscales de reforma del régimen jurídico de la Función Pública y de la protección del desempleo y el Estatuto Básico del Empleado Público, aprobado por Ley 7/2007, de 12 de abril (en espera, en parte, de desarrollo de las leyes de Función Pública que se dicten).

Los funcionarios del Cuerpo Nacional de Policía, como el resto de los funcionarios civiles del Estado, pueden hallarse en alguna de las situaciones siguientes:

a) Servicio activo.

b) Servicios especiales.

c) Servicio en otras Administraciones Públicas

d) Expectativa de destino.

e) Excedencia forzosa.

f) Excedencia para el cuidado de hijos.

g) Excedencia voluntaria por servicios en el sector público.

h) Excedencia voluntaria por interés particular

i) Excedencia voluntaria por agrupación familiar.

© 2009 Abalar Consultores, S.L.

j) *Excedencia voluntaria incentivada.*

k) *Suspensión de funciones.*

Otra situación administrativa que afecta solamente a los funcionarios del Cuerpo Nacional de Policía es la de *segunda actividad.*

2.4 SERVICIO ACTIVO

Es la situación de normalidad en la prestación de servicios en la función pública. Los funcionarios se hallan en situación de servicio activo:

a) Cuando desempeñen un puesto que esté adscrito a los funcionarios comprendidos en el ámbito de aplicación de la Ley 30/1984, de 2 de agosto, de Medidas para la Reforma de la Función Pública. En el Cuerpo Nacional de Policía, cuando se ocupe plaza correspondiente a la plantilla del Cuerpo.

b) Cuando desempeñen puestos en las Corporaciones Locales o las Universidades públicas que puedan ser ocupados por los funcionarios comprendidos en el ámbito de aplicación de la Ley 30/1984.

c) Cuando se encuentren en comisión de servicios.

d) Cuando presten servicio en los Gabinetes de la Presidencia del Gobierno, de los Ministros, Secretarios de Estado, Delegados o Subdelegados del Gobierno.

e) Cuando presten servicios en las Cortes Generales o en el Tribunal de Cuentas, y no les corresponda quedar en otra situación (servicios especiales).

f) Cuando accedan a la condición de miembros de las Asambleas Legislativas de las Comunidades Autónomas y, no percibiendo retribuciones periódicas opten por permanecer en esta situación.

g) Cuando accedan a la condición de miembros de Corporaciones Locales, salvo que desempeñen cargo retribuido y de dedicación exclusiva en ellas.

h) Cuando queden a disposición del Subsecretario, Director de Organismo autónomo, Delegado del Gobierno o Subdelegado del Gobierno en la provincia, por cesar en un puesto de trabajo sin obtener otro por los sistemas establecidos legalmente (art. 20 Ley 30/1984).

i) Cuando cesen en un puesto de trabajo por haber obtenido otro, mediante procedimiento de provisión de puestos de trabajo, durante el plazo posesorio.

© 2009 Abalar Consultores, S.L.

j) Cuando se encuentren en las dos primeras fases de reasignación de efectivos.

k) Cuando presten servicios en Organismos o Entes Públicos.

l) En el supuesto de cesación progresiva de actividades.

2.4.1 Servicios especiales

Situación especial en la que se computa el tiempo de permanencia en la misma a efectos de ascensos, trienios y derechos pasivos, y reserva de plaza.

Los funcionarios públicos serán declarados en la situación de servicios especiales:

a) Cuando sean autorizados para realizar una misión por período determinado, superior a seis meses, en Organismos internacionales, Gobiernos o Entidades públicas extranjeras o en programas de cooperación internacional.

b) Cuando adquieran la condición de funcionarios al servicio de Organizaciones internacionales o de carácter supranacional.

c) Cuando sean nombrados miembros del Gobierno o de los órganos de gobierno de las Comunidades Autónomas o altos cargos de las respectivas Administraciones Públicas que no deban ser provistos necesariamente por funcionarios públicos.

d) Cuando sean elegidos por las Cortes Generales para formar parte de los Órganos Constitucionales u otros cuya elección corresponda a las Cámaras.

e) Cuando sean adscritos a los servicios del Tribunal Constitucional o del Defensor del Pueblo o destinados al Tribunal de Cuentas, o presten servicios en los Órganos técnicos del Consejo General del Poder Judicial.

f) Cuando accedan a la condición de Diputado o Senador de las Cortes Generales.

g) Cuando accedan a la condición de miembros de las Asambleas Legislativas de las Comunidades Autónomas, si perciben retribuciones periódicas por el desempeño de la función.

h) Cuando desempeñen cargos electivos retribuidos y de dedicación exclusiva en las Corporaciones Locales.

i) Cuando presten servicios en los Gabinetes de Presidencia del Gobierno, de los Ministros o de los Secretarios de Estado, Delegados o Subdelegados del Gobierno, y opten por pasar a esta situación.

j) Cuando sean nombrados para cualquier cargo de carácter político del que se derive incompatibilidad para ejercer la función pública.

© 2009 Abalar Consultores, S.L.

k) Cuando cumplan el servicio militar o prestación social sustitutoria.

l) Cuando sean elegidos miembros del Parlamento Europeo.

m) Cuando ostenten la condición de Comisionados parlamentarios de Comunidad Autónoma o Adjuntos a estos.

n) Cuando así se determine en una norma con rango de Ley.

El Estatuto Básico del Empleado Público (art. 87) añade los sientes supuestos:

1. Cuando sean designados miembros de los órganos de gobierno de las Ciudades de Ceuta y Melilla, de las Instituciones de las Unión Europea o de Organizaciones Internacionales o sean nombrados altos cargos de las citadas Administraciones Públicas e Instituciones.

2. Cuando sean nombrados para el desempeño de puestos o cargos en organismos públicos o entidades, dependientes o vinculados a las Administraciones Públicas que, de conformidad con lo que establezca la respectiva Administración Pública, estén asimilados en su rango administrativo a altos cargos.

3. Cuando se desempeñen cargos electivos retribuidos y de dedicación exclusiva en las Asambleas de las Ciudades de Ceuta y Melilla y en las Entidades Locales, cuando se desempeñen responsabilidades de órganos superiores y directivos municipales y cuando se desempeñen responsabilidades de miembros de los órganos locales para el conocimiento y la resolución de las reclamaciones económico-administrativas.

4. Cuando sean designados para formar parte de los Consejos de Justicia de las Comunidades Autónomas.

5. Cuando sean designados asesores de los grupos parlamentarios de las Cortes Generales o de las Asambleas Legislativas de las Comunidades Autónomas.

6. Cuando sean activados como reservistas voluntarios para prestar servicios en las Fuerzas Armadas.

2.4.2 Servicio en otras Administraciones públicas (antigua situación de servicio en comunidades autónomas)

2.4.2.1 Funcionarios transferidos

Los funcionarios transferidos a las Comunidades Autónomas se integran plenamente en la organización de las misma y su situación administrativa es la de servicio activo en ellas.

© 2009 Abalar Consultores, S.L.

2.4.2.2 Funcionarios destinados a Comunidades Autónomas por otros procedimientos

Los funcionarios de la Administración del Estado que, mediante los sistemas de concurso, libre designación o reasignación de efectivos, pasen a ocupar puestos de trabajo en las Comunidades Autónomas, se someterán al régimen estatutario y les será de aplicación la legislación en materia de Función Pública de la Comunidad Autónoma en que estén destinados, pero conservarán su condición de funcionarios de la Administración del Estado en la situación de servicio en Comunidades Autónomas.

En todo caso les serán aplicables las normas relativas a promoción profesional, promoción interna, régimen retributivo, situaciones administrativas, incompatibilidades y régimen disciplinario de la Administración pública en que se hallen destinados, con excepción de la sanción de separación de servicio, que se acordará por el Ministerio del Departamento al que esté adscrito el Cuerpo o Escala al que pertenezca el funcionario.

Se añade lo siguiente en virtud de lo establecido en el Estatuto Básico del Empleado Público (art. 88):

A los funcionarios que se encuentren en situación de servicios en Comunidades Autónomas así como los que se hallan en servicio activo en Corporaciones Locales y en Universidades Públicas, les corresponde la *situación administrativa de servicio en otras Administraciones Públicas.*

Los funcionarios en situación de servicio en otras Administraciones Públicas tienen derecho a participar en las convocatorias que realice su Administración de origen para la provisión de puestos de trabajo y para la promoción interna.,

2.4.3 Expectativa de destino

Los funcionarios afectados por un procedimiento de reasignación de efectivos derivada de un Plan de Empleo y no hayan obtenido puesto de trabajo, pasarán a la situación de expectativa de destino. Se adscribirán al Ministerio para las Administraciones Públicas, a través de relaciones específicas de puestos en reasignación.

Sólo podrán permanecer en esta situación un período máximo de un año, transcurrido el cual pasarán a la situación de excedencia forzosa.

Estos funcionarios estarán obligados a aceptar los puestos de características similares a los que desempeñaban que se les ofrezcan en la provincia donde estaban destinados; a participar en los concursos para la provisión de puestos de trabajo adecuados a su Cuerpo, Escala o Categoría que le sean notificados, situados en dichas provincias de destino. El incumplimiento de estas obligaciones determinará el pase a la situación de excedencia forzosa.

Percibirán las retribuciones básicas, el complemento de destino del grado personal que les corresponda, o en su caso, el del puesto de trabajo que desempeñaban, y el 50 por 100 del complemento específico que percibieran al pasar a esta situación. A los restantes efectos, incluido el régimen de incompatibilidades, esta situación se equipara a la de servicio activo.

© 2009 Abalar Consultores, S.L.

2.4.4 Excedencia

2.4.4.1 Excedencia forzosa

El vigente Reglamento de Situaciones Administrativas (art. 13) reduce a dos las causas que genera la situación de excedencia forzosa:

- Para los funcionarios en situación de expectativa de destino por el transcurso del período máximo establecido en la misma.

- Cuando el funcionario declarado en situación de suspensión firme, que no tenga reservado puesto de trabajo, solicite el reingreso y no se le conceda en el plazo de seis meses contados a partir de la extinción de la responsabilidad penal o disciplinaria. Si el funcionario no solicita el reingreso en el mes anterior a aquella extinción pasará a la situación de excedencia voluntaria por interés particular.

2.4.4.2 Excedencia para el cuidado de hijos

Los funcionarios tendrán derecho a un período de excedencia, no superior a tres años, para atender al cuidado de cada hijo, tanto cuando lo sea por naturaleza como por adopción, a contar desde la fecha del nacimiento de éste. Cada sucesivo hijo dará derecho a un nuevo período de excedencia, que en su caso, pondrá fin al que se viniere disfrutando. Cuando el padre y la madre trabajen, sólo uno de ellos podrá ejercitar este derecho.

El tiempo de permanencia en esta situación será computable a efectos de trienios, carrera y derechos en el régimen de Seguridad Social de aplicación. También será computable para participar en las pruebas de promoción interna.

Esta situación conlleva la reserva del puesto de trabajo, desempeñado durante dos años. Trascurrido es periodo, la reserva será a un puesto en la misma localidad y de igual retribución.

A estos efectos el acogimiento de menores producirá los mismos efectos que la adopción durante el tiempo de duración del mismo.

2.4.4.3 Excedencia voluntaria por prestación de servicios en el sector público

Procederá declarar, de oficio o a instancia de parte, en situación de excedencia voluntaria a los funcionarios que se encuentren en servicio activo en otro Cuerpo o Escala de cualquiera de las Administraciones Públicas, salvo que hubieran obtenido la oportuna compatibilidad, y a los que pasen a prestar servicios en Organismos o Entidades del sector público y no les corresponda quedar en las situaciones de servicio activo o servicios especiales.

Procede también la declaración de excedencia voluntaria en el caso de los funcionarios del Estado integrados en la función pública de las Comunidades Autónomas que ingresen voluntariamente en Cuerpos o Escalas de funcionarios propios de las mismas, distintos a aquellos en que inicialmente se hubieran integrado.

© 2009 Abalar Consultores, S.L.

Los funcionarios podrán permanecer en esta situación en tanto se mantenga la relación de servicios que dio origen a la misma. Una vez producido el cese en ella, deberán solicitar el reingreso al servicio activo, en el plazo máximo de un mes, declarándoseles, de no hacerlo, en la situación de excedencia voluntaria por interés particular.

2.4.4.4 Excedencia voluntaria por interés particular

Podrá concederse la excedencia voluntaria a los funcionarios cuando lo soliciten por interés particular siempre que se cumplan los requisitos siguientes:

a) Que el funcionario haya prestado servicios efectivos en cualquiera de las Administraciones Públicas durante los *cinco años inmediatamente anteriores* a la solicitud.

b) En ella no se podrá permanecer *menos de dos años continuados, y máxima ilimitada.*

La falta de petición de reingreso al servicio activo dentro del plazo concedido comportará la pérdida de la condición de funcionario.

La concesión de excedencia voluntaria por interés particular queda subordinada a las necesidades del servicio: La concesión y la denegación deberán ser debidamente motivadas en función de las necesidades del servicio. No podrá declararse a solicitud del funcionario cuando al mismo se le instruya expediente disciplinario.

Los funcionarios del Cuerpo Nacional de Policía en excedencia voluntaria por interés particular no están sometidos al Régimen disciplinario del Cuerpo.

2.4.4.5 Excedencia voluntaria por agrupación familiar

Podrá concederse la excedencia voluntaria por agrupación familiar, con una duración mínima de *dos años y máxima de quince*, a los funcionarios cuyo cónyuge resida en otro municipio por haber obtenido y estar desempeñando un puesto de trabajo de carácter definitivo en cualquier de las Administraciones Públicas, Organismos públicos y Entidades de Derecho Público dependientes o vinculados a ellos, en los órganos constitucionales o del Poder Judicial, así como en la Unión Europea o en Organizaciones Internacionales.

Antes de finalizar el período de quince años de duración de esta situación deberá solicitarse el reingreso al servicio activo, declarándose, de no hacerlo, de oficio la situación de excedencia voluntaria por interés particular.

2.4.4.6 Excedencia voluntaria incentivada

Los funcionarios afectados por un proceso de reasignación de efectivos, podrán ser declarados, a su solicitud, en situación de excedencia voluntaria incentivada.

Asimismo, quienes se encuentren en las situaciones de expectativa de destino o de excedencia forzosa como consecuencia de la aplicación de un Plan de Empleo tendrán derecho a pasar, a su solicitud, a dicha situación.

© 2009 Abalar Consultores, S.L.

Tendrá una duración de cinco años e impedirá desempeñar puestos de trabajo en el sector público. Si no se solicita el reingreso al servicio activo dentro del mes siguiente al de la finalización del período aludido, se le declarará en excedencia voluntaria por interés particular.

2.4.4.7 Efectos de la excedencia voluntaria

Las distintas modalidades de excedencia voluntaria, no producen, en ningún caso, reserva de puesto de trabajo y los funcionarios que se encuentren en las mismas no devengarán retribuciones ni les será computable el tiempo permanecido en tal situación a efectos de promoción, trienios y derechos pasivos.

2.4.5 Suspensión de funciones

La situación de suspensión de funciones podrá ser *provisional o firme,* y tiene su origen en la potestad disciplinaria de la Administración que le permite decretar la suspensión temporal y acaso definitiva de la relación funcionarial en supuestos de incumplimiento por el funcionario del Código legal o reglamentariamente establecido.

2.4.5.1 Suspensión provisional

La suspensión provisional tiene naturaleza cautelar y podrá acordarse preventivamente durante la tramitación de un procedimiento judicial o disciplinario. En este último caso no podrá exceder de seis meses, salvo en el caso de paralización del procedimiento por causa imputable al interesado.

Si durante la tramitación de un procedimiento judicial se decreta la prisión provisional de un funcionario u otras medidas que determinen la imposibilidad de desempeñar su puesto de trabajo, se le declarará en suspensión provisional de funciones por el tiempo a que se extiendan dichas medidas.

El suspenso provisional tendrá derecho a percibir el 75 por 100 de su sueldo, trienios y pagas extraordinarias, excepto en caso de paralización del procedimiento imputable al interesado, que comportará la pérdida de toda retribución mientras se mantenga dicha paralización. Asimismo, no se acreditará haber alguno en caso de incomparecencia en el procedimiento disciplinario o proceso penal.

Cuando la suspensión no sea declarada firme, el tiempo de duración de la misma se computará como de servicio activo.

2.4.5.2 Suspensión firme

La suspensión tendrá carácter firme cuando se imponga en virtud de condena criminal o sanción disciplinaria. La condena y la sanción determinarán la pérdida del puesto de trabajo, excepto cuando la suspensión firme no exceda de seis meses.

El funcionario que haya perdido su puesto de trabajo como consecuencia de condena o sanción deberá solicitar el reingreso al servicio activo con un mes de antelación a la finalización del período de duración de la suspensión, declarándosele de no hacerlo, en la situación de excedencia voluntaria por interés particular, con efectos desde la fecha de finalización de la sanción.

© 2009 Abalar Consultores, S.L.

Si una vez solicitado el reingreso al servicio activo no se concede en el plazo de seis meses, el funcionario será declarado, de oficio, en la situación de excedencia forzosa.

2.4.6 Jubilación voluntaria o incentivada

De acuerdo con lo previsto en el Ley 22/1993, de 29 de diciembre, ya citada, se puede acoger a ella los funcionarios afectados por un proceso de reasignación de efectivos que se encuentren en expectativa de destino o de excedencia forzosa como consecuencia de un Plan de Empleo siempre que tengan más de 60 años de edad, al menos 30 años de servicios y cumplan los requisitos exigidos por el Régimen de Seguridad Social en que estén encuadrados. Tendrán derecho a cobrar una indemnización fijada por el Gobierno en función de su edad y las retribuciones íntegras correspondientes a la última mensualidad, descontado el complemento específico y la productividad.

2.4.7 Segunda actividad

Situación específica de los funcionarios del Cuerpo Nacional de Policía, regulada por la Ley 26/1994, de 29 de septiembre, por la que se regula la situación de segunda actividad en el Cuerpo Nacional de Policía. Su razón de ser es la disminución de las aptitudes psicofísicas necesarias para cumplir dignamente la función encomendada, y que se pierden con la edad o con determinadas afecciones o enfermedades. Son causas por las que se podrá pasar a la situación de segunda actividad:

a) *Cumplimiento de las siguientes edades: 62 años para la Escala Superior; 58 para la Escala Ejecutiva, de Subinspección y Básica.* Si al llegar a esta edad se encontraran en situación distinta a la de servicio activo, continuarán en la misma hasta que cesen las causas que la motivaron. Si se cumplen estas edades cuando se estén realizando cursos de acceso a la Escala inmediatamente superior se continuará el proceso y se ascenderá si la Escala a la que se accede tiene fijada una edad superior para el pase a dicha situación.

b) *A petición del interesado.* Se exige el cumplimiento de 25 años efectivos de servicio activo, servicios especiales o excedencia forzosa en el Cuerpo Nacional de Policías o Cuerpos en él integrados (Cuerpos Superior de Policía y de Policía Nacional). Cada año se fijará por el Ministerio del Interior el número de funcionarios por categoría que podrán pasar a esta situación.

c) *Por insuficiencia de las aptitudes psicofísicas* para el desempeño de la función policial, apreciada por un Tribunal médico, en los términos que se establezcan, siempre que la intensidad de la disminución no sea causa de jubilación, previa instrucción del oportuno expediente, iniciado de oficio o a instancia del interesado.

En la situación de segunda actividad se puede estar *con destino o sin destino*, y se continuará hasta la jubilación o pase a otra situación. Los funcionarios en esta situación quedarán a disposición del Ministerio del Interior para el cumplimiento de

© 2009 Abalar Consultores, S.L.

funciones policiales cuando razones excepcionales de seguridad ciudadana lo requieran.

En la segunda actividad sin destino se percibirán la totalidad de las retribuciones básicas, según categoría y antigüedad, el 80 por ciento de las complementarias de carácter general y la totalidad de las retribuciones personales por recompensas o mutilación.

En esta situación el régimen disciplinario y de incompatibilidades será el de los funcionarios públicos, necesitando autorización del Director General de la Policía y de la Guardia Civil para ejercer actividades conexas a las funciones del Cuerpo Nacional de Policía.

Se exceptúa de su aplicación a los funcionarios que ocupen plazas de facultativos y técnicos del Cuerpo Nacional de Policía para los que *no existe* esta situación de segunda actividad.

La Ley 51/2007, de 26 de diciembre, de Presupuestos Generales del Estado para el año 2008, añade una nueva disposición adicional a la Ley 26/1994, de 29 de septiembre, por la que se regula la situación de segunda actividad del Cuerpo Nacional de Policía, con la siguiente redacción:

A partir del 1 de enero de 2008, los funcionarios del Cuerpo Nacional de Policía podrán prorrogar la edad de pase a la situación de segunda actividad hasta un plazo máximo de *dos años.*

A tal efecto, se entenderá que el funcionario se acoge automáticamente a dicha posibilidad, si en el alzo de un mes desde la recepción de la notificación de pase a esta situación, no manifiesta por escrito su voluntad de pasar a la situación de segunda actividad.

Igualmente, a partir del 1 de enero de 2008, la opción por ocupar destino en la situación de segunda actividad quedará limitada a aquellos funcionarios que hayan prorrogado su edad de pase a dicha situación durante la totalidad del plazo previsto anteriormente de dos años.

La Orden del Ministerio Interior de 30 de diciembre de 1998, determina las funciones de los miembros del Cuerpo Nacional de Policía que podrán realizar en la situación de segunda actividad con destino. Concretamente *funciones instrumentales de gestión, asesoramiento y apoyo de la actividad policial*, de acuerdo con su capacidad, formación, conocimientos, experiencia y las aptitudes necesarias que para la especifica función se deban acreditar, así como de la Escala de pertenencia.

Más específicamente, estas funciones, tareas o actividades pueden ser las siguientes:

- Actividades docentes en los Centros de formación policial, excepto las referidas a materias específicamente policiales para las que se requiera directa interrelación con el servicio activo. Igualmente pueden desempeñarse tareas relacionadas con la interpretación de idiomas, burocráticas de carácter informático, Banda Sinfónica del Cuerpo Nacional de Policía y secretarios de expedientes disciplinarios.

© 2009 Abalar Consultores, S.L.

- Las propias de mecánicos helicópteros, instructores tiro, sistemas de telecomunicaciones, profesores de seguridad vial, control y mantenimiento vehículos, y en general, las demás funciones auxiliares de automoción, telecomunicaciones, armamento, vestuario y equipo.

- Tareas de estadística, análisis y estudio de datos y otras cuestiones auxiliares de interés relativas a la actividad policial.

- Manejo, control y mantenimiento de máquinas, aparatos, utensilios, medios, equipos, instrumental y material en general, utilizables en el Cuerpo Nacional de Policía que no implique el ejercicio de actividades operativas policiales.

- Tareas de reseña policial, fotografía y reproducción documental, realizadas en laboratorios y centros policiales.

- Las propias de operadores de radio, telefonía y comunicaciones en general.

- Control entrada y seguridad interior de edificios policiales.

- Control del mantenimiento de edificios, instalaciones y demás medios policiales.

- Cuidado y alimentación de caballos y perros utilizados en actuaciones policiales.

- Venta, distribución y entrega de impresos, realización de funciones necesarias para la expendición de permisos, certificados y documentos, e información y atención al público en las dependencias policiales.

- Actividad técnica de asesoramiento, gestión y apoyo a la actividad policial o relacionada con la misma de características similares expresadas, siempre que no impliquen actuaciones policiales operativas, ya sean desarrolladas por servicios ordinarios o unidades especiales, en áreas de seguridad ciudadana, policial judicial, información, policía científica y extranjeros, con mando, coordinación y control de unidades operativas en dichos campos.

Estos puestos serán catalogados y se publicarán convocatorias para proveerlos, con determinación al período de su desempeño, que no será inferior a un año, prorrogable, previa conformidad del funcionario (hay conformidad si no se comunica lo contrario al menos con un mes de antelación al fin del período inicial o los sucesivos).

Los funcionarios del Cuerpo Nacional de Policía que desempeñen un puesto de trabajo en segunda actividad percibirán la totalidad de las retribuciones generales que correspondan al personal de su categoría en activo, las de carácter personal que tuviera reconocidas o perfeccionen, las específicas inherentes al puesto de trabajo y, si procede, el complemento de productividad. Si las retribuciones totales son inferiores a las percibidas antes del pase a segunda actividad, se cobrará un complemento personal y transitorio en cuantía suficiente que permita alcanzar aquéllas.

© 2009 Abalar Consultores, S.L.

ESQUEMA DE POSIBLES SITUACIONES DEL FUNCIONARIO POLICIAL

- **SERVICIO ACTIVO**
  - Supuestos
    - Cuando ocupen la plaza correspondiente
    - Desempeñen un puesto en comisión de servicio
    - Etc.
  - Efectos
    - Todos los derechos y deberes
- **SERVICIOS ESPECIALES**
  - Supuestos
    - Nombrados miembros del Gobierno
    - Elegidos Diputados o Senadores
    - Cumplimiento servicio militar
    - Etc.
  - Efectos
    - Reserva de plaza
    - Retribuciones del puesto que desempeñen
    - Cómputo del tiempo
- **SERVICIO EN COMUNIDADES**
  - Transferidos
  - Trasladados
- **EXCEDENCIA**
  - Voluntaria
    - Supuestos
      - Servicio activo en otro Cuerpo
      - Atender cuidado de un hijo (3 años)
      - Interés particular (tiempo ilimitado)
    - Efectos
      - Pérdida de plaza y de retribuciones
      - No se computa el tiempo
  - Forzosa
    - Supuestos
      - Reducción de puestos
      - Reingreso después de suspensión firme
      - Reingreso después por excedencia por hijo
    - Efectos
      - Retribuciones básicas y ayuda familiar
      - Cómputo del tiempo
- **SUSPENSIÓN**
  - Provisional
    - Supuestos
      - Tramitación procedimiento
        - Disciplinario (6 meses)
        - Criminal
    - Efectos
      - Privación temporal de funciones
      - 75% de retribuciones básicas y toda la ayuda familiar
  - Firme
    - Supuestos
      - Condena criminal
      - Sanción disciplinaria
        - Falta muy grave ⇒ 3 a 6 años
        - Falta grave ⇒ Hasta 3 años
    - Efectos
      - Pérdida de puesto y de las retribuciones
      - No se computa el tiempo

SEGUNDA ACTIVIDAD
(sólo para los funcionarios del C.N.P.)
- -------- Con destino
- -------- Sin destino

© 2009 Abalar Consultores, S.L.

3. DERECHOS, DEBERES E INCOMPATIBILIDADES

3.1 DERECHOS DE LOS EMPLEADOS PÚBLICOS

3.1.1 Derechos individuales

Los empleados públicos -dispone el art. 14 del Estatuto Básico- tienen los siguientes derechos de carácter individual:

a) A la inamovilidad en la condición de funcionario de carrera.

b) Al desempeño efectivo de las funciones o tareas propias de su condición profesional.

c) A la progresión profesional y promoción interna según principios constitucionales de igualdad, mérito y capacidad.

d) A percibir las retribuciones y las indemnizaciones por razón de servicio.

e) Derechos de información y participación en la gestión.

f) A la defensa jurídica y protección de la Administración Pública en el ejercicio de sus funciones.

g) A la formación y actualización continua.

h) Al respeto de su intimidad, orientación sexual, propia imagen y dignidad en el trabajo, especialmente frente al acoso sexual y por razón de sexo, moral y laboral.

i) A la no discriminación por razón de nacimiento, origen racial o étnico, género, sexo u orientación sexual, religión o convicciones, opinión, discapacidad, edad o cualquier otra condición o circunstancia personal o social.

j) A la adopción de medidas que favorezcan la conciliación de la vida personal, familiar y laboral.

k) A la libertad de expresión dentro de los límites del ordenamiento jurídico.

l) A la seguridad y salud en el trabajo.

m) A las vacaciones, descansos, permisos y licencias.

n) A la jubilación.

o) A las prestaciones de la Seguridad Social correspondiente al régimen que les sea de aplicación.

p) A la libre asociación profesional.

© 2009 Abalar Consultores, S.L.

q) A los demás derechos reconocidos por el ordenamiento jurídico (Derechos honoríficos: Mención honorífica, premios en metálico, condecoraciones y honores).

3.1.2 Derechos individuales ejercidos colectivamente

Por su parte, el art. 15 del Estatuto Básico establece que los empleados públicos tienen los siguientes derechos individuales que se ejercen de forma colectiva:

a) A la libertad sindical.

b) A la negociación colectiva.

c) Al ejercicio de la huelga.

d) Al planteamiento de conflicto colectivo.

e) Al de reunión.

3.1.3 Derecho a la jornada de trabajo

Las Administraciones Públicas establecerán la jornada laboral y las especiales de trabajo de sus funcionarios públicos. La jornada de trabajo podrá ser a tiempo completo o a tiempo parcial.

3.1.4 Permisos de los funcionarios públicos

Los permisos se concederán por las siguientes causas:

- Por fallecimiento, accidente o enfermedad grave de un familiar dentro del primer grado de consanguinidad o afinidad, tres días hábiles si el suceso se produce en la misma localidad, y cinco días hábiles si es en distinta localidad.

Cuando se trate del fallecimiento, accidente o enfermedad grave de un familiar dentro del segundo grado de consanguinidad o afinidad, el permiso será de dos días hábiles cuando el suceso se produzca en la misma localidad y cuatro días hábiles cuando sea en distinta localidad.

- Por traslado de domicilio sin cambio de residencia, un día.

- Para realizar funciones sindicales o de representación del personal, en los términos que se determine.

- Para concurrir a exámenes finales y demás pruebas definitivas de aptitud, durante los días de su celebración.

- Por lactancia de un hijo menor de doce meses tendrá derecho a una hora diaria de ausencia del trabajo que podrá dividirla en fracciones. Este derecho podrá

© 2009 Abalar Consultores, S.L.

sustituirse por una reducción de la jornada normal en media hora al inicio y al final de la jornada, o en una hora al inicio o la final de la jornada, con la misma finalidad. Este derecho podrá ser ejercido indistintamente por uno u otro de los progenitores, en el caso de que ambos trabajen.

Igualmente la funcionaria podrá solicitar la sustitución del tiempo de lactancia por un permiso retribuido que acumule en jornadas completas el tiempo correspondiente.

- Por nacimiento de hijos prematuros o que por cualquier otra causa deban permanecer hospitalizados a continuación del parto, la funcionaria o el funcionario tendrán derecho a un máximo de dos horas diarias de ausencia del trabajo.

- Por razones de guarda legal, cuando el funcionario tenga el cuidado directo de algún menor de doce años, de persona mayor que requiera especial dedicación o persona con discapacidad, que no desempeñe actividad retribuida, tendrá derecho a la reducción de su jornada de trabajo, con la disminución de sus retribuciones que corresponda.

Tendrá el mismo derecho el funcionario que precise encargarse del cuidado directo de un familiar, hasta el segundo grado de consanguinidad o afinidad, que por razones de edad, accidente o enfermedad no pueda valerse por sí mismo y que no desempeñe actividad retribuida.

- Por ser preciso atender el cuidado de un familiar de primer grado, el funcionario tendrá derecho a solicitar una reducción de hasta el cincuenta por ciento de la jornada laboral, con carácter retribuido, por razones de enfermedad muy grave y por el plazo máximo de un mes. Si hubiera más de un titular de este derecho por el mismo hecho causante, el tiempo de disfrute de esta reducción se podrá prorratear entre los mismos, respetando, en todo caso, el plazo máximo de un mes.

- Por tiempo indispensable para el cumplimiento de un deber inexcusable de carácter público o personal y por deberes relacionados con la conciliación de la vida familiar y laboral.

- Además de los días de libre disposición establecidos por cada Administración Pública (los funcionarios el Cuerpo Nacional de Policía tendrán derecho a disfrutar de hasta seis días de permiso por asuntos particulares), los funcionarios tendrán derecho al disfrute de dos días adicionales al cumplir el sexto trienio, incrementándose en un día adicional por cada trienio cumplido a partir del octavo.

3.1.5 Permisos por motivos de conciliación de la vida personal, familiar y laboral y por razón de violencia de género

Dispone el art. 49 del Estatuto Básico que, en todo caso, se concederán los siguientes permisos con las correspondientes condiciones mínimas:

a) *Permiso por parto:* Tendrá una duración de dieciséis semanas ininterrumpidas. Este permiso se ampliará en dos semanas más en el supuesto de discapacidad del hijo y, por cada hijo a partir del segundo, en los supuestos de parto múltiple. El permiso se distribuirá a opción de la funcionaria siempre que seis

© 2009 Abalar Consultores, S.L.

semanas sean inmediatamente posteriores al parto. En caso de fallecimiento de la madre, el otro progenitor podrá hacer uso de la totalidad o, en su caso, de la parte restante del permiso.

En los casos de parto prematuro y en aquéllos en que, por cualquier otra causa, el neonato deba permanecer hospitalizado a continuación del parto, el periodo de suspensión de ampliará en tantos días como el neonato se encuentre hospitalizado, con un máximo de trece semanas adicionales.

b) *Permiso por adopción o acogimiento, tanto preadoptivo como permanente o simple:* Tendrá una duración de dieciséis semanas ininterrumpidas. Este permiso se ampliará en dos semanas más en el supuesto de discapacidad del menor adoptado o acogido y por cada hijo, a partir del segundo, en los supuestos de adopción o acogimiento múltiple.

El cómputo del plazo se contará a elección del funcionario, a partir de la decisión administrativa o judicial de acogimiento o a partir de la resolución judicial por la que se constituya la adopción sin que en ningún caso un mismo menor pueda dar derecho a varios periodos de disfrute de este permiso.

En el caso de que ambos progenitores trabajen, el permiso se distribuirá a opción de los interesados, que podrán disfrutarlo de forma simultánea o sucesiva, siempre en periodos ininterrumpidos.

En los casos de disfrute simultáneo periodos de descanso, la suma de los mismos no podrá exceder de las dieciséis semanas o de las que correspondan en caso de adopción o acogimiento múltiple y de discapacidad del menor adoptado o escogido.

Este permiso podrá disfrutarse a jornada completa o a tiempo parcial, cuando las necesidades del servicio lo permitan.

Dos meses como máximo, percibiendo las retribuciones básicas, si fuera necesario el desplazamiento previo de los dos progenitores al país de origen del adoptado, en los casos de adopción o acogimiento internacional.

Durante el disfrute de este permiso se podrá participar en los cursos de formación que convoque la Administración.

c) *Permiso de paternidad por el nacimiento, acogimiento o adopción de un hijo:* Tendrá una duración de quince días naturales, a disfrutar por el padre o el otro progenitor a partir de la fecha del nacimiento, de la decisión administrativa o judicial de acogimiento o de la resolución judicial por la que se constituya la adopción.

Los funcionarios que hayan hecho uso del permiso por parto o maternidad, paternidad y adopción o acogimiento tendrán derecho, una vez finalizado el periodo de permiso, a reintegrarse a su puesto de trabajo en términos y condiciones que no les resulte menos favorable al disfrute del permiso, así como a beneficiarse del cualquier mejora en las condiciones de trabajo o las que hubieran podido tener derecho durante su ausencia.

Ampliación en dos semanas más del permiso por parto y del permiso por adopción o acogimiento en el supuesto de discapacidad del hijo.

© 2009 Abalar Consultores, S.L.

Ampliación del permiso de maternidad en tantos días como el neonato se encuentre hospitalizado, con un máximo de trece semanas adicionales, en los casos de parto prematuro y en aquellos en que, por cualquier otra causa, el neonato deba permanecer hospitalizado a continuación del parto.

d) *Permiso por razón de violencia de género sobre mujer funcionaria.* Las faltas de asistencia de las funcionarias víctimas de violencia de género, totales o parciales, tendrán la consideración de justificadas por el tiempo y en las condiciones en que así lo determinen los servicios sociales de atención o de salud según proceda.

Asimismo, las funcionarias víctimas de violencia sobre la mujer, para hacer efectiva su protección o su derecho de asistencia social integral, tendrán derecho a la reducción de la jornada con disminución proporcional de la retribución, o reordenación del tiempo de trabajo, a través de la adaptación del horario, de la aplicación del horario flexible o de otras formas de ordenación del tiempo de trabajo. La Ley Orgánica1/2004, de 29 de diciembre, de Medidas de Protección Integral contra la Violencia de Género, en su art. 24, añade otros derechos: La movilidad geográfica de centro de trabajo y el derecho a la excedencia en los términos que se determinen legalmente.

La acreditación de las circunstancias que dan lugar reconocimiento de los derechos de movilidad geográfica de centro de trabajo, excedencia, y reducción o reordenación del tiempo de trabajo, se acreditarán con la orden de protección a favor de víctima. Excepcionalmente, será título de acreditación esta situación, el informe del Ministerio Fiscal que indique la existencia de indicios de que la demandante es víctima de violencia de género hasta tanto se dicte la orden protección.

e) El *tiempo indispensabl*e para el cumplimiento de deberes relacionados con la conciliación de la vida familiar y laboral.

3.1.6 Licencias

Las **licencias** pueden clasificarse de la siguiente forma:

- *Por enfermedad.* Tres meses por año natural sin merma de derechos económicos, prorrogándose por períodos mensuales, pero percibiendo en estos casos el sueldo y el complemento familiar.
- *Por matrimonio.* 15 días naturales con plenitud de derechos económicos.
- Por estudios sobre materia de función pública. No se establece plazo legal, durante esta situación el funcionario sólo percibe sueldo y complemento familiar.
- *Por asuntos propios.* A voluntad y conveniencia del funcionario. Se pueden conceder por períodos máximos de tres meses cada dos años de servicio, sin derecho a retribución.
- Derechos posteriores a la extinción de la relación jurídica funcionarial: *Derechos pasivos y Seguridad Social.*

© 2009 Abalar Consultores, S.L.

Los funcionarios públicos tendrán derecho a disfrutar como mínimo, durante cada año natural, de unas *vacaciones* retribuidas de veintidós días hábiles, o de los días que correspondan proporcionalmente si el tiempo de servicio durante el año fue menor. A estos efectos no se consideran hábiles los sábados.

Sigue vigente, el art. 68,2 de la Ley de Funcionarios Civiles del Estado de 1964, en su redacción dada por el art. 51 de la Ley 53/2002, de 30 de diciembre: "Asimismo, tendrán derecho a un *día hábil adicional* al cumplir quince años de servicio, añadiéndose un día hábil más al cumplir los veinte, veinticinco y treinta años de servicio, respectivamente, hasta un total de 26 días hábiles por año natural".

3.2 DEBERES DE LOS EMPLEADOS PÚBLICOS. CÓDIGO DE CONDUCTA

El art. 52 del Estatuto Básico establece que los funcionarios públicos deberán desempeñar con diligencia las tareas que tengan asignadas y velar por los intereses generales y observancia de la Constitución y del resto del ordenamiento jurídico, y deberán actuar con arreglo a los siguientes principios: objetividad, integridad, neutralidad, responsabilidad, imparcialidad, confidencialidad, dedicación al servicio público, transparencia, ejemplaridad, austeridad, accesibilidad, eficacia, honradez, promoción del entorno cultural y medioambiental, y respeto a la igualdad entre mujeres y hombres, que inspiran el Código de Conducta de los empleados públicos configurado por los principios éticos y de conducta que se señalan a continuación.

3.2.1 Deberes éticos

Se recogen en el art. 53 del Estatuto Básico:

1. Los empleados públicos respetarán la Constitución y el resto del ordenamiento jurídico.

2. Su actuación perseguirá la satisfacción de los intereses generales de los ciudadanos.

3. Ajustarán su actuación a los principios de lealtad y buena fe con la Administración en la que presten sus servicios, y con sus superiores, compañeros, subordinados y con los ciudadanos.

4. Su conducta se basará en el respeto a los derechos fundamentales y libertades públicas, evitando toda actuación que pueda producir discriminación alguna por razón de nacimiento, origen racial o étnico, género, sexo, orientación sexual, religión o convicciones, opinión, discapacidad, edad o cualquier otra condición o circunstancia personal o social.

5. Se abstendrán en aquellos asuntos en los que tengan un interés personal.

6. No contraerán obligaciones económicas ni intervendrán en operaciones financieras, obligaciones patrimoniales o negocios jurídicos con personas

© 2009 Abalar Consultores, S.L.

físicas o jurídicas cuando pueda suponer un conflicto de intereses con las obligaciones de su puesto.

7. No aceptarán ningún trato de favor o situación que implique privilegio o ventaja injustificada.

8. Actuarán de acuerdo con los principios de eficacia, economía y eficiencia.

9. No influirán en la agilización o resolución de trámite o procedimiento administrativo sin justa causa.

10. Cumplirán con diligencia las tareas que les correspondan o se les encomienden.

11. Ejercerán sus atribuciones según el principio de dedicación al servicio público absteniéndose no solo de conductas contrarias al mismo, sino también de cualesquiera otras que comprometan la neutralidad en el ejercicio de los servicios públicos.

12. Guardarán secreto de las materias clasificadas u otras cuya difusión esté prohibida legalmente y mantendrán la debida discreción sobre aquellos asuntos que conozcan por razón de su cargo, sin que puedan hacer uso de la información obtenida para beneficio propio o de terceros, o en perjuicio del interés público.

3.2.2 Código de conducta

Aparecen recogidos en el art. 54 del Estatuto Básico, en los siguientes términos:

1. Tratarán con atención y respeto a los ciudadanos, a sus superiores y a los restantes empleados públicos.

2. El desempeño de las tareas se realizará de forma diligente y cumpliendo la jornada y el horario establecidos.

3. Obedecerán las instrucciones y órdenes profesionales de los superiores, salvo que constituyan una infracción manifiesta del ordenamiento jurídico, en cuyo caso lo pondrán inmediatamente en conocimiento de los órganos de inspección procedentes.

4. Informarán a los ciudadanos sobre aquellas materias o asuntos que tengan derecho a conocer, y facilitarán el ejercicio de sus derechos y el cumplimiento de sus obligaciones.

5. Administrarán los recursos y bienes públicos con austeridad, y no utilizarán los mismos en provecho propio o de personas allegadas. Tendrán así mismo, el deber de velar por su conservación.

© 2009 Abalar Consultores, S.L.

6. Se rechazará cualquier regalo, favor o servicio en condiciones ventajosas que vaya más allá de los usos habituales, sociales y de cortesía, sin perjuicio de lo establecido en el Código Penal.

7. Garantizarán la constancia y permanencia de los documentos para su transmisión y entrega a sus posteriores responsables.

8. Mantendrán actualizada su formación y cualificación.

9. Observarán las normas sobre seguridad y salud laboral.

10. Pondrán en conocimiento de sus superiores o de los órganos competentes las propuestas que consideren adecuadas para mejorar el desarrollo de las funciones de la unidad en la que estén destinados.

11. Garantizarán la atención al ciudadano en la lengua que lo solicite siempre que sea oficial en el territorio.

Los principios y reglas establecidos en el Código de Conducta informarán la interpretación y aplicación de los regímenes disciplinarios correspondientes.

3.3 INCOMPATIBILIDADES

La legislación vigente sobre incompatibilidades se contiene en la Ley 53/1984, de 26 de Diciembre, de Incompatibilidades del Personal al Servicio de las Administraciones Públicas, en cuyo ámbito se incluye al personal funcionario y laboral de todos los Organismos Públicos. Quedan exceptuados del régimen de incompatibilidades:

1. Las derivadas de la administración del patrimonio personal o familiar.

2. La dirección de seminarios o el dictado de cursos o conferencias en centros oficiales destinados a la formación de funcionarios o profesorado.

3. La participación en tribunales calificadores de pruebas selectivas para ingreso en las Administraciones públicas.

4. La participación del personal docente en exámenes, pruebas o evaluaciones distintas de las que habitualmente les correspondan.

5. El ejercicio del cargo de presidente, vocal o miembro de juntas rectoras de Mutualidades o Patronatos de Funcionarios, siempre que no sea retribuido.

6. La producción y creación literaria, artística, científica y técnica, así como las publicaciones derivadas de aquéllas, siempre que no se originen como consecuencia de una relación de empleo o de prestación de servicio.

7. La participación ocasional en coloquios y programas en cualquier medio de comunicación social.

© 2009 Abalar Consultores, S.L.

8. La colaboración y la asistencia ocasional a congresos, seminarios, conferencias o cursos de carácter profesional.

Se establece una regla general: Únicamente se podrá desempeñar un segundo puesto de trabajo en el sector público en los supuestos de funciones docente o sanitaria, y aquellos otros que por razón de interés público se determinen por el Consejo de Ministros o el Órgano de Gobierno de las Comunidades autónomas. El desarrollo de esta segunda actividad requiere autorización de compatibilidad que no puede suponer modificación de jornada de trabajo y horario en ninguno de los dos puestos de trabajo.

Además se establecen reglas especiales para profesores asociados de universidad, catedráticos y profesores titulares de universidad o escuelas universitarias, miembros de asambleas legislativas de las Comunidades autónomas, miembros de las corporaciones locales y actividades de investigación y asesoramiento.

En relación con las actividades privadas, se consideran incompatibles las que se relacionen o tengan conexión con las actividades del departamento, organismo o entidad donde se estuviera destinado, o las que de cualquier forma comprometan la imparcialidad del funcionario o exijan la presencia de éste, en horario oficial, fuera del lugar de trabajo.

Necesitan el reconocimiento de compatibilidad por el Ministerio de Administraciones Públicas, el ejercicio de actividades profesionales, laborales o mercantiles, fuera de la Administración pública.

Finalmente, al personal directivo no podrá reconocerse o autorizarse compatibilidad, incluido el sujeto a la relación laboral de carácter especial de alta dirección, de acuerdo con la modificación operada en el apartado 1 del artículo 16 de la Ley 53/1984.

© 2009 Abalar Consultores, S.L.

© 2009 Abalar Consultores, S.L.

TEMA 12

El Ministerio del Interior: Estructura orgánica básica. La Secretaría de Estado de Seguridad: Estructura y funciones. La Dirección General de la Policía y de la Guardia Civil y el Mando Único. Estructura orgánica y funciones de los servicios centrales y periféricos en el ámbito del Cuerpo Nacional de Policía. La seguridad privada.

1. EL MINISTERIO DEL INTERIOR: ESTRUCTURA ORGÁNICA BÁSICA

1.1 COMPETENCIAS

El Real Decreto 1181/2008, de 11 de julio, modifica y desarrolla la estructura orgánica básica del Ministerio del Interior, estableciendo que a dicho Ministerio le corresponde:

- La preparación y ejecución de la política del Gobierno en relación con la administración general de la seguridad ciudadana; la promoción de las condiciones para el ejercicio de los derechos fundamentales, especialmente en relación con la libertad y seguridad personal, en los términos establecidos en la Constitución y en las leyes que los desarrollen; el mando superior; el control de las empresas y el personal de seguridad privada; el ejercicio de las competencias que, en el ámbito policial, le atribuye la legislación vigente en materia de extranjería; el régimen de asilo, refugio, régimen de apátridas y protección a desplazados; la administración y régimen de las instituciones penitenciarias; la realización de las actuaciones necesarias para el desarrollo de los procesos electorales; el ejercicio de las competencias legalmente atribuidas sobre protección civil; y la administración general de la policía de circulación y de la seguridad vial.

- Al Ministro del Interior, como titular del Departamento, le corresponden la iniciativa, planificación, dirección e inspección de todos los servicios del Ministerio, el mando superior de las Fuerzas y Cuerpos de Seguridad del Estado y demás atribuciones previstas en las leyes.

© 2009 Abalar Consultores, S.L.

1.2 ESTRUCTURA ORGÁNICA BÁSICA

Como órgano de asistencia inmediata al Ministro, existe un *Gabinete*, con nivel orgánico de dirección general, y funciones de supervisión de los servicios de protocolo y de la programación de las relaciones institucionales e internacionales, cuando haya de intervenir directamente el Ministro del Interior.

Depende directamente del Ministro la *Dirección General de Relaciones Informativas y Sociales,* a cuyo titular, que no será preciso que ostente la condición de funcionario, corresponde actuar como *portavoz del Ministerio del Interior,* impulsar y coordinar las relaciones sociales e informativas de los distintos servicios del Departamento y las campañas informativas que se pretendan desarrollar en su ámbito.

Depende directamente del Ministro el *Centro Nacional de Coordinación Antiterrorista (CNCA)* en los términos recogidos en su normativa reguladora.

Depende directamente del Ministro el *Comité Ejecutivo para el Mando Unificado de las Fuerzas y Cuerpos de Seguridad del Estado* que, bajo su dirección y supervisión, está presidido por el Secretario de Estado de Seguridad, e integrado por el Subsecretario, el Director General de la Policía y Guardia Civil, el Director General de Instituciones Penitenciarias, el Director del Gabinete del Ministro, el Director General de Infraestructuras y Material de Seguridad y los titulares de las y los titulares de las Direcciones Adjuntas Operativas de la Policía y de la Guardia Civil, actuando como Secretario el Director del Gabinete de Coordinación de la Secretaría de Estado de Seguridad.

El Ministerio del Interior se estructura en los siguientes órganos *superiores:*

- **La Secretaría de Estado de Seguridad.**
- **La Subsecretaría de Interior.**

1.3 ESPECIAL REFERENCIA A LA SUBSECRETARÍA DEL INTERIOR

1.3.1 Competencias

Corresponde a la Subsecretaría del Interior, bajo la superior autoridad del Ministro, la dirección, impulso y supervisión de los órganos directivos directamente dependientes de ella.

En particular, y sin perjuicio de las competencias de la Secretaría de Estado de Seguridad, corresponde a la Subsecretaría del Interior:

a) La gestión y desarrollo de la política normativa del Departamento.

b) La coordinación, bajo la superior dirección del Ministro, de las relaciones de los diferentes órganos directivos del Departamento con las Administraciones autonómicas.

© 2009 Abalar Consultores, S.L.

c) La gestión de las competencias del Ministerio relativas a los procesos electorales y consultas directas al electorado, el registro de los partidos políticos, la gestión de las subvenciones y financiación de los partidos políticos, así como el ejercicio del derecho de asilo.

d) La gestión de los asuntos que se deriven de las relaciones del Departamento con las Delegaciones y Subdelegaciones del Gobierno.

e) La coordinación e impulso de la política de tráfico y seguridad vial, y el ejercicio de las competencias del Ministerio del Interior sobre el organismo autónomo Jefatura Central de Tráfico.

f) La gestión de las competencias del Ministerio del Interior en relación con la protección civil y las emergencias.

g) El ejercicio de las competencias que tiene atribuidas el Ministerio del Interior en materia de atención y apoyo a las víctimas del terrorismo.

h) La representación del Departamento en los supuestos en que así se lo encomiende el Ministro.

i) La Coordinación, dirección y planificación de la política de personal y la retributiva de personal del Departamento.

1.3.2 Funciones

Corresponden a la Subsecretaría del Interior las siguientes funciones relativas a las distintas áreas de servicios comunes:

a) El estudio de la estructura organizativa del Departamento y la dirección y realización de los proyectos de organización de ámbito ministerial.

b) El informe y tramitación de los proyectos de disposiciones generales en las materias propias del Departamento, así como su elaboración, cuando se le encomiende expresamente.

c) Elaborar y proponer disposiciones generales en materia de personal de las Fuerzas y Cuerpos de Seguridad del Estado y demás personal del departamento.

d) La resolución de los recursos administrativos, cuando proceda, y en todo caso su tramitación y la formulación de propuestas de resolución, así como las relaciones con los órganos jurisdiccionales.

e) La elaboración del programa editorial del Departamento, la edición y distribución de las publicaciones así como la organización y dirección de las bibliotecas y servicios de documentación.

f) La formulación, seguimiento, evaluación y revisión de los programas de gasto en los que se concreten los planes de actuación y proyectos de los servicios y organismos del Departamento.

© 2009 Abalar Consultores, S.L.

g) El cumplimiento y desarrollo de las instrucciones que se dicten para la elaboración del presupuesto, así como la elaboración y la tramitación ante el Ministerio de Economía y Hacienda del anteproyecto de presupuesto del Departamento y la coordinación en la elaboración de los presupuestos de sus organismos autónomos y su consolidación con el del Ministerio.

h) El informe y tramitación de las propuestas de modificaciones presupuestarias de los servicios y organismos del departamento, así como el informe de los proyectos de disposiciones y de resoluciones con repercusión sobre el gasto público.

i) La inspección, evaluación de la gestión y control de la eficacia de los servicios del Departamento, organismos autónomos y entidades adscritas, así como la tramitación de los expedientes sobre autorizaciones o reconocimientos de compatibilidad.

j) La instrucción y propuesta de resolución de los expedientes disciplinarios, sin perjuicio de las funciones atribuidas a otros órganos del Departamento.

k) Coordinar la política de personal y la retributiva de las Fuerzas y Cuerpos de Seguridad del Estado y demás personal del Departamento.

l) La gestión y administración de los recursos humanos del Departamento, la elaboración de las relaciones de puestos de trabajo y de la oferta anual de empleo, la tramitación de los procesos selectivos para la cobertura de los puestos de trabajo, el diseño de las políticas retributivas del departamento, la programación y gestión de la acción social, así como la política de formación y perfeccionamiento del personal, las relaciones sindicales y las relaciones con la Comisión Superior de Personal y con la Comisión Interministerial de Retribuciones.

m) La gestión financiera de ingresos y gastos y de tesorería de los créditos presupuestarios del Departamento, así como la habilitación de personal correspondiente a los servicios centrales, la adquisición de los recursos materiales precisos para el funcionamiento de los servicios, la coordinación de las distintas cajas pagadoras del Departamento y la canalización de sus relaciones con la Dirección General del Tesoro y Política Financiera, la Intervención General de la Administración del Estado y el Tribunal de Cuentas, a través de la Unidad Central de Pagos.

n) El régimen interior, el registro general del Departamento y la coordinación de los registros auxiliares, la gestión de los servicios de seguridad y vigilancia, los servicios de protocolo y conservación, el inventario de bienes muebles, y la prevención de riesgos laborales.

o) La aprobación del plan informático del Departamento, así como el análisis y diseño de los sistemas necesarios para su elaboración y ejecución.

p) La coordinación del desarrollo informático y la asistencia técnica; la coordinación y control de los servicios de transmisión de voz y de datos, y las relaciones con la Comisión interministerial de adquisición de bienes y servicios informáticos y con otros órganos competentes en la materia.

© 2009 Abalar Consultores, S.L.

1.3.3 Estructura

De la Subsecretaría del Interior dependerán los siguientes *órganos directivos*:

1) La Secretaría General Técnica.

2) La Dirección General de Política Interior.

3) La Dirección General de Tráfico.

4) La Dirección General de Protección Civil y Emergencias.

5) La Dirección General de Apoyo a Víctimas del Terrorismo.

6) La Dirección General de Personal y Servicios.

Con dependencia directa del Subsecretario, y con nivel orgánico de *subdirección general*, existirá el *Gabinete Técnico*, con funciones de apoyo y asistencia directa, para facilitar el despacho y la coordinación de los órganos y unidades dependientes de aquél. Elaborará los estudios e informes necesarios, y realizará cuantas otras misiones le encomiende el titular de la Subsecretaría.

Asimismo, dependerán directamente del Subsecretario del Interior los siguientes órganos directivos con nivel orgánico de *subdirección general:*

a) La *Oficina Presupuestaria*

Están adscritos a la Subsecretaría, sin perjuicio de su dependencia de los Ministerios de Justicia y Economía y Hacienda, respectivamente, los siguientes órganos con nivel orgánico de *subdirección general:*

a) La *Abogacía del Estado.*

b) La *Intervención Delegada de la Intervención General de la Administración del Estado.*

© 2009 Abalar Consultores, S.L.

ESTRUCTURA DE LA SUBSECRETARÍA DEL INTERIOR
ÓRGANOS DIRECTIVOS
Secretaría General Técnica - Vicesecretaría General Técnica - Subdirección General de Recursos - Subdirección General de Estudios y Relaciones Institucionales
Dirección General de Política Interior - Subdirección General de Policía Interior y Procesos Electorales - Subdirección General de Asilo
Dirección General de Tráfico - Secretaría General - Subdirección General de Gestión del Tráfico y Movilidad - Subdirección General de Formación para la Seguridad Vial - Subdirección General de Ordenación Normativa - La Gerencia de Informática
Dirección General de Protección Civil y Emergencias - Subdirección General de Planificación, Operaciones y Emergencias - Subdirección General de Gestión de Recursos y Subvenciones - División de Formación y Relaciones Institucionales
Dirección General de Apoyo a Víctimas del Terrorismo - Subdirección General de Apoyo a Víctimas del Terrorismo - Subdirección General de Ayudas a Víctimas del Terrorismo y Atención Ciudadana **Dirección General de Personal y Servicios** -Subdirección General de Personal, Costes y Planificación de Recursos Humanos e Inspección - La Oficialía Mayor - Centro de Sistemas de Información - Subdirección General de Gestión Económica y Patrimonial
Órganos adscritos a la Subsecretaría - Abogacía del Estado - Intervención Delegada de la Intervención General de la Administración del Estado

© 2009 Abalar Consultores, S.L.

1.3.4 Secretaría General Técnica

a) Funciones

Corresponde a la Secretaría General Técnica el ejercicio de las funciones a que se refiere el artículo 17 de la Ley 6/1997, de 14 de abril, así como las atribuidas por la Ley 50/1997, de 27 de noviembre, del Gobierno, y demás normas vigentes.

En concreto, le corresponden las funciones que a continuación se relacionan, salvo que estén expresamente atribuidas a otros órganos del Departamento:

a) El informe preceptivo y la tramitación de disposiciones generales en las materias propias del Departamento y la gestión para su publicación, así como la elaboración de los correspondientes proyectos, cuando así se le encomiende expresamente, y el asesoramiento a los altos cargos Del departamento respecto de la aplicación normativa.

b) La realización de estudios y análisis organizativos de la estructura del Departamento, así como la dirección y redacción de los proyectos de organización de ámbito ministerial.

c) La elaboración de estudios e informes y la preparación de documentación sobre cuantos asuntos sean sometidos a la deliberación del Consejo de Ministros, de las Comisiones Delegadas del Gobierno y de la Comisión General de Secretarios de Estado y Subsecretarios.

d) La coordinación de las relaciones del Departamento con el Defensor del Pueblo y el Comité europeo para la prevención de la tortura y de las penas o tratos inhumanos y degradantes.

e) El seguimiento de los actos y disposiciones de las Comunidades Autónomas, las relaciones de cooperación con éstas y la coordinación de las relaciones de los diferentes órganos directivos del Departamento con las Administraciones autonómicas y del proceso de transferencias de dichos órganos directivos, en las materias propias de la competencia de este Ministerio.

f) La presidencia, secretariado y elaboración de documentación de la Comisión interministerial permanente de armas y explosivos.

g) La coordinación y el seguimiento de la transposición de las directivas comunitarias y otros instrumentos jurídicos de la Unión Europea en la legislación española que sean responsabilidad del Ministerio del Interior; la elaboración de las respuestas de los procedimientos de infracción abiertos contra España en su fase precontenciosa, y el informe de los convenios internacionales en las materias propias de la competencia de este Departamento.

h) La tramitación y propuesta de resolución de los recursos administrativos, de las reclamaciones previas a la vía judicial, civil o laboral y de los procedimientos de revisión de oficio de los actos administrativos.

i) La tramitación y propuesta de resolución de las peticiones de indemnización.

© 2009 Abalar Consultores, S.L.

j) La sustanciación y propuesta de resolución de los conflictos de atribuciones entre órganos del Departamento.

k) La gestión del Registro Nacional de Asociaciones, la inscripción de las asociaciones de ámbito estatal, así como la instrucción de los expedientes y la formulación de las propuestas necesarias para la declaración de utilidad pública de asociaciones.

l) El ejercicio de las competencias atribuidas al Ministerio del Interior respecto a los espectáculos públicos en general, los espectáculos taurinos y los juegos de azar; el funcionamiento de los registros administrativos previstos en estas materias, así como el secretariado de la Comisión Nacional del Juego y de la Comisión consultiva nacional de asuntos taurinos.

m) La coordinación y realización de las estadísticas del Departamento, sin perjuicio de las competencias de los distintos órganos superiores y directivos, así como del Instituto Nacional de Estadística, y el secretariado de la Comisión Ministerial de Estadística.

n) El secretariado, la elaboración de documentación y la ejecución de acuerdos de la Comisión Asesora de Publicaciones, la propuesta de programa editorial del Departamento, así como la edición y distribución con carácter general de sus publicaciones.

o) La organización y dirección de la biblioteca y archivo generales y de los demás servicios de documentación del Ministerio.

1.3.4.1 Estructura

La Secretaría General Técnica está integrada por las siguientes unidades con nivel orgánico de *subdirección general*:

1. La *Vicesecretaría General Técnica*. Su titular sustituirá al Secretario General Técnico en los casos de vacante, ausencia y enfermedad.

2. La *Subdirección General de Recursos.*

3. La *Subdirección General de Estudios y Relaciones Institucionales.*

1.3.5 Dirección General de Política Interior

A la Dirección General de Política Interior le corresponde el ejercicio de las competencias que tiene atribuidas el Ministerio del Interior sobre los procesos electorales y consultas populares y el régimen jurídico de los partidos políticos; la tramitación de asuntos relacionados con las Delegaciones y Subdelegaciones del Gobierno en las materias propias del Ministerio del Interior no atribuidas específicamente a otros órganos del Departamento, así como la instrucción y tramitación de los procedimientos en materia de asilo, refugio, régimen de apátridas y atención a desplazados.

© 2009 Abalar Consultores, S.L.

En particular, corresponden a la Dirección General de Política Interior las siguientes funciones:

a) La gestión de las competencias del Ministerio del Interior respecto a los procesos electorales y a las consultas directas al electorado.

b) El mantenimiento de las relaciones necesarias con la Administración electoral y, en particular, con la Junta Electoral Central.

c) La gestión de las relaciones con los órganos competentes de las Comunidades Autónomas en materia electoral.

d) La coordinación con las unidades dependientes de otros ministerios con competencias en materia electoral.

e) El registro y la aplicación del régimen jurídico de los partidos políticos.

f) La gestión de las subvenciones estatales anuales y de las subvenciones por gastos electorales de las formaciones políticas, en los términos establecidos en la legislación vigente.

g) La tramitación de los asuntos que se deriven de las relaciones del ministerio con las Delegaciones y Subdelegaciones del Gobierno, sin perjuicio de las competencias atribuidas a otros órganos superiores y directivos del departamento.

h) La gestión de las competencias del Departamento en relación con la protección y garantía del ejercicio de los derechos fundamentales de reunión y manifestación.

i) La coordinación, de acuerdo con las directrices que reciba del Secretario de Estado de Seguridad y bajo su dependencia funcional, del ejercicio de las competencias que los Delegados y Subdelegados del Gobierno tienen atribuidas en relación con los Cuerpos y Fuerzas de Seguridad del Estado y en materia de seguridad ciudadana.

j) La coordinación de la preparación de propuestas del Consejo de Ministros y de los órganos superiores del Ministerio, así como de otros órganos directivos de los ministerios con competencias en materia sobre derecho de asilo, refugio, régimen de apátridas y atención a los desplazados.

k) El ejercicio de la presidencia de la Comisión Interministerial de Asilo y Refugio.

l) La coordinación de la actuación administrativa de las Delegaciones y Subdelegaciones del Gobierno en cuestiones relacionadas con el derecho de asilo y demás formas de protección.

m) La participación en las reuniones de los organismos nacionales, internacionales o supranacionales con competencias en materia de

© 2009 Abalar Consultores, S.L.

derecho de asilo y demás formas de protección, y la intervención en la aplicación de los acuerdos que se deriven de aquellas y, en especial, de las que se desarrollen en el seno de la Unión Europea.

n) La resolución de los expedientes administrativos sobre asilo que le sean atribuidos por la normativa vigente.

o) La coordinación y disposición de las actuaciones necesarias para atender las necesidades humanas inmediatas en caso de flujos masivos de desplazados, sin perjuicio de las competencias atribuidas a otros órganos del Departamento.

p) La elevación de las propuestas de resolución en materia de apátridas.

1.3.5.1 Estructura

La Dirección General de Política Interior está integrada por las siguientes *Subdirecciones Generales:*

- *La Subdirección General de Política Interior y Procesos Electorales.*

- *La Subdirección General de Asilo.*

1.3.6 Dirección General de Tráfico

A la Dirección General de Tráfico, a través de la cual el Ministerio del Interior ejerce sus competencias sobre el organismo autónomo Jefatura Central de Tráfico, le corresponden las siguientes funciones:

a) La elaboración de planes y programas sobre seguridad vial, el ejercicio de la secretaría de la Comisión Interministerial de Seguridad Vial, la participación en organismos internacionales en materia de seguridad vial, así como la tramitación de los expedientes para la concesión de la Medalla al Mérito de la Seguridad Vial.

b) El impulso de las políticas de seguridad vial basadas en la consulta y participación a través del Consejo superior de tráfico y seguridad de la circulación vial, la investigación de todos los aspectos de la seguridad vial y el análisis de los datos y las estadísticas relacionadas con ella.

c) La elaboración y seguimiento del plan de actuaciones y del anteproyecto de presupuestos de ingresos y gastos del organismo autónomo Jefatura Central de Tráfico, así como la coordinación de la elaboración y distribución del plan de publicaciones.

d) La dirección y coordinación de la labor inspectora del organismo, sin perjuicio de las funciones de inspección atribuidas a otros órganos de la Administración General del Estado.

© 2009 Abalar Consultores, S.L.

e) La gestión económico-financiera de los ingresos y los gastos del organismo y su contabilización, la tramitación de las solicitudes de indemnización por daños. La tramitación de los expedientes de adquisición de bienes y de prestación de servicios, con arreglo a la normativa vigente, y el seguimiento y control de los contratos que se celebren al amparo de ésta.

f) La gestión, conservación y custodia del patrimonio del organismo y su control mediante inventario, así como la elaboración del proyecto, dirección y ejecución de las obras de construcción y reforma de los bienes inmuebles propiedad del citado organismo o adscritos o cedidos para su uso.

g) El estudio y propuesta de adecuación y dimensionamiento de las relaciones de puestos de trabajo del organismo, tanto de personal funcionario como laboral, su provisión y, en general, la gestión del personal, sus retribuciones, la acción social, la formación y la prevención de riesgos laborales.

h) La gestión y control del tráfico interurbano, sin perjuicio de la ejecución de las competencias transferidas a determinadas Comunidades Autónomas, la planificación, dirección y coordinación de las instalaciones y tecnologías para el control, regulación, vigilancia y disciplina del tráfico y mejora de la seguridad vial en las vías donde la Dirección General de Tráfico ejerce las citadas competencias.

i) La información a los usuarios de las vías interurbanas sobre las incidencias de la circulación, procurándoles ayuda, la elaboración de instrucciones relativas a la circulación de transportes especiales, de vehículos que transporten mercancías peligrosas y de pruebas deportivas en carretera.

j) La resolución sobre la instalación de videocámaras y dispositivos análogos para el control, regulación, vigilancia y disciplina del tráfico, en el ámbito de la Administración General del Estado.

k) El establecimiento de las directrices para la formación y actuación de los agente s de la autoridad en materia de tráfico y circulación de vehículos, sin perjuicio de las competencias de las corporaciones locales, con cuyos órganos se instrumentará, mediante acuerdo, la colaboración necesaria.

l) La formación, la divulgación y la educación en materia de seguridad vial, y el control de la publicidad relacionada con el tráfico y la seguridad de la circulación vial.

m) La elaboración de instrucciones en materia de permisos para conducir y la tramitación de expedientes de conductor ejemplar.

n) La dirección y control de la enseñanza de la conducción, la elaboración de instrucciones y el establecimiento de los medios para la realización de pruebas de aptitud, incluida la formación de examinadores; la dirección de la enseñanza para adquirir la titulación de personal directivo y docente de escuelas particulares de conductores, así como el registro y control de los centros habilitados para la evaluación de las aptitudes psicofísicas de los conductores.

© 2009 Abalar Consultores, S.L.

o) La aprobación de instrucciones sobre la tramitación de expedientes sancionadores en materia de tráfico y sobre autorizaciones de circulación de vehículos.

p) La tramitación y propuesta de resolución de los recursos, así como la tramitación y formulación de declaraciones de nulidad, y la resolución de reclamaciones previas a la vía judicial.

q) La realización de estudios y propuestas, y la elaboración de anteproyectos de disposiciones, sobre tráfico y seguridad vial.

r) La creación, desarrollo, mantenimiento, explotación y custodia de los registros y bases de datos de vehículos, conductores e infractores, profesionales de la enseñanza de la conducción, centros de formación de conductores, centros de reconocimiento de conductores, accidentes y cuantos otros sea necesario crear para el desarrollo de las competencias del organismo autónomo.

s) La elaboración de tablas estadísticas relativas a todas las áreas de actividad del organismo autónomo, así como la racionalización, simplificación e informatización de los procedimientos administrativos y la realización de estudios sobre organización del trabajo.

t) Dar soporte en tecnologías de la información a las unidades del organismo para la gestión de toda la actividad realizada para prestar los servicios que tiene encomendados.

1.3.6.1 Estructura

La Dirección General de Tráfico está integrada por los siguientes órganos, con rango de *subdirección general:*

1. *La Secretaría General.* Su titular sustituirá al Director General en los casos de vacante, ausencia o enfermedad.

2. *La Subdirección General de Gestión del Tráfico y Movilidad.*

3. *La Subdirección General de Formación para la Seguridad Vial*

4. *La Subdirección General de Ordenación Normativa.* De esta Subdirección depende el Centro Estatal de Denuncias Automatizadas.

5. *La Gerencia de de Informática.*

1.3.7 Dirección General de Protección Civil y Emergencias

Corresponde a la Dirección General de Protección Civil y Emergencias el ejercicio de las competencias atribuidas al Ministerio del Interior en esta materia por la Ley 2/1985, de 21 de enero, y su normativa de desarrollo.

© 2009 Abalar Consultores, S.L.

En particular, corresponden a la Dirección General de Protección Civil y Emergencias las siguientes funciones:

a) La preparación de planes estatales de protección civil o cuya competencia tenga atribuida por la normativa legal vigente.

b) La preparación y gestión práctica de ejercicios y simulacros en el marco de los citados planes.

c) La organización y mantenimiento del Centro de Coordinación Operativa, de la Red de Alerta a la Radiactividad, de las redes propias de comunicación para emergencias y de otras infraestructuras destinadas a facilitar la gestión operativa en emergencias.

d) La realización de estudios relativos a análisis de riesgos, y proyectos piloto de carácter preventivo que permitan fundamentar planes de prevención de emergencias y catástrofes.

e) La preparación y difusión de alertas a las organizaciones de protección civil y, en su caso, a los ciudadanos.

f) La preparación de normas o directrices que tengan por objeto la previsión y prevención y planificación de protección civil y emergencias.

g) La confección, ejecución y seguimiento de los presupuestos de protección civil.

h) La tramitación de subvenciones y ayudas para la atención de necesidades derivadas de siniestros o catástrofes y la preparación de la normativa correspondiente.

i) La tramitación de subvenciones y ayudas que faciliten la implantación de los planes de protección civil de carácter estatal o el desarrollo de actividades de interés para la protección civil en ese mismo ámbito y la preparación de la normativa correspondiente.

j) La gestión administrativa necesaria para la contratación de obras, estudios y servicios y para la adquisición de bienes.

k) La formación teórica y práctica en la gestión de riesgos y emergencias, incluyendo el entrenamiento de mandos y personal de los diferentes servicios y organizaciones implicados en las actuaciones de emergencia; en particular, servicios de extinción de incendios y salvamento, servicios sanitarios y Fuerzas y Cuerpos de Seguridad.

l) La organización y mantenimiento de un fondo documental especializado que permita la máxima difusión de la información.

m) El desarrollo de estudios y programas de información a la población, así como la promoción de la autoprotección ciudadana y corporativa, y de fomento de la participación social en las actividades de protección civil y emergencias, así como de programas de educación para la prevención en centros escolares.

© 2009 Abalar Consultores, S.L.

n) El desarrollo de investigación y estudios sobre aspectos sociológicos, jurídicos y económicos, relevantes para las actividades de protección civil y emergencias.

o) La coordinación de las relaciones con las Unidades de Protección Civil de las Delegaciones y Subdelegaciones del Gobierno, y con los órganos competentes en materia de protección civil de las Comunidades Autónomas y de las Administraciones locales, así como la organización y el mantenimiento de la Secretaría de la Comisión Nacional de Protección Civil, de su Comisión Permanente y de sus comisiones técnicas y grupos de trabajo.

p) El mantenimiento de relaciones técnicas con organismos homólogos de otros países, especialmente de la Unión Europea, del Mediterráneo y de Iberoamérica, y la participación en las reuniones de los organismo internacionales con competencias en protección civil y emergencias, así como en las comisiones y grupos de trabajo constituidos en el seno de la Unión Europea.

q) Solicitar la intervención de la Unidad Militar de Emergencias conforme a los protocolos de actuación que se establezcan para la misma.

1.3.7.1 Estructura

Para el desarrollo de las indicadas funciones, la Dirección General de Protección Civil y Emergencias se estructura en las siguientes unidades, con nivel orgánico de *subdirección general:*

1. *La Subdirección General de Planificación, Operaciones y Emergencias.*

2. *La Subdirección General de Gestión de Recursos y Subvenciones.*

Depende, asimismo, de la Dirección General de Protección Civil la División de Formación y Relaciones Institucionales. En dicha División se integran la Escuela Nacional de Protección Civil, el Centro Nacional de Información y Documentación y el Centro Europeo de Investigación Social de Situaciones de Emergencia (CEISE).

1.3.8 Dirección General de Apoyo a Víctimas del Terrorismo

A esta Dirección le corresponde el ejercicio de las competencias que tiene atribuidas el Ministerio del Interior en materia de atención a las víctimas del terrorismo, las relaciones con la protección integral y la necesaria colaboración con las distintas Administraciones Públicas.

Le corresponde, asimismo, las actividades de información y atención al ciudadano sobre las distintas competencias del Ministerio del Interior. Su titular no es preciso que ostente la condición de funcionario.

En particular, corresponde a la Dirección General las siguientes funciones:

© 2009 Abalar Consultores, S.L.

a) La colaboración con las asociaciones, fundaciones y demás instituciones públicas y privadas que tengan como objetivo la atención a las víctimas del terrorismo.

b) La colaboración con los órganos competentes de la Administración General del Estado en las materias de asistencia y apoyo a las víctimas del terrorismo, con el fin de asegurar una protección integral de las víctimas.

c) La cooperación con los órganos competentes en estas mismas materias de las restantes Administraciones públicas.

d) La colaboración con las oficinas de atención a víctimas de delitos de terrorismo que se establezcan en tribunales y fiscalías.

e) La tramitación, gestión y propuesta de resolución de los expedientes de ayudas y resarcimientos a los afectados por delitos de terrorismo.

f) Facilitar a las víctimas del terrorismo información relativa a los procedimientos para la solicitud de ayudas públicas.

g) La dirección y coordinación de las oficinas de información y atención al ciudadano del Departamento y el mantenimiento de la base de datos de información administrativa.

h) El apoyo documental y técnico a las oficinas de información y atención al ciudadano, impulsando el intercambio de material informativo entre ellas y participando en la elaboración y distribución de publicaciones y otros medios de difusión informativa.

1.3.8.1 Estructura

La Dirección General de Apoyo a Víctimas del Terrorismo se estructura en las siguientes Unidades, con rango de *subdirección general:*

1. *Subdirección General de Apoyo a Víctimas del Terrorismo.*

2. *Subdirección General de Ayudas a Víctimas del Terrorismo y de Atención Ciudadana.*

1.4 LA DIRECCIÓN GENERAL DE PERSONAL Y SERVICIOS

Corresponde a la Dirección General de Personal y Servicios la gestión de los servicios comunes no atribuidos a otros órganos del Departamento. En concreto, le corresponden las siguientes funciones:

a) La inspección, la evaluación de la gestión y control de la eficacia de los servicios del Departamento, organismos autónomos o y entidades adscritas, así como la tramitación de los expedientes sobre autorizaciones o reconocimientos de compatibilidad.

© 2009 Abalar Consultores, S.L.

b) La instrucción y propuestas de resolución de los expedientes disciplinarios, sin perjuicio de las funciones atribuidas a otros órganos del Departamento.

c) La gestión y administración de los recursos humanos del Departamento, la elaboración de las relaciones de puestos de trabajo y de la oferta anual de empleo, la tramitación de los procesos selectivos para la cobertura de los puestos de trabajo, el diseño de las políticas retributivas del Departamento, la programación y gestión de la acción social, así como la política de formación y perfeccionamiento del personal, las relaciones sindicales y las relaciones con la Comisión Superior de Personal y con la Comisión Interministerial de Retribuciones.

d) El régimen interior; el registro general del Departamento y la coordinación de los registros auxiliares; la gestión de los servicios de seguridad y vigilancia; los servicios de protocolo y conservación; el inventario de bienes muebles, y la prevención de riesgos laborales.

e) La aprobación del plan informático del Departamento, así como el análisis y diseño de los sistemas necesarios para su elaboración y ejecución.

f) La coordinación del desarrollo informático y la asistencia técnica; la coordinación y el control de los servicios de transmisión de voz y de datos, y las relaciones con la Comisión interministerial de adquisición de bienes y servicios informáticos y con otros órganos competentes en la materia.

g) La elaboración y propuesta de los criterios generales que han de presidir la planificación integral del personal del Departamento, así como la coordinación y control de la revisión y actualización de todas las plantillas y las relaciones de puestos de trabajo.

h) Cuantificar los objetivos y costes de personal, así como controlar y evaluar el gasto de personal del Departamento.

i) Planificar y coordinar el sistema de información para la gestión del personal del Departamento.

j) Elaborar con las Unidades de personal afectadas las normas que regulen el régimen general de personal del Departamento.

k) Los órganos del Departamento encargados de la gestión de personal se coordinarán funcionalmente con la Dirección General de Personal y Servicios cuando ejecuten funciones relacionadas con lo dispuesto en las letras g) a k).

l) La supervisión de los proyectos de obras.

m) La gestión financiera de ingresos y gastos y de tesorería de los créditos presupuestarios del Departamento, así como la habilitación de personal correspondiente a los servicios centrales, la adquisición de los recursos materiales precisos para el funcionamiento de los servicios, la coordinación de las distintas cajas pagadoras del Departamento y la canalización de sus relaciones con la Dirección General del Tesoro y Política Financiera, la

© 2009 Abalar Consultores, S.L.

Intervención General de la Administración del Estado y el Tribunal de Cuentas, a través de la unidad central de pagos.

n) La gestión patrimonial, que incluye las actuaciones relativas a las obras de construcción y reforma de edificios, las relaciones con la Dirección General del Patrimonio del Estado, el inventario de bienes inmuebles y la instrucción y tramitación de los expedientes de contratación de alquileres de inmuebles, sin perjuicio de la perfección de los contratos por el órgano competente para celebrarlos; y la programación, gestión y control de inversiones.

1.4.1 Estructura

La Dirección General de Personal y Servicios está integrada por las siguientes unidades con nivel orgánico de subdirección general:

a) La Subdirección General de Personal, Costes y Planificación de Recursos Humanos e Inspección.

b) La Oficialía Mayor.

c) El Centro de Sistemas de Información.

d) La Subdirección General de Gestión Económica y Patrimonial.

2 LA SECRETARÍA DE ESTADO DE SEGURIDAD: ESTRUCTURA Y FUNCIONES

2.1 ÓRGANOS DIRECTIVOS

De la Secretaría de Estado de Seguridad, dependerán los siguientes *órganos directivos:*

1. La *Dirección General de la Policía y de la Guardia Civil,* cuyo titular tendrá rango de *subsecretario.*

2. La *Secretaría General de Instituciones Penitenciarias*, cuyo titular tendrá rango de subsecretario, y de la que dependerán los siguientes órganos directivos:

a) La *Dirección General de Gestión de Recursos,* que asumirá la ejecución de las funciones de la Secretaría General en relación con los medios necesarios para el desarrollo de la política penitenciaria.

b) La *Dirección General de Coordinación Territorial y Medio Abierto,* que asumirá la ejecución de las funciones de la Secretaría General excepto las que quedan atribuidas a la Dirección General de Recursos.

© 2009 Abalar Consultores, S.L.

3. La *Dirección General de Infraestructuras y Material de la Seguridad.*

4. La *Dirección General de Relaciones Internacionales y Extranjería.*

2.1.1 Órganos con rango de subdirección general

Como órgano de asistencia inmediata al Secretario de Estado existe un *Gabinete*, con nivel orgánico de subdirección general.

Asimismo, dependen del Secretario de Estado los siguientes órganos con rango de subdirección general:

a) El *Gabinete de Coordinación*, con funciones de estudio, coordinación, asesoramiento e informe en materia de seguridad ciudadana y actualización del modelo policial; formación y cooperación policial; informe de proyectos de disposiciones generales; elaboración y supervisión de resoluciones y circulares del Secretario de Estado de Seguridad.

b) La *Inspección de Personal y Servicios de Seguridad,* encargada de la inspección, comprobación y evaluación del desarrollo de los servicios, centros y unidades, centrales y periféricos, de la Dirección General de la Policía y de la Guardia Civil, así como de las actuaciones realizadas por los miembros de los respectivos cuerpos en el cumplimiento de sus funciones.

c) El *Centro de Inteligencia contra el Crimen Organizado (CICO)*, al que corresponde la elaboración de la inteligencia estratégica en la lucha contra todo tipo de delincuencia organizada, así como, en su caso, el establecimiento de criterios de coordinación operativa de los servicios actuantes en los supuestos de coincidencia o concurrencia en las investigaciones. Para el ejercicio de sus funciones le corresponderá:

   1. Recibir, integrar y analizar cuantas informaciones y análisis operativos relacionados con la delincuencia organizada sean relevantes o necesarios para la elaboración de la inteligencia estratégica y de prospectiva en relación con el crimen organizado.

   2. Dictar o determinar, en los supuestos de intervención conjunta o concurrente, los criterios de coordinación y de actuación de las unidades operativas de las Fuerzas y Cuerpos de Seguridad del Estado, y la de éstos con otros servicios intervinientes, en función de sus competencias propias o de apoyo a la intervención.

   3. Elaborar el informe anual sobre la situación de la criminalidad organizada en España, así como una Evaluación Periódica de Amenaza.

   4. Elaborar y difundir las informaciones estadísticas relacionadas con esta materia.

d) El Gabinete de Estudios de Seguridad Interior (GESI) será encargado de apoyar, mediante la elaboración de estadísticas y estudios e

© 2009 Abalar Consultores, S.L.

investigaciones sobre la situación y tendencias de la seguridad, a los órganos superiores y directivos del Ministerio del Interior en la elaboración de las políticas de seguridad y en la toma de decisiones relacionadas con esta materia. Asimismo, cumplimentará, con el desarrollo e impulso de acciones formativas específicas, la especialización de los altos responsables de las Fuerzas y Cuerpos de Seguridad del Estado.

En concreto, le corresponderán las siguientes funciones:

1. Desarrollar el Sistema Estadístico de Seguridad Interior, así como realizar e impulsar los estudios e investigaciones dirigidos a conocer la situación y evolución de las diferentes formas delincuenciales y de la percepción social de seguridad.

2. Realizar estudios y análisis sobre aspectos relacionados con las políticas de seguridad, así como sobre el impacto alcanzado de determinados planes operativos de carácter general.

3. Desarrollar y promover la celebración de acciones formativas dirigidas a altos responsables de las Fuerzas y Cuerpos de Seguridad, orientadas a impulsar y actualizar los valores directivos comunes y a promover una efectiva cultura corporativa de cooperación y colaboración.

4. Actuar como Centro español de la Academia Europea de Policía.

5. Desarrollar las relaciones correspondientes con otros centros o unidades similares de la Unión Europea, de sus Estados miembros o de terceros países.

6. Fomentar la participación y colaboración de la Universidad, de otras entidades o instituciones públicas y privadas, y de personalidades investigadoras o del ámbito académico, en el desarrollo de las actividades y funciones que le corresponden.

7. Cualesquiera otras que le sean encomendadas por el Ministro del Interior o por el Secretario de Estado de Seguridad.

2.1.2 Órganos colegiados adscritos

Funcionarán adscritos al Ministerio del Interior, a través de la Secretaría de Estado de Seguridad, como órganos colegiados:

a) *Los Consejos superior y asesor de lucha contra el tráfico de drogas y blanqueo de capitales.*

b) *El Consejo asesor del observatorio de seguimiento del uso de las nuevas tecnologías por las organizaciones criminales de traficantes de drogas ilegales, de blanqueo de capitales procedentes de dicho tráfico ilegal y de otros delitos conexos.*

© 2009 Abalar Consultores, S.L.

2.2 FUNCIONES

Corresponde al Secretario de Estado de Seguridad la dirección, coordinación y supervisión de los órganos directivos dependientes de la Secretaría de Estado, bajo la inmediata autoridad del Ministro del Interior, para el ejercicio de las siguientes funciones:

a) La promoción de las condiciones para el ejercicio de los derechos fundamentales, especialmente en relación con la libertad y seguridad personal, la inviolabilidad del domicilio y la libertad de residencia y circulación.

b) El ejercicio del mando de las Fuerzas y Cuerpos de Seguridad del Estado, la coordinación y la supervisión de los servicios y misiones que les corresponden.

c) El control de las empresas y del personal de seguridad privada y la seguridad pública de los espectáculos y actividades recreativas, en el ámbito de competencias del Estado.

d) La dirección y coordinación de la cooperación policial internacional.

e) La representación del Departamento en los supuestos en que así se lo encomiende el Ministro.

f) La dirección, impulso y coordinación de las actuaciones del Departamento en materia de tráfico de drogas, blanqueo de capitales relacionado con dicho tráfico y delitos conexos.

g) La planificación y coordinación de las políticas de infraestructuras y material en el ámbito de la seguridad.

h) La aprobación de los planes y programas de infraestructuras y material en el ámbito de la seguridad.

i) La dirección de las competencias del Ministerio del Interior en materia de Administración Penitenciaria.

© 2009 Abalar Consultores, S.L.

ESTRUCTURA DE LA SECRETARÍA DE ESTADO DE SEGURIDAD
Órganos con rango de Subsecretaría Dirección General de la Policía y de la Guardia Civil Secretaría General de Instituciones Penitenciarias
Órganos con rango de Dirección General Dirección General de Infraestructuras y Material de la Seguridad Dirección General de Relaciones Internacionales y Extranjería
Órganos con rango de subdirección general
Gabinete de Coordinación Inspección de Personal y de Servicios de Seguridad Centro de Inteligencia contra el Crimen Organizado (CICO) Gabinete de Estudios de Seguridad Interior (GESI)
Órganos colegiados adscritos
Consejos superior y asesor de lucha contra el tráfico de drogas y el blanqueo de capitales Consejo asesor del observatorio de seguimiento del uso de las nuevas tecnologías por las organizaciones criminales de traficantes de drogas ilegales, de blanqueo de capitales procedentes de dicho tráfico ilegal y de otros delitos conexos

2.3 SECRETARÍA GENERAL DE INSTITUCIONES PENITENCIARIAS

Corresponde a la Secretaria General de Instituciones Penitenciarias la dirección, impulso, coordinación y supervisión de las instituciones penitenciarias, en el ejercicio de las siguientes funciones:

a) El seguimiento y dirección de las actividades para la prestación del servicio público de ejecución de las penas y medidas penales, con los fines encomendados constitucionalmente.

b) La planificación y ordenación normativa de las Instituciones Penitenciarias.

c) La función inspectora sobre los servicios, organismos y centros de la administración penitenciaria, especialmente en lo que se refiere al personal, procedimientos, instalaciones y dotaciones, así como la tramitación de las informaciones reservadas y de los expedientes disciplinarios incoados a los funcionarios y personal laboral destinados en todas sus unidades.

d) La propuesta en la planificación y seguimiento del desarrollo del Plan de creación de infraestructuras penitenciarias, para dar cumplimiento a las necesidades establecidas.

© 2009 Abalar Consultores, S.L.

e) La elaboración de los informes y las actuaciones pertinentes en materia de seguridad en los centros penitenciarios.

f) Cualesquiera otras competencias que le atribuya la legislación vigente y, particularmente, las relativas a contratación administrativa, personal y gestión económico financiera en relación con las Instituciones Penitenciarias.

2.3.1 Estructura

La Secretaría General de Instituciones Penitenciarias, cuyo titular no es preciso que sea funcionario, se estructura en los siguientes órganos directivos:

a) *La Dirección General de Gestión de Recursos.*

b) *La Dirección General de Coordinación Territorial y Medio Abierto.*

Asimismo, dependerá directamente de la Secretaría General de Instituciones Penitenciarias, la *Inspección Penitenciaria* con rango de subdirección general.

La *Dirección General de Gestión de Recursos* está integrada por las siguientes unidades con rango de subdirección general:

a) *La Subdirección General de Recursos Humanos de Instituciones Penitenciarias.*

b) *La Subdirección General de Servicios Penitenciarios.*

Por su parte, la Dirección General de Coordinación Territorial y Medio Abierto está compuesta por las siguientes subdirecciones generales:

a) *La Subdirección General de Tratamiento y Gestión Penitenciaria.*

b) *La Subdirección General de Medio Abierto y Medidas Alternativas.*

c) *La Subdirección General de Coordinación Territorial.*

Depende de la Dirección General de Coordinación Territorial y Medio Abierto, la *Coordinación de Sanidad Penitenciaria*, con rango de subdirección general.

2.4 DIRECCIÓN GENERAL DE INFRAESTRUCTURAS Y MATERIAL DE SEGURIDAD

La Dirección General de Infraestructuras y Material de Seguridad es el órgano directivo al que corresponde en exclusiva la planificación y coordinación de las políticas de infraestructuras y material en el ámbito de la seguridad, teniendo en cuenta los programas de necesidades propuestos por las Fuerzas y Cuerpos de Seguridad, así como el control de su cumplimiento.

© 2009 Abalar Consultores, S.L.

En particular, sin perjuicio de las competencias legalmente atribuidas al organismo autónomo Gerencia de Infraestructuras y Equipamiento de la Seguridad del Estado, cuya dirección tiene atribuida el titular de la propia Dirección General de Infraestructuras y Material de Seguridad, a esta le corresponden las siguientes funciones:

a) Planificar, teniendo en cuenta las propuestas de la Dirección General de la Policía y de la Guardia Civil, las inversiones en infraestructuras de seguridad.

b) Proponer proyectos y obras en el ámbito de la seguridad, elaborar y coordinar la elaboración de estudios y propuestas conducentes a la definición de políticas, la optimización de infraestructuras organizativas, la mejora de procedimientos de actuación administrativa, la estandarización y homologación de infraestructuras, material, sistemas de información y comunicaciones, codificación y estructuras de datos en el ámbito de la seguridad.

c) Proponer para su aprobación al Secretario de Estado de Seguridad los planes y programas de infraestructuras, material, sistemas de información y comunicaciones en el ámbito de la seguridad, así como coordinarlos, supervisar su ejecución, evaluarlos y analizar sus costes.

d) Promover proyectos para la implantación, adquisición y mantenimiento de de infraestructuras, medios materiales, sistemas de información y comunicaciones de utilización conjunta o compartida por las Fuerzas y Cuerpos de Seguridad del Estado, coordinar y supervisar la determinación de sus requisitos técnicos, pliegos de condiciones, programación económica y ejecución, así como de aquellos otros proyectos promovidos por unidades u órganos dependientes de la Secretaría de Estado de Seguridad cuando se financien total o parcialmente con créditos del servicios presupuestario de la Secretaría de Estado.

e) Controlar y coordinar la ejecución de los programas y proyectos derivados de compromisos contraídos por España con otros países u organismos internacionales, en las materias propias de su competencia.

f) Gestionar y ejecutar los programas y proyectos derivados de la financiación procedente de Fondos Europeos.

g) Dirigir la gestión de los bienes y derechos que se refieran al patrimonio inmobiliario de la seguridad, mantener el inventario de todos ellos y efectuar la gestión patrimonial para el arrendamiento u obtención por cualquier otro título de inmuebles dedicados a los fines de seguridad.

h) Mantener las relaciones con la Dirección General del Patrimonio del Estado en materia de infraestructuras y material de seguridad, de conformidad con lo establecido en la normativa correspondiente.

i) Coordinar, desarrollar e implantar bases de datos, sistemas de información y sistemas de comunicaciones de utilización conjunta o compartida por los Cuerpos y Fuerzas de Seguridad del Estado, incluyendo los correspondientes al Sistema Schengen y al Sistema de radiocomunicaciones digitales de emergencia del Estado.

© 2009 Abalar Consultores, S.L.

j) Dirigir, coordinar o gestionar aquellos planes, programas, recursos financieros o materiales en el ámbito de la seguridad que expresamente le encomiende la Subsecretaría.

2.4.1 Estructura

La Dirección General de Infraestructuras y Material de la Seguridad está integrada por las siguientes *Subdirecciones Generales:*

1. *La Subdirección General de Planificación y Gestión de Infraestructuras y Medios para la Seguridad.*

2. *La Subdirección General de Sistemas de Información y Comunicaciones para la Seguridad.*

2.5 DIRECCIÓN GENERAL DE RELACIONES INTERNACIONALES Y EXTRANJERÍA

La Dirección General de Relaciones Internacionales y Extranjería ejercerá las siguientes funciones:

a) La coordinación en materia de cooperación policial internacional y la definición de las acciones y programas de actuaciones de los órganos técnicos del Ministerio del Interior existentes en las Misiones Diplomáticas, su organización interna y dotación presupuestaria, así como su inspección técnica y control, sin perjuicio de las facultades de dirección y coordinación del Jefe de la Misión Diplomática y de la Representación Permanente respectiva.

b) Coordinar la participación de los representantes del Ministerio en los grupos y comités del Consejo de la Unión Europea.

c) Efectuar el seguimiento de las decisiones comunitarias que afecten al Ministerio del Interior, especialmente respecto a fondos comunitarios relacionados con su ámbito competencial.

d) La organización y preparación de las actividades de carácter internacional que se deban llevar a cabo en el ámbito de las competencias del Ministerio del Interior en las materias de inmigración y extranjería.

e) La organización de las relaciones del Ministerio del Interior con las autoridades de otros Gobiernos en el ámbito de sus competencias.

f) La coordinación de actuaciones con el Ministerio de Asuntos Exteriores y de Cooperación.

© 2009 Abalar Consultores, S.L.

2.5.2 Estructura

La Dirección General de Relaciones Internacionales y Extranjería estará integrada por:

a) La *Subdirección General de Cooperación Policial Internacional.*

b) La *Subdirección General de Relaciones Internacionales, Inmigración y Extranjería.*

3. LA DIRECCIÓN GENERAL DE LA POLICÍA Y DE LA GUARDIA CIVILY EL MANDO ÚNICO: ESTRUCTURA ORGÁNICA Y FUNCIONES DE LOS SERVICIOS CENTRALES Y PERIFÉRICOS

3.1 LA DIRECCIÓN GENERAL DE LA POLICÍA Y DE LA GUARDIA CIVIL

A) Mando Único.- El art. 3 del Real Decreto 1181/2008, de 11 de julio, por el que se modifica y desarrolla la estructura orgánica básica del Ministerio del Interior, dispone lo siguiente:

Corresponde al Director General de la Policía y de la Guardia Civil, cuyo titular tendrá *rango de subsecretario*, bajo la dependencia del Secretario de Estado de Seguridad, el ***mando directo*** del Cuerpo Nacional de Policía y del Cuerpo de la Guardia Civil, en este último caso, sin perjuicio de las competencias que correspondan al Ministerio de Defensa.

Dependiendo directamente del Director General, y con nivel orgánico de *Subdirección General*, existirá un *Gabinete Técnico* con funciones de asistencia directa y apoyo, para facilitar el despacho y la coordinación de los órganos y unidades dependientes de aquél.

Asimismo, también dependiendo directamente del Director General existirán dos *Unidades de Coordinación,* para la asistencia directa y apoyo a aquél en los ámbitos del Cuerpo Nacional de Policía y del Cuerpo de la Guardia Civil, respectivamente.

B) En el ámbito del Cuerpo Nacional de Policía, ejercerá las siguientes funciones:

a) Dirigir y coordinar los servicios y los órganos centrales y periféricos del Cuerpo Nacional de Policía.

b) Distribuir los medios personales y materiales, asignándolos a las distintas unidades que la integran.

c) Proponer al Secretario de Estado de Seguridad los planes y proyectos de actuación operativa de los servicios del Cuerpo Nacional de Policía.

© 2009 Abalar Consultores, S.L.

d) Relacionarse directamente con las autoridades administrativas, organismos y entidades públicas o privadas, en lo referente al funcionamiento de los servicios operativos del Cuerpo Nacional de Policía.

e) Obtener, centralizar, analizar, valorar y difundir la información necesaria para el desarrollo de sus misiones, así como establecer y mantener el enlace y coordinación con otros órganos de información nacionales y extranjeros, en el ámbito de su competencia, de conformidad con los criterios que al respecto establezca la Secretaría de Estado de Seguridad.

f) Disponer la colaboración y la prestación de auxilio a las policías de otros países, en cumplimiento de las funciones que atribuye al Cuerpo Nacional de Policía la Ley Orgánica 2/1986, de 13 de marzo, de Fuerzas y Cuerpos de Seguridad, de conformidad con los criterios que al respecto establezca la Secretaría de Estado de Seguridad.

g) Dirigir, organizar y controlar el cumplimiento de lo dispuesto en materia de extranjería, documento nacional de identidad, pasaportes, juegos, drogas, control de las entidades y servicios privados de seguridad, vigilancia e investigación y espectáculos públicos, todo ello en el ámbito policial y en los términos previstos en la legislación vigente.

h) Vigilar e investigar las conductas de los funcionarios contrarias a la ética profesional.

i) Aplicar el régimen disciplinario del personal del Cuerpo Nacional de Policía.

j) Seleccionar y promover al personal del Cuerpo Nacional de Policía y el desarrollo de las actividades técnico-docentes de formación y perfeccionamiento del personal de dicho Cuerpo.

k) Proponer la adquisición de los equipos de transmisión, equipos de tratamiento de la información, armamento, medios de automoción, helicópteros, naves, uniformes y, en general, los medios materiales precisos para la realización de los cometidos propios del Cuerpo Nacional de Policía, en el marzo de la programación aprobada por la Secretaría de Estado de Seguridad.

l) Impulsar el análisis, planificación y desarrollo de los métodos, técnicas y procedimientos en el ámbito operativo policial.

C) En el ámbito del Cuerpo de la Guardia Civil, ejercerá las siguientes funciones:

1. Dirigir las funciones que la Ley Orgánica 2/1986, de 13 de marzo, y las demás disposiciones vigentes asignan a la Guardia Civil, y especialmente:

   a. Dirigir, impulsar y coordinar el servicio de las unidades de la Guardia Civil.

b. Organizar y distribuir territorialmente las unidades de la Guardia Civil.

c. Proponer al Secretario de Estado de Seguridad los planes y proyectos de actuación operativa de la Guardia Civil.

d. Relacionarse directamente con las autoridades administrativas, organismos y entidades públicas o privadas, en lo referente al funcionamiento de los servicios operativos de la Guardia Civil.

e. Obtener, centralizar, analizar, valorar y difundir la información necesaria para el desarrollo de sus misiones, así como el establecimiento y mantenimiento del enlace y coordinación con otros órganos de información nacionales y extranjeros, en el ámbito de su competencia, de conformidad con los criterios que al respecto establezca la Secretaría de Estado de Seguridad.

f. Llevar a cabo los cometidos que las disposiciones reguladoras del Ministerio de Defensa le encomienden en cuanto al cumplimiento de misiones de carácter militar en la Guardia Civil.

2. Ejecutar la política de personal y educativa de la Guardia Civil.

3. Ejecutar la política de recursos materiales y económicos asignados a la Guardia Civil para la realización del servicio, así como proponer a la Secretaría de Estado de Seguridad las necesidades en relación con dichos recursos.

4. Cumplir las funciones que le atribuye la legislación vigente en materia de armas y explosivos.

5. Proponer la adquisición de los equipos de transmisión, equipos de tratamiento de la información, armamento, en colaboración con el Ministerio de Defensa, medios de automoción, helicópteros, naves, uniformes y, en general, de los medios materiales precisos para la realización de los cometidos propios de la Guardia Civil, en el marco de la programación aprobada por la Secretaría de Estado de Seguridad.

6. En el ejercicio de sus competencias, y en relación con la extranjería e inmigración, actuar, de acuerdo con la normativa vigente en la materia, en coordinación con el Ministerio de Trabajo e Inmigración a través de la Secretaría de Estado de Inmigración y Emigración.

Se encuentran adscritos a la Dirección General el Consejo Superior de la Guardia Civil y el Consejo de la Guardia Civil, con la composición y funciones determinadas para cada uno por la normativa vigente.

3.2 ESTRUCTURA ORGÁNICA Y FUNCIONES DE LOS SERVICIOS CENTRALES Y PERIFÉRICOS DEL CUERPO NACIONAL DE POLICIA

El citado Real Decreto 1181/2008, de 11 de julio, así como la Orden INT/2103/2005, de 1 de julio, por la que se desarrolla la estructura orgánica y funciones de los

© 2009 Abalar Consultores, S.L.

Servicios Centrales y Periféricos del Cuerpo Nacional de Policía, modificada por la Orden INT/2606/2008, de 15 de septiembre, disponen que los servicios centrales y periféricos tendrán la estructura y funciones que a continuación se especifican:

3.2.1 Organización central

Dependen directamente del Director General las siguientes Unidades con nivel orgánico de *Subdirección General*:

3.2.1.1 Dirección Adjunta Operativa

Encargada de la colaboración con el Director General en la dirección, coordinación y supervisión de las unidades operativas supraterritoriales y territoriales; así como en el seguimiento y control de los resultados de los programas operativos y en la definición de los recursos humanos y materiales aplicables a dichos programas.

Estará integrada por las siguientes Unidades:

1. *Secretaría General*. Le corresponde prestar asistencia y apoyo al Subdirector General en el ejercicio de sus funciones, de la que dependerán las *Comisarías Especiales del Congreso de los Diputados, Senado, Casa Real y Presidencia del Gobierno*, así como el *Jefe de la Comisaría Especial de la Audiencia Nacional.*

2. *Unidad de Seguimiento y Control Operativo*. Le incumbe el seguimiento y control sobre los planes y proyectos de índole operativa de la organización policial.

3. *Unidad de Planificación y Coordinación Operativa*. Con la función de elaborar y coordinar la ejecución de los planes operativos dispuestos por la Dirección Adjunta Operativa.

4. *Unidad de Coordinación Internacional*, con la misión de gestionar y coordinar los asuntos relacionados con los grupos de trabajo en que participa la Dirección General de la Policía y de la Guardia Civil en el ámbito de la Unión Europea y otras instituciones internacionales, así como aquellos aspectos relacionados con las misiones de apoyo a terceros países y órganos supranacionales, y las cuestiones relativas a los agregados, enlaces y demás funcionarios policiales que prestan servicio en el extranjero.

5. *Grupo Especial de Operaciones (GEO)*. Interviene en situaciones de carácter terrorista y aquellas que entrañen grave riesgo para la vida y bienes de las personas.

6. *Unidad de Asuntos Internos*. Le corresponde investigar y perseguir las conductas funcionariales contrarias a la ética profesional.

7. *Unidades adscritas a las Comunidades Autónomas*. Dependen *orgánicamente* de la Dirección Adjunta Operativa y *funcionalmente* de las autoridades autonómicas competentes, ejerciéndose su mando, dirección, coordinación y control a través de la Jefatura de cada Unidad.

© 2009 Abalar Consultores, S.L.

Bajo la coordinación de la Dirección Adjunta Operativa, las funciones policiales operativas en el nivel central serán realizadas por las *Comisarías Generales de Información, de Policía Judicial, de Seguridad Ciudadana, de Extranjería y Fronteras, y de Policía Científica*, todas ellas con nivel orgánico de *subdirección general*, y a las que corresponderán las siguientes funciones:

Comisaría General de Información.- Le corresponde la captación, recepción, tratamiento y desarrollo de la información de interés para el orden y la seguridad pública en el ámbito de las funciones de la Dirección General, y la utilización operativa de la información, específicamente en materia antiterrorista, en el ámbito nacional e internacional.

Estará integrada por las unidades y servicios que se determinen mediante la correspondiente Orden Comunicada, conforme a lo dispuesto en el Acuerdo del Consejo de Ministros de 16 de febrero de 1996.

El *Servicio Central de Desactivación de Explosivos y Unidad NRBQ* se integran en esta Comisaría General, según la Instrucción 1/2005, de 1 de enero de esta Comisaría.

Comisaría General de Policía Judicial.- Le corresponde la investigación y persecución de las infracciones supraterritoriales; especialmente delitos relacionados con las drogas, la delincuencia organizada, económica, financiera, tecnológica y el control de los juegos de azar; así como la colaboración con las policías de otros países y la dirección de las oficinas nacionales de Interpol y Europol. Asimismo, le corresponderá la dirección de los servicios encargados de la investigación de delitos monetarios y los relacionados con la moneda, así como la colaboración con los servicios correspondientes del Banco de España en estos asuntos.

Estará integrada por las unidades siguientes:

1. *Secretaría General.* En su función de apoyo y asistencia a la Comisaría General, analiza y planifica sus líneas generales de actuación, y gestiona los asuntos relativos al régimen de personal y medios adscritos a la misma. Se responsabiliza además de los bancos de datos propios de la Comisaría General.

El Secretario General, como segundo jefe de la Comisaría General, sustituye a su titular en los casos de vacante, ausencia o enfermedad.

Estará adscrita a la Secretaría General el *Servicio de Control de Juegos de Azar*, con la misión de vigilancia e inspección del cumplimiento de la normativa sobre juego e investigación de los delitos que se generen en este ámbito.

2. *Unidad de Droga y Crimen Organizado (UDYCO).* Asume la investigación y persecución de las actividades delictivas, de ámbitos nacional y transnacional, relacionadas con el tráfico de drogas y el crimen organizado. De esta Unidad dependerán:

© 2009 Abalar Consultores, S.L.

a) *La Brigada Central de Estupefacientes,* que asume las competencias de investigación y persecución de los delitos cometidos con el tráfico ilegal de drogas.

b) *La Brigada Central de Crimen Organizado,* que asume la investigación y persecución de las actividades delictivas vinculadas a la delincuencia organizada.

c) *La Unidad Adscrita a la Fiscalía General del Estado,* que desempeñará los cometidos que, como Policía Judicial, le asigne el órgano al que figura adscrita.

3. *Unidad de Delincuencia Especializada y Violenta (UDEV).* Asume la investigación y persecución de las actividades delictivas, de ámbitos nacional y transnacional, relacionadas con el patrimonio, especialmente el patrimonio histórico-artístico, el consumo y medio ambiente, las infracciones delictivas en materia de dopaje en el deporte, la utilización de nuevas tecnologías, el ámbito familiar y los menores, y los delitos contra las personas y la libertad sexual. De esta Unidad dependerán:

a) *La Brigada de Investigación de la Delincuencia Especializada*, encargada de la investigación y persecución de los delitos relacionados con el patrimonio, el consumo y el medio ambiente, los relativos al ámbito familiar, los menores, los delitos contra las personas y los delitos contra la libertad sexual.

b) *La Brigada de Investigación Tecnológica*, que asume la investigación y persecución de las actividades delictivas relacionadas con la utilización de las nuevas tecnologías y el ciberdelito.

c) *La Brigada del Patrimonio Histórico*, encargada de la investigación y persecución de las actividades delictivas relacionadas con el patrimonio histórico-artístico.

d) *La Unidad Adscrita a la Audiencia Nacional.*

4. Unidad Central de Inteligencia Criminal (UCIC). Se responsabiliza de la captación, recepción, análisis, tratamiento y desarrollo de las informaciones relativas a la criminalidad, así como de las actividades en materia de prospectiva y estrategia. Esta Unidad y las unidades territoriales de inteligencia, de la que dependen funcionalmente, asumen el desarrollo de la función de inteligencia criminal.

5. *Unidad Central de Delincuencia Económica y Fiscal.* Asume la investigación y persecución de las actividades delictivas, de ámbito nacional e internacional, en materia de delincuencia económica y fiscal. De esta Unidad dependerán:

a) *Brigada de Delincuencia Económica y Fiscal,* a la que le corresponde la investigación de los delitos relacionados contra las Haciendas Públicas, contra la Seguridad Social, blanqueo de capitales, fraudes financieros, delitos bursátiles y estafas de especial trascendencia.

© 2009 Abalar Consultores, S.L.

b) Brigada de Investigación de Delitos Monetarios, a la que corresponde la investigación de los hechos delictivos relacionados con las actividades sometidas a control, vigilancia e inspección de los órganos encargados de la prevención del blanqueo de capitales.

c) Brigada de Investigación del Banco de España, que asume la investigación de los delitos relacionados con la falsificación de moneda nacional y extranjera.

d) La Unidad Adscrita a la Fiscalía Especial Anticorrupción.

6. *Unidad de Cooperación Policial Internacional.* Asume la dirección y coordinación de la cooperación, la colaboración y el auxilio a las Policías de otros países. De esta Unidad dependerán:

a) Oficina Central Nacional de Interpol.

b) Oficina Nacional de Europol.

c) La Oficina Sirene.

Comisaría General de Seguridad Ciudadana.- Le corresponde la organización y gestión de lo relativo a la prevención, mantenimiento y, en su caso, restablecimiento del orden y la seguridad ciudadana; el control de las empresas y del personal de la seguridad privada; la vigilancia de los espectáculos públicos, dentro del ámbito de competencia del Estado, y la protección de altas personalidades, edificios e instalaciones que por su interés lo requieran.

Estará integrada por las siguientes unidades:

1. <u>*Secretaría General*</u>. En su función de apoyo y asistencia a la Comisaría General, analiza y planifica sus líneas generales de actuación, y gestiona los asuntos relativos al régimen de personal y medios adscritos a la misma. Se responsabiliza, además, de los bancos de datos propios de la Comisaría General. A esta Unidad estará adscrita la *Oficina Nacional del Deporte*, que tendrá encomendadas las funciones de coordinación y apoyo a los Coordinadores de Seguridad, así como todas aquellas relacionadas con la prevención de la violencia en los espectáculos deportivos, actuando a estos efectos como *Punto Nacional de Información.*

El Secretario General, como segundo Jefe de la Comisaría General, sustituye a su titular en los casos de vacante, ausencia o enfermedad.

2. <u>*Jefatura de Unidades de Intervención Policial*</u>. Asume la prevención, mantenimiento y, en su caso, restablecimiento del orden público, así como la coordinación y control de las Unidades de Intervención Policial. Igualmente, le incumbe la coordinación, supervisión y homologación de los procedimientos de actuación de las *Unidades de Prevención y Reacción (U.P.R.).*

© 2009 Abalar Consultores, S.L.

Las Unidades de Intervención Policial

Se crean estas Unidades como órganos móviles de seguridad pública con la misión de actuar en todo el territorio nacional, principalmente en los supuestos de prevención y de peligro inminente o grave de alteración de la seguridad ciudadana (art. 1 del Real Decreto 1668/1989, de 29 de diciembre, que las creó).

Para acceder a estas Unidades deberán superarse unas pruebas selectivas que, una vez aprobadas, darán opción para realizar un curso también selectivo, establecido al efecto, cuya programación y desarrollo se llevará a cabo por el Cuerpo Nacional de Policía.

Cuando no exista personal voluntario para las plazas en estas Unidades, el Director General podrá cubrirlas con carácter forzoso sin que sea preciso superar los requisitos previstos, no pudiendo permanecer los afectados por más de un año en tal situación.

Los que accedan voluntariamente a las mismas, asumirán el compromiso de permanecer en ellas durante un periodo de *tres años continuados* y, en su caso, en los sucesivos de dos años; su continuidad dependerá de la superación de las pruebas de revalidación que se establezcan (para constatar la capacidad profesional teórico-operativa, las condiciones físicas y psicotécnicas y la adecuación profesional al puesto de trabajo que tiene asignado coda miembro en dichas Unidades); en caso contrario causarán baja en las mismas.

El funcionario que cumplido el tiempo de tres años, o los periodos sucesivos de dos años, desee causar baja en las UIP, deberá comunicarlo oficialmente seis meses antes de la finalización del compromiso.

La disponibilidad de las UIP tendrá carácter permanente y sus componentes deberán estar siempre localizables. Cumplido su compromiso el funcionario se incorporará a su plantilla de origen.

Actualmente existen *once* Unidades de Intervención Policial, con base en distintas poblaciones que abarcan todo el ámbito territorial nacional y una Unidad Central de Intervención Policial dependiente de la Jefatura de las Unidades de Intervención Policial, que tendrá su sede en Madrid y ámbito de actuación en todo el territorio nacional.

3. *Unidad Central de Protección*. Asume la organización y ejecución, a nivel central, de la protección de las altas personalidades y de aquellas personas que se determinen, así como la de los edificios e instalaciones que por su interés lo requieran. A esta Unidad estarán adscritas las *Comisarías Especiales del Tribunal Constitucional, Defensor del Pueblo, Consejo General del Poder Judicial/Tribunal Supremo y Tribunal de Cuentas*, así como la *Unidad de Seguridad y Protección de la Audiencia Nacional,* así como la *Brigada Operativa del Museo del Prado,* la *Brigada Central de Escoltas* y la *Brigada de Protecciones Especiales.*

4. *Jefatura de Unidades Especiales*. Asume la coordinación y control de las Unidades Especiales *(Brigada Móvil, Sección de Caballería, Sección de Guías Caninos y Sección de Subsuelo y Protección Ambiental).*

© 2009 Abalar Consultores, S.L.

5. *Unidad Central de Seguridad Privada*. Ejerce las funciones de control de las empresas y del personal de la seguridad privada, así como todas aquellas que le están atribuidas en la normativa específica sobre esta materia. De ella dependen la *Brigada Operativa de Personal* y la *Brigada Operativa de Empresas.*

6. *Unidad Central de Participación Ciudadana y Programas*. Le corresponde impulsar, coordinar y controlar el funcionamiento de las distintas unidades dedicadas a la prevención y mantenimiento de la seguridad ciudadana, así como canalizar las relaciones con los colectivos ciudadanos y las demandas sociales en materia policial, es especial, en lo que se refiere a la violencia en el ámbito familiar. En ella se integra la *Unidad de Prevención, Asistencia y Protección (UPAP)*

Comisaría General de Extranjería y Fronteras.- Le corresponde la expedición de las tarjetas de extranjero, el control de entrada y salida del territorio nacional de españoles y extranjeros; la prevención, persecución e investigación de las redes de inmigración ilegal, y, en general, el régimen policial de extranjería, refugio y asilo e inmigración.

Estará integrada por las siguientes unidades:

1. *Secretaría General*. En su función de apoyo y asistencia a la Comisaría General, analiza y planifica sus líneas generales de actuación, y gestiona los asuntos relativos al régimen de personal y medios adscritos a la misma. Se responsabiliza además de los bancos de datos propios de la Comisaría General.

El Secretario General, como segundo Jefe de la Comisaría General, sustituye a su titular en los casos de vacante, ausencia o enfermedad. A la misma estarán adscritos:

1. El *Servicio de Documentación de Extranjeros*, que asume las funciones de gestión, coordinación y control relativas a la documentación y de las relaciones con los ciudadanos extranjeros en España.

2. *Unidad Central contra las Redes de Inmigración y Falsedades Documentales (UCRIF)*. Le corresponde la investigación de las actividades delictivas, de ámbitos nacional y transnacional, relacionadas con el tráfico de personas, la inmigración ilegal y las falsedades documentales en esta materia, así como la coordinación operativa y apoyo técnico de las respectivas unidades territoriales, funcionando como Oficina Central Nacional a este respecto.

3. *Unidad Central de Fronteras.* Asume las funciones de gestión, coordinación y control relativas a la entrada y salida de españoles y extranjeros del territorio nacional y el régimen de fronteras, funcionando como Oficina Central Nacional a este respecto.

4. *Unidad Central de Expulsiones y Repatriaciones.* Asume la dirección, coordinación, organización, control y ejecución de expulsiones, devoluciones y repatriaciones de menores, las funciones de gestión para la obtención de la documentación personal de los ciudadanos extranjeros objeto de expulsión, devolución o repatriación, así como el control y la coordinación de la ocupación de los centros de internamiento de extranjeros.

© 2009 Abalar Consultores, S.L.

5. *Unidad de Relaciones Comunitarias y Bilaterales*. Con las funciones de canalización y seguimiento de la aplicación del Derecho Comunitario e Internacional en materias atribuidas a la Comisaría General, en el ámbito de actuación policial, funcionando como Oficina Central Nacional a este respecto.

Comisaría General de Policía Científica.- Le corresponde la prestación de los servicios de criminalística, identificación, analítica e investigación técnica, así como la elaboración de los informes periciales y documentales que le sean encomendados. Estará integrada por las siguientes Unidades:

1. *Secretaría General*. En su función de apoyo y asistencia a la Comisaría General, analiza y planifica sus líneas generales de actuación, y gestiona los asuntos relativos al régimen de personal y medios adscritos a la misma. Se responsabiliza además de los bancos de datos propios de la Comisaría General.

El Secretario General, como segundo Jefe de la Comisaría General, sustituye a su titular en los casos de vacante, ausencia o enfermedad.

2. *Unidad Central de Identificación*. Asume las funciones relacionadas con la reseña dactilar y fotográfica, el servicio automático de identificación dactilar, tecnología de la imagen, antropología y pericias informáticas, así como la elaboración de los informes periciales, de interés policial y judicial, relacionados con las materias de su competencia.

3. *Unidad Central de Criminalística*. Asume las funciones de estudiar y realizar los informes policiales, de interés policial y judicial, en materia de falsificación documental, grafoscopia, balística forense, identificativa y operativa, trazas instrumentales y acústica forense, así como elaborar métodos y procedimientos técnicos para la práctica de la inspección ocular.

4. *Unidad Central de Investigación Científica y Técnica*. Asume las funciones relacionadas con la investigación científica y técnica y el control de calidad, así como las relaciones con otros organismos e instituciones, tanto nacionales como internacionales, en materia de policía científica.

5. *Unidad Central de Análisis Científicos*. Asume las funciones de gestionar los laboratorios de Policía Científica en las áreas de Biología-ADN, Química y Toxicología, así como la realización de analíticas especializadas y la elaboración de los informes periciales, de interés policial y judicial, relacionados con las materias de su competencia.

Subdirección General de Recursos Humanos

Las funciones de gestión en el ámbito policial en el nivel central serán realizadas por las Divisiones de Personal, y Formación y Perfeccionamiento, todas ellas con nivel orgánico de subdirección general.

División de Personal.- Le corresponde realizar las funciones de administración y gestión de personal. Estará integrada por las siguientes unidades:

© 2009 Abalar Consultores, S.L.

1. *Secretaría General.* En su función de apoyo y asistencia a la División, analiza y planifica sus líneas generales de actuación, y gestiona los asuntos relativos al régimen de personal y medios adscritos a la misma. Se responsabiliza además de los bancos de datos propios de la División.

Su titular, como segundo Jefe de la División, sustituye al responsable de esta en los casos de vacante, ausencia o enfermedad.

Dependerá de la Secretaría General, la *Unidad de Atención Socio-Sanitaria,* que se responsabiliza de las funciones relacionadas con la asistencia social al personal del Cuerpo Nacional de Policía, de la planificación, seguimiento y control de las actuaciones en materia de salud laboral, así como del control del absentismo.

2. *Jefatura de Gestión de Recursos Humanos.* Asume la administración y gestión, incluidas las retribuciones, de los recursos humanos del Cuerpo Nacional de Policía. Dependen de la misma las siguientes áreas:

a) *Área de Gestión de Personal del Cuerpo Nacional de Policía.* Con las funciones de organización y gestión del personal policial del Cuerpo Nacional de Policía.
b) *Área de Gestión de Personal no Policial.* Con las funciones de organización y gestión del personal no policial del Cuerpo Nacional de Policía.
c) *Área de Retribuciones.* Con la misión de gestionar las retribuciones correspondientes al personal del Cuerpo Nacional de Policía.

3. *La Unidad de Régimen Disciplinario*, con las funciones de administrar y gestionar el régimen disciplinario del Cuerpo Nacional de Policía.

División de Formación y Perfeccionamiento.- Le corresponde realizar las funciones de selección, promoción, formación y especialización de los miembros del Cuerpo Nacional de Policía. Estará integrada por las siguientes Unidades:

1. *Secretaría General.* En su función de apoyo y asistencia a la División, analiza y planifica sus líneas generales de actuación, y gestiona los asuntos relativos al régimen de personal y medios adscritos a la misma. Se responsabiliza, además, de los bancos de datos propios de la División.

Su titular, como segundo Jefe de la División, sustituye al responsable de esta en los casos de vacante, ausencia o enfermedad.

2. *Centro de Formación.* Le corresponde desarrollar e impartir los cursos y programas formativos de acceso a las Escalas Ejecutiva y Básica del Cuerpo Nacional de Policía, así como los cursos de formación superior o técnica dirigidos a alumnos de otros cuerpos policiales que se establezcan en el ámbito de la cooperación policial a nivel nacional o internacional.

3. *Centro de Promoción.* Con la misión de desarrollar e impartir los cursos relacionados con la promoción interna en el Cuerpo Nacional de Policía.

4. *Centro de Actualización y Especialización.* Planifica y dirige las actividades docentes orientadas a la formación permanente para la actualización y especialización

© 2009 Abalar Consultores, S.L.

de los funcionarios del Cuerpo Nacional de Policía, así como las de carácter internacional y las de la *Escuela Europea de Policía (CEPOL),* funcionando como Oficina Central Nacional de la misma.

5. *Área de Procesos Selectivos*. Con la función de administrar los procesos para el acceso y promoción interna en las diferentes categorías y Escalas del Cuerpo Nacional de Policía, así como lo relativo a la habilitación del personal de seguridad privada y a la inspección de Centros de Formación de Seguridad Privada.

De la Subdirección General de Recursos Humanos dependerán las siguientes unidades:

a) *El Servicio de Recursos,* con funciones de estudio y propuesta de resolución de recursos administrativos en materia de personal, de elaboración de informes de carácter jurídico-técnico y de coordinación de las relaciones de la Dirección General de la Policía y de la Guardia Civil con los Tribunales de Justicia y con la Abogacía del Estado, en asuntos de estas materias.

b) *El Servicio de Asistencia Letrada*, con funciones de coordinación de todos los asuntos relativos a la defensa legal de los funcionarios de la Dirección General por actuaciones derivadas de la prestación del servicio.

También estarán adscritos a esta Subdirección General los siguientes órganos:

a) *El Servicio de Prevención de Riesgos Laborales, y*

b) *La Secretaría del Consejo de Policía.*

3.2.1.2 Subdirección General de Gestión Económica, Técnica y Documental

Le corresponde la organización y gestión de los servicios de expedición del documento nacional de identidad, de los pasaportes y de los archivos policiales. Bajo su coordinación las funciones de gestión en el nivel central serán realizadas por la *División de Coordinación Económica y Técnica*, con *nivel orgánico de subdirección general.*

División de Coordinación Económica y Técnica.- Le corresponde realizar las funciones de estudio de necesidades, análisis y control de calidad, y en su caso, adquisición de los productos y equipamientos, y asignación, distribución, administración y gestión de los medios materiales.

Estará integrada por las siguientes unidades:

1. *Secretaría General*. En su función de apoyo y asistencia a la División, analiza y planifica sus líneas generales de actuación, y gestiona los asuntos relativos al régimen de personal y medios adscritos a la misma. Se responsabiliza, además, de los bancos de datos propios de la División.

© 2009 Abalar Consultores, S.L.

Su titular, como segundo Jefe de la División, sustituye al responsable de esta en los casos de vacante, ausencia o enfermedad. De la Secretaría General dependen:

a) *El Área de Sistemas Especiales*, al que corresponde las funciones de desarrollo y aplicación de equipos técnicos destinados a la investigación policial.

b) *El Servicio de Medios Aéreos*, al que incumbe gestionar la explotación de este tipo de medios, así como su mantenimiento.

2. *Jefatura de Gestión Económica*. Le corresponde la elaboración de la propuesta de presupuestos del Cuerpo Nacional de Policía, la gestión administrativa de expedientes de contratación y de gasto, el análisis, seguimiento y control de la ejecución presupuestaria, así como la gestión financiera y de pagos. De esta Jefatura dependerán las siguientes Unidades:

a) *Área de Gestión Financiera y Presupuestaria*, con las funciones de elaboración técnica del presupuesto, la gestión financiera, contable y de pagos.

b) *Área de Gestión de Medios Materiales*, a la que corresponde gestionar el gasto corriente en bienes y servicios. Igualmente se encargará de la tramitación de los expedientes de contratación administrativa y de gastos, salvo los concernientes a gastos de personal.

c) *Servicio de Indemnizaciones por razón del servicio,* al que le corresponde la gestión de los gastos de esta naturaleza generados en el ámbito del Cuerpo Nacional de Policía.

3. *Jefatura de Gestión Técnica*. Asume la dirección y coordinación en la adquisición, distribución, administración y gestión de los medios necesarios para el desarrollo de las actividades del Cuerpo Nacional de Policía. De esta Jefatura dependerán las siguientes Unidades:

a) *Área de Telecomunicación*, con las funciones de realizar y dirigir los estudios y proyectos sobre sistemas de comunicación del Cuerpo Nacional de Policía y la implantación e ejecución de los mismos. Igualmente realizará el mantenimiento de los equipos de comunicaciones policiales y la formación técnica específica del personal del Área.

b) *Área de Patrimonio y Arquitectura*, con las funciones de programar, proyectar y dirigir las obras de construcción, reforma y actualización de los bienes inmuebles del Cuerpo Nacional de Policía, así como gestionar el inventario patrimonial del mismo.

c) *Área de Automoción*, con las funciones de programar, distribuir y gestionar los medios de automoción, así como la especialización de los conductores.

d) *Área de Informática*, con las funciones de elaborar y aplicar el plan de sistemas de información corporativo; el diseño, desarrollo, implantación

© 2009 Abalar Consultores, S.L.

y mantenimiento de los sistemas de información y la asistencia técnica a los usuarios.

e) *Servicio de Armamento y Equipamiento Policial*, con las funciones de realizar la distribución y el mantenimiento de los medios y equipos de dotación policial, así como gestionar el *Plan Nacional de Tiro*.

Unidad de Documentación de Españoles y Archivo.- Encargada de la documentación de españoles (DNI y pasaportes).

3.2.1.3 Unidad de Coordinación

Bajo la dependencia directa del titular de la Dirección General de la Policía y de la Guardia Civil, estará integrada por las siguientes unidades:

1.- *Secretaría General*.- Le corresponde prestar asistencia y apoyo al Subdirector General en el ejercicio de sus funciones, y gestionar los medios personales y materiales asignados a la Unidad de Coordinación. De ella dependerá el *Registro General Auxiliar del Registro General del Departamento* en la Dirección General de la Policía y de la Guardia Civil, el *Servicio de traducción e interpretación de idiomas*, el de *Protocolo,* en cargado de desarrollar las relaciones públicas y organizar los actos institucionales y corporativos que lleve a cabo la Dirección General, y el de *Apoyo Tecnológico* con la misión, entre otras, de crear, gestionar y mantener las páginas web de la Dirección General de la Policía y de la Guardia Civil.

2.- *Área de Estudios y Proyectos Normativos*.- Con las funciones de estudio, preparación y elaboración de proyectos normativos del ámbito competencial de la Dirección General, informar los proyectos de disposiciones de carácter general sometidos a consideración del mismo órgano Directivo y la elaboración de informes de contenido jurídico, que sobre los asuntos relacionados con las competencias de la Dirección General, le sean encomendados.

3. *Área de Relaciones Institucionales*. Le corresponderá la preparación y elaboración de los proyectos de respuesta a las preguntas e interpelaciones parlamentarias, quejas y recomendaciones del Defensor del Pueblo y cuestiones que planteen los ciudadanos e instituciones sobre el funcionamiento de los servicios competencia del Cuerpo Nacional de Policía, así como la preparación de los informes y documentación en orden a la participación y comparecencia de las Autoridades policiales ante otras instituciones.

4. *Unidad de Relaciones Informativas y Sociales*. Con las misiones de planificar, preparar, coordinar y realizar las comunicaciones y relaciones de los Órganos Directivos con los medios de comunicación social.

5. *Instituto de Estudios de Policía*. Con las funciones de promover la modernización y perfeccionamiento de los métodos y técnicas profesionales, la profundización en los conocimientos sobre necesidades sociales en relación con la Policía y la coordinación de las publicaciones de la Dirección General.

© 2009 Abalar Consultores, S.L.

6. *Centro de Cooperación Cultural y Prospectiva*. Con las funciones de desarrollo de programas y proyectos de colaboración con las Universidades y otras entidades relacionadas con las actividades científicas, así como de propiciar la creación de aquellos instrumentos o entes que fueren precisos para la consecución de los indicados objetivos, con el fin de promover la investigación y desarrollo en el ámbito de las materias relacionadas con la seguridad pública y la investigación policial.

3.3 SERVICIOS PERIFÉRICOS EN EL CUERPO NACIONAL DE POLICÍA

La organización periférica estará constituida por las Jefaturas Superiores, las comisarías provinciales y aquellas otras unidades o módulos que integran el modelo territorial, comisarías zonales, locales y de distrito, así como las comisarías conjuntas o mixtas y los puestos fronterizos.

3.3.1 Jefaturas Superiores

Son los órganos de mando, gestión, coordinación e inspección de los distintos servicios del Cuerpo Nacional de Policía existentes en su ámbito territorial de actuación (el mismo que el de la Comunidad Autónoma, cuyo nombre toman, excepto en la Comunidad Autónoma andaluza donde existen dos con sede en Sevilla y Granada), además de las Jefaturas Superiores de Ceuta y Melilla. Su número actual es, pues, de 20.

Dependiendo del Jefe Superior existirá una *Unidad de Coordinación Operativa Territorial (UCOT)*, que tendrá encomendadas las actividades de coordinación de las operaciones de las diferentes unidades territoriales operativas, así como el seguimiento, control e inspección de los servicios en el ámbito de la Jefatura Superior. El titular de esta Unidad sustituirá al Jefe Superior en los casos de vacante, ausencia o enfermedad.

Las Jefaturas Superiores contarán con una *Unidad de Apoyo*, que dependerá directamente de los titulares de las mismas, para el cumplimiento de las funciones asignadas.

3.3.2 Comisarías provinciales y de las Ciudades de Ceuta y Melilla

Existirá una Comisaría provincial de Policía en cada una de las provincias del territorio nacional con sede en la capital de la misma, así como sendas Comisaría en las Ciudades de Ceuta y Melilla. Su titular asumirá el mando de los distintos servicios del Cuerpo Nacional de Policía en su territorio.

Los titulares de las Jefaturas Superiores de Policía podrán asumir la jefatura de la comisaría provincial correspondiente a la capital de provincia en que aquellas tengan su sede.

Las Comisaría provinciales y las de las Ciudades de Ceuta y Melilla podrán tener la siguiente estructura básica:

© 2009 Abalar Consultores, S.L.

1. Unidad de Coordinación Operativa Provincial. Existirá en aquellas Comisarías provinciales cuyo número de dependencias y volumen de la plantilla lo aconseje, con las funciones de coordinación de las operaciones de las unidades territoriales operativas, y las de seguimiento, control e inspección de los servicios.

En las ciudades sede de Jefatura Superior, ejercerá estas funciones la Unidad de Coordinación Operativa Territorial en dependencia directa del Jefe Superior.

Los titulares de las Unidades de Coordinación Operativa Provincial sustituirán a los Jefes de las Comisarías provinciales respectivas en los casos de vacante, ausencia o enfermedad.

2. Unidades Territoriales Operativas. Las Comisarías provinciales y las de las Ciudades de Ceuta y Melilla contarán con tantas unidades territoriales operativas especializadas como Comisarías Generales existen, que llevarán a cabo, en su ámbito territorial, las funciones encomendadas a los mencionados Órganos Centrales, así como las de coordinación y apoyo de las unidades de su misma área funcional del resto de plantillas de su ámbito territorial.

Asimismo, cuando las circunstancias e incidencias de la delincuencia lo aconsejen, podrán contar con las Comisarías zonales que en su caso se determinen en el Catálogo de Puestos de Trabajo.

En las Comisarías provinciales en las que no exista Unidad de Coordinación Operativa Provincial, el titular de aquélla será sustituido, a falta de designación expresa, por el Jefe de la Unidad Territorial Operativa de mayor categoría, en los casos de vacante, ausencia o enfermedad.

3. Secretaría General. Asume las funciones de apoyo técnico y de gestión de los recursos humanos y materiales.

3.3.3 Comisarías zonales

Ejercerán *funciones de coordinación* sobre las Comisarías locales o de distrito incluidas en su respectiva demarcación territorial.

3.3.4 Comisarías locales

Existirán en aquellas poblaciones que se especifican en la ORDEN/INT/2103/2005, de 1 de julio, que realizarán en el territorio de su demarcación las mismas funciones que las Comisarías provinciales en su ámbito.

Las Comisarías locales contarán con las unidades necesarias en prevención e investigación, a tenor de la realidad social y de la incidencia cuantitativa y cualitativa de la criminalidad.

© 2009 Abalar Consultores, S.L.

3.3.5 Comisarías de distrito

Existirán en las localidades y en el número que se refleja en la ORDEN/INT/2103/2005, de 1 de julio, modificada por la Orden INT/161/2008, de 29 de enero. Son las unidades básicas de la organización policial en las grandes urbes. Contarán en su estructura con las unidades necesarias, a tenor de la realidad social y del nivel de incidencia cuantitativa y cualitativa de la criminalidad.

3.3.6 Unidades de extranjería y documentación

Asumirán las funciones policiales en materia de extranjería y documentación y, particularmente, la ejecución de controles móviles en la zona fronteriza, así como la tramitación y expedición de documentación de españoles y ciudadanos extranjeros en España. Dichos cometidos podrán ser también realizados en esos lugares directamente por la respectiva Comisaría provincial.

Existirán en las localidades reflejadas en la ORDEN/INT/2103/2005, de 1 de julio (actualmente en número de trece).

3.3.7 Los puestos fronterizos

Son los pasos habilitados de entrada y salida del territorio nacional de españoles y extranjeros. Realizarán las funciones de control, de carácter fijo y móvil, de entrada y salida de personas del territorio nacional, así como la seguridad interior de los aeropuertos cuando tuvieran su sede en los mismos.

Tienen también la consideración de puestos fronterizos aquellos puertos, aeropuertos y pasos terrestres que estén reconocidos, o puedan serlo en el futuro, como frontera exterior Schengen.

Cuando las localidades en las que se encuentren los puestos fronterizos cuenten con Comisarías de Policía, estarán integrados en la estructura orgánica de ésta. En los demás casos, formarán parte de la estructura de la respectiva Comisaría provincial.

Existirán en las localidades reflejadas en la ORDEN/INT/2103/2005, de 1 de julio.

3.3.8 Comisarías conjuntas o mixtas

Son unidades destinadas a desarrollar en la zona fronteriza la cooperación en materia policial con aquellos Estados con los que España comparte frontera común de acuerdo con lo previsto en los Convenios o Acuerdos internacionales correspondientes. Actualmente existen cuatro en la frontera común con Portugal.

Cuando las localidades en las que se encuentren las Comisarías conjuntas o mixtas cuenten con Comisaría de Policía, estarán integradas en la estructura orgánica de ésta. En los demás casos, formarán parte de la estructura de la respectiva Comisaría provincial.

© 2009 Abalar Consultores, S.L.

3.4 ÓRGANOS COLEGIADOS DEL CUERPO NACIONAL DE POLICÍA

3.4.1 La Junta de Gobierno

Le corresponde la misión de prestar asistencia y colaboración al Director General de la Policía y de la Guardia Civil en el desempeño de sus funciones (ámbito del Cuerpo Nacional de Policía), así como la emisión de informes, respecto a los asuntos que el Director General estime conveniente someter a su conocimiento y consideración, en las siguientes materias:

a) Definición de objetivos en las diferentes áreas de actuación.

b) Elaboración de proyectos, planes y programas.

c) Elección de indicadores para el control y valoración de resultados.

d) Asignación de recursos humanos y medios materiales y económicos.

e) Determinación de criterios básicos para la aplicación del régimen de selección, formación y promoción del personal.

f) Determinación de criterios básicos en materia de estímulos, recompensas y sanciones.

g) Adopción de medidas para el mantenimiento de la deontología profesional, prestigio y buena imagen profesional de la Policía.

Está compuesta por los siguientes miembros:

Presidente. El Director General de la Policía y de la Guardia Civil.

Vicepresidente: El Director Adjunto Operativo.

Vocales: El Subdirector General de Recursos Humanos, el Subdirector General de Gestión Económica, Técnica y Documental, el titular de la Unidad de Coordinación en el ámbito del Cuerpo Nacional de Policía, los Comisarios Generales, los Jefes de División y el titular de la Unidad de Documentación de Españoles y Archivo dependiente del Subdirector General de Gestión Económica, Técnica y Documental.

Secretario: El Jefe de la División de Personal.

3.4.2 El Consejo Asesor

Es un *órgano colegiado permanente* de la Dirección General de la Policía y de la Guardia Civil (ámbito del Cuerpo Nacional de Policía) presidido por su titular, con las misiones de asesorar, emitir informes y elaborar estudios sobre aquellos asuntos que, por su especial complejidad o trascendencia, aquél estime someter a su conocimiento y consideración, así como elevar propuestas sobre aquellas materias que, por iguales

© 2009 Abalar Consultores, S.L.

motivos y con base en la experiencia y conocimientos de sus miembros, puedan redundar en la mejora de la organización policial.

Estará integrado por dieciséis Consejeros designados por el Director General de la Policía y de la Guardia Civil, entre funcionarios de reconocido prestigio profesional y especiales conocimientos en el ámbito competencial de la Dirección General.

Por acuerdo del Director General de la Policía y de la Guardia Civil, en el seno del Consejo Asesor, se podrán formar grupos específicos de trabajo, coordinados e integrados por los Consejeros que se determinen, para impulsar los proyectos que se estime conveniente. A estos efectos, contarán con el personal de apoyo preciso para la realización de las tareas que se les encomienden.

3.5 ESTRUCTURA Y FUNCIONES DEL CUERPO DE LA GUARDIA CIVIL

Se encuentran adscritos a la Dirección General el *Consejo Superior de la Guardia Civil* y el *Consejo Asesor de Personal*, con la composición y funciones determinadas para cada uno por la normativa vigente.

Del Director General dependen las siguientes Unidades con nivel orgánico de *subdirección general:*

1. La Dirección Adjunta Operativa, a cargo de un Oficial General de la Guardia Civil en situación de servicio activo, es responsable, de acuerdo con las directrices emanadas del Director General, de la dirección, impulso y coordinación del servicio de las unidades de la Guardia Civil. Del Director Adjunto Operativo dependen las siguientes unidades:

a) *El Estado Mayor*, a cargo de un Oficial General de la Guardia Civil en situación de servicio activo. Es el principal órgano auxiliar de mando del Director Adjunto Operativo, responsable de proporcionar los elementos de juicio necesarios para fundamentar sus decisiones, traducirlas en órdenes y velar por su cumplimiento, centrando su actividad sobre la planificación operativa.

b) *La Jefatura de Unidades Especiales y de Reserva*, al mando de un Oficial General de la Guardia Civil en situación de servicio activo, a la que corresponde dirigir, coordinar y controlar las unidades y jefaturas de servicios de ella dependientes.

c) *La Jefatura de Información*, al mando de un Oficial General de la Guardia Civil en situación de servicio activo, a la que corresponde organizar y gestionar la obtención, recepción, tratamiento, análisis y difusión de la información de interés para el orden y la seguridad pública en el ámbito de las funciones propias de la Guardia Civil y la utilización operativa de la información, especialmente en materia antiterrorista en el ámbito nacional e internacional.

© 2009 Abalar Consultores, S.L.

d) *La Jefatura de Policía Judicial*, al mando de un Oficial General de la Guardia Civil en situación de servicio activo, a la que corresponde organizar y gestionar la investigación y persecución de los delitos y faltas y desarrollar los servicios de criminalística, identificación, analítica e investigación técnica, llevando a cabo las funciones de Policía Judicial específica de la Guardia Civil.

e) *La Jefatura Fiscal y de Fronteras*, al mando de un Oficial General de la Guardia Civil en situación de servicio activo, a la que corresponde organizar y gestionar el resguardo fiscal del Estado, las actuaciones encaminadas a evitar y perseguir el contrabando, el narcotráfico y demás tráficos ilícitos, así como la custodia y vigilancia de las costas, fronteras, puertos, aeropuertos y mar territorial y, en este ámbito, el control de la inmigración irregular.

f) *La Jefatura de la Agrupación de Tráfico*, al mando de un Oficial General de la Guardia Civil en situación de servicio activo, a la que corresponde, como unidad especializada en materia de tráfico, seguridad vial y transporte, organizar y gestionar todo lo relativo al ejercicio de las funciones encomendadas a la Guardia Civil por la normativa vigente.

g) *La Jefatura del Servicio de Protección de la Naturaleza,* al mando de un Oficial General de la Guardia Civil en situación de servicio activo, a la que corresponde organizar y gestionar todo lo relativo con el cumplimiento de las disposiciones relacionadas con la conservación de la naturaleza y medio ambiente, los espacios protegidos, los recursos hidráulicos, la caza y pesca, el patrimonio histórico y la ordenación del territorio.

2. La Subdirección General de Personal, a cargo de un Oficial General de la Guardia Civil en situación de servicio activo, es responsable, de acuerdo con las directrices emanadas del Director General, de la dirección y coordinación del desarrollo de la política de personal. De ésta dependen las siguientes unidades:

a) *La Jefatura de Personal*, al mando de un Oficial General de la Guardia Civil en situación de servicio activo, a la que corresponde la organización y gestión de todo lo relativo al régimen de ascensos, destinos, situaciones administrativas y régimen disciplinario del Cuerpo de la Guardia Civil.

b) *La Jefatura de Enseñanza*, al mando de un Oficial General de la Guardia Civil en situación de servicio activo, a la que corresponde la organización y gestión de la selección y capacitación del personal del Cuerpo de la Guardia Civil, así como del desarrollo de las actividades técnico-docentes de formación, perfeccionamiento y especialización de dicho personal.

c) *La Jefatura de Asistencia al Personal*, al mando de un Oficial General de la Guardia Civil, a la que corresponde la organización y gestión de la acción social y la asistencia sanitaria y psicológica al personal de la Guardia Civil destinado en la Dirección General.

© 2009 Abalar Consultores, S.L.

d) *La Secretaría Permanente para la Clasificación y Evaluación*, al mando de un Oficial General de la Guardia Civil, que tiene por misión facilitar la labor de los órganos de evaluación, para lo cual aportará la documentación de los miembros a evaluar y adoptará las medidas necesarias para el buen fin de la evaluación, así como el mantenimiento, custodia y reserva de dichos documentos.

3. La Subdirección General de Apoyo, a cargo de un Oficial General de la Guardia Civil en situación de servicio activo, es responsable, de acuerdo con las directrices emanadas del Director General, de la dirección, coordinación y gestión de los recursos financieros y del desarrollo de la política de recursos materiales.

Del Subdirector General de Apoyo dependen las siguientes unidades:

a) *La Jefatura de los Servicios de Apoyo*, al mando de un Oficial General de la Guardia Civil en situación de servicio activo, a la que corresponde la gestión, control y mantenimiento de los medios materiales asignados al Cuerpo de la Guardia Civil para la realización del servicio, en particular, del material móvil, equipamiento policial, armamento e infraestructuras.

b) *La Jefatura de Servicios Técnicos*, al mando de un Oficial General de la Guardia Civil en situación de servicio activo, a ella corresponde la gestión, control y mantenimiento operativo de los equipos y sistemas informáticos, de telecomunicaciones y equipos especiales asignados a la Guardia Civil, así como la investigación y desarrollo tecnológico de recursos materiales de aplicación a la actividad de dicho Cuerpo.

c) *La Jefatura de Asuntos Económicos*, al mando de un Oficial General de la Guardia Civil en situación de servicio activo, a la que corresponde la realización de las actividades relacionadas con la administración y coordinación de los recursos financieros y patrimoniales.

3.6 ORGANIZACIÓN PERIFÉRICA

La organización periférica de la Guardia Civil estará constituida por *las zonas, las comandancias, las compañías y los puestos.*

Los mandos de las zonas podrán asumir la jefatura de la comandancia correspondiente a la capital de provincia en que aquéllas tengan su sede.

3.7 SUSTITUCIÓN DEL DIRECTOR GENERAL

La sustitución del Director General (ámbito del Cuerpo Nacional de Policía), en los supuestos previstos legalmente, se efectuará por el Director Adjunto Operativo.

© 2009 Abalar Consultores, S.L.

4. LA SEGURIDAD PRIVADA

La seguridad representa uno de los pilares básicos de la convivencia y, por tanto, su garantía constituye una actividad esencial a la existencia misma del Estado moderno que, en tal condición, se ejerce en régimen de monopolio por el poder público.

Sin embargo, progresivamente se ha ido extendiendo por todas las sociedades de nuestro entorno la realización de actividades de seguridad por otras instancias sociales o agentes privados, llegando a adquirir en las últimas décadas un auge hasta ahora desconocido.

Se considera a los servicios privados de seguridad como servicios complementarios y subordinados respecto a los de la seguridad pública. A partir de ahí se establece un conjunto de controles e intervenciones administrativas que condicionan el ejercicio de las actividades de seguridad por los particulares.

El análisis del sector y de sus circunstancias ponen de relieve que paralelamente a su crecimiento han aparecido numerosos problemas, tales como el intrusismo, la falta de normas de homologación de productos, deficiente formación de los vigilantes, irregularidades en su funcionamiento y comisión de numerosas infracciones, así como la ausencia sobrevenida de requisitos esenciales.

La proyección de la Administración del Estado sobre la prestación de servicios de seguridad por empresas privadas y sobre su personal se basa en el hecho de que los servicios que prestan forman parte del núcleo esencial de la competencia exclusiva en materia de seguridad pública atribuida al Estado por el artículo 149.1.29 de la Constitución, y en la misión que, según el artículo 104 del propio texto fundamental, incumbe a las Fuerzas y Cuerpos de Seguridad, bajo la dependencia del Gobierno, de proteger el libre ejercicio de los derechos y libertades y garantizar la seguridad ciudadana.

Ello significa que las Fuerzas y Cuerpos de Seguridad del Estado han de estar permanentemente presentes en el desarrollo de las actividades privadas de seguridad, conociendo la información trascendente para la seguridad pública que en las mismas se genera y actuando con protagonismo indiscutible, siempre que tales actividades detectan el acaecimiento de hechos delictivos graves, perseguibles de oficio.

La defensa de la seguridad no puede ser ocasión de agresiones, coacciones, desconocimiento de derechos o invasión de las esferas jurídicas y patrimoniales de otras personas. Y ésta es una de las razones que justifican la intensa intervención en la organización y desarrollo de las actividades de las empresas privadas de seguridad, por parte de las Fuerzas y Cuerpos de Seguridad del Estado, que tienen la misión constitucional de proteger los derechos fundamentales de todos los ciudadanos y garantizar su seguridad.

En este marco se inscribe la Ley 23/1992, de 30 de julio, de Seguridad Privada, desarrollada en el Real Decreto 2364/1994, de 9 de diciembre, por el que se aprueba el Reglamento de seguridad privada.

1. Esta ley tiene por objeto regular la prestación por personas, físicas o jurídicas privadas, de servicios de vigilancia y seguridad de personas o bienes, que

© 2009 Abalar Consultores, S.L.

tendrán la consideración de actividades complementarias y subordinadas respecto a las de seguridad pública.

2. A los efectos de esta ley, únicamente pueden realizar actividades de seguridad privada y prestar servicios de esta naturaleza las empresas de seguridad y el personal de seguridad privada, que estará integrado por los vigilantes de seguridad, los vigilantes de explosivos, los jefes de seguridad, los directores de seguridad, los escoltas privados, los guardas particulares del campo, los guardas de caza, los guardapescas marítimos y los detectives privados.

3. Las actividades y servicios de seguridad privada se prestarán con absoluto respeto a la Constitución y con sujeción a lo dispuesto en esta ley y en el resto del ordenamiento jurídico. El personal de seguridad privada se atendrá en sus actuaciones a los principios de integridad y dignidad; protección y trato correcto a las personas, evitando abusos, arbitrariedades y violencias y actuando con congruencia y proporcionalidad en la utilización de sus facultades y de los medios disponibles.

4. Las empresas y el personal de seguridad privada tendrán obligación especial de auxiliar a las Fuerzas y Cuerpos de Seguridad en el ejercicio de sus funciones, de prestarles su colaboración y de seguir sus instrucciones en relación con las personas, los bienes, establecimientos o vehículos de cuya protección, vigilancia o custodia estuvieren encargados.

El personal dedicado a servicios de seguridad privada no tiene el carácter de Fuerzas y Cuerpos de Seguridad, ni de agentes de la autoridad.

4.1 LA SEGURIDAD PRIVADA

La seguridad privada tiene corno principio básico el mismo que alienta la seguridad pública, es decir, la protección o prevención. Sin embargo su campo propio es el mundo empresarial específico, al cual le vincula un contrato o compromiso libremente adquirido.

Son varios los puntos en los que confluyen la seguridad privada y la pública. No sólo coinciden en el término gramatical, sino, también y sobre todo en sus pretensiones últimas, la protección.

No es de extrañar, por ello, que todos los Estados modernos, sobre todo del área occidental, regulen de una forma u otra este campo de afinidades, para hacer más eficaz y técnico el servicio que debe prestarse a la comunidad.

Podemos definir la seguridad privada como todo sistema de protección o prevención adoptado en el mundo empresarial y especificado por un contrato libremente otorgado.Son caracteres de la seguridad privada:

a) La vinculación mediante un contrato entre una empresa o agencia de seguridad con sus clientes, ya sean personas físicas o jurídicas.

© 2009 Abalar Consultores, S.L.

b) La especialización u objeto. Existen empresas encargadas de la protección o custodia, y otras de investigación (Agencias de Detectives).

c) Utilización de medios humanos y materiales adecuados a su fin último, que es la protección y la prevención.

Finalmente recordemos que la Ley de Fuerzas y Cuerpos de Seguridad establece en el artículo 12 que "El control de las entidades y servicios privados de seguridad, vigilancia e investigación de su personal, medios y actuaciones," es competencia del Cuerpo Nacional de Policía.

4.2 EMPRESAS DE SEGURIDAD: REQUISITOS Y ACTIVIDADES: REQUISITOS Y ACTIVIDADES

Los requisitos que deben reunir las Empresas de seguridad se recogen en los artículos 7 al 9 ambos inclusive.

1. La prestación de servicios de seguridad privada a que se refiere el art. 5 de esta ley se llevará a cabo por empresas de seguridad, que podrán revestir la forma de persona física o de persona jurídica.

2. Para la prestación de los servicios y actividades de seguridad privada contemplados en esta ley, las empresas de seguridad deberán obtener la oportuna autorización administrativa por el procedimiento que se determine reglamentariamente, a cuyo efecto deberán reunir los siguientes requisitos:

    a) Tener por objeto social exclusivo todos o alguno de los servicios o actividades contemplados en el art. 5.

    b) Tener la nacionalidad de un Estado miembro de la Unión Europea o de un Estado parte en el Acuerdo sobre el Espacio Económico Europeo.

    c) Contar con los medios humanos, de formación, financieros, materiales y técnicos que se determinen reglamentariamente. En particular, cuando se presten servicios para los que se precise el uso de armas, habrán de adoptarse las medidas que garanticen su adecuada custodia, utilización y funcionamiento, en la forma que se determine.

    d) Suscribir un contrato de seguro de responsabilidad civil o constituir otras garantías financieras en la cuantía y con las condiciones que se determinen reglamentariamente.

    e) Constituir la fianza que se determine reglamentariamente a disposición de las autoridades españolas para atender a las responsabilidades que se deriven del funcionamiento de la empresa por infracciones a la normativa de seguridad privada.

3. A los efectos previstos en las letras d) y e) del apartado 2, se tendrán en cuenta los requisitos ya exigidos en el Estado miembro de origen en lo

© 2009 Abalar Consultores, S.L.

referente a la suscripción del contrato de seguro de responsabilidad civil u otras garantías financieras, así como en lo relativo a la constitución de fianzas.

4. Las empresas de seguridad, tanto si son personas físicas como jurídicas, autorizadas para la prestación de servicios de seguridad privada con arreglo a la normativa de cualquiera de los Estados miembros de la Unión Europea o de los Estados parte en el Acuerdo sobre el Espacio Económico Europeo, habrán de inscribirse en el Registro de Empresas de Seguridad que se lleva en el Ministerio del Interior, a cuyo efecto deberán acreditar su condición de empresas de seguridad y el cumplimiento de los requisitos establecidos en esta Ley, en la forma que se determine reglamentariamente.

5. La pérdida de alguno de los requisitos indicados producirá la cancelación de la inscripción, que será acordada por el Ministro del Interior, en resolución motivada dictada con audiencia del interesado.

6. Sin perjuicio de lo dispuesto en los apartados anteriores, a las empresas de seguridad que tengan por objeto exclusivo la instalación o mantenimiento de aparatos, dispositivos y sistemas de seguridad, así como el asesoramiento y planificación de actividades de seguridad, se las podrá eximir del cumplimiento de alguno de los requisitos incluidos en este artículo, cuando así se determine reglamentariamente.

Los administradores y directores de las empresas de seguridad, que figurarán en el Registro al que se ha aludido anteriormente deberán:

a) Ser personas físicas residentes en España.

b) Carecer de antecedentes penales.

c) No haber sido sancionados en los dos o cuatro años anteriores por infracción grave o muy grave, respectivamente en materia de seguridad.

d) No haber sido separados del servicio de las Fuerzas Armadas, Fuerzas y Cuerpos de seguridad, ni haber ejercido funciones de control de las entidades, servicios o actuaciones de seguridad, vigilancia o investigaciones privadas, ni de su personal o medios, como miembros de las Fuerzas y Cuerpos de Seguridad, en los dos años anteriores.

Las empresas de seguridad estarán obligadas a comunicar al Ministerio del Interior todo cambio que se produzca en la titularidad de las acciones o participaciones y los que afecten a su capital social, dentro de los quince días siguientes a su modificación.

Asimismo, en igual plazo, deberán comunicar cualquier modificación de sus estatutos y toda variación que sobrevenga en la composición personal de sus árganos de administración y dirección.

© 2009 Abalar Consultores, S.L.

4.3 ACTIVIDADES

Con sujeción a lo dispuesto en la presente Ley y en las normas reglamentarias que la desarrollen, las empresas de seguridad únicamente podrán desarrollar los siguientes servicios y actividades

a) Vigilancia y protección de bienes, establecimientos, espectáculos, certámenes o convenciones.

b) Protección de personas determinadas, previa la autorización correspondiente.

c) Depósito, custodia, recuento y clasificación de monedas y billetes, títulos-valores y demás objetos que, por su valor económico y expectativas que generen, o por su peligrosidad, puedan requerir protección especial, sin perjuicio de las actividades propias de las entidades financieras.

d) Transporte y distribución de los objetos a que se refiere el apartado anterior a través de los distintos medios, realizándolos, en su caso, mediante vehículos cuyas características serán determinadas por el Ministerio del Interior, de forma que no puedan confundirse con los de las Fuerzas Armadas ni con los de las Fuerzas y Cuerpos de Seguridad.

e) Instalación y mantenimiento de aparatos, dispositivos y sistemas de seguridad.

f) Explotación de centrales para la recepción, verificación y transmisión de las señales de alarmas, y su comunicación a las Fuerzas y Cuerpos de Seguridad, así como prestación de servicios de respuesta cuya realización no sea de la competencia de dichas Fuerzas y Cuerpos.

g) Planificación y asesoramiento de las actividades de seguridad contempladas en esta Ley.

Las empresas de seguridad deberán garantizar la formación y actualización profesional de su personal de seguridad. Podrán crear centros de formación y actualización para el personal de empresas de seguridad, de acuerdo con lo previsto en la presente Ley.

En ningún caso las empresas de seguridad podrán realizar las funciones de información e investigación propias de los detectives privados.

4.4 PRESTACION DE LOS SERVICIOS

Los contratos de prestación de los distintos servicios de seguridad deberán en todo caso consignarse por escrito con arreglo a modelo oficial, y comunicarse al Ministerio del Interior, con una antelación mínima de tres días a la iniciación de tales servicios.

© 2009 Abalar Consultores, S.L.

No obstante, la prestación del servicio de escoltas personales sólo podrá realizarse previa autorización expresa del Ministerio del Interior, que se concederá individualizada y excepcionalmente en los casos en que concurran especiales circunstancias y condicionada a la forma de prestación del servicio.

El Ministerio del Interior prohibirá la prestación de los servicios de seguridad privada o la utilización de determinados medios materiales o técnicos cuando pudieran causar daños o perjuicios a terceros o poner en peligro la seguridad ciudadana.

4.5 EL PERSONAL DE SEGURIDAD, LOS VIGILANTES DE SEGURIDAD, LOS JEFES DE SEGURIDAD, LOS ESCOLTAS PRIVADOS, GUARDAS PARTICULARES DE CAMPO Y DETETIVES PRIVADOS: FUNCIONES DE CADA UNO DE ELLOS

4.5.1 El personal de seguridad

El personal de seguridad privada estará integrado por: los jefes de seguridad, los vigilantes de seguridad y los escoltas privados que trabajen en las empresas de seguridad, los guardas particulares del campo y los detectives privados.

A efectos de habilitación y formación, se considerarán:

a) Los escoltas privados y los vigilantes de explosivos y sustancias peligrosas como especialidades de los vigilantes de seguridad.

b) Los guardas de caza y los guardapescas marítimos como especialidades de los guardas particulares del campo.

c) Los directores de seguridad como especialidad de los jefes de seguridad.

1. Para el ejercicio de las funciones de seguridad privada, el personal al que se refiere el art. 1, apartado 2, de esta ley, habrá de obtener previamente la correspondiente habilitación del Ministerio del Interior, con el carácter de autorización administrativa, en expediente que se instruirá a instancia del propio interesado.

2. Para la obtención de la habilitación indicada en el apartado anterior, los aspirantes habrán de reunir los siguientes requisitos:

    a) Tener la nacionalidad de alguno de los Estados miembros de la Unión Europea o de un Estado parte en el Acuerdo sobre el Espacio Económico Europeo.
    b) Ser mayor de edad y no haber alcanzado, en su caso, la edad que se determine reglamentariamente.
    c) Poseer la aptitud física y la capacidad psíquica necesarias para el ejercicio de las funciones.
    d) Superar las pruebas oportunas que acrediten los conocimientos y la capacidad necesarios para el ejercicio de sus funciones.
    e) Carecer de antecedentes penales.

© 2009 Abalar Consultores, S.L.

f) No haber sido sancionado en los dos o cuatro años anteriores por infracción grave o muy grave, respectivamente, en materia de seguridad privada.
g) No haber sido separado del servicio en las Fuerzas Armadas, Fuerzas y Cuerpos de Seguridad, ni haber ejercido funciones de control en las entidades, servicios o actuaciones de seguridad, vigilancia o investigación privadas, ni de su personal o medios, como miembros de las Fuerzas y Cuerpos de Seguridad, en los dos años anteriores.
h) No haber sido condenado por intromisión ilegítima en el ámbito de protección del derecho al honor, a la intimidad personal y familiar y a la propia imagen, del secreto de las comunicaciones o de otros derechos fundamentales, en los cinco años anteriores a la solicitud.

3. Los nacionales de Estados miembros de la Unión Europea o de Estados parte en el Acuerdo sobre el Espacio Económico Europeo, cuya habilitación o cualificación profesional haya sido obtenida en alguno de dichos Estados para el desempeño de las funciones de seguridad privada en el mismo, podrán desempeñar actividades o prestar servicios de seguridad privada en España, siempre que, previa comprobación del Ministerio del Interior, se acredite que cumplen los siguientes requisitos:

   a) Poseer alguna titulación, habilitación o certificación expedida por las autoridades competentes de cualquier Estado miembro o de Estado parte en el Acuerdo sobre el Espacio Económico Europeo, que les autorice para el ejercicio de funciones de seguridad privada en el mismo.
   b) Acreditar los conocimientos, formación y aptitudes equivalentes a los exigidos en España para el ejercicio de las profesiones relacionadas con la seguridad privada.
   c) Tener conocimientos de lengua castellana suficientes para el normal desempeño de las funciones de seguridad privada.
   d) Los previstos en las letras b, e, f, g y h, del apartado 2 de este artículo.

4. La carencia o insuficiencia de conocimientos o aptitudes necesarios para el ejercicio de las actividades de seguridad privada en España de los nacionales de Estados miembros de la Unión Europea o de Estados parte en el Acuerdo sobre el Espacio Económico Europeo, podrá suplirse por aplicación de las medidas compensatorias previstas en la normativa vigente sobre reconocimiento de cualificaciones profesionales.

5. La pérdida de alguno de los requisitos indicados producirá la cancelación de la habilitación, que será acordada por el Ministro del Interior, en resolución motivada dictada con audiencia del interesado.

6. La inactividad del personal de seguridad por tiempo superior a dos años exigirá su sometimiento a nuevas pruebas para poder desempeñar las funciones que le son propias.

© 2009 Abalar Consultores, S.L.

4.5.2 Vigilantes de seguridad

Los vigilantes de seguridad sólo podrán desempeñar las siguientes funciones:

a) Ejercer la vigilancia y protección de bienes muebles e inmuebles, así como la protección de las personas que puedan encontrarse en los mismos.

b) Efectuar controles de identidad en el acceso o en el interior de inmuebles determinados sin que en ningún caso puedan retener la documentación personal.

c) Evitar la comisión de actos delictivos o infracciones en relación con el objeto de su protección.

d) Poner inmediatamente a disposición de los miembros de las Fuerzas y Cuerpos de Seguridad a los delincuentes en relación con el objeto de su protección, así como los instrumentos, efectos y pruebas de los delitos, no pudiendo proceder al interrogatorio de aquéllos.

e) Efectuar la protección del almacenamiento, recuento, clasificación y transporte de dinero, valores y objetos valiosos.

f) Llevar a cabo, en relación con el funcionamiento de centrales de alarma, la prestación de servicios de respuesta de las alarmas que se produzcan; cuya realización no corresponda a las Fuerzas y Cuerpos de Seguridad.

Para la función de protección del almacenamiento, manipulación y transporte de explosivos, u otros objetos o sustancias que reglamentariamente se determinen, será preciso haber obtenido una habilitación especial.

Tales funciones únicamente podrán ser *desarrolladas* por los vigilantes integrados en empresas de seguridad, vistiendo el uniforme y ostentando el distintivo del cargo que sean preceptivos, que serán aprobados por el Ministerio del Interior *y* que no podrán confundirse con los de las Fuerzas Armadas, ni con los de las Fuerzas y Cuerpos de Seguridad.

Los vigilantes, dentro de la entidad o empresa donde presten sus servicios, se dedicarán exclusivamente a la función de seguridad propia de su cargo, no pudiendo simultanear la misma con otras misiones.

4.5.3 Lugar de la prestación de sus funciones

Salvo la función de protección del transporte del dinero, valores, bienes u objetos, los vigilantes de seguridad ejercerán sus funciones exclusivamente en el interior de los edificios o de las propiedades de cuya vigilancia estuvieran encargados, sin que tales funciones se puedan desarrollar en las vías públicas, ni en aquellas que, no tiendo tal

© 2009 Abalar Consultores, S.L.

condición, sean de uso común.. No obstante, cuando se trate de polígonos industriales o urbanizaciones aisladas, podrán implantarse servicios de vigilancia y protección en la forma que expresamente se autorice.

4.5.4 Cuándo deberán portar armas

Los vigilantes de seguridad, previo el otorgamiento de las correspondientes licencias, sólo desarrollarán con armas de fuego las funciones indicadas en el articulo 11, en los supuestos que reglamentariamente se determinen, entre los que se comprenderán, además del de protección del almacenamiento, recuento y clasificación y transporte de dinero, valores y objetos valiosos, los de vigilancia y protección de fábricas y depósitos o transporte de armas y explosivos, de industrias o establecimientos peligrosos que se encuentren en despoblado y aquellos otros de análoga significación.

Las armas adecuadas para realizar los servicios de seguridad, cuya categoría se determinará reglamentariamente, sólo se podrán portar estando de Servicio.

Los vigilantes, que desempeñen sus funciones en establecimientos o instalaciones en los que el servicio de seguridad se haya impuesto obligatoriamente, habrán de atenerse, en el ejercicio de sus legítimos derechos laborales y Sindicales, a lo que respecto de las empresas encargadas de servicios públicos disponga la legislación vigente.

4.5.5 Jefes de seguridad

Según el artículo 16 del citado texto legal, cuando el número de vigilantes de seguridad, la complejidad organizativa o técnica, u otras circunstancias que se determinarán reglamentariamente, lo hagan necesario, las funciones de aquéllos se desempeñarán a las órdenes directas de un jefe de seguridad, que será responsable del funcionamiento de los vigilantes y de los sistemas de seguridad, así corno de la organización y ejecución de los servicios y de la observancia de la normativa aplicable.

4.5.6 Escoltas privados

En el artículo 17 se determina:

1. Son funciones de los escoltas privados, con carácter exclusivo y excluyente, el acompañamiento, defensa y protección de personas determinadas que no tengan la condición de autoridades públicas, impidiendo que sean objeto de agresiones o actos delictivos.

2. Para el cumplimiento de las indicadas funciones serán aplicables a los escoltas privados los preceptos de la Sección 2' de este Capítulo y las demás normas concordantes de la presente Ley, relativas a vigilantes de seguridad, salvo la referente a la uniformidad.

3. Asimismo, les será de aplicación para el ejercicio de sus funciones lo dispuesto sobre tenencia de armas en el artículo 14 de esta Ley, es decir, la normativa aplicable a los vigilantes de seguridad.

© 2009 Abalar Consultores, S.L.

4.5.7 Guardas particulares del campo

Los guardas particulares del campo, que ejercerán funciones de vigilancia y protección de la propiedad rural, se atendrán al régimen establecido en esta Ley para los vigilantes de seguridad, con las especialidades siguientes:

a) No podrán desempeñar la función e protección el almacenamiento, manipulación y transporte de dinero, valores y objetos valiosos.

b) Podrán desarrollar las restantes funciones, sin *estar* integrados en empresas de seguridad.

c) La instrucción y tramitación e los expedientes relativos a su habilitación corresponderá efectuarla a las unidades competentes de la Guardia Civil.

d) El Ministro del Interior determinará, en su caso, el arma adecuada para la prestación de cada clase de servicio.

4.5.8 Detectives privados

Los detectives privados, a solicitud de personas físicas o jurídicas, se encargarán:

a) De obtener y aportar información y pruebas sobre conductas o hechos privados.

b) De la investigación de delitos perseguibles sólo a instancias de parte por encargo de los legitimados en el proceso penal.

c) De la vigilancia en ferias, hoteles, exposiciones o ámbitos análogos.

Salvo lo dispuesto en el párrafo C) del apartado anterior, no podrán prestar servicios propios de las empresas de seguridad, ni ejercer funciones atribuidas al personal a que se refieren las Secciones anteriores del presente capitulo.

Tampoco podrán realizar investigaciones sobre delitos perseguibles de oficio, debiendo denunciar inmediatamente ante la autoridad competente cualquier hecho de esta naturaleza que llegara a su conocimiento y poniendo a su disposición toda la información y los instrumentos que pudieran haber obtenido.

En ningún caso podrán utilizar para sus investigaciones medios materiales o técnicos que atenten contra el derecho al honor, intimidad personal o familiar o la propia imagen o al secreto de las comunicaciones.

Además de los requisitos generales exigidos para obtener la habilitación de todo el personal de seguridad, a que se refiere el apartado 3.1 de este epígrafe, no podrán obtener la habilitación necesaria para el ejercicio de las funciones de detective privado los funcionarios de cualquiera de las Administraciones públicas en activo en el momento de la solicitud o durante los dos años *anteriores* a la misma.

© 2009 Abalar Consultores, S.L.

4.6 REGIMEN SANCIONADOR

Dedica a esta materia la Ley el Titulo IV en tres Secciones, la primera trata de las infracciones, la segunda de las sanciones y la tercera del procedimiento.

1ª Las infracciones

Según el artículo 21, las infracciones pueden ser *muy* graves, graves y leves, estableciendo, a continuación, la prescripción de estas faltas que será de dos meses la leve; de un año las graves y de dos años las muy graves.

En el artículo 22 se relacionan exhaustivamente las infracciones que pueden ser cometidas por las empresas, que también se gradúan en muy graves, graves y leves, y en el artículo 23 se determinan las infracciones en las que puede incurrir el personal que desempeñe funciones de seguridad privada, graduables igualmente en muy graves, graves y leves.

2ª Las sanciones

Las autoridades competentes podrán imponer a las empresas de seguridad las siguientes sanciones:

a) Por la comisión de infracciones muy graves.

- Multas de 5.000.001 hasta 100.000.000 de pesetas.
- Cancelación de la inscripción.

b) Por la comisión de infracciones graves:

- Multa de 50.001 hasta 5.000.000 de pesetas.
- Suspensión temporal de la autorización por plazo no superior a un año.

c) Por la comisión de infracciones leves:

- Apercibimiento.
- Multa de hasta 50.000 pesetas.

Las autoridades competentes podrán imponer al personal que desempeñe funciones de seguridad privada las siguientes sanciones:

a) Por la comisión de faltas muy graves:

- Multa de 500.001 hasta 5.000.000 de pesetas.
- Retirada definitiva de la habilitación, permiso o licencia.

b) Por la comisión de infracciones graves:

- Multa de 500.001 hasta 500.000 pesetas.

© 2009 Abalar Consultores, S.L.

- Suspensión temporal de la habilitación, permiso o licencia por un plazo no superior a un año.

c) Por la comisión de infracciones leves:

- Apercibimiento.
- Multa de hasta 50.000 pesetas.

Las autoridades competentes para sancionar las infracciones señaladas anteriormente serán:

a) El Ministro del Interior, para imponer sanciones de cancelación de la inscripción y retirada definitiva de la habilitación, permiso o licencia.

b) El Secretario de Estado de Seguridad, para imponer las restantes sanciones por infracciones muy graves.

c) El Director General de la Policía y de la Guardia Civil, para imponer las sanciones por infracciones graves.

d) Los Delegados del Gobierno, para imponer las sanciones por infracciones leves.

3º El procedimiento

Según el artículo 33 del texto legal, objeto de estudio: "No podrá imponerse ninguna sanción, por las infracciones tipificadas en esta Ley, sino en virtud de procedimiento instruido por las Unidades orgánicas correspondientes, conforme a las normas contenidas en los artículos 133, 134, 136 y 137 de la Ley de Procedimiento Administrativo. La sanción de infracciones leves podrá acordarse en procedimiento abreviado, con audiencia del **interesado.**

© 2009 Abalar Consultores, S.L.

© 2009 Abalar Consultores, S.L.

TEMA 13

La Ley orgánica de Fuerzas y Cuerpos de Seguridad. Disposiciones Generales. Principios básicos de actuación. Régimen estatutario. El Cuerpo Nacional de Policía: Naturaleza, estructura, dependencia y funciones. El régimen disciplinario. Los derechos de representación colectiva. El Consejo de Policía. Las Policías de las Comunidades Autónomas y las Policías Locales. De la colaboración y coordinación entre el Estado y las Comunidades Autónomas.

1. LA LEY ORGÁNICA DE FUERZAS Y CUERPOS DE SEGURIDAD

La Ley Orgánica de Fuerzas y Cuerpos de Seguridad, de 13 de marzo de 1986 (LOFCS), respondiendo al mandato constitucional previsto en el artículo 104 de la Constitución, regula de manera omnicomprensiva la problemática de las Fuerzas y Cuerpos de Seguridad del Estado, de las Comunidades Autónomas y de las Corporaciones Locales.

El carácter de Ley orgánica viene exigido por el artículo 104 de la Constitución para las funciones, principios básicos de actuación y estatutos de las Fuerzas y Cuerpos de Seguridad; por el artículo 149.1.29º del mismo Texto, para determinar el marco en el que los Estatutos de Autonomía pueden establecer la forma de concretar la posibilidad de creación de policías de las respectivas Comunidades, y por el artículo 148.1.22º, para fijar los términos dentro de los cuales las Comunidades Autónomas pueden asumir competencias en cuanto a la coordinación y demás facultades en relación con las Policías locales.

El objetivo de la Ley, según su exposición de motivos, se centra en el diseño de las líneas maestras del régimen jurídico de las Fuerzas y Cuerpos de Seguridad en su conjunto, tanto de las dependientes del Gobierno de la Nación como de las Policías Autónomas y Locales, estableciendo los principios básicos de actuación comunes a todos ellos y fijando criterios estatutarios fundamentales.

La existencia de varios colectivos policiales que actúan en el mismo territorio con funciones similares y, al menos parcialmente comunes, obliga necesariamente a dotarlos de principios básicos de actuación idénticos y de criterios estatutarios comunes y el mecanismo mas adecuado para ello es reunir sus regulaciones en un

© 2009 Abalar Consultores, S.L.

texto legal único que constituye la base más adecuada para sentar el principio fundamental en la materia: el de la cooperación recíproca y de coordinación de las Fuerzas y Cuerpos de Seguridad pertenecientes a todas las esferas administrativas.

A través de la Ley se produce también la unificación de los Cuerpos Superior de Policía y Policía Nacional, en un único Cuerpo policial estatal de carácter civil, el Cuerpo Nacional de Policía, lo cual, constituye uno de los avances más notables desde el punto de vista de la eficacia del servicio público de seguridad.

Se sientan las bases de lo que habrá de constituir la Policía Judicial, con formación especializada, configurándola como una especialidad policial, organizando Unidades de Policía Judicial encargadas del ejercicio de dicha función, y estableciendo la dependencia respecto a Jueces y Fiscales, así como el procedimiento de adscripción de funcionarios o equipo de Policía a dichas Unidades.

Se proclaman los principios de cooperación recíproca y coordinación orgánica entre los distintos Cuerpos y Fuerzas de Seguridad, estableciendo unos cauces institucionalizados de auxilio y cooperación -adscripción de funcionarios de los Cuerpos estatales a las Comunidades Autónomas que no dispongan de Policía propia- y unos mecanismos orgánicos de coordinación -Consejo de Política de Seguridad, Juntas de Seguridad y Juntas Locales de Seguridad-.

1.1 DISPOSICIONES GENERALES

1.1.1 Seguridad pública

La seguridad pública es competencia exclusiva del Estado. Su mantenimiento corresponde al Gobierno de la Nación.

No obstante, las Comunidades Autónomas participarán en el mantenimiento de la Seguridad Pública en los términos que establezcan los respectivos estatutos y en el marco de la LOFCS.

Igualmente, las corporaciones locales participarán en el mantenimiento de la Seguridad Pública en los términos establecidos en la Ley Reguladora de las Bases de Régimen Local y en el marco de la LOFCS.

El mantenimiento de la seguridad pública se ejercerá por las distintas Administraciones Públicas a través de las Fuerzas y Cuerpos de Seguridad.

1.1.2 Fuerzas y Cuerpos de Seguridad

Son Fuerzas y Cuerpos de Seguridad, a tener del art.2 de la LOFCS:

- **Las Fuerzas y Cuerpos de Seguridad del Estado** dependientes del Gobierno de la nación (Cuerpo Nacional de Policía y Guardia Civil).

- **Los Cuerpos de Policía dependientes de las Comunidades Autónomas**.

© 2009 Abalar Consultores, S.L.

- **Los Cuerpos de Policía dependientes de las Corporaciones Locales**.

Los miembros de las Fuerzas y Cuerpos de Seguridad ajustarán su actuación al principio de *cooperación recíproca* y su coordinación se efectuará a través de los órganos que a tal efecto establece esta Ley.

El art. 4 de la LOFCS se refiere al deber de todos de prestar a las Fuerzas y Cuerpos de Seguridad el auxilio necesario en la investigación y persecución de los delitos en los términos previstos legalmente. Las personas y entidades que ejerzan funciones de vigilancia, seguridad o custodia referidas a personal y bienes o servicios de titularidad pública o privada tienen especial obligación de auxiliar o colaborar en todo momento con las Fuerzas y Cuerpos de Seguridad.

El personal dedicado a servicios de seguridad privada como Directores de seguridad, Jefes de seguridad; vigilantes de seguridad, escoltas privados, guardas de campo o detectives privados no tienen el carácter de Fuerzas y Cuerpos de Seguridad, ni de agentes de la autoridad.

1.1.3 Seguridad ciudadana

La seguridad ciudadana, concepto que viene a sustituir al de orden público, puede ser definida como el conjunto de actuaciones de las Fuerzas y Cuerpos de Seguridad encaminadas a proteger al ciudadano de todo aquello que atente a sus derechos y libertades.

Para el Estado democrático, la libertad y la seguridad son conceptos complementarios: la libertad permite el control de la arbitrariedad y la seguridad permite asegurar la libertad. La expresión *"garantizar la seguridad ciudadana"* implica una doble actividad: preventiva y represiva.

1. *La actividad preventiva*. Según muchos especialistas, la prevención de la delincuencia es la principal función de la policía. Integran este tipo de intervenciones, las acciones policiales llevadas a cabo para evitar que las personas se conviertan en delincuentes o en víctimas de algún delito, lo que supone, en definitiva, controlar la criminalidad mediante acciones de carácter:

    - Administrativo (policía de extranjeros, establecimientos, espectáculos, armas, tráfico rodado, etc.)
    - Informativo (información relacionada con la seguridad interior y exterior del Estado).
    - Mantenimiento del orden (manifestaciones, reuniones, vías públicas, etc.).

2. *La actividad represiva*. Por muy adecuadamente que se practique la prevención, el delito ha existido y existirá siempre. Consecuentemente, una vez que se produzca, es necesario poner en práctica métodos represivos. Las intervenciones represivas suponen:

    - Constatación del hecho delictivo.

© 2009 Abalar Consultores, S.L.

- Investigación del mismo.
- Búsqueda y detención de los presuntos autores.
- Recogida de pruebas que justifiquen la posterior acción penal.

Son, asimismo, acciones represivas, las llevadas a cabo mediante la dispersión de grupos tumultuosos en las calles, intervención en casos de disturbios, huelgas o cualquier otro evento en que la normal convivencia de los ciudadanos pueda verse afectada.

2. PRINCIPIOS BÁSICOS DE ACTUACIÓN

Siguiendo las líneas marcadas por el Consejo de Europa en su "Declaración sobre la Policía" y por la Asamblea General de las Naciones Unidas en el "Código de conducta para funcionarios encargados de hacer cumplir la ley", se establecen los principios básicos de actuación como un auténtico "Código Deontológico" que vincula a todos los miembros de las Fuerzas y Cuerpos de Seguridad, imponiendo el respeto a la Constitución, el servicio permanente a la comunidad, la adecuación de fines y medios, como criterios orientativos de su actuación, y el secreto profesional, el respeto al honor y la dignidad de la persona, la subordinación a la autoridad y la responsabilidad en el ejercicio de la función.

Los principios básicos de actuación vienen recogidos en el Capítulo II, de la LOFCS, que establece en su artículo 5: *"Son principios básicos de actuación de los miembros de las Fuerzas y Cuerpos de Seguridad los siguientes:*

*1. **Adecuación al ordenamiento jurídico**, especialmente:*

a. Ejercer su función con absoluto respeto a la Constitución y al resto del ordenamiento jurídico.

b. Actuar en el cumplimiento de sus funciones, con absoluta neutralidad política e imparcialidad y, en consecuencia, sin discriminación alguna por raza, religión u opinión.

c. Actuar con integridad y dignidad. En particular, deberán abstenerse de todo acto de corrupción y oponerse a él resueltamente.

d. Sujetarse en su actuación profesional, a los principios de jerarquía y subordinación. En ningún caso, la obediencia debida podrá amparar órdenes que entrañen la ejecución de actos que manifiestamente constituyan delito o sean contrarios a la Constitución o a las leyes.

e. Colaborar con la Administración de Justicia y auxiliarla en los términos establecidos en la ley.

© 2009 Abalar Consultores, S.L.

2. ***Relaciones con la comunidad,*** *singularmente:*

a. *Impedir, en el ejercicio de su actuación profesional, cualquier práctica abusiva, arbitraria o discriminatoria que entrañe violencia física o moral.*

b. *Observar en todo momento un trato correcto y esmerado en sus relaciones con los ciudadanos, a quienes procurarán auxiliar y proteger, siempre que las circunstancias lo aconsejen o fueren requeridos para ello. En todas sus intervenciones proporcionarán información cumplida, y tan amplia como sea posible, sobre las causas y finalidad de las mismas.*

c. *En el ejercicio de sus funciones deberán actuar con la decisión necesaria y sin demora cuando de ello dependa evitar un daño grave, inmediato e irreparable; rigiéndose por los principios de* ***congruencia, oportunidad y proporcionalidad*** *en la utilización de los medios a su alcance.*

d. *Solamente deberán utilizar las armas en situaciones en que exista un riesgo racionalmente grave para su vida, su integridad física o la de terceras personas, o en aquellas circunstancias que puedan suponer un grave riesgo para la seguridad ciudadana y de conformidad con los principios a que se refiere el apartado anterior.*

3. ***Tratamiento de detenidos****, especialmente:*

a. *Los miembros de las Fuerzas y Cuerpos de Seguridad deberán identificarse debidamente como tales en el momento de efectuar una detención.*

b. *Velarán por la vida e integridad física de las personas a quienes detuvieren o que se encuentren bajo su custodia y respetarán el honor y la dignidad de las personas.*

c. *Darán cumplimiento y observarán con la debida diligencia los trámites, plazos y requisitos exigidos por el ordenamiento jurídico, cuando se proceda a la detención de una persona.*

4. ***Dedicación profesional****. Deberán llevar a cabo sus funciones con total dedicación, debiendo intervenir siempre, en cualquier tiempo y lugar, se hallaren o no de servicio, en defensa de la ley y de la seguridad ciudadana.*

Un Policía se encuentra en condición de servicio cuando efectivamente, por iniciativa propia o por ser recabada su participación, se incorpora a alguna de las actividades que le vienen encomendadas (Sentencias TS de 2 de febrero y 30 de mayo de 1989).

5. ***Secreto profesional****. Deberán guardar riguroso secreto a todas las informaciones que conozcan por razón o con ocasión del desempeño de sus funciones. No estarán*

© 2009 Abalar Consultores, S.L.

obligados a revelar las fuentes de información salvo que el ejercicio de sus funciones o las disposiciones de la Ley les impongan actuar de otra manera.

*6. **Responsabilidad**. Son responsables personal y directamente por los actos que en su actuación profesional llevaren a cabo, infringiendo o vulnerando las normas legales, así como las reglamentarias que rijan su profesión y los principios enunciados anteriormente, sin perjuicio de la responsabilidad patrimonial que pueda corresponder a las Administraciones públicas por las mismas".*

3 RÉGIMEN ESTATUTARIO

La Ley Orgánica de Fuerzas y Cuerpos de Seguridad, de 13 de mayo de 1986, configura una organización policial, basada en criterios de *profesionalidad y eficacia*, atribuyendo una especial importancia a la formación permanente de los funcionarios y a su promoción profesional. Desde este punto de vista los esfuerzos que hasta ahora se vienen haciendo en el aspecto de la formación son muy importantes.

Se configura el juramento o promesa de la Constitución como un requisito esencial, no un mero trámite, constitutivo de la condición policial y al mismo tiempo como símbolo o emblema de su alta misión.

Se regulan con carácter general los aspectos esenciales integrantes de su estatuto personal, como la promoción profesional, régimen de trabajo, sindicación, incompatibilidades, mereciendo especial mención la interdicción del derecho de huelga o de acciones sustitutivas de la misma, que lleva como contrapartida la creación de órganos de resolución de conflictos, como el Consejo de la Policía.

En el capítulo III, se contienen las Disposiciones estatutarias comunes, que pasamos a examinar.

El artículo 6, dice que los Poderes Públicos promoverán las condiciones más favorables para una adecuada promoción profesional, social y humana de los miembros de las Fuerzas y Cuerpos de Seguridad, de acuerdo con los principios de *objetividad, igualdad de oportunidades, mérito y capacidad.*

La formación y perfeccionamiento de los miembros de las Fuerzas y Cuerpos de Seguridad se adecuará a los principios señalados en el artículo 5º y se ajustará a los siguientes criterios:

a) Tendrá el carácter permanente.

b) Los estudios que se cursen en los centros de enseñanza dependientes de las diferentes Administraciones públicas podrán ser objeto de convalidación por el Ministerio de Educación y Ciencia, que a tal fin tendrá en cuenta las titulaciones exigidas para el acceso a cada uno y la naturaleza y la duración de dichos estudios.

© 2009 Abalar Consultores, S.L.

c) Para impartir las enseñanzas y cursos referidos se promoverá la colaboración institucional de la Universidad, el Poder Judicial, el Ministerio Fiscal, las Fuerzas Armadas y de otras Instituciones, Centros o establecimientos que específicamente interesen a los referidos fines docentes.

Tendrán derecho a una remuneración justa, que contemple su nivel de formación, régimen de incompatibilidades, movilidad por razones de servicio, dedicación y el riesgo que comporta su misión, así como la especificidad de los horarios de trabajo y su peculiar estructura.

Reglamentariamente se determinará su régimen de horario de servicio que se adaptará a las peculiares características de la función policial. Los puestos de servicio en las respectivas categorías se proveerán conforme a los principios de *mérito, capacidad y antigüedad* a tenor de lo dispuesto en la correspondiente reglamentación.

La pertenencia a las Fuerzas y Cuerpos de Seguridad es causa de incompatibilidad para el desempeño de cualquier otra actividad pública o privada, salvo aquellas actividades exceptuadas de la legislación sobre incompatibilidades.

Los miembros de las Fuerzas y Cuerpos de Seguridad no podrán ejercer en ningún caso el derecho de huelga, ni acciones sustitutivas del mismo o concertadas con el fin de alterar el normal funcionamiento de los servicios.

El régimen disciplinario, sin perjuicio de la observancia de las debidas garantías, estará inspirado en unos principios acordes con la misión fundamental que la Constitución les atribuye y con la estructura y organización jerarquizada y disciplinada propia de los mismos.

El artículo 7, establece que en el ejercicio de sus funciones, los miembros de las Fuerzas y Cuerpos de Seguridad a todos los efectos legales el carácter de *agentes de la Autoridad.*

Cuando se cometa delito de atentado, empleando en su ejecución armas de fuego, explosivos u otros medios de agresión de análoga peligrosidad que puedan poner en peligro grave la integridad física de los miembros de las Fuerzas y Cuerpos de Seguridad, tendrán al efecto de su protección penal la consideración de Autoridad.

La Guardia Civil sólo tendrá la consideración de fuerza armada en el cumplimiento de misiones de carácter militar que se les encomienden, de acuerdo con el ordenamiento jurídico.

Por su parte el artículo 8, dice que la jurisdicción ordinaria será la competente para conocer los delitos que se cometan contra miembros de las Fuerzas y Cuerpos de Seguridad, así como los cometidos por éstos en el ejercicio de sus funciones.

Cuando el hecho fuere constitutivo de falta, los Jueces de Instrucción serán competentes para la instrucción y fallo, de conformidad con la Ley de Enjuiciamiento Criminal.

Si un policía comete un *delito* instruye e investiga el Juez de instrucción del lugar y juzga la Audiencia provincial.

© 2009 Abalar Consultores, S.L.

Se exceptúa de lo dispuesto en los párrafos anteriores los supuestos en que sea competente la jurisdicción militar.

El cumplimiento de la prisión preventiva y de las penas privativas de libertad por los miembros de las Fuerzas y Cuerpos de Seguridad, se realizarán en establecimientos penitenciarios ordinarios, con separación del resto de detenidos o presos.

La iniciación de procedimiento penal contra miembros de las Fuerzas y Cuerpos de Seguridad no impedirá la incoación y tramitación de expedientes gubernativos o disciplinarios por los mismos hechos. No obstante, la resolución definitiva del expediente solo podrá producirse cuando la sentencia recaída en el ámbito penal sea firme y la declaración de hechos probados vinculará a la Administración. Las medidas cautelares que se puedan adoptar en estos supuestos podrán prolongarse hasta que recaiga resolución definitiva en el procedimiento judicial, salvo en cuanto a la suspensión de sueldo en que se estará a lo dispuesto en la legislación general de funcionarios.

4 EL CUERPO NACIONAL DE POLICÍA: NATURALEZA, ESTRUCTURA, DEPENDENCIA Y FUNCIONES

El Cuerpo Nacional de Policía ha sido creado por la Ley Orgánica 2/1986, de 13 de marzo, de Fuerzas y Cuerpos de Seguridad, como resultante de la unificación del Cuerpo Superior de Policía, Cuerpo no uniformado, dedicado fundamentalmente a labores de investigación y documentación y el Cuerpo de Policía Nacional, Cuerpo uniformado, destinado primordialmente a labores de prevención y orden público.

La propia Ley establece en su exposición de motivos que a fin de dotar a la institución policial de una organización racional y coherente, y para solucionar problemas de coordinación y mando, se homogeneizan, en un solo colectivo, Cuerpos que realizan funciones similares o complementarias, con lo que se pretende lograr un incremento en la efectividad del servicio.

En dicha Ley se articulan los procedimientos de integración de los funcionarios pertenecientes a uno y otro Cuerpo en las nuevas Escalas y Categorías del Cuerpo Nacional de Policía.

4.1 NATURALEZA

El Cuerpo Nacional de Policía es un Instituto armado de naturaleza civil, cuyos miembros, hombres y mujeres, actuarán de uniforme o sin él, en función del destino que ocupen y del servicio que desempeñen. La naturaleza del Cuerpo Nacional de Policía se recoge en las siguientes notas:

© 2009 Abalar Consultores, S.L.

1. **Instituto**: Como ente aglutinante de un determinado colectivo de funcionarios otorga al Cuerpo Nacional de Policía un sentido institucional trascendente sobre los individuos que lo integran. Sin llegar a tener carácter de persona jurídica, sí cobra un cierto alcance de pseudopersonificación, de clase determinada del Estado, capaz, incluso de ser centro de imputación pasiva.

Como tal Instituto es un conjunto organizado de medios personales y elementos materiales, normativamente estructurado en función del fin o motivo de su propia creación.

2. **Instituto armado**: A través de los Cuerpos policiales se ejerce el monopolio del uso institucional de la coacción jurídica que hace imprescindible, para ser eficaz, el uso de armas por parte de los funcionarios que los componen.

El hecho de tratarse de un Cuerpo armado exige, como equilibrio y contrapeso, el establecimiento de límites y la consagración de principios de moderación y excepcionalidad en el uso de armas.

3. **De naturaleza civil**: El Cuerpo Nacional de Policía pertenece al área civil de la Administración del Estado. La naturaleza civil imprime al Cuerpo un carácter especial hacia afuera de la Institución, en cuanto a los objetivos pretendidos, adecuación de medios a fines), y también hacia dentro del propio Cuerpo (mentalidad, normativa subsidiaria...).

4. **Cuerpo dependiente del Ministerio del Interior**. A diferencia de la Guardia Civil que tiene dependencia mixta, incluso en algunas ocasiones extraordinarias, dependencia exclusiva del Ministerio de Defensa, el Cuerpo Nacional de Policía depende exclusivamente del Ministerio del Interior.

5. **Cuerpo jerarquizado**. Jerarquía significa orden, gradación. Si bien todas las Administraciones públicas actúan conforme al principio de jerarquía, esta es más acusada en Cuerpos como el Cuerpo Nacional de Policía, donde el deber de obediencia es más exigible, dado su carácter de institución armada.

La jerarquía se manifiesta en la potestad que tienen los superiores de dirigir la actividad de los inferiores mediante órdenes que éstos deben cumplir. Este principio jerárquico queda patente en la LOFCS:

- En la estructuración por Escalas y Categorías para el mejor cumplimiento de los servicios (artículo 17).
- En su deber de actuación, basado en los principios de jerarquía y subordinación (artículo 5.1 d).
- En el Régimen disciplinario, inspirado en principios acordes con una organización jerarquizada (artículo 6.9).

© 2009 Abalar Consultores, S.L.

6. **Cuerpo mixto y uniformado**. El Cuerpo Nacional de Policía está compuesto por hombres y mujeres, en igualdad de condiciones de acceso, sin sujeción a porcentajes.

Por último, el Cuerpo Nacional de Policía, como tal, es uniformado, otra cosa es que en ocasiones, en función del destino ocupado y del servicio desempeñado, algunos de sus miembros actúen de paisano.

4.2 ESTRUCTURA

Desarrollando lo dispuesto en Artículo 17, de la LOFCS, el Real Decreto 1484/1987, de 4 de diciembre, sobre normas generales relativas a escalas, categorías, personal facultativo y técnico, uniformes, distintivos y armamento del Cuerpo Nacional de Policía, establece que el Cuerpo Nacional de Policía está formado por cuatro escalas: Superior, ejecutiva, de subinspección y básica.

1. Escala Superior. Con dos categorías: Comisario y Comisario Principal. Su sistema de acceso será a la inferior, desde la Escala Ejecutiva y a la superior desde la inferior, por promoción interna.

2. Escala Ejecutiva. Con dos categorías: Inspector e Inspector Jefe. Su sistema de acceso será el de oposición libre y el de promoción interna para la categoría inferior y de promoción interna para la categoría superior.

3. Escala de Subinspección. Con una sola categoría: Subinspector, a la que se accederá únicamente por promoción interna desde la Escala Básica.

4. Escala Básica. Con dos categorías: Policía y Oficial de Policía, a las que se accederá por oposición libre a la categoría inferior y por promoción interna a la superior.

Para el acceso a las Escalas anteriores, se exigirá estar en posesión de los títulos de los Grupos A1, A2, y C1, respectivamente (previstos en el art. 76 de la Ley 7/2007, de 12 de Abril, del Estatuto Básico del Empleado Público), y la superación de los cursos correspondientes en el Centro de Formación.

Los puestos de servicio en las respectivas categorías se proveerán conforme a los principios de mérito, capacidad y antigüedad, a tenor de lo dispuesto en el artículo 6.6 de la LOFCS y en la reglamentación que se dicte.

En el Cuerpo Nacional de Policía existirán las plazas de facultativos y técnicos, con títulos de los Grupos A1 y A2 que sean necesarias para la cobertura y apoyo de la función policial, que se cubrirán entre funcionarios, pudiéndose, excepcionalmente, contratar temporalmente especialistas para el desempeño de tales misiones.

El procedimiento de acceso a las plazas de facultativos y técnicos del Cuerpo Nacional de Policía constará de las siguientes fases:

1) *Concurso*, en el que se valorarán los méritos de los aspirantes conforme al baremo establecido.

© 2009 Abalar Consultores, S.L.

2) *Curso de especialización*, también de carácter selectivo, cuya duración será de dos meses (Orden de 10 de julio de 1989 y Real Decreto 1593/1988, de 16 de diciembre, por el que se aprueba el Reglamento de ingreso, formación, promoción y perfeccionamiento de funcionarios del Cuerpo Nacional de Policía, en vigor por lo que se refiere a la selección y formación de facultativos y técnicos).

Los seleccionados realizarán un curso de especialización cuya duración será, como mínimo, de un mes. El curso estará orientado a la información sobre estructura y funciones policiales, régimen estatutario del Cuerpo Nacional de Policía y peculiaridades de la plaza convocada.

4.2.1 Funciones de las Escalas

En cuanto a las funciones de cada Escala, el artículo 7 del Real Decreto 1484/1987, de 4 de diciembre, establece:

"Sin perjuicio de lo dispuesto en el artículo 9 de este Real Decreto y del desempeño de las demás funciones que se les atribuyan con arreglo a las disposiciones en vigor, corresponderán a cada Escala del Cuerpo Nacional de Policía, con carácter general, las responsabilidades siguientes:

Uno. A la Escala Superior, la dirección, coordinación y supervisión de las unidades y servicios especiales.

Dos. A la Escala Ejecutiva, la actividad investigadora y de información policial y la responsabilidad inmediata en la ejecución de los servicios.

Tres. A la Escala de Subinspección, la responsabilidad de los subgrupos dentro de las unidades de seguridad ciudadana, Información e Investigación.

Cuatro. A la Escala Básica, la realización de las funciones de prevención, vigilancia, mantenimiento de la seguridad ciudadana en general y las actividades que se les encomienden en materia de investigación e información cuando presten servicio en unidades de este carácter.

Cinco. Al personal facultativo o técnico se le asignarán funciones de apoyo o de dirección o ejecución de actividades instrumentales especializadas.

Seis. Asimismo, los funcionarios de las distintas Escalas del Cuerpo Nacional de Policía podrán ser adscritos temporalmente a funciones facultativas o técnicas, siempre que estuviesen en posesión del título requerido para desempeñarlas. Estos funcionarios tendrán derecho a las retribuciones complementarias que por el ejercicio de las referidas funciones se señalen.

Siete. Lo dispuesto en el presente artículo se entiende sin perjuicio de las competencias y funciones que en este ámbito puedan corresponder a los distintos órganos o puestos de responsabilidad de la Dirección General de la Policía y de la Guardia Civil cuando estuviesen desempeñados por personas que no pertenezcan al Cuerpo Nacional de Policía."

© 2009 Abalar Consultores, S.L.

4.3 DEPENDENCIA

La dependencia orgánica hace referencia a la capacidad de regular los aspectos estructurales, los organigramas y el régimen funcionarial, mientras que la dependencia funcional hace referencia a la capacidad de orientar el cómo de todas o algunas de las funciones o actividades encomendadas.

Históricamente ha sido una constante que el que se encuentren unificados en una institución las dos facetas clásicas de la Policía (prevención y represión del delito, es decir, seguridad pública e investigación criminal), y que en dicha institución policial se adscriba orgánica y administrativamente al Poder ejecutivo, a través del Ministerio del Interior, del que además depende también la función de prevención o mantenimiento de la seguridad pública, sin perjuicio de que, como es obvio, en todo Estado de Derecho, tales Instituciones dependan funcionalmente del Poder Judicial en la segunda de las facetas (Policía Judicial).

Esta constante sigue la legislación española, al adscribir orgánica y administrativamente al Cuerpo Nacional de Policía al Gobierno de la Nación y efectuar una adscripción funcional en cuanto al área de Policía Judicial, a la Administración de Justicia.

La cadena de dependencia orgánica del Cuerpo Nacional de Policía se forma de la siguiente manera:

- Gobierno de la Nación.
- Ministro del Interior.
- Secretaría de Estado de Seguridad.
- Dirección General de la Policía y de la Guardia Civil.
- Delegado o Subdelegado del Gobierno (en cada provincia).
- Autoridad policial territorial.
- Mandos policiales intermedios de encuadramiento jerarquizado.

La cadena de dependencia funcional, respecto a Jueces, Magistrados y Fiscales, en cuanto Policía Judicial, se puede establecer en círculos concéntricos.

- Todos los miembros del Cuerpo tienen obligación de auxilio judicial y la función genérica de policía judicial (artículos 282 y siguientes de la Ley Enjuiciamiento Criminal). Se trata de una dependencia funcional que vincula a todos los funcionarios.

- Un segundo círculo de adscripción lo forman las Unidades o Brigadas de Policía Judicial, dedicadas a la investigación e identificación criminal. En ellas la dependencia funcional es a través del concepto de Unidad policial.

© 2009 Abalar Consultores, S.L.

- El tercer círculo lo forman las Unidades Orgánicas de Policía judicial adscritas a Juzgados, Tribunales y Ministerio Fiscal, con funcionarios que cuenten con la adecuada formación especializada. Estas Unidades asumen la función con carácter permanente y especial. Se consideran comisionados de la Autoridad judicial y dependen funcional y directamente de los Jueces, Tribunales y Fiscales que estén conociendo el asunto, objeto de su investigación y orgánicamente del Ministerio del Interior.

4.3.1 La jerarquía en el Cuerpo Nacional de Policía

El Cuerpo Nacional de Policía es un instituto armado de naturaleza civil, dotado de una estructura jerarquizada a fin de cumplir con las especiales características que inciden en la función policial y la repercusión que sobre los derechos y libertades tienen sus actuaciones.

Jerarquía significa orden, gradación. Si bien todas las Administraciones públicas actúan conforme al principio de jerarquía, ésta es más acusada en Cuerpos como el Cuerpo Nacional de Policía, donde el deber de obediencia es más exigible, dado su carácter de institución armada.

La jerarquía se manifiesta en la potestad que tienen los superiores de dirigir la actividad de los inferiores mediante órdenes que éstos deben cumplir. Este principio jerárquico queda patente en la LOFCS:

- En su deber de actuación, basado en los principios de jerarquía y subordinación. Art. 5.1 d): *"Son principios básicos de actuación de los miembros de las Fuerzas y Cuerpos de Seguridad:*

  1.- Adecuación al ordenamiento jurídico, especialmente:

  ....d) Sujetarse en su actuación profesional, a los principios de jerarquía y subordinación. En ningún caso, la obediencia debida podrá amparar órdenes que entrañen la ejecución de actos que manifiestamente constituyan delito o sean contrarios a la Constitución o a las leyes".

En la estructuración por Escalas y Categorías para el mejor cumplimiento de los servicios.

- En el régimen disciplinario, inspirado en principios acordes con una organización jerarquizada. El artículo 6.9 de la LOFCS, dice que: *"El régimen disciplinario, sin perjuicio de la observancia de las debidas garantías, estará inspirado en unos principios acordes con la misión fundamental que la Constitución les atribuye y con la estructura y organización jerarquizada y disciplinada propias de los mismos".*

© 2009 Abalar Consultores, S.L.

4.4 FUNCIONES DEL CUERPO NACIONAL DE POLICÍA

4.4.1 Misión constitucional

Proteger el libre ejercicio de los derechos y libertades y garantizar la seguridad ciudadana (art. 104.1 de la Constitución). La LOFCS establece una serie de funciones bien concurrentes con otros Cuerpos de Seguridad, o bien específicas del Cuerpo Nacional de Policía.

4.4.2 Funciones comunes

Según el art. 11.1 de la LOFCS, las Fuerzas y Cuerpos de Seguridad del Estado tienen como misión proteger el libre ejercicio de los derechos y libertades y garantizar la seguridad ciudadana, mediante el desempeño de las siguientes funciones:

a) Velar por el cumplimiento de las leyes y disposiciones generales ejecutando las órdenes que reciban de las Autoridades, en el ámbito de sus respectivas competencias.

b) Auxiliar y proteger a las personas y asegurar la conservación y custodia de los bienes que se encuentren en situación de peligro por cualquier causa.

c) Vigilar y proteger los edificios e instalaciones públicos que lo requieran.

d) Velar por la protección y seguridad de altas personalidades.

e) Mantener y restablecer, en su caso, el orden y la seguridad ciudadana.

f) Prevenir la comisión de actos delictivos.

g) Investigar los delitos para descubrir y detener a los presuntos culpables, asegurar los instrumentos, efectos y pruebas del delito, poniéndolos a disposición del Juez o Tribunal competente, y elaborar los informes técnicos y periciales procedentes.

h) Captar, recibir y analizar cuantos datos tengan interés para el orden y la seguridad pública, y estudiar, planificar y ejecutar los métodos y técnicas de prevención de la delincuencia.

i) Colaborar con los servicios de Protección Civil en los casos de grave riesgo, catástrofe o calamidad pública, en los términos que se establezcan en la legislación de Protección Civil.

j) Las funciones señaladas en el párrafo anterior serán ejercidas con arreglo a la siguiente distribución de competencias.

2. Corresponde al Cuerpo Nacional de Policía ejercitar dichas funciones en las capitales de provincia y términos municipales y núcleos urbanos que el Gobierno determine.

La Guardia Civil las ejercerá en el resto del territorio nacional y su mar territorial.

© 2009 Abalar Consultores, S.L.

3. No obstante lo dispuesto en el párrafo anterior, los miembros del Cuerpo Nacional de Policía podrán ejercer las funciones de investigación y las de coordinación de los datos a que se refieren los apartados g) y h) del número 1º de este artículo, en todo el territorio nacional.

La Guardia Civil, para el desempeño de sus competencias propias, podrá asimismo realizar las investigaciones procedentes en todo el territorio nacional, cuando ello fuere preciso. En todo caso de actuación fuera de su ámbito territorial, los miembros de cada Cuerpo deberán dar cuenta al otro de las mismas.

4. Sin perjuicio de la distribución de competencias del apartado 2 de este artículo, ambos Cuerpos deberán actuar fuera de su ámbito competencial por mandato judicial o del Ministerio Fiscal, o en casos excepcionales cuando lo requiera la debida eficacia en su actuación; en ambos supuestos deberán comunicarlo de inmediato al Delegado o Subdelegado del Gobierno y a los mandos con competencia territorial o material; el Delegado o Subdelegado del Gobierno podrá ordenar la continuación de las actuaciones o, por el contrario, el pase de las mismas al Cuerpo competente, salvo cuando estuvieren actuando por mandato judicial o del Ministerio Fiscal.

5. En caso de conflicto de competencias, ya sea positivo o negativo, se hará cargo del servicio el Cuerpo se haya realizado las primeras actuaciones, hasta que se resuelva lo procedente por el Delegado o Subdelegado del Gobierno o las instancias superiores del Ministerio de Justicia e Interior, sin perjuicio de lo dispuesto para la Policía judicial.

6. Al objeto de conseguir la óptima utilización de los medios disponibles y la racional distribución de efectivos, el Ministerio del Interior podrá ordenar que cualesquiera de los Cuerpos asuma, en zonas núcleos determinados, todas o algunas de las funciones exclusivas asignadas al otro Cuerpo".

4.4.3 Funciones específicas

El artículo 12 de la LOFCS establece una distribución material de competencias, asignando específicamente al Cuerpo Nacional de Policía las siguientes competencias:

1. *Expendición del Documento Nacional de Identidad y Pasaportes.*
2. *Control de entrada y salida del territorio nacional de españoles y extranjeros.*
3. *Las previstas en la legislación sobre extranjería, refugio y asilo, extradición, expulsión, emigración e inmigración.*
4. *La vigilancia e inspección del cumplimiento de la normativa en materia de juego.*
5. *La investigación y persecución de los delitos relacionados con la droga.*

© 2009 Abalar Consultores, S.L.

6. *Colaborar y prestar auxilio a las Policías de otros países, conforme a lo establecido en los Tratados o Acuerdos Internacionales sobre las Leyes, bajo la superior dirección del Ministro del Interior.*

7. *El control de las entidades y servicios privados de seguridad, vigilancia e investigación, de su personal, medios y actuaciones.*

8. *Aquellas otras que le atribuya la legislación vigente.*

Por último el artículo. 12.2 establece que las Fuerzas y Cuerpos de Seguridad del Estado están obligados a la cooperación recíproca en el desempeño de sus competencias respectivas, y el artículo 12.3 finaliza diciendo que las dependencias del Cuerpo Nacional de Policía y de la Guardia Civil actuarán recíprocamente como oficinas de recepción y tramitación de los documentos dirigidos a las Autoridades de cualquiera de los dos Institutos.

4.4.4 Selección y formación en el Cuerpo Nacional de Policía

El Real Decreto 614/1995, de 21 de abril, aprueba el Reglamento de los procesos selectivos y de formación en el Cuerpo Nacional de Policía, al que nos referimos brevemente:

a) Modalidades del proceso

Las modalidades o procedimientos de acceso a las distintas escalas o categorías del Cuerpo Nacional de Policía y el orden de realización de las mismas, cuando coincidan más de una, será:

- *Antigüedad selectiva.*
- *Concurso-oposición.*
- *Oposición libre.*

A la categoría de Policía se accede por oposición libre y a la de Inspector mediante oposición libre, antigüedad selectiva o concurso-oposición.

La Orden del Ministerio de Educación y Cultura de 18 de abril de 2000, establece que la obtención del nombramiento de Inspector del Cuerpo Nacional de Policía, por parte de los Inspectores alumnos seleccionados entre Diplomados, Arquitectos Técnicos, Ingenieros Técnicos o equivalentes, será equivalente al título de Licenciado Universitario.

b) Promoción en el Cuerpo Nacional de Policía

Dos tercios de las vacantes que se produzcan en la categoría de Inspector se reservarán para la promoción interna.

© 2009 Abalar Consultores, S.L.

El acceso a las categorías de Oficial, Subinspector, Inspector Jefe, Comisario y Comisario principal se efectuará exclusivamente por promoción interna.

c) Modalidades de promoción y aplicación

El procedimiento de promoción interna se realizará, conforme a los principios de objetividad, igualdad de oportunidades, mérito y capacidad, a través de las modalidades de antigüedad selectiva o concurso-oposición.

Las citadas modalidades serán aplicables a los ascensos y en la forma que se detalla a continuación:

a) *De Policía a Oficial de Policía, por concurso-oposición.*

b) *Desde Oficial de Policía hasta Comisario, dos tercios de las vacantes por antigüedad selectiva y el tercio restante por concurso-oposición.*

c) *De Comisario a Comisario principal, por antigüedad selectiva.*

Para concurrir a las pruebas de ascenso en la modalidad de concurso-oposición, los aspirantes, además de hallarse en situación de servicio activo o servicios especiales, alcanzar una puntuación mínima en el grupo de méritos referido al historial profesional y carecer en el expediente personal de anotación no cancelada por falta grave o muy grave, deberán reunir el siguiente tiempo mínimo de servicios efectivos en la categoría inmediatamente inferior:

a) *Para Oficial de Policía, dos años.*

b) *Para Subinspector e Inspector, tres años.*

c) *Para Inspector Jefe, diez años, excepto para quienes accedieron a la categoría de Inspector por el procedimiento de promoción interna, a los que se les exigirán cinco años.*

d) *Para Comisario, cinco años.*

La Resolución de 3 de noviembre de 1998, de la Dirección General de la Policía, implanta el Curso de Formación Profesional de Actualización, cuya realización será previa a la participación en los procesos de promoción interna, por la modalidad de antigüedad selectiva, en los ascensos a las categorías de Subinspector, Inspector, Inspector Jefe y Comisario.

El número de convocatorias en las que se podrá tomar parte en la modalidad de concurso-oposición será ilimitado y en la modalidad de antigüedad selectiva, será de dos.

Los cursos de capacitación a realizar para el ascenso a las distintas escalas y categorías, tendrán la siguiente duración:

a) *Para Oficial de Policía, cuatro meses.*

© 2009 Abalar Consultores, S.L.

b) Para Subinspector, seis meses.

c) Para Inspector, dos cursos académicos, de los cuales el primero será impartido mediante enseñanza a distancia, y el segundo, en el Centro docente, será común con quienes hayan sido seleccionados por turno de oposición libre, con los ajustes necesarios en cuanto al programa.

d) Para Inspector Jefe, cuatro meses.

e) Para Comisario, cuatro meses.

f) *Para Comisario Principal, tres meses.*

d) Puestos de trabajo

Los puestos de trabajo del Cuerpo Nacional de Policía se proveerán con arreglo a los siguientes procedimientos: *Concurso general de méritos, concurso específico de méritos y libre designación.*

e) El baremo

En el baremo que se establece (Orden de 30 de junio de 1995) en los procesos de promoción interna se tendrá en cuenta el historial profesional del funcionario y, en especial, los puestos de trabajo desempeñados y los méritos obtenidos, así como los cursos de formación y especialización realizados, los títulos y diplomas conseguidos, los trabajos publicados de carácter científico o técnico, relacionados con la función policial y, en su caso, la antigüedad.

Estará integrado por *tres grupos de méritos*: Historial profesional, titulaciones académicas y estudios profesionales y antigüedad.

f) Formación permanente en el Cuerpo Nacional de Policía

Se efectuará a través de las siguientes modalidades:

- *Actualización y*
- *Especialización.*

La primera tendrá por objeto mantener al día el nivel de capacitación de los funcionarios y, especialmente, la enseñanza de las materias que hayan experimentado una evolución sustancial. La modalidad de especialización tendrá un doble objetivo:

1. Formar especialistas en áreas policiales concretas.
2. Incidir sobre los contenidos en cuyo conocimiento y experimentación deba profundizarse.

© 2009 Abalar Consultores, S.L.

5. EL RÉGIMEN DISCIPLINARIO

El vigente Reglamento de Régimen disciplinario del Cuerpo Nacional de Policía fue aprobado por Real Decreto 884/1989, de 14 de julio (RRDCNP). La LOFCS de 13 de marzo de 1986, unificó en un solo Cuerpo, el Cuerpo Nacional de Policía, a los Cuerpos Superior de Policía y Policía Nacional.

Esta unificación hizo necesaria una nueva normativa disciplinaria que sustituyera a la anterior, no hay que olvidar que el nuevo Cuerpo Nacional de Policía, presenta una estructura civil, mientras que uno de los dos Cuerpos unificados, el de Policía Nacional, tenía hasta entonces una estructura militar.

El procedimiento disciplinario se ajustará a los principios de sumariedad, celeridad, información de la acusación al interesado y audiencia. Este régimen disciplinario se entiende sin perjuicio de la responsabilidad civil o penal en que puedan incurrir los funcionarios.

Los funcionarios del Cuerpo Nacional de Policía tendrán la obligación de comunicar por escrito los hechos que consideren constitutivos de faltas muy graves y graves tipificadas en este Reglamento, de los que tengan conocimiento, a su superior jerárquico, salvo cuando sea éste el presunto infractor, en cuyo caso la comunicación se efectuará al superior inmediato del mismo.

El Preámbulo III de la citada LOFCS establece: *"Por lo que respecta al régimen disciplinario, sin perjuicio de respetar las garantías procedimentales exigidas por la Constitución, se configura una regulación específica, rápida y eficaz, inspirada en los principios acordes con la estructura y organización jerarquizada de un Cuerpo, con el propósito de conseguir la ejemplaridad, a través de la inmediación de las sanciones".*

Las normas de régimen disciplinario de los funcionarios de la Administración del Estado se aplicarán con carácter supletorio al personal del Cuerpo Nacional de Policía. El régimen disciplinario establecido en este Reglamento se entiende sin perjuicio de la responsabilidad civil o penal en que puedan incurrir los funcionarios, la cual se hará efectiva en la forma que determine la Ley".

Con ello se dio carta de naturaleza a una normativa disciplinaria específica, concretada posteriormente en el Reglamento de régimen disciplinario propio de 1989, y como normativa subsidiaria, a fin de integrar y llenar las posibles lagunas se hace una remisión expresa a la legislación general de funcionarios.

5.1 FALTAS DISCIPLINARIAS

Las faltas disciplinarias en que pueden incurrir los funcionarios del Cuerpo Nacional de Policía pueden ser: Muy graves, graves y leves.

5.1.1 Faltas muy graves

a) El incumplimiento del deber de fidelidad a la Constitución en el ejercicio de las funciones.

© 2009 Abalar Consultores, S.L.

b) Cualquier conducta constitutiva de delito doloso.

c) El abuso de atribuciones y la práctica de tratos inhumanos, degradantes, discriminatorios y vejatorios a las personas que se encuentren bajo su custodia.

d) La insubordinación individual y colectiva respecto a las Autoridades o Mandos de que dependan, así como la desobediencia a las legítimas instrucciones dadas por aquéllos.

e) La no prestación de auxilio con urgencia, en aquellos hechos o circunstancias graves en que sea obligada su actuación.

f) El abandono de servicio.

g) La violación del secreto profesional y la falta del debido sigilo respecto a los asuntos que conozcan por razón de su cargo, que perjudique el desarrollo de la labor policial o a cualquier persona.

h) El ejercicio de actividades públicas o privadas incompatibles con el desempeño de las funciones.

i) La participación en huelgas, en acciones sustitutivas de las mismas o en actuaciones concertadas con el fin de alterar el normal funcionamiento de los servicios.

j) Haber sido sancionado por la comisión de tres o más faltas graves en el período de un año.

k) La falta de colaboración manifiesta con los demás miembros de las Fuerzas y Cuerpos de Seguridad.

l) Embriagarse o consumir drogas tóxicas, estupefacientes o sustancias psicotrópicas durante el servicio o con habitualidad.

m) Cualquier otra conducta no enumerada en los puntos anteriores, tipificada como falta muy grave en la legislación general de funcionarios. Es decir, en el art. 6 del Real Decreto 33/1986, de 10 de enero, por el que se aprobó el Reglamento de Régimen Disciplinario de los Funcionarios de la Administración del Estado, pudiendo añadirse a las expuestas las siguientes:

    1. Toda actuación que suponga discriminación por razón de raza, sexo, religión, lengua, opinión, lugar de nacimiento, vecindad, o cualquier otra condición o circunstancia personal o social.

    2. La adopción de acuerdos manifiestamente ilegales que causen perjuicio grave a la Administración o a los ciudadanos.

    3. La publicación o utilización indebida de secretos oficiales así declarados por ley o clasificados como tales.

© 2009 Abalar Consultores, S.L.

4. La notoria falta de rendimiento que comporte inhibición en el cumplimiento de las tareas encomendadas.

5. La violación de la neutralidad o independencia políticas, utilizando las facultades atribuidas para influir en procesos electorales de cualquier naturaleza y ámbito.

6. La obstaculización al ejercicio de las libertades públicas y derechos sindicales.

7. La realización de actos encaminados a coartar el libre ejercicio del derecho de huelga.

8. Los actos limitativos de la libre expresión de pensamiento, ideas y opiniones.

Por su parte la Disposición adicional séptima de la Ley Orgánica 4/1997, de 4 de agosto, por la que se regula la utilización de videocámaras por las Fuerzas y Cuerpos de Seguridad en lugares públicos, considera faltas muy graves en el régimen disciplinario de las Fuerzas y Cuerpos de Seguridad del Estado, las siguientes infracciones:

a) Alterar o manipular los registros de imágenes y sonidos siempre que no constituya delito.

b) Permitir el acceso de personas no autorizadas a las imágenes y sonidos grabados o utilizar éstos para fines distintos de los previstos legalmente.
c) Reproducir las imágenes y sonidos para fines distintos de los previstos en esta Ley.

d) Utilizar los medios técnicos regulados en esta ley para fines distintos de los previstos en la misma.

Se consideran faltas muy graves del personal funcionario, entre otros, los siguientes supuestos (art. 95 del Estatuto Básico del Empleado Público):

a) El acoso moral, sexual y por razón de sexo.

b) La prevalencia en la condición de empleado público para obtener un beneficio indebido para sí o para otro.

c) El acoso laboral.

5.1.2 Faltas graves

En particular, el art. 7 del RRDCNP señala, como faltas graves, las siguientes:

a) La grave desconsideración con los superiores, compañeros, subordinados o administrados, en especial las ofensas verbales o físicas.

© 2009 Abalar Consultores, S.L.

b) Las manifestaciones públicas de crítica o disconformidad respecto a las decisiones de los superiores.

c) La negativa a realizar servicios en los casos en que lo ordenen expresamente los superiores jerárquicos o responsables del servicio, por imponerlo necesidades de urgencia e inaplazable cumplimiento, siempre que posteriormente se hubiesen ejecutado, salvo que las órdenes sean manifiestamente ilegales.

d) La omisión de la obligación de dar cuenta a la superioridad de todo asunto de importancia que requiera su conocimiento o decisión urgente.

e) La dejación de facultades o la infracción de deberes u obligaciones inherentes al cargo o función, cuando se produzcan de forma manifiesta.

f) No mantener el jefe o superior la debida disciplina o tolerar el abuso o extralimitación de facultades en el personal subordinado.

g) El atentado grave a la dignidad de los Funcionarios o de la Administración.

h) La falta de presentación o puesta a disposición inmediata de la Dependencia de destino o en la más próxima, en los casos de declaración de los estados de alarma, excepción o sitio, cuando así se disponga, en caso grave de alteración de la seguridad ciudadana.

i) La tercera falta injustificada de asistencia al servicio en un período de tres meses cuando las dos anteriores hubieran sido objeto de sanción por falta leve.

j) No prestar servicio, alegando supuesta enfermedad o simulando mayor gravedad de ésta.

k) La falta de rendimiento que afecte al normal funcionamiento de los servicios y no constituya falta muy grave de abandono de servicio.

l) La emisión de informes sobre asuntos de servicio que, sin faltar abiertamente a la verdad, desnaturalicen la misma valiéndose de términos ambiguos, confusos o tendenciosos, o la alteren mediante inexactitudes, siempre que el hecho no constituya delito o falta muy grave.

m) La intervención en un procedimiento administrativo cuando concurra alguna de las causas legales de abstención.

n) No ir provisto en los actos de servicio del uniforme reglamentario, cuando su uso sea preceptivo, de los distintivos de la categoría o cargo, del arma reglamentaria o de los medios de protección o acción que se determinen, siempre que no medie autorización en contrario, así como dar lugar a su extravío, pérdida o sustracción por negligencia inexcusable.

o) Exhibir los distintivos de identificación o el arma reglamentaria sin causa justificada, así como utilizar el arma en acto de servicio o fuera de él infringiendo las normas establecidas.

© 2009 Abalar Consultores, S.L.

p) Asistir de uniforme o haciendo uso de ostentación de los distintivos de la identificación a cualquier manifestación o reunión pública, salvo que se trate de actos de servicio o actos oficiales en los que la asistencia de uniforme esté indicada.

q) Causar por negligencia inexcusable daños graves en la conservación de locales, material o documentos relacionados con el servicio, o dar lugar al extravío, pérdida o sustracción de éstos por la misma causa.

r) Impedir, limitar u obstaculizar a los subordinados el ejercicio de los derechos que tengan reconocidos, siempre que no constituya falta muy grave.

s) Embriagarse fuera de servicio, cuando afecte a la imagen de la Policía o de la función pública o consumir drogas tóxicas, estupefacientes o sustancias psicotrópicas.

t) Los actos u omisiones negligentes o deliberadas que causen grave daño a la labor policial, o la negativa injustificada a prestar la colaboración solicitada, con ocasión de un servicio siempre que no constituya falta muy grave.

u) Solicitar u obtener cambios de destino mediando cualquier recompensa, ánimo de lucro o falseando las condiciones que los regulan.

v) La realización de actos o declaraciones que vulneren los límites al derecho de acción sindical señalados en el art. 19 de la LOFCS.

w) Promover o asistir a encierros en locales policiales u ocuparlos sin autorización.

x) La ausencia, aún momentánea, de un servicio de seguridad, siempre que no constituya falta muy grave.

5.1.3 Faltas leves

El art. 8 del RRDCNP, establece las faltas leves:

a) El retraso o negligencia en el cumplimiento de las funciones o la falta de interés en la instrucción o preparación personal para desempeñarlas.

b) La incorrección con los administrados o con otros miembros de las Fuerzas y Cuerpos de Seguridad, siempre que no merezcan una calificación más grave.

c) La inasistencia al servicio que no constituya falta de mayor gravedad y el incumplimiento de la jornada de trabajo, así como las repetidas faltas de puntualidad.

d) El mal uso o descuido en la conservación de los locales, material o demás elementos de los servicios, así como el incumplimiento de las normas dadas en esta materia.

© 2009 Abalar Consultores, S.L.

e) Prescindir del conducto reglamentario para formular cualquier solicitud, reclamación o queja en las relaciones de servicio.

f) El descuido en el aseo personal y el incumplimiento de las normas de uniformidad, siempre que no constituya falta de mayor gravedad.

g) La ausencia de cualquier servicio, cuando no merezca calificación más grave.

h) La omisión intencionada de saludo a un superior, no devolverlo éste o infringir de otro modo las normas que lo regulan.

i) Cualquier clase de juego que se lleve a cabo en las Dependencias policiales, siempre que perjudique la prestación del servicio o menoscabe la imagen policial.

j) Las acciones u omisiones tipificadas como faltas graves y que, de acuerdo con los criterios que se establecen en el art. 13 (que son los mismos que establece la LOFCS para la determinación de las faltas graves y leves, antes expuestos), merezca la calificación de falta leve.

5.2 PERSONAS RESPONSABLES

Como se desprende del art. 9 del RRDCNP, los funcionarios del Cuerpo Nacional de Policía podrán incurrir en responsabilidad disciplinaria por las faltas anteriormente tipificadas, desde el momento de la toma de posesión hasta el de la jubilación o la pérdida de la condición de funcionarios, si bien al pasar a la situación de segunda actividad sin destino, les será de aplicación el Régimen General Disciplinario de la Función Pública.

De acuerdo con lo dispuesto en el art. 27,5 de la LOFCS, incurrirán en la misma responsabilidad que los autores de una falta, los que induzcan a su comisión y los Jefes que la toleren. Asimismo, incurrirán en falta de inferior grado los que encubrieran la comisión de una falta.

Los funcionarios que se encuentren en situación distinta de la de servicio activo, salvo los que se encuentren en situación de excedencia voluntaria por interés particular, incurrirán en responsabilidad por las faltas previstas en este Reglamento que puedan cometer dentro de sus peculiares situaciones administrativas, siempre que los hechos en que consistan no hayan sido objeto de sanción por aplicación de otro régimen disciplinario.

5.3 SANCIONES DISCIPLINARIAS

A tenor de los arts. 28.1 LOFCS y 12 a 14 RRDCNP, por razón de las faltas antes señaladas, podrán imponerse a los funcionarios del Cuerpo Nacional de Policía las siguientes sanciones:

© 2009 Abalar Consultores, S.L.

a) Por faltas muy graves

1. Separación de servicio.
2. Suspensión de funciones de tres a seis años.

b) Por faltas graves

1. Suspensión de funciones por menos de tres años.
2. Traslado con cambio de residencia, en cuyo caso no podrán obtener nuevo destino por ningún procedimiento en la localidad de que fueron trasladados en el período de tiempo de uno a tres años determinado en la resolución sancionadora, de conformidad con los criterios que rigen e n esta materia.
3. Inmovilización en el escalafón por un período no superior a cinco años.
4. Pérdida de cinco a veinte días de remuneración y suspensión de funciones por igual período.

c) Por faltas leves

1. Pérdida de uno a cuatro días de remuneración y suspensión de funciones por igual período, que no supondrá la pérdida de antigüedad ni implicará la inmovilización en el escalafón.
2. Apercibimiento.

5.4 CRITERIOS DE GRADACIÓN DE LAS SANCIONES

Conforme al art. 27 de la LOFCS, se determinará la sanción disciplinaria, de conformidad con los siguientes criterios:

a) Intencionalidad.

b) La perturbación que puedan producir en el normal funcionamiento de la Administración y de los servicios policiales.

c) Los daños y perjuicios o la falta de consideración que puedan implicar para los ciudadanos y los subordinados.

d) El quebrantamiento que pueda suponer de los principios de disciplina y jerarquía propios del Cuerpo.

e) Reincidencia.

f) En general, su trascendencia para la seguridad ciudadana.

© 2009 Abalar Consultores, S.L.

5.5 EXTINCIÓN DE LA RESPONSABILIDAD DISCIPLINARIA

Según el art. 15 del RRDCNP, la responsabilidad disciplinaria se extingue por las siguientes causas:

a) Cumplimiento de la sanción.

b) Muerte de la persona responsable.

c) Prescripción de la falta, que, a tenor de los arts. 27,2 LOFCS y 16 RRDCNP, se producirá a los seis años, las faltas muy graves; a los dos años, las graves, y al mes las leves. El plazo de prescripción comenzará a contarse desde que la falta se hubiere cometido, interrumpiéndose la prescripción por la iniciación del procedimiento.

d) Prescripción de la sanción, que, según los arts. 28,1 LOFCS y 17 RRDCNP, se producirá a los seis años, las sanciones por faltas muy graves; a los dos años, las sanciones por faltas graves, y al mes las sanciones por faltas leves.

e) Indulto, cuya amplitud y efecto se determinará con arreglo a las disposiciones que los concedan.

f) Amnistía, en cuyo supuesto también habrá que estar a la disposición que la conceda.

5.6 COMPETENCIA SANCIONADORA

Con arreglo al art. 48 del RRDCNP, son órganos competentes para la imposición de sanciones disciplinarias:

- El Ministro del Interior para imponer la sanción de separación del servicio.

- El Ministro del Interior y el Secretario de Estado de Seguridad para imponer la sanción de suspensión de funciones de tres a seis años.

- Además de los anteriores, el Director General de la Policía, para imponer sanciones por faltas graves.

- También, serán competentes para la imposición de las sanciones por faltas leves al personal que presta servicio bajo su dirección:

    - Los Jefes de órganos centrales hasta nivel de Subdirección General o asimilado.

    - Los Subdelegados del Gobierno en la provincia y Jefes de las Comisarías provinciales y locales.

Las sanciones disciplinarias se anotarán en los respectivos expedientes personales con indicación de las faltas que las motivaron.

© 2009 Abalar Consultores, S.L.

Finalmente, transcurridos dos o seis años desde el cumplimiento de la sanción, según se trate de faltas graves o muy graves no sancionadas con separación de servicio, podrá acordarse **la cancelación** de aquellas anotaciones a instancia del interesado que acredite buena conducta en el servicio desde que se le impuso la sanción. La cancelación de anotaciones por faltas leves se realizará a petición del interesado a los seis meses de la fecha de su cumplimiento.

La cancelación producirá el efecto de anular la anotación sin que pueda certificarse de ella, salvo cuando lo soliciten las Autoridades competentes para ello y a los exclusivos efectos de su expediente personal.

	SANCIÓN	**IMPONE**
Falta muy grave	- Separación del servicio (expulsión) - Suspensión de funciones (3 – 6 años)	*Ministerio del Interior* *Secretario de Estado de Seguridad*
Falta grave	- suspensión de funciones <3 años - traslado con cambio de residencia - inmovilización en escalafón - pérdida de 5-20 días remuneración	*Ministerio de Interior* *Secretario de Estado de Seguridad* *Director General de la Policía*
Falta leve	- pérdida de 1-4 días de remuneración - apercibimiento	*Jefe natural del Policía*

La prescripción no elimina el hecho, pero sí elimina la sanción y la consecuencia (modificar el expediente, etc.).

La cancelación no elimina ni el hecho ni la sanción, pero sí la consecuencia después de cumplir la sanción. Para que una falta se cancele ha de cumplirse la sanción.

FALTAS	**prescriben**	**cancelan**
muy graves	6 años	6 años
graves	2 años	2 años
leves	1 mes	6 meses

5.7 EXPEDIENTE SANCIONADOR

El artículo 28.4 de la LOFCS dispone: *"No se podrán imponer sanciones por faltas graves o muy graves, sino en virtud de expediente instruido al efecto, cuya tramitación se regirá por los principios de sumariedad y eficacia. La sanción por faltas leves podrá imponerse sin más trámites que la audiencia al interesado".*

© 2009 Abalar Consultores, S.L.

La incoación del expediente disciplinario exige el nombramiento de un Instructor y un Secretario. El Instructor ha de tener igual o superior categoría que el expedientado. Si ostenta igual categoría debe tener mayor antigüedad. Secretario puede ser cualquier funcionario.

No obstante, en materia de faltas leves, el Reglamento en su capitulo II establece un Procedimiento sancionador, basado también en los principios de sumariedad y celeridad, aunque menos formalista, en el que se plasman una serie de garantías procedimentales para el inculpado, en evitación de posibles situaciones de indefensión (designación de Instructor y Secretario, declaración del inculpado, práctica de pruebas, notificación de resolución, etc).

El expediente disciplinario para las faltas graves y muy graves se halla recogido en el Capitulo III del Reglamento, y consta de tres fases: *Iniciación, desarrollo y terminación*, y su impulso será siempre de oficio. Las garantías y los medios de defensa se hallan perfectamente plasmados en atención a la entidad de las sanciones; así por ejemplo, el art. 20 del citado Texto legal, dice:

"En todos los expedientes disciplinarios instruidos por faltas muy graves a los miembros del Cuerpo Nacional de Policía, así cono en todos los expedientes que se instruyan a los representantes de los sindicatos a que se refiere el artículo 22 de la Ley Orgánica 2/1986, de Fuerzas y Cuerpos de Seguridad, será preceptivo antes de dictar la resolución, interesar la emisión de informe del Consejo de Policía, que no será vinculante".

5.8 SUSPENSIÓN DE FUNCIONES

Puede ser *provisional* o *firme*, y tiene su origen en la potestad disciplinaria de la Administración que le permite decretar la suspensión temporal y acaso definitiva de la relación funcionarial en supuestos de incumplimiento por el funcionario del Código legal o reglamentariamente establecido.

El funcionario declarado en suspensión firme de funciones deberá pasar a dicha situación en todos los Cuerpos o Escalas incluidos en el ámbito de aplicación de este Reglamento a los que pertenezca, a cuyo fin el órgano que acuerde la declaración de esta situación deberá poner ésta en conocimiento de los Departamentos ministeriales a que dichos Cuerpos o Escalas estén adscritos.

a) **Suspensión provisional** (artículo 21). La suspensión provisional podrá acordarse preventivamente durante la tramitación de un procedimiento judicial o disciplinario. Si durante la tramitación de un procedimiento judicial se decreta la prisión provisional de un funcionario u otras medidas que determinen la imposibilidad de desempeñar su puesto de trabajo, se le declarará en suspensión provisional por el tiempo a que se extiendan dichas medidas.

La suspensión provisional como medida preventiva durante la tramitación de un expediente disciplinario podrá ser acordada por la autoridad que ordenó la incoación del expediente; no pudiendo exceder esta suspensión de seis meses, salvo en caso de paralización del procedimiento imputable al interesado.

© 2009 Abalar Consultores, S.L.

El suspenso provisional tendrá derecho a percibir el 75 por 100 de su sueldo, trienios y pagas extraordinarias, así como la totalidad de la prestación económica por hijo a cargo, excepto en caso de paralización del expediente imputable al interesado, que comportará la pérdida de toda retribución mientras se mantenga dicha paralización. Asimismo, no se acreditará haber alguno en caso de incomparecencia en el procedimiento disciplinario o proceso penal.

Cuando la suspensión no sea declarada firme, el tiempo de duración de la misma se computará como de servicio activo, debiendo acordarse la inmediata incorporación del funcionario a su puesto de trabajo, con reconocimiento de los derechos económicos y demás que procedan desde la fecha de efectos de la suspensión.

b) **Suspensión firme** (artículo 22). La suspensión tendrá carácter firme cuando se imponga en virtud de condena criminal o sanción disciplinaria. La condena y la sanción determinarán la pérdida del puesto de trabajo, excepto cuando la suspensión firme no exceda de seis meses.

En tanto no transcurra el plazo de suspensión de funciones no procederá ningún cambio de situación administrativa. El funcionario que haya perdido su puesto de trabajo como consecuencia de condena o sanción deberá solicitar el reingreso al servicio activo con un mes de antelación a la finalización del período de duración de la suspensión. Dicho reingreso tendrá efectos económicos y administrativos desde la fecha de extinción de la responsabilidad penal o disciplinaria.

De no solicitarse el reingreso en el tiempo señalado en el párrafo anterior, se le declarará, de oficio, en la situación de excedencia voluntaria por interés particular, con efectos desde la fecha de finalización de la sanción.

Si una vez solicitado el reingreso al servicio activo no se concede en el plazo de seis meses, el funcionario será declarado, de oficio, en la situación de excedencia forzosa prevista en el artículo 13. 1.b), con efectos de la fecha de extinción de la responsabilidad penal o disciplinaria.

6. LOS DERECHOS DE REPRESENTACIÓN COLECTIVA

La LOFCS reconoce plenamente el derecho de sindicación de los funcionarios de los Cuerpos y Fuerzas de Seguridad, si bien introduce determinadas limitaciones, amparadas en el art. 28.1 de la Constitución, justificadas en el carácter de Instituto armado que la Ley atribuye al Cuerpo Nacional de Policía.

En el art. 18.2, limita los derechos de afiliación a las organizaciones sindicales del propio Cuerpo, no pudiendo éstos federarse o confederarse nada más que con otros integrados por miembros del propio Cuerpo. Sí se podrán federar con organizaciones sindicales internacionales, pero, eso si, también policiales.

El artículo 19, señala que el ejercicio del derecho de sindicación y de la acción sindical por parte de los miembros del Cuerpo Nacional de Policía tendrán como límites el respeto de los derechos fundamentales y libertades públicas reconocidos en la

© 2009 Abalar Consultores, S.L.

Constitución y, especialmente, el derecho al honor, a la intimidad y a la propia Imagen, así como el crédito y prestigio de las Fuerzas y Cuerpos de Seguridad del Estado, la seguridad ciudadana y de los propios funcionarios y la garantía del secreto profesional. Constituirán asimismo límite, en la medida que puedan ser vulnerados por dicho ejercicio, los principios básicos de actuación del art. 5 de esta Ley

Por su parte, el art. 20 establece que para constituir una organización sindical será preciso depositar los estatutos de la misma, acompañados del acta fundacional, en el Registro Especial de la Dirección General de Policía y de la Guardia Civil.

Los Estatutos deberán contener, al menos, las siguientes menciones:

a) Denominación de la asociación.

b) Fines específicos de la misma.

c) Domicilio.

d) Órganos de representación, gobierno y administración y normas para su funcionamiento, así como el régimen de provisión electiva de cargos, que habrán de ajustarse a principios democráticos.

e) Requisitos y procedimientos para la adquisición y pérdida de la condición de afiliados, así como el régimen de modificación de sus Estatutos y disolución de la asociación sindical.

f) Régimen económico de la organización, que establezca el carácter, procedencia y destino de sus recursos, así como los medios que permitan a los afiliados conocer la situación económica.

Sólo se podrán rechazar, mediante resolución motivada, aquellos Estatutos que carezcan de los requisitos mínimos a que se refiere el número anterior, y cuyos defectos no hubieran sido subsanados en el plazo de diez días a partir de que se les requiriese al efecto.

En el art. 21 se recoge que las organizaciones sindicales legalmente constituidas tendrán derecho a formular propuestas y elevar informes o dirigir peticiones a las Autoridades competentes, así como a ostentar la representación de sus afiliados ante los Órganos competentes de la Administración pública.

Tendrán la condición de representantes de las organizaciones sindicales del Cuerpo Nacional de Policía aquellos funcionarios que, perteneciendo a las mismas, hayan sido formalmente designados como tales por el órgano de gobierno de aquéllas, de acuerdo con sus respectivos Estatutos.

Asimismo, en el art. 22 se dispone que:

1. Aquellas organizaciones sindicales del Cuerpo Nacional de Policía que en las últimas elecciones al Consejo de Policía hubieran obtenido, al menos, un representante en dicho Consejo, o en dos de las Escalas el 10 por 100 de los

© 2009 Abalar Consultores, S.L.

votos emitidos en cada una de ellas, serán consideradas organizaciones sindicales representativas, y en tal condición tendrán, además, capacidad para:

a) Participar como interlocutores en la determinación de las condiciones de prestación del servicio de los funcionarios, a través de los procedimientos establecidos al efecto.

b) Integrarse en el grupo de trabajo o Comisiones de estudio que a tal efecto se establezcan.

2. Los representantes de dichas organizaciones sindicales representativas tendrán derecho:

a) A la asistencia y al acceso a os centros de trabajo para participar en actividades propias de su asociación sindical, previa comunicación al Jefe de la Dependencia y sin que el ejercicio de ese derecho pueda interrumpir el desarrollo normal del servicio policial.

b) Al número de horas mensuales que reglamentariamente se establezcan para el desarrollo de las funciones sindicales propias de su representación.

c) Al disfrute de los permisos no retribuidos necesarios para el desarrollo de las funciones sindicales propias de su cargo, dentro de los límites que reglamentariamente se establezcan.

d) Al pase a la situación de servicios especiales, en los términos que reglamentariamente se establezcan, con derecho a reserva del puesto de trabajo y al cómputo de antigüedad, mientras dure e ejercicio de su cargo representativo, debiendo Incorporarse a su puesto de trabajo dentro del mes siguiente a la fecha del cese.

3. El número de representantes que la Administración tendrá que reconocer, a los efectos determinados en el núm. 2 de este artículo, se corresponderá con el número de representantes que cada organización sindical hubiere obtenido en las elecciones al Consejo de Policía.

4. En todo caso, se reconocerá a aquella organización sindical que no hubiera obtenido representantes elegidos en el Consejo de Policía, pero sí, al menos, el 10 por 100 de votos en una Escala, el derecho a un representante, a los solos efectos de lo previsto en el núm. 2 de este artículo.

Por su parte el art. 23 establece que:

1. En las dependencias con más de 250 funcionarios, las organizaciones sindicales tendrán derecho a que se les facilite un local adecuado para el ejercicio de sus actividades. En todo caso tendrán derecho a la instalación en cada dependencia policial de un tablón de anuncios, en lugar donde se garantice un fácil acceso al mismo de los funcionarios.

© 2009 Abalar Consultores, S.L.

2. Estos podrán celebrar reuniones sindicales en locales oficiales, fuera de las horas de trabajo y sin perturbar la marcha del servicio, previa autorización del Jefe de la Dependencia, que sólo podrá denegarla cuando considere que el servicio puede verse afectado.

3. La autorización deberá solicitarse con una antelación mínima de setenta y dos horas, y en la misma se hará constar la fecha, hora y lugar de la reunión, así como el orden del día previsto.

4. La resolución correspondiente deberá notificarse, a menos, veinticuatro horas antes de la prevista para la reunión, sin perjuicio de lo dispuesto en el núm. 2.

Por último, en el art. 24 se dispone que:

1. Las organizaciones sindicales responderán por los actos o acuerdos adoptados por sus órganos estatutarios en la esfera de sus respectivas competencias.

2. Dichas organizaciones responderán por los actos de sus afiliados, cuando aquéllos se produzcan en el ejercicio regular de las funciones representativas o se pruebe que dichos afiliados actuaban por cuenta de las organizaciones sindicales.

7. EL CONSEJO DE POLICIA

Es en el artículo 25 de la LOFCS, donde se crea este Consejo, bajo la presidencia del Ministro del Interior, con representaciones paritarias de la Administración y de los miembros del Cuerpo Nacional de Policía a través de las organizaciones sindicales.

Los representantes de la Administración en el Consejo son designados por el Ministro del Interior. La representación de los miembros del Cuerpo Nacional de Policía, se estructura por Escalas, sobre la base de un representante por cada seis mil funcionarios o fracción de cada una de las cuatro escalas que constituyen el Cuerpo.

La Ley ordena en el art. 26 que se celebren elecciones para el Consejo, señalando las pautas generales de las mismas. Señala igualmente una duración del mandato de los delegados por cuatro años, pudiendo ser reelegidos en los sucesivos procesos electorales.

7.1 FUNCIONES

Las principales funciones del Consejo de Policía son:

a) La mediación y conciliación en caso de conflictos colectivos.

© 2009 Abalar Consultores, S.L.

b) La participación en el establecimiento y las condiciones de prestación del servicio de los funcionarios.

c) La formulación de mociones y la evacuación de consultas en materias relativas al Estatuto profesional.

d) La emisión de informes en los expedientes disciplinarios que se instruyan por faltas muy graves contra miembros del Cuerpo Nacional de Policía y de todos aquellos que se instruyan a los representantes de los Sindicatos.

e) El informe previo de las disposiciones de carácter general que se pretendan dictar sobre las materias a que se refieren los apartados anteriores.

Los representantes de la Administración en el Consejo de Policía serán designados por el Ministro del Interior.

La representación de los miembros del Cuerpo Nacional de Policía en el Consejo se estructurará por Escalas, sobre la base de un representante por cada seis mil funcionarios o fracción, de cada una de las cuatro Escalas que constituyen el Cuerpo.

7.2 ELECCIONES AL CONSEJO DE POLICÍA

El art. 26 LOFCS dispone:

"1. Se celebrarán elecciones en el seno del Cuerpo Nacional de Policía, a efectos de designar los representantes de sus miembros en el Consejo de Policía y determinar la condición de representativos de los Sindicatos policiales.

Las elecciones se celebrarán por Escalas, votando sus miembros una lista que contenga el nombre o nombres de los candidatos o representantes a la misma, mediante sufragio personal, directo y secreto.

2. La duración del mandato de los Delegados en el Consejo de Policía será de cuatro años, pudiendo ser reelegidos en sucesivos procesos electorales".

Caso de producirse vacante, por cualquier causa, en la representación de los funcionarios en el Consejo de Policía, se cubrirá automáticamente por el candidato que ocupe el puesto siguiente en la lista respectiva. La circunscripción electoral es de ámbito nacional.

© 2009 Abalar Consultores, S.L.

8. LAS POLICÍAS DE LAS COMUNIDADES AUTONOMAS Y LAS POLICIAS LOCALES

8.1 LAS POLICÍAS DE LAS COMUNIDADES AUTÓNOMAS.- REGULACIÓN CONSTITUCIONAL

La Constitución española de 1978 se muestra un tanto confusa en cuanto a la distribución de las competencias de seguridad entre el Estado y las Comunidades Autónomas. De la propia Constitución y de las normas de desarrollo se aprecia un modelo de pluralidad policial.

Dispone el art. 104 que: *"1. Las Fuerzas y Cuerpos de Seguridad, bajo la dependencia del Gobierno, tendrán como misión proteger el libre ejercicio de los derechos y libertades y garantizar la seguridad ciudadana.*

2. Una ley orgánica determinará las funciones, principios básicos de actuación y estatutos de las Fuerzas y Cuerpos de Seguridad".

El art. 126 dice que: *"La Policía Judicial depende de los Jueces, de los Tribunales y del Ministerio Fiscal en sus funciones de averiguación del delito y descubrimiento y aseguramiento del delincuente, en los términos que la ley establezca".*

Por su parte, el art. 148, establece que:*"1. Las Comunidades autónomas podrán asumir competencias en las siguientes materias.*
2. La vigilancia y protección de sus edificios e instalaciones. La coordinación y demás facultades en relación con las policías locales en los términos que establezca una ley orgánica".

Y el art. 149, que: *"1. El Estado tiene competencia exclusiva sobre las siguientes materias:*

29ª. Seguridad pública, sin perjuicio de la posibilidad de creación de policías por las Comunidades autónomas en la forma que se establezca en los respectivos Estaturas en el mareo de lo que disponga una ley orgánica".

8.2 REGULACIÓN EN LA LEY ORGÁNICA DE FUERZAS Y CUERPOS DE SEGURIDAD

La Ley Orgánica que desarrolla la previsión constitucional es la Ley Orgánica 2/1986, de 13 de marzo, de Fuerzas y Cuerpos de Seguridad, si bien las previsiones contempladas en la misma con carácter general con respecto las comunidades autónomas y sus cuerpos de policía, deben ser completadas con la regulación contenida en los diferentes Estatutos y demás normativa de las distintas comunidades autónomas.

© 2009 Abalar Consultores, S.L.

8.2.1 Competencias en materia de seguridad pública

Artículo primero: *"1. La seguridad pública es competencia exclusiva del Estado, su mantenimiento corresponde al Gobierno de la Nación.*

2. Las Comunidades autónomas participarán en el mantenimiento de la seguridad pública en los términos que establezcan los respectivos estatutos yen el marco de esta ley.

3. Las Corporaciones locales participarán en el mantenimiento de la seguridad pública en los términos establecidos en la Ley Reguladora de las Rases de Régimen Local y en el marco de esta Ley.

4. El mantenimiento de la seguridad pública se ejercerá por las distintas administraciones públicas a través de las Fuerzas y Cuerpos de Seguridad."

Artículo segundo: *"Son Fuerzas y Cuerpos de Seguridad:*

> *Las Fuerzas y Cuerpos de Seguridad del Estado dependientes del gobierno de la Nación.*
> *Los cuerpos de policía dependientes de las comunidades autónomas.*
> *Los cuerpos de policía dependientes de las corporaciones locales."*

Artículo tercero: *"Los miembros de las Fuerzas y Cuerpos de Seguridad ajustarán su actuación al principio de cooperación recíproca y su coordinación se efectuará a través de los órganos que a tal efecto establece esta ley."*

8.3 COMPETENCIAS POLICIALES

Conforme al art. 38 LOFCS, las Comunidades Autónomas que creen Cuerpos de Policía Autónoma, podrán ejercer a través de ellos las siguientes funciones:

8.3.1 Con el carácter de propias

1. *Velar por el cumplimiento de las disposiciones y órdenes singulares dictadas por los órganos de la Comunidad autónoma.*

2. *La vigilancia y protección de personas, órganos, edificios, establecimientos y dependencias de la Comunidad autónoma y de sus Entes instrumentales, garantizando el normal funcionamiento de las instalaciones y la seguridad de los usuarios de sus servicios.*

3. *La inspección de las actividades sometidas a la ordenación o disciplina de la Comunidad autónoma, denunciando toda actividad ilícita.*

4. *El uso de la coacción en orden a la ejecución forzosa de los actos o disposiciones de la propia Comunidad autónoma.*

© 2009 Abalar Consultores, S.L.

8.3.2 En colaboración con las Fuerzas y Cuerpos de Seguridad del Estado

1. *Velar por el cumplimiento de las leyes y demás disposiciones del Estado y garantizar el funcionamiento de los servicios públicos esenciales.*

2. *Participar en las funciones de Policía Judicial.*

3. *Vigilar los espacios públicos, proteger las manifestaciones y mantener el orden en grandes concentraciones humanas.*

El ejercicio de esta última función corresponderá, con carácter prioritario, a los Cuerpos de Policía de las Comunidades autónomas, sin perjuicio de la intervención de las Fuerzas y Cuerpos de Seguridad del Estado cuando, bien a requerimiento de las Autoridades de la Comunidad autónoma, o bien por decisión propia, lo estimen necesario las Autoridades estatales competentes.

8.3.3 De prestación simultánea e indiferenciada con las Fuerzas y Cuerpos de Seguridad del Estado

1. *La cooperación a la resolución amistosa de los conflictos privados cuando sean requeridos para ello.*

2. *La prestación de auxilio en los casos de accidente, catástrofe o calamidad pública, participando, en la forma prevista en las Leyes, en la ejecución de los Planes de Protección Civil.*

3. *Velar por el cumplimiento de las disposiciones que tiendan a la conservación de la naturaleza y medio ambiente, recursos hidráulicos, así como la riqueza cinegética, piscícola, forestal y de cualquier otra índole relacionada con la naturaleza.*

8.4 RÉGIMEN ESTATUTARIO

El régimen estatutario de las Policías de las Comunidades autónomas se recoge en los arts. 40 a 44 de la LOFCS. Los Cuerpos de Policía autonómica son Institutos armados de naturaleza civil, con estructura y organización jerarquizada.

En el ejercicio de sus funciones deberán vestir el uniforme reglamentario, salvo casos excepcionales que autoricen *las Juntas de Seguridad*. Estarán dotados de los medios técnicos y operativos necesarios para el cumplimiento de sus funciones, pudiendo portar armas de fuego, cuya licencia corresponderá otorgar, en todo caso, al Gobierno de la Nación.

Sólo podrán actuar en el ámbito territorial de la Comunidad autónoma respectiva, salvo en situaciones de emergencia, previo requerimiento de las Autoridades estatales (art. 42).

© 2009 Abalar Consultores, S.L.

No obstante, cuando ejerzan funciones de protección de autoridades públicas de la Comunidad autónoma, podrán actuar fuera del ámbito territorial respectivo, previa autorización del Ministerio del Interior y, cuando proceda, comunicación al órgano de gobierno de la Comunidad autónoma correspondiente, con las condiciones y requisitos que se determinen reglamentariamente.

Los mandos de los Cuerpos de Policía de las Comunidades autónomas se designarán por las autoridades competentes de la Comunidad respectiva, entre Jefes, Oficiales y Mandos de las Fuerzas Armadas y de las Fuerzas y Cuerpos de Seguridad del Estado. La selección, el ingreso, la promoción y la formación de los miembros de los Cuerpos de Policía de las Comunidades autónomas se regulará y organizará por las respectivas Comunidades autónomas.

Para el cumplimiento de funciones de Policía Judicial tendrán carácter colaborador de las Fuerzas y Cuerpos de Seguridad del Estado el personal de Policía de las Comunidades autónomas y de las Corporaciones locales.

8.5 DE LAS POLICÍAS LOCALES

Se dispone en el art. 51.1 de la LOFCS que: "*Los municipios podrán crear cuerpos de policía propios, de acuerdo con lo previsto en la presente ley, en la Ley de Bases de Régimen Local y en la legislación autonómica*", con cualquier denominación con la que se le conozca (Guardia urbana, Policía municipal, etc.).

En los municipios donde no exista policía municipal, *"los cometidos de ésta serán ejercidos por el personal que desempeñe funciones de custodia y vigilancia de bienes, servicios e instalaciones, con la denominación de guardas, vigilantes, agentes, alguaciles o análogos".*

Dichos cuerpos sólo podrán actuar en el *"ámbito territorial del municipio respectivo, salvo en situaciones de emergencia y previo requerimiento de las autoridades competentes".*

No obstante, cuando ejerzan funciones de protección de autoridades de las corporaciones locales, podrán actuar fuera del término municipal respectivo, con autorización del Ministerio del Interior o de la correspondiente autoridad de la comunidad autónoma que cuente con Cuerpo de Policía autonómica, cuando desarrollen íntegramente esas actuaciones en el ámbito territorial de dicha Comunidad autónoma.

La Ley Orgánica 16/2007, de 13 de diciembre, complementaria de la Ley para el desarrollo sostenible del medio rural, añade una nueva Disposición Adicional Quinta a la LOFCS, con la siguiente redacción:

En los supuestos en los que dos o más municipios limítrofes, pertenecientes a una misma Comunidad Autónoma, no dispongan separadamente de recursos suficientes para la prestación de los servicios de policía local, podrán asociarse para la ejecución de las funciones asignadas a dichas policías.

© 2009 Abalar Consultores, S.L.

En todo caso, el acuerdo de colaboración para la prestación de servicios por los Cuerpos de Policía Local respetará las condiciones que se determinen por el Ministerio del Interior y contará con la autorización de éste o, en su caso, de la Comunidad Autónoma correspondiente con arreglo a lo que disponga su respectivo Estatuto de Autonomía.

8.5.1 Naturaleza

Se recoge en el art. 52 de la LOFCS, que dispone lo siguiente:

1. Los Cuerpos de Policía Local son institutos armados, de naturaleza civil con estructura y organización jerarquizada, rigiéndose, en cuanto a su régimen estatutario, por los principios generales de los Capítulos II y III del Título I y por la sección cuarta del Capítulo IV del Título II de la presente Ley, con adecuación que exija la dependencia de la administración correspondiente, las disposiciones dictadas al respecto por las Comunidades Autónomas y los reglamentos específicos para cada cuerpo y demás normas dictadas por los correspondientes ayuntamientos.

2. Por lo que respecta al ejercicio de los derechos sindicales, y en atención a la especificidad de las funciones de dichos Cuerpos, les será de aplicación la ley que se dicte en cumplimiento de lo establecido en la disposición adicional segunda, apartado 2, de la Ley Orgánica 11/1985, de 2 de agosto, de Libertad Sindical. (Pueden pertenecer a los Sindicatos de clase: UGT, CCOO, etc.).

3. Será también de aplicación a los miembros de dichos Cuerpos lo dispuesto, respecto a los Cuerpos de Policía de las Comunidades autónomas, en el artículo 41.3 de la presente Ley; si bien la facultad que en el mismo se atribuye a las Juntas de Seguridad corresponderá al Delegado o Subdelegado del Gobierno respectivo.

En el ejercicio de sus funciones, los miembros de dichos Cuerpos, deberán vestir el uniforme reglamentario, salvo los casos excepcionales que autorice el *Subdelegado del Gobierno respectivo.*

8.5.2 Funciones

Alude a ellas el art.53 de la LOFCS, cuando dispone que: Los Cuerpos de Policía local deberán ejercer las siguientes funciones:

a) Proteger a las autoridades de las corporaciones locales, y vigilancia o custodia de sus edificios e instalaciones.

b) Ordenar, señalizar y dirigir el tráfico en el casco urbano, de acuerdo con lo establecido en las normas de circulación.

En los municipios de gran población podrán crearse, por el Pleno de la Corporación, Cuerpos de funcionarios para el ejercicio exclusivo de las funciones previstas en el párrafo b), del apartado 1.

© 2009 Abalar Consultores, S.L.

Dichos funcionarios no se integrarán en las Fuerzas y Cuerpos de Seguridad, y en el ejercicio de esas funciones tendrán la consideración de agentes de la autoridad, subordinados a los miembros de los respectivos Cuerpos de Policía Local.

c) Instruir atestados por accidentes de circulación dentro del casco urbano.

d) Ejercer de Policía administrativa, en lo relativo a las ordenanzas, bandos y demás disposiciones municipales dentro del ámbito de su competencia.

Las Corporaciones locales podrán intervenir la actividad de los ciudadanos a través de las ordenanzas y bandos, porque el Municipio, para la gestión de sus intereses y en el ámbito de sus competencias, puede promover toda clase de actividades y prestar cuantos servicios contribuyan a satisfacer las necesidades y aspiraciones de la comunidad vecinal (art. 25 LRBRL).

Así pues, puede desarrollar esta potestad en materia de seguridad en lugares públicos; ordenación de tráfico; protección civil; prevención y extinción de incendios; medio ambiente; abastos; ferias; mercados; defensa de consumidores y usuarios; cementerios; protección de la salubridad pública, etc.

Corresponde a la Policía local velar por el exacto cumplimiento de estas normas, denunciando las infracciones que sobre las mismas se cometan, o desarrollando sus cometidos específicos, preventivos o represivos, según proceda.

e) Participar en las funciones de Policía Judicial, en la forma establecida en el artículo 29.2 de esta Ley.

Participación que se realiza como colaboradora de las Fuerzas y Cuerpos de Seguridad del Estado.

f) La prestación de auxilio, en los casos de accidente, catástrofe o calamidad pública, participando, en la forma prevista en las Leyes, en la ejecución de los planes de Protección Civil.

g) Efectuar diligencias de prevención y cuantas actuaciones tiendan a evitar comisión de actos delictivos en el marco de colaboración establecido en las Juntas de Seguridad.

h) Vigilar los espacios públicos y colaborar con las Fuerzas y Cuerpos de Seguridad del Estado y con la policía de las Comunidades Autónomas en la protección de las manifestaciones y el mantenimiento del orden en grandes concentraciones humanas, cuando sean requeridos para ello.

i) Cooperar en la resolución de los conflictos privados cuando sean requeridos para ello.

Las actuaciones que practiquen los cuerpos de policía local en el ejercicio de las funciones previstas en los apartados c) y g) precedentes deberán ser comunicadas a las Fuerzas y Cuerpos de Seguridad del Estado competentes.

© 2009 Abalar Consultores, S.L.

Los funcionarios integrantes de los Cuerpos referidos en el párrafo anterior se regirán por las normas contenidas en la Ley 30/1984, de 2 de agosto, de Medidas para la Reforma de la Función Pública, y las demás normas que se dicten en desarrollo y aplicación de la misma.

8.5.3 Coordinación de Policías Locales y unidades adscritas del Cuerpo Nacional de Policía

La LOFCS (art. 39) atribuye a las Comunidades autónomas, de conformidad con la Ley Reguladora de las Bases de Régimen Local, la coordinación de la actuación de las policías locales en el ámbito territorial de la comunidad, mediante el ejercicio de las siguientes funciones:

a) El establecimiento de las Normas-Marco a las que habrá de ajustarse los Reglamentos de Policías locales.

b) Establecer o propiciar, según los casos, la homogeneización de los distintos Cuerpos de Policías locales, en materia de medios técnicos para aumentar la eficacia y colaboración de éstos, de uniformes y de retribuciones.

c) Fijar los criterios de selección, formación, promoción y movilidad de las Policías locales.

d) Coordinar la formación profesional de las Policías locales, mediante la creación de Escuelas de Formación de Mandos y de Formación Básica".

El art. 37 prevé varias posibilidades de constitución de Policías autonómicas:

1. Las Comunidades autónomas en cuyos Estatutos esté previsto podrán crear Cuerpos de Policía para el ejercicio de las funciones de vigilancia y protección.

Actualmente tienen Policía propia las Comunidades autonómicas siguientes: País Vasco, Cataluña y Navarra.

Además, tienen prevista la posibilidad de crear una Policía autonómica propia, aunque hasta el momento no han hecho ejercicio de esta posibilidad los Estatutos de las siguientes Comunidades autónomas: Galicia, Andalucía, Comunidad Valenciana y Canarias.

2. Las Comunidades autónomas en cuyos Estatutos no esté previsto la creación de Policías autonómicas o no hicieran uso de la posibilidad prevista en el apartado anterior, podrán ejercer las funciones previstas en el art. 148.1.22 de la Constitución, de la siguiente manera:

a) Sirviéndose de las Policías locales de su territorio, en ejercicio de sus facultades de coordinación de las mismas.

b) A través de la adscripción de Unidades del Cuerpo Nacional de Policía.

© 2009 Abalar Consultores, S.L.

Actualmente existen Unidades del Cuerpo Nacional de Policía Adscritas a las Comunidades autónomas de Galicia, Comunidad Valenciana, Andalucía, Aragón y Asturias.

Las condiciones de dicha adscripción se determinarán en acuerdos administrativos de colaboración de carácter específico, que deberán respetar, en todo caso los siguientes principios:

- La adscripción deberá afectar a unidades operativas completas y no a miembros individuales del citado Cuerpo.
- Las unidades adscritas dependerán, funcionalmente de las autoridades de la Comunidad Autónoma, y orgánicamente del Ministerio del Interior.
- Dichas unidades actuarán siempre bajo el mando de sus jefes naturales.
- En cualquier momento podrán ser reemplazadas por otras, a iniciativa de las autoridades estatales, oídas las autoridades de la Comunidad autónoma.

Se financian al 50 % con el Estado. Estas Unidades podrán ser reemplazadas por iniciativa de las autoridades estatales, oídas las autoridades competentes de la Comunidad autónoma.

El Jefe de la Unidad Adscrita será nombrado por Orden del Ministro del Interior, a propuesta de la autoridad competente de la Comunidad autónoma, entre funcionarios en activo de la Escala Superior del Cuerpo Nacional de Policía. La provisión de los demás puestos de la Unidad se hará por concurso específico de méritos.

Los funcionarios del Cuerpo Nacional de Policía que obtengan puestos de trabajo en una Unidad Adscrita deberán permanecer en la misma durante un plazo mínimo de dos años (Real Decreto 1089/2000, de 9 de junio).

9. DE LA COLABORACIÓN Y COORDINACIÓN ENTRE EL ESTADO Y LAS COMUNIDADES AUTÓNOMAS

En el art. 3 de la LOFCS, se establece que los miembros de las Fuerzas y Cuerpos de Seguridad ajustarán su actuación al principio de cooperación recíproca y su coordinación se efectuará a través de los órganos que a tal efecto establece la Ley.

La coordinación es un principio elevado a rango constitucional el art.103.1, al establecer que la Administración pública sirve con objetividad los intereses generales y actúa de acuerdo con los principios de eficacia, jerarquía, descentralización, concentración y coordinación, con sometimiento pleno a la ley y al derecho.

La coordinación no es sino el resultado o consecuencia del recto ejercicio de las funciones directivas. Sólo cuando se tiene potestad decisoria se puede obtener el resultado de la coordinación. De manera que todo órgano que ostente una posición de jefatura en el organigrama, al ejercitar las funciones directivas que le son propias,

© 2009 Abalar Consultores, S.L.

estará produciendo y obteniendo ese resultado que es la coordinación. La coordinación no es una función autónoma, sino el resultado del ejercicio de las funciones de dirección inherentes a toda jefatura.

9.1 ÓRGANOS DE COORDINACIÓN ENTRE LOS DISTINTOS CUERPOS DE SEGURIDAD

Si bien el principio de coordinación y colaboración como criterio que debe presidir la relación entre los diversos colectivos policiales se expresa de forma reiterada, en la LOCFS, no ha creído el legislador que fuera instrumento bastante para el logro de este propósito, máxime teniendo en cuenta de una parte la no siempre diáfana distribución de competencias, y de la otra el excesivo celo profesional o falta del mismo por parte de determinados funcionarios, que bien pudiera dar lugar y lo han dado ya en muchas ocasiones a conflictos de competencias de toda índole.

Como un paso más, para evitar o paliar al menos estos conflictos e intentar buscar la solución más adecuada para cada caso, la LOFCS prevé la creación de los llamados "Órganos de coordinación", que son:

9.1.1 El Consejo de política de seguridad

Para garantizar la coordinación entre las políticas de seguridad pública del Estado y de las Comunidades autónomas se crea el Consejo de política de seguridad (art. 48 de la LOFCS).

Estará presidido por el Ministro del Interior e integrado por los consejeros de Interior o Gobernación de las Comunidades autónomas y por un número igual de representantes del Estado designados por el Gobierno de la Nación. Este Consejo ejercerá las siguientes competencias:

- Aprobar los planes de coordinación en materia de seguridad y de infraestructura policial.
- Informar las plantillas de los Cuerpos de Policía de las Comunidades autónomas y sus modificaciones. El Consejo podrá establecer el número máximo de los efectivos de las plantillas.
- Aprobar directivas y recomendaciones de carácter general.
- Informar las disposiciones que dicten las Comunidades autónomas, en relación con sus propios Cuerpos de policía, así como la creación de estos.
- Informar los convenios de cooperación, en materia de seguridad entre el Estado y las Comunidades autónomas.
- Las demás que le atribuya la legislación vigente.

© 2009 Abalar Consultores, S.L.

Dentro de este Consejo funcionará un Comité de Expertos integrado por ocho representantes, cuatro del Estado y cuatro de las Comunidades Autónomas, designados estos últimos anualmente por los miembros del Consejo de Política de Seguridad que representen a las Comunidades autónomas. Dicho comité tendrá la misión de asesorar técnicamente a aquél y preparar los asuntos que posteriormente vayan a ser debatidos en el pleno del mismo y con carácter específico:

- Elaborar y proponer fórmulas de coordinación.
- Preparar acuerdos de cooperación.
- Proponer programas de formación y perfeccionamiento de las Policías.
- Elaborar planes de actuación conjunta.

El reglamento de régimen interior del Consejo de política de seguridad determinará las normas de composición y funcionamiento del comité de expertos.

9.1.2 Junta de Seguridad

En aquellas Comunidades que dispongan de Cuerpos de Policía propio podrá constituirse una Junta de seguridad integrada por igual número de representantes del Estado y de las Comunidades autónomas, con la misión de coordinar la actuación de las Fuerzas y Cuerpos de Seguridad del Estado y de los Cuerpos de Policía de la Comunidad autónoma.

La Junta de Seguridad será el órgano competente para resolver las incidencias que pudieran surgir en la colaboración entre los miembros de las Fuerzas y Cuerpos de Seguridad del Estado y de los Cuerpos de Policía de la Comunidad autónoma a tal efecto, las autoridades competentes de las Comunidades autónomas y los gobernadores civiles deberán informar periódicamente a dicha junta acerca de las deficiencias que se observen en la coordinación, mutuo auxilio e información reciproca entre aquellos, indicando las medidas oportunas para corregir los problemas suscitados.

9.1.3 Las Juntas Locales de Seguridad

El art. 54.1 LOFCS dispone que *"en los Municipios que tengan Cuerpo de Policía propio, podrá constituirse una Junta Local de Seguridad, que será el órgano competente para establecer las formas y procedimientos de colaboración entre los miembros de las Fuerzas y Cuerpos de Seguridad en su ámbito territorial"*.

"La Presidencia corresponderá al Alcalde, salvo que concurriera a sus sesiones el Subdelegado del Gobierno, en cuyo caso la Presidencia será compartida con éste" (art. 54.2 LOFCS). La constitución de dichas Juntas y su composición se determinará reglamentariamente.

© 2009 Abalar Consultores, S.L.

Sus acuerdos que son vinculantes se toman por consenso, resolviendo la Presidencia si no lo hubiere. A diferencia de los órganos anteriores, las Juntas Locales de Seguridad no tienen que ser paritarias. Celebrarán reuniones ordinarias y extraordinarias con la periodicidad que aconsejen las necesidades.

9.1.4 Las Juntas de Seguridad de Distrito

En las ciudades que, por sus especiales características, sea aconsejable, se sugiere la conveniencia de constituir Juntas de Seguridad de Distrito, presidida por el Concejal designado por el Alcalde, integrándose por los responsables policiales del Distrito de los Cuerpos que operen en el mismo. Depende de la Junta Local y sus acuerdos han de ser aprobados por ésta para su validez.

	FUNCIONES	COMPOSICIÓN
CONSEJO DE POLÍTICA DE SEGURIDAD	- Aprobar los planes de coordinación en materia de seguridad e infraestructura policial y establecer normativas de colaboración con otras policías. - Informar y modificar las plantillas de los cuerpos de policía autonómicos. - Establecer el número máximo y mínimo de efectivos en las plantillas de policía autonómica - Aprobar directivas y recomendaciones de carácter general. - Informar la creación y disposiciones que las CCAA dicten en relación con sus propios cuerpos de policía. - Informar los convenios de cooperación, que el Estado y las CCAA celebren en materia de seguridad.	Composición paritaria: se integra de un número igual de *consejeros de Interior* o consejeros de gobierno de las CCAA y otro número igual de representantes del *Estado*, designados por el Gobierno de la nación.
COMITÉ DE EXPERTOS	- Asesorar técnicamente y preparar los asuntos que vayan a ser debatidos en el pleno del Consejo de Política de Seguridad. - Elaborar y proponer fórmulas de coordinación - Preparar acuerdos de cooperación. - Proponer programas de formación y perfeccionamiento de las policías. - Elaborar planes de actuación conjunta.	Composición paritaria: **8** representantes, 4 del *Estado* y 4 de las CCAA: Los 4 representantes del Estado los nombra el **Gobierno** (Ministro del Interior) Los 4 representantes de las CCAA los nombra los **delegados de gobierno** o interior de las CCAA.

© 2009 Abalar Consultores, S.L.

JUNTA DE SEGURIDAD	- Coordinar la actuación de las Fuerzas y Cuerpos de Seguridad del Estado y de los cuerpos de policía de la CCAA en el territorio autonómico. - Resolver los conflictos o incidencias que pudieran surgir entre los miembros de las Fuerzas y Cuerpos de Seguridad del Estado y de los cuerpos de policía de la Comunidad autónoma. - Autorizar a vestir sin uniforme a un miembro de la policía autonómica	Un número igual de *representantes del Estado* y de la Comunidad autónoma, que ambas partes creen oportuno. Es pues de composición paritaria.

9.2 EL PRINCIPIO DE COOPERACIÓN

Debemos partir del supuesto de que la seguridad pública es una competencia difícil de parcelar, lo que reconoce la propia Ley de Fuerzas y Cuerpos en su Preámbulo, ya que no permite establecer delimitaciones con el rigor y precisión admisibles en otras materias.

La existencia en un mismo territorio de varios colectivos policiales con funciones similares y parcialmente comunes, en las que unas veces actúan prioritariamente, en otras de forma concurrente y a veces en colaboración, teniendo como propio cometido garantizar aquella seguridad, hace más problemático establecer una delimitación.

La competencia concurrente y no siempre bien delimitada en materia del mantenimiento de la seguridad pública por los diversos Cuerpos policiales que existen en una misma circunscripción territorial, bien puede traducirse y de hecho, en ocasiones, ha dado lugar a conflictos tanto positivos como negativos de competencia, cuando no a desagradables situaciones de enfrentamiento entre los colectivos afectados. Incluso, estos conflictos se han derivado por extensión, en situación de tensiones entre las Instituciones públicas, titulares de los distintos colectivos policiales en conflicto.

Ello ha hecho necesario arbitrar unos criterios, órganos y procedimientos que prevengan, eviten o solucionen en último caso los posibles conflictos.

En el primer criterio arbitrado para solventar estas dificultades, se halla recogido en la propia Ley Orgánica de Fuerzas y Cuerpos de Seguridad del Estado y se define como "principio de cooperación recíproca".

Este principio se enuncia:

a) Con carácter general. En el art. 3 de la LOFCS, cuando dice: *"Los miembros de las Fuerzas y Cuerpos de Seguridad ajustarán su actuación al principio de cooperación recíproca y su coordinación se efectuará a través de los órganos que a tal efecto establece esta Ley".*

© 2009 Abalar Consultores, S.L.

b) Entre los Cuerpos y Fuerzas de Seguridad del Estado. El art. 12.2, impone que: *"Las Fuerzas y Cuerpos de Seguridad del Estado están obligados a la cooperación recíproca en el desempeño de sus competencias respectivas".*

c) En el art. 45, entre los Cuerpos y Fuerzas de Seguridad del Estado y Policía autonómica, cuando dice: *"Los miembros de las Fuerzas y Cuerpos de Seguridad del Estado y de los Cuerpos de policía de las Comunidades Autónomas deberán prestarse mutuo auxilio e información recíproca en el ejercicio de sus funciones respectivas".* En igual sentido se enmarca el art. 38.2 de la repetida LOFCS.

d) Con la Policía Local. Este mismo principio de colaboración recíproca y coordinación, se hace extensivo a las relaciones intercorporativas policiales, con aquel Cuerpo, en los artículos 53.h) y 54 de la LOFCS.

e) En el Régimen Disciplinario. El artículo 27.3.k) tipifica como conducta constitutiva de falta muy grave: *"La falta de colaboración manifiesta con los demás miembros de las Fuerzas y Cuerpos de Seguridad".*

f) En el Preámbulo. En el Preámbulo V, como principio filosófico y exposición de motivos de la Ley de Fuerzas y Cuerpos de Seguridad, se consagra en su integridad, a la glosa de este principio de colaboración y cooperación recíproca.

© 2009 Abalar Consultores, S.L.